胜任力

智能时代的自主修炼和自由发展

江文年 著

知识产权出版社
全国百佳图书出版单位
—北京—

图书在版编目（CIP）数据

胜任力：智能时代的自主修炼和自由发展 / 江文年著. —北京：知识产权出版社，2020.8

ISBN 978-7-5130-6930-4

Ⅰ. ①胜… Ⅱ. ①江… Ⅲ. ①职业选择—通俗读物 Ⅳ. ① C913.2-49

中国版本图书馆 CIP 数据核字（2020）第 083190 号

内容提要

作者基于 28 年不同企业、不同岗位的职业经历，将人生在世的全部活动归结为三件事——思考、行动和互动，进而提炼出职场必备和常用的三大基础能力、三大基本素质和一个核心竞争力，构建出一个简洁有力、逻辑严谨的职业发展胜任力模型。本书对该模型的结构、机理和内涵进行了深入细致的论述，对其中每个能力和素质模块运用到的方法和工具进行了详细介绍，为即将踏入职场的青年学生和迷茫多年的职场"老鸟"提供了一个自主修炼的详尽指引，对每一个职场与非职场人都有极大的指导作用和参考价值。

责任编辑：卢媛媛　　　　　责任印制：刘译文

胜任力——智能时代的自主修炼和自由发展
SHENGRENLI——ZHINENG SHIDAI DE ZIZHU XIULIAN HE ZIYOU FAZHAN

江文年　著

出版发行：知识产权出版社 有限责任公司	网　　址：http://www.ipph.cn
电　　话：010–82004826	http://www.laichushu.com
社　　址：北京市海淀区气象路 50 号院	邮　　编：100081
责编电话：010–82000860 转 8597	责编邮箱：luyuanyuan@cnipr.com
发行电话：010–82000860 转 8101	发行传真：010–82000893
印　　刷：北京中献拓方科技发展有限公司	经　　销：各大网上书店、新华书店及相关专业书店
开　　本：787mm×1000mm 1/16	印　　张：24.75
版　　次：2020 年 8 月第 1 版	印　　次：2020 年 8 月第 1 次印刷
字　　数：350 千字	定　　价：86.00 元
ISBN 978-7-5130-6930-4	

出版权专有　侵权必究

如有印装质量问题，本社负责调换。

现代企业、智能社会，需要造就大量高层次、职业化人才；而高层次、职业化人才的成长和壮大，离不开科学、高效、适用的方法论指导。本书的推出恰逢其时，为成长奋斗中的年轻人助力，为蓬勃发展中的现代企业注智。

珠海格力电器股份有限公司董事、执行总裁：黄 辉

思与行，是修炼职场胜任力、提升人生品质的必修课。进阶的思考模式，在于其深度、前瞻性、系统性；高维度的做事方式，在于其及时性、感染力。世界在变化，掌握胜任力，任你自由驰骋！

工银国际副行政总裁、中国区总裁：王 巍

掌握科学的思考、行动与互动方法，是改进工作效能、改善生活状态必备的底层能力。本书洞察和揭示了这些核心密码，并以丰富的实践案例进行了延展和阐述，是在职场中如何更好"做人、做事、做自己"的通用手册，对个人职业技能的精进和身心全面发展大有裨益。

中国电信广东公司人力资源部总经理：郑陵奎

拥抱智能时代的一段追梦之旅，胜任职业发展的一把通关之钥，开启美好生活的一扇智慧之窗，荟萃思想精髓的一座知识之库。

中国通信服务上海学院党委书记、院长：王晓夫

这是一本领导者和将要成为领导者必读的好书！

江文年博士积累了 30 年的企业管理经验和人生思考，开创性地提出了现代组织一个极其重要的问题：如何卓有成效？即所谓的胜任力！该书从人的源动力、人生态度、方法论等方面将成功之路做出了清晰的指引，相信会为我们这些努力前行的人们提供很好的借鉴。

复旦大学管理学博士：

（曾任埃森哲咨询管理顾问、上市公司董事总经理）

扩展思维，启迪智慧，指引实践，一本你读过就忍不住想要分享给家人、好友的书。

宝洁公司研发院院士：王平

（清华大学化学工程系业界导师）

我们已经进入了数字化、智能化的全新时代，系统性的创新能力、学习能力和高效的执行力将决定我们在职场奔跑的速度，《胜任力：智能时代的自主修炼和自由发展》这本书，恰好给了我们持续修炼和发展的武器和方向。这是作者几十年的修炼成果，值得学习！

中科云谷副总经理、腾讯云最具价值专家：

（曾任南方航空 CTO、长安汽车总工程师、用友集团副总裁）

子曰："我非生而知之者，敏以求之者也。"学习力，既是孔子治学成仁的基础，也是新时代必备之核心能力。文年先生从三大基础能力、三大基本素质和一项核心竞争力出发，构建了一套职业发展胜任力模型，具有独到慧眼，深入浅出，辅以案例，读之难以释卷，值得深入研学。

国家电投综合智慧能源科技公司副总经理：申伟东

加强学习力，提升三大基础能力和三大基本素质，是新时代个人修炼和职业发展的进阶之路。

中国电信研究院信息化运营中心主任：邓朝晖

智能时代，唯一不变的是"变"本身，拥有系统思维、建立胜任能力体系的人往往能够主动做到"变"中求进，进中争先。本书为我们呈现了一套系统知识体系，让我们在变化的世界里，随时找到解决问题的智慧密码。

广州市邮政局副局长：

智能时代对人的大脑提出了更高要求，本书结合理论和实践，自成一套科学实用的方法和工具体系，帮助职场人从"专才"进阶为更具竞争力的"通才"。

睿哲科技股份有限公司董事长：杨国良

引 言

从迷茫与困惑中自省和开悟

现代社会中，绝大多数人安身立命的方法是通过一份职业来获取收入，只有少数的投资人、创业者是依靠一定的原始资本积累来建立（或合伙建立）自己的企业，并通过雇佣更多的人为他们工作而获利。然而，即便是那些金融家或企业家，在他们成立自己的企业之前，大部分人还是要通过职业实践来积累资金、能力、经验和人脉。

说到底，现实生活中，只要你拥有一份工作，不管是为他人还是为自己打工，都有不可回避的一个问题：你需要哪些必备能力？如何提升和强化这些能力来促进你的职业发展和个人进步，并拥有一个更加美好的人生？

上面这个问题，长期被人提及，激发过无数人的思考，但似乎从来没有一个被广泛认可的答案。它像一个迷宫，里面有无数路径在等着人们去发现和尝试，却始终没有一个清晰的指引，让人们从迷宫之中快速找到出口。

于是，人们在迷宫之中感到迷茫与困惑，大家依循自己的思路不断去实践、试错和自省之后，必然会找到某些适合自己的方法和路径，但能否高效地找到出口，全凭各自的悟性和造化。

我大学毕业之初，曾入职一家大型国企，当时除了发挥自己的专业技能外，几乎没想过其他方面的问题。研究生毕业后，我在一家研究机构持续工作了十年，向外部咨询顾问学会了一些新的思考方法，开阔了视野，也通过带领小团队领悟了一些有关领导力的道理。这些学习和实践经历促使我进一步思考"当今社会要求我们具备哪些职业技能和生活智慧"这类的问题。后来，我转向销售组织和管理方面的工作，又经过十几年的实践，积累了更加丰富的综合能力和经验。

在经历了很长一段时期的研习、构思和打磨之后，我终于慢慢地从迷茫与困惑中自省和开悟，构建起一个全新的个人职业发展胜任力模型，并借由本书呈现在读者面前，希望能够帮助到需要它的人。

1. 新人新问题，老人老问题

每年的7~8月，数以百万计的大中专毕业生从校园陆续走向工作岗位，怀揣着各自的期待和梦想，开启了他们的职场新生活。

在这个庞大的群体之中，绝大部分人都是从幼儿甚至婴儿时期就开始接受各种教育的，但几乎很少对社会有较为深入的了解和接触，仅有的认识可能就来自几次短暂的实习。甫一走出校门，他们往往是迷茫的，对职场充满想象和憧憬，也心存疑问和忐忑。他们不知道应该以什么样的姿态来进入工作，也不知道那个即将进入的角色需要他们做些什么样的准备。未来对他们而言，完全是一个未知数。

那些即将踏入工作岗位的年轻学生的父母或长辈，传统的教育方式是要求这些职场新人做到"三多一少"，即多听、多问、多做、少说。20世纪90年代初，我自己刚大学毕业的时候，父母也是这样教育我的。所谓多听，就是听从领导的安排，听取老同志的意见和建议；多问，就是遇到不懂的东西要向领导、专家和同事请教、发问；多做，就是要勤快，打水、拖地、擦桌子、搬东西，样样抢着干；少说，就是少表达意见，俗称"夹着尾巴做人"，虽然我们并没有尾巴。

现在看来，以上"三多一少"虽然还有值得倡导的地方，但未必需要全盘照搬，毕竟时势易也，人人都要与时俱进。例如：假使你凡事都听从领导的安排和指示，遇到专家型、支配型的上司可能正好合其心意，但若是遇到开放型、民主型的上司则会认为你是一个唯唯诺诺、缺乏主见的人；假使你遇到问题就去找人询问，欣赏的人会说你虚心好学、不耻下问，不欣赏的人则会说你不愿意独立思考、不善于自己解决问题；假使你一味地敏于行而讷于言，老派的领导会认为你踏实本分、忠厚可靠，新派的领导却会认为你分不清重点、只知道傻干，缺乏建设性和专业精神。凡此种种，都是容易令职场新人感到迷茫、不知如何应对的问题。

面对我们赖以谋生和立足的工作，除却新人有新问题之外，老人也有老问题。事实上，有很多在职场中打拼或混迹多年的人，虽可说历经风雨、阅人无数，但却未必深入察觉过自己内心真正需要的是什么，以及将要向哪儿去、通过什么法子和路径去。还有一些人，或许明确了自己的方向和道路，却未必清楚自己应该具备什么能力、掌握哪些方法、抱持何样态度。说到底，这个世界变化太快，以至于大部分职场人士都会经常感觉无所适从，不知道明天将面临怎样的形势，对自己能否从容应对未来的挑战充满焦虑和困惑。

是的，关于个人职业发展的关键能力和素养，从来不存在一个统一的、标准化的模型。现今很多企业在给新、老员工开展职业能力培训时，首先是根据企业短期内的需要或上级领导的要求，从外部引入一些培训课程，诸如《高效能人士的七个习惯》《六顶思考帽》《有效沟通技巧》《时间管理》《团队管理》《卓越领导力》等。当然，有些具备开发能力的企业，会根据组织战略和经营模式的转型需要，自行定制、开发一些特有的课程。我自己在过去近三十年的职业生涯中，也有幸参加过公司组织的多次培训，但今天回想起来，那些课程就像一颗颗断线的珍珠，没有任何一条清晰的脉络能把它们串在一起。

于是，很多与我类似的人会存在这样一个疑问：对于职场中的个体，除专业知识外，究竟哪些能力和素质是必备的、对个人发展持续发挥作用的呢？随着5G、物联网、云计算、大数据、机器学习等一系列技术的应用和普及，科技的力量将推动人类迈向一个更加瞬息万变的智能时代，很多无须创造力的重复性、机械性的工作岗位将被机器逐步取代，而人的作用将在哪些领域发挥出来，这个问题显得尤为重要。在本书中，笔者将试图站在巨人的肩膀上，通过对大量著作的研究和实践经验的总结提炼来回答这个疑问。

2. 学校和企业（组织）的本质差异

接下来，我们探讨一下学校和企业（或除学校之外的其他组织）的价值观差异。这关系到个人职业能力的聚焦方向，是不可回避的话题之一。

在学校读书的时候，遵照老师的期望和要求，学生的关注点表现在两个方面：一是个人的成功，二是短板的提升。为什么是这两样呢？因为学校对学生能力的关键评价指标是个人成绩。只要成绩好，排名越靠前越受老师的青睐。即便你是班干部，哪怕是班长、学习委员，也只需要对自己的学习成绩负责，无须为整个班级的成绩承担任何责任。这必然导致学生只关心自己个人的成功，而非班级整体的成功，其他同学成绩的高低，只是作为排名时的参考而已。同时，学生为了尽量提高个人的各科总成绩，就要想办法把短板的科目提升上去，在尽力保持优势科目成绩的前提下，将主要精力投放在较弱的科目学习上，因为这些科目才具有较大的提升空间和机会。

然而，当我们从学校走向社会之后，游戏规则改变了。企业和组织虽然会关注员工的个体能力，但更加关注团队的成功而非个人的成功。此时，作为组织中的一员，你需要更多地与他人协作，共同完成某些特定任务，学生时代孤军奋战的模式开始变得不合时宜。更有甚者，如果你被要求在团队中承担一定的组织工作，哪怕不是被正式任命的领导者，也要肩负着带领他人共同完成某项使命的职责，你必须影响、激励、协调甚至教导其他成员完成各自分工的任务，这就要求你抛弃学生时期单纯追求自我进步的思想，把你的知识和技能分享、传授给其他成员，因为团队精神的信条是"一个人走得快，一群人走得远"。另外，你在组织中能否发挥应有的作用并脱颖而出，不再依靠你自己把短板补齐，更多地需要发挥你的长板优势，把最擅长的能力发挥到极致，这样反而更容易赢得领导和同事的青睐。这是因为，在学校教育中，每门课程考试都有满分限制，而工作却永远"没有最好，只有更好"。或许这也是国家倡导工匠精神的初衷吧。学校教育鼓励和追求各学科平衡发展，造成了部分人在踏入社会之后找不到自己真正的优势，从而丧失了一些适合自己的发展机会。

可见，在我们从学校走进社会组织的过程中，二者目标和价值观念的差异导致它们对个体表现的评判标准发生了根本性改变，因此，我们的心智模式和行为模式必须随之做出适应性调整。

3. 上司的基本要求和附加条款

在现实的工作场景中，老板或上司对员工最基本的要求是什么呢？俗话说就是"靠谱"，也就是要值得信任和托付。在职场中，所谓靠谱，就是上司把一个任务交给你办之后，完全不用操心后面的事情，因为他（她）知道你肯定能落实，就算没办好，也能及时给予一个反馈。看一个人靠不靠谱，有人总结为三点："凡事有交代，件件有着落，事事有回音。"换言之，靠谱就是你在意愿上、能力上让对方放心，并让其知道所办之事适时的进展。

就我个人的经验而言，做一个靠谱的人会让你获得很多意想不到的成长机会。

我刚研究生毕业的时候，被分配到一家电信研究机构做技术支持工作，试用期内经常被部门领导安排去上级管理单位参加技术交流会。当时，电信企业正处于从传统语音网络向数据网络演进的转型时期，需要引进很多新技术、新设备，因此各式各样的交流会、研讨会非常多。很多老员工对此已经腻味了，慢慢地就让我们这些新人去会场凑数。由于类似的会议太过频繁，不管老员工还是新员工，去开完会就算完事了，无须向领导作任何汇报，领导也无暇听这样的汇报。不过，对我而言，以前也没见过什么世面，每次会议都觉得是一次很好的学习机会，虽说极少有插嘴发言的机会，但既然去了，反正闲着也是闲着，于是就认认真真地记笔记，回到单位后再把会议主题、时间、地点、参加单位和人员、主要内容、结论要点等整理出来，形成会议纪要发邮件给领导，并抄送给相关的同事参考。慢慢地，每次交流会结束后给领导提交纪要文档就成了我的一个习惯。上司因此觉得我是一个靠谱的人，到岗一个月后就派我去了一家下属企业当项目经理，于是我从初出茅庐的新员工摇身一变成了一个小团队的小头目。记得那时模拟手机才刚兴起不久，整个公司只有3台，除总经理和办公室主任之外，还有1台就是配给我的，拎在手里别提有多神气了，我连坐公交车的时候还时不时地从包里拿出来显摆一下。

在当项目经理期间，我每周五下班前都会把一周的项目进展、存在问题以及下一周的工作计划、建议等写成小结，发邮件给公司老总和我的上司进行汇报。当我结束该项目回到原单位的时候，本以为可能会暂时无事可做，但等待我的却是另一个崭新的工作，领导让我担任一个研究工作室的主任，起因还是我在做项目经理期间靠谱的工作表现。

我记得那时有一次部门搞团建，聚餐结束后领导让我负责买单和报账。当我买完单的时候，有位同事友好地提醒我仔细检查一下点餐单上的费用，以防老板娘算错账多收钱。当时我的领导说了一句话，让我感动不已，至今还记忆犹新。他说："阿江买单就尽管放心好了！他工作室里每一天的业务往来、物料进出、财务收支都在本子里记得清清楚楚，你们不知道我还能不知道吗？吃饭买单这点小事，对他来说就不是事，用不着提醒。"我心里一直佩服并感谢那位领导的慧眼识珠以及他曾经给予我的深厚信任，这些都激励着我在职业发展的道路上不断勇敢前行。

如果说靠谱是老板或上司对员工最基本的要求，那么担当就是他们对优秀员工的附赠条款了。为了应对外部环境的变化，或抓住稍纵即逝的机会，今天的企业和组织经常需要处理一些临时性或突发性的任务。如果按照既定的职责分工，这些任务可能不是任何一个部门或个人的分内之事。此时，优秀员工的担当精神就该发挥作用了。

2000年前后，中国互联网创业大潮汹涌而至。我所供职的研究机构顺应形势变化，进行公司化改制，并计划在中国香港上市融资。此时，整个机构要进行业务的重组打包，设计新的商业模式，并组织财务、人力、综合等部门和上市保荐人、会计师事务所、律师行等机构建立联合工作组，推动上市前的筹备工作。当时，我所供职的机构中流传着一句戏谑的话是"硕士不如狗，博士遍地走"。但实际情况却是，各专业技术领域工程师一抓一大把，而会写商业计划书的人可能一个都没有。看到这个情形，仗着自己学过一点粗浅的企业管理、股份公司和财务知识，我主动向领导请缨要求参与这项工作，得到了领导的授权和肯定。虽然半年之后因公司内部变革导致项目搁浅，但我仍然看到了主动担当给自己带来的正面影响：一是由于帮助领导减压而获得的信任和支持；二是参与新项目获得更多不同层面的锻炼机会；三是逼着自己学习新知识而获得进一步的成长。

4. 只有独立思考才能独立自主

在此，我还想探讨一下独立思考和提出建设性意见在职业发展中的重要作用，先从已经流行了 20 多年的 MBA 教育说起。

自 20 世纪 90 年代 MBA 教育进入中国以来，为提升学术影响力和创收能力，许多大学纷纷引进 MBA 项目，并广泛招揽学生。大量公务员、企业家、经理人员、创业者和有志青年纷纷投入 MBA 的学习洪流之中，以至于很多高校都形成了 MBA 的"量产"能力。

在考入各大高校攻读 MBA 的学生当中，有一部分是真正的求学者，但也有相当一批人是奔着建立人脉关系之目的而去的。关于这一点，不少 MBA 考生在面试过程中毫不讳言地向考官袒露过他们的真诚。不管学生读 MBA 的目的如何，最终都产生了一个相同的结果，即开设 MBA 项目的院校创收大幅提高了，学费还在不断往上攀升。

毋庸置疑，MBA 教育固然培养了一批商界人才，促进了诸多企业管理水平的提升，但同时也输出了一些教条主义、人云亦云、缺乏独立思考的毕业生。这些人进入或回到其所效力的企业或组织之后，往往还善于学以致用，把在 MBA 课堂上学到的东西像捡到宝一样拿来实践，结果却因为过于教条或断章取义贻害了手下或身边一大群队友。

MBA 知识最早在本土企业的应用大概始于 KPI（关键绩效指标，Key Performance Indicator）考核机制的推行。我记得当年无论是什么性质的组织，但凡有高层领导或中层经理去读过 MBA 的，很多都把 KPI 当成灵丹妙药在组织内大肆推广。通常而言，那些工作成效便于量化呈现和评价的岗位相对容易实现 KPI 的取值和打分，但有些从事创意设计的广告公司和从事科研开发的知识型企业也跟风似的推行 KPI 考核，搞得员工苦不堪言，既浪费了时间和精力，又达不到应有的效果，可谓是得不偿失，瞎耽误工夫。每当看到那些按月（或按季）开展 KPI 考核，但几乎所有评分指标项都通过拍脑袋、凭印象的方式打分的情形，我就会情不自禁地感慨，这种形式主义的假 KPI 究竟何时可以休矣？！

还有，MBA 课堂中有一个经典理论叫"木桶原理"，大意是一只水桶能装多少水，完全取决于最短的那块木板。该原理用来说明一个团队中如果存在明显的短板，即便大部分成员很厉害，但整体绩效却是由那块短板所决定。很多MBA学生学完这个理论之后，成天挂在嘴边的就是类似"补齐短板，让组织更高效"这样的言论。殊不知，当管理者不假思索地教条化引用"木桶原理"来管理团队时，给队友造成的往往是相互抱怨，而不是互补协作。事实上，凡事若只想着"补齐短板"，只会让人陷入困境而难以自拔。现实中真实的情景是，用于组装成木桶的木板有长有短，有经验的木匠会把长板用来箍桶壁，短板用来箍桶底或做手柄，因此无论长板还是短板，都可发挥它们应有的用途。在我们的组织或团队之中，每个人都有不同的特长，管理者需要量才施用，无须在一个维度上要求所有人都做到一样，而是要充分发挥各自的优势，取长补短，这样才能使团队成员各尽所能，实现"1+1>3"的统合综效。

以上所举的两个例子说明了某些MBA毕业生对所学理论生搬硬套产生的负面影响。除此之外，我还发现一个明显缺乏逻辑但却广为流传的公式：$1.01^{365}=37.8$，这个号称"唤醒你的人生公式"，下面通常还要配上一句励志口号："不要小看坚持的力量，每天进步一点点，365天后，你将脱胎换骨！"这里所说的"每天进步一点点"，我的理解是1之外的那个0.01，但令我费解和莫名其妙的是："谁的365天是用乘法来过的？难道不是每天相加才凑成365天吗？"因此，我认为每天进步0.01，顶多从1变成$1+0.01×365=4.65$，无论如何不会变成37.8的，但要说10年从1变成37.8则可以理解，因为$1+0.01×365×10$差不多就是这个结果。可见，不加思考、人云亦云地说话和办事是多么令人难以接受。

我个人不赞成在工作中唯领导指令是从，尤其是年轻人，要善于独立思考，敢于表达自己的见解。我们的社会正从移动互联网时代向智能时代过渡，越是经验性的知识越有可能落后于时代发展的进程。很多领导者有着丰富的实践经验，但也未必能解决新时代的所有新问题。而且，很多企业和组织中，有能力、有格局、有胸怀的领导不在少数，他们乐于随时接受新观点、新意见、新建议，这正是年轻人发挥能力的舞台。因为年轻人富有活力，可以从不同的视角看到事物新的内涵，结合自己的知识背景产生独特的创意和想法，从而推动组织的创新发展。当然，向上司提意见和建议需要采取一定的策略和方法，这是另一个话题，不在此处讨论。

谈到独立思考和自我观点的表达，我想起 2004 年年初的一件事。有一次我和本单位一位副总裁聊天，他偶然问起我对研发管理的看法。由于我平时喜欢琢磨管理方面的问题，便趁机表达了我的一些看法和观点，比如建议推行项目经理负责制、建立知识管理体系、试行研发团队内部创业模式等。非常凑巧的是，当时管理层正在规划与国外某电信运营商的研发中心建立战略合作关系，并准备互派科研人员开展工作交流，以促进双方科研管理能力的提升。本来我所在的部门是不属于这个业务领域的，但就是因为这次向领导提出的建议和管理层筹划的项目不谋而合，我意外地获得了派遣到国外学习交流三个月的机会。这次国际交流不但让我大开眼界，受益匪浅，而且我凭借一份近 200 页的详细调研报告获得了总部领导的肯定和表扬。由这件事情可以看出，"机会总是垂青有准备的头脑"这句话一点都没有错，而能否抓住机会，首先取决于你有没有独立思考的能力，有没有向上司表达你思想的勇气。我认为，只有独立思考才能成为独立自主的人，否则就如同提线木偶一般，命运始终掌握在他人的手中。

5. 人生发展三境界：做事、做人、做自己

在中国，很多企业和组织选人用人的标准叫"德才兼备、以德为先"。人们习惯性地把"德"和"才"归结为做人的水平和做事的能力，因此常说"做事之前先做人"。这也是很多家长教育孩子，职场老人教导"新兵蛋子"的常用语。

在我看来，做人和做事是密不可分的，做事的过程会体现做人的本领，做人的水平包含在做事之中。但是，若不会正确、有效地做事，你就很难在社会上求得一份谋生的职业，更谈不上干出一番像样的事业。因此，如何有思路、有效率地把事情做好，做一个真正职业化的职业人，是人生发展的第一境界，也是本书将要探讨的第一个话题。

其次，职场中除了要会做事，还要会做人。这里说的做人不是传统意义上的世故、圆滑，它涉及的内容很多，包括个人形象、商务礼仪、沟通交流、团队合作、工作态度等方方面面。与此相关的言论、文章、书籍和演讲浩如烟海，但真正在职场中发挥关键作用、对人生具有重大影响的做人原则和操作方法，似乎从来没有人认真梳理和总结过，这是本书将要探讨的第二个话题，也是人生发展的第二境界。做人，可以帮助你更成功地做事。

此外，我们学习和培养做事与做人的方法，目的是成为更好的自己，让自己在做事和做人的过程中实现自身的价值，这是所有在迷茫和困惑中自省和开悟的人希望追求的最高精神境界。虽然我们传统的价值观更多地强调组织目标和集体主义，但是随着人们对美好生活的向往不断升级，追求自我与个性成长必将是绝大多数人的当然之选。这就要求我们通过持续不断的学习和修炼，逐渐发掘出自己的潜能，根据现有基础和潜能来设定、调整自己的人生目标，并找到适合自我成长的道路，去历练，去奋斗，去拼搏。这是本书将要探讨的第三个话题。

总之，我认为人生的发展包含三重境界：做事、做人、做自己，最终目标是做一个独立自主的人，为自己的所思所想、所作所为负责。当你通过不断的修炼，实现思想上的独立自主时，你会惊喜地发现，你不必再把自己的前途和未来交给他人来安排，也不必在意外界对你的指点和评价，你将为自己的生命负责，成为一个有主见、有主意、有主张的自由的人。

最后我想说的是，虽然是第一次写关于职业技能和人生发展的书，但书中的逻辑模型建立在诸多大师的理论基础之上，而且是笔者系统思考、全面梳理和创造性重构的结晶。书中的案例素材则来源于无数大咖的经验总结，以及笔者二十八年不同职业、不同岗位的实践提炼。为了便于阅读，本书在内容的组织上力求做到每一章、每一节都独立成篇，读者可以选择自己感兴趣的篇章来阅读。我笃定地相信，本书无论是对职场"菜鸟"还是"老司机"，都有现实的指导价值和参考作用。我衷心地期待得到读者的热情反馈和宝贵意见。联系邮箱：willy_john@189.cn。

江文年

2020 年 5 月 18 日

目　录

第1章　智能时代的自主修炼··1
　1.1　司空见惯的困境和尴尬··2
　　　1.1.1　我亲身经历的糗事···2
　　　1.1.2　我身边发生的故事···5
　　　1.1.3　我经常接触的琐事···8
　1.2　职业发展的胜任力模型··10
　　　1.2.1　三原色构建职业发展三大基础能力·····································11
　　　1.2.2　三间色构成职业发展三大基本素质·····································14
　　　1.2.3　职业发展胜任力模型的完整表现··15
　1.3　做事与做人的逻辑图谱··17

第2章　思考力决定竞争力···19
　2.1　垂直逻辑：结构性思考··21
　　　2.1.1　结构性思考的定义和基本形式··22
　　　2.1.2　结构性思考的应用场景和工具··24
　　　2.1.3　结构性思考的日常训练··39

2.2 水平发散：创造性思考 ··· 44
  2.2.1 创造性思考的定义和基本流程 ·· 45
  2.2.2 选择和定义问题焦点 ··· 48
  2.2.3 创造性思考工具一：概念提取 ·· 51
  2.2.4 创造性思考工具二：挑战 ··· 58
  2.2.5 创造性思考工具三：随机输入 ·· 62
  2.2.6 创造性思考工具四：激发和运动 ····································· 65
  2.2.7 收获和处理思考成果 ··· 70

2.3 纵横捭阖：系统性思考 ··· 72
  2.3.1 系统的定义、构成要素与主要特征 ·································· 73
  2.3.2 系统性思考的定义和基本原则 ·· 75
  2.3.3 系统性思考的基础工具箱 ··· 78
  2.3.4 系统性思考的新语言：因果回路图 ·································· 88

2.4 六大要诀：思考力训练 ··· 94
  2.4.1 认识自我，独立自主 ··· 95
  2.4.2 拓宽视野，广泛阅读 ··· 97
  2.4.3 保持好奇，及时记录 ··· 97
  2.4.4 发现问题，全神贯注 ··· 99
  2.4.5 积累智慧，学思渐悟 ··· 99
  2.4.6 传播分享，撰文立著 ·· 101

第3章 行动力决定生产力 ··· 102

3.1 明事：明确目标 ··· 105
  3.1.1 目标的作用和意义 ·· 105
  3.1.2 目标的定义和标准 ·· 111
  3.1.3 目标的设定和澄清 ·· 114

3.2 谋事：制订计划 ··· 120
　　3.2.1 分解目标 ··· 120
　　3.2.2 配置计划 ··· 125
3.3 做事：执行任务 ··· 128
　　3.3.1 明晰具体动作 ··· 130
　　3.3.2 坚持要事优先 ··· 132
　　3.3.3 关注引领指标 ··· 137
3.4 管事：检查调整 ··· 143
　　3.4.1 建立激励看板 ··· 144
　　3.4.2 开展例行督查 ··· 148
　　3.4.3 实施分级调整 ··· 150
3.5 成事：复盘优化 ··· 154
　　3.5.1 复盘优化的定义、作用和原则 ·· 155
　　3.5.2 复盘优化的方法和步骤 ··· 157

第4章 领导力决定影响力 ··· 167

4.1 起：塑造自我 ··· 169
　　4.1.1 正德 ··· 171
　　4.1.2 爱人 ··· 173
　　4.1.3 担当 ··· 179
　　4.1.4 敬业 ··· 182
4.2 承：建立关系 ··· 185
　　4.2.1 展示自己 ··· 186
　　4.2.2 了解他人 ··· 190
　　4.2.3 沟通技巧 ··· 194
4.3 转：带领他人 ··· 209

4.3.1　愿景引领 ··· 210
　　　4.3.2　因才施用 ··· 217
　　　4.3.3　赋能予人 ··· 220
　　　4.3.4　统一规则 ··· 224
　　　4.3.5　激励反馈 ··· 229
　4.4　合：共创方案 ··· 236
　　　4.4.1　教练技术 ··· 238
　　　4.4.2　头脑风暴法 ··· 248
　　　4.4.3　六顶思考帽 ··· 252
　　　4.4.4　画布 ··· 256

第5章　智能时代的自由发展 ··· 264
　5.1　意愿：积极主动 ··· 265
　　　5.1.1　为什么要积极主动 ··· 266
　　　5.1.2　什么是积极主动 ··· 268
　　　5.1.3　如何做到积极主动 ··· 270
　5.2　态度：知行合一 ··· 277
　　　5.2.1　为什么要知行合一 ··· 278
　　　5.2.2　什么是知行合一 ··· 282
　　　5.2.3　如何做到知行合一 ··· 286
　5.3　模式：使众人行 ··· 292
　　　5.3.1　为什么要使众人行 ··· 293
　　　5.3.2　什么是使众人行 ··· 295
　　　5.3.3　如何做到使众人行 ··· 297

第6章　智能时代的持续精进 ··· 303
　6.1　引擎：学习动力 ··· 305

6.1.1 明确学习需要 ·· 306
　　6.1.2 培养学习兴趣 ·· 308
　　6.1.3 激发学习情感 ·· 313
6.2 意志：学习毅力 ·· 315
　　6.2.1 确立清晰的学习目的 ······································ 316
　　6.2.2 找到适合的学习方法 ······································ 317
　　6.2.3 培养良好的学习习惯 ······································ 321
　　6.2.4 克服不利的学习阻碍 ······································ 324
6.3 方法：学习能力 ·· 327
　　6.3.1 内化和应用知识 ·· 329
　　6.3.2 分析和整理信息 ·· 335
　　6.3.3 追问和反思经验 ·· 341
　　6.3.4 构建知识体系 ·· 347

参考书目 ·· 354
后　记 ·· 357

第 1 章　智能时代的自主修炼

我在攻读博士学位期间，曾与导师杨建梅教授有过一次关于哲学与科学之间关系的深入探讨。我的恩师告诉我：从西方学术史看，科学是哲学的衍生物，一切科学的方法和知识体系，首先是建立在研究者所持有的哲学思想（世界观）基础之上的。拥有哲学博士（Ph.D）的人并不一定修读哲学，而是对其知识范畴的理论、内容及发展等都具有相当的认识，能独立进行研究，并在该范畴内对学术界有所建树。因此，哲学博士基本上可以授予任何学科的博士毕业生。

我对导师的看法深以为然。既然科学是哲学的衍生物，一个人表现出来的行为风格及其对科学知识的态度，大体上是由其抱持的世界观所决定的。

我写本书的目的是建立在如下的世界观假设之上的：每个人都有自己生活的理想，那就是为了理想的生活，而我所期望和欣赏的理想生活，是通过不断的自主修炼，逐渐让自己成为一个自由的人。这个自由，不是人们常说的财务自由那么肤浅，主要体现在工作、生活和精神三个层面：

（1）工作自由：有能力、有信心，有主动创造的力量，不仅仅为生存和收入而工作，更多的是为实现自我成长和自身价值而工作。

（2）生活自由：扛得起责任，放得下名利，懂得适时而进退，不患得患失，不依赖他人，但需要时可以成为别人的依赖。

（3）精神自由：有自己独立的思考和见解，不受他人的影响和控制，可按照自己喜欢的方式追求心理上的满足和快乐。

如果你认同或基本同意以上观点，那么本书将非常适合你阅读和修炼；若非如此，建议你不必浪费时间在后面的章节上。

接下来我将为你开启七彩人生的智慧密码，请跟我来。

1.1 司空见惯的困境和尴尬

即将研究生毕业的儿子问我："马上要参加工作了，在单位里做事，自己可以做多大的决定，还是一切听领导的？怎么听懂领导的意思，包括潜台词？向领导提问的时候，问多了显得自己没思考，问少了显得自己不努力，什么时候该问，什么时候不该问？"

当我听到这些问题，觉得儿子逐渐变得成熟的同时，最大的欣慰是他会提前思考未来的职业和人生了。这更加激发了我写作本书的热情和动力，因为我相信：不光是他有疑惑，其他很多毕业生、在校生、甚至社会人士也有疑惑；他们也不光有这几个疑惑，可能还有其他与职业发展相关的疑惑。

下面我先从自己的亲身经历和所见所闻说起。

1.1.1 我亲身经历的糗事

二十年前，我刚接手带领一个新团队不久，有一次需要主办一个跨部门会议，还计划邀请公司分管副总出席。会议前三天，我交代一位有三年工龄的研究生小严负责会议的组织工作，包括召集各相关部门经理和主管人员按时参加会议，开会地点就在公司公共的会议区选一间会议室，我则主要负责邀请那位副总参会并主持会议。

第1章 智能时代的自主修炼

一切似乎都按预想的节奏进行。

会议当天，在即将开会的五分钟前，我陪同那位副总来到小严通知的会议室门前，看见各部门参会的人员大部分已经到了，却全部聚集在走廊上没有进去，而小严则一脸紧张、六神无主地被人群围在会议室门口，像个哑巴一样承受着同事们的指责。

我走过去一问缘由，才知道小严没有申请预占会议室，而是直接通知大家按照计划的时间到这间会议室开会，结果会议室里面已经有其他部门在开会了，而且一时半会儿还不能结束，我们的会议自然也就无法按计划召开。

听闻情况后，我一时大窘，恨不得找个地缝钻进去，根本没想到一个硕士毕业的老员工能把事情办得这样"乌龙"，只能赶忙觍着脸给公司副总和各部门参会人员道歉，并让大家先散了，回头再通知大家在其他时间开会。

这是我职业生涯中非常糟的一件事，让我至今难以忘怀。试想，对于公司提供给各部门共同使用的会议室，如果没有预约机制，大家都是想用哪个就直接去用哪个，不撞车才怪！这道理简单得用脚指头都能想明白。事后我批评小严不动脑筋，做事连基本的逻辑都没有。她还委屈地说："我们以前都是在本部门楼层的会议室开会，没用过公共的会议区，我哪知道会议室还要预订啊？"

确实，对小严来说，第一次组织这样的会议，出错可能是难免的，但她最大的问题在于没有启动应有的逻辑性思考，缺乏经验却又不肯向身边的人询问、请教，办事过程中也缺少了一些向上级主管反馈和沟通的动作，从而导致问题到最后一刻才暴露出来。因此，这次事件反映出的是一个人思考和沟通能力的问题。

当然，另一方面我也同样做出了反思。作为负责人，在带领一支新团队开展工作时，由于对新同事还不熟悉，安排任务时就有必要事先把目标、方法和路径讲清楚，让执行者更加正确、高效地完成工作。

由此我想到曾经听过的一则趣闻。据说，日本人布置工作至少要说五遍，大概的场景是这样的：

第一遍：领导将要安排的任务说完，然后问对方："伊藤君，你听明白了吗？"伊藤："明白。"

第二遍：领导问："明白就请你复述一遍。"于是伊藤把任务要点向领导重复了一次。

第三遍：伊藤准备走了，领导接着问："伊藤君，那你说一下打算怎么做。"伊藤想了一下，谈了自己做事的计划，并询问领导："您看这样可以吗？"领导说："可以。"

第四遍：伊藤总算准备走了，领导又问："伊藤君，等一下！你说说看，在做这件事的过程中可能会出现什么问题？如果出现这些问题，你打算怎么解决？"伊藤又想了一下，谈了自己预计可能出现的问题和应对计划，并询问领导："您看可以吗？"领导说："可以。"

第五遍：伊藤终于准备走了，领导再问："伊藤君，等一下！你说说，在出现问题后，你在什么情况下自己做决定，什么情况下向我汇报？"伊藤再次想了一下，谈了自己在面对不同情况时的处理方法，包括什么问题自己做决定、什么问题向领导汇报。

伊藤站起来，真准备走了。领导喊住他："伊藤君！"伊藤说："老板，你再不让我走，我就切腹自杀给你看。"领导说："好吧，你可以走了，拜托啦！"

这就是日本人工作中的沟通方式。他们通过一件事情说五遍，把做事的目标、方法、步骤、风险预测、问题处理、反馈模式等全部沟通清楚，到真正交付成果的时候就能达到与预想的效果基本一致。其道理和中国人所说的"磨刀不误砍柴工"如出一辙。

事实上，不管你是不是处于领导岗位，只要在一个团队里工作，就有可能需要协调他人一起完成某些任务，就免不了需要一定程度上运用到领导力和有效沟通的方法，以此来确保你和你的队友都能做正确的事，并用正确的方式去完成。

1.1.2 我身边发生的故事

多年前的一个夏日,我们办公室的技术专家王工计划两天后去上海出差,交代综合室新来的文秘小李代订机票,小李愉快地接受了任务。

第二天下午,王工想到出差的日程还没有确定下来,就把小李叫到了办公室。

王工:"小李,我的机票订好了吗?"

小李:"王工,昨天就订好了,我想您明天才出差,所以就还没向您汇报。"

王工:"几点的飞机?"

小李:"下午2点,可以吗?"

王工:"我明天下午3点要在上海参加一个重要会议,2点飞过去黄花菜都凉了呀!"

小李:"王工,不好意思!我不知道您当天下午就要开会,现在立刻去帮您改签,好吗?"

王工:"那赶紧去吧。"

10分钟后,小李回到王工的办公室。

小李:"王工,明天上午本来有一个9点的航班比较合适,可是已经没票了,其他有票的都是11点半以后的航班,时间上都来不及了,怎么办?"

王工:"那你看看有没有明天一早的高铁,如果早点出发,应该还能赶上。"

小李:"好的,我马上去办。"

又过了5分钟,小李再次来到王工的办公室。

小李:"王工,我算了一下,坐高铁到上海需要6个小时左右,如果要赶上那个会议,必须上午8点前出发,可是我刚才查到8点前的三趟高铁车次都没票了。"

王工:"这个会议非常重要,我必须参加。还有其他的交通工具吗?"

小李(这次学聪明了):"我刚才查高铁票的时候,顺便看了一下其他车次,普通火车还有票。要不您今天晚上坐普通火车的卧铺过去吧,这个票马上可以落实。"

王工:"好吧,也只能这样了。"

最后,可怜的王工半夜坐普通火车去的上海,第二天拖着疲惫的身体赶上了那个重要会议。

在这个事件中,小李虽然接受任务很爽快,行动也颇为迅速,但最大的问题是在接到任务时没有弄清楚办事的目的,也没有向交办人进行澄清,办事过程没有章法,办完之后也没有立即反馈进展,从而造成了后面一系列的延误。事实上,如果信息沟通及时,小李是有可能提前纠偏,按要求完成任务的。上面提到的目标、过程、反馈和纠偏等环节,都与小李的行动力紧密相关,是他需要重点提升的能力。

再说技术专家王工。虽然看起来是因小李办事不力而影响了他的行程,但王工需要反思的是,自己在交代任务时并没有把目的、期限等说清楚,也没有事先询问小李有没有不清楚的地方。哪怕他能让小李复述一遍任务内容,可能也不会出现这样糟糕的结果。这就是沟通中需要把握的两个重要目的和原则:一是自己说清楚,二是让对方听明白。

早几年我们公司招收了一位名校应届毕业生小敏。有一次我让她收集几个重点行业的客户信息化发展趋势、通信业务变化状况、同行竞争对手的市场策略和重点营销手段等信息和数据,并问她是否需要老同事带一下。

小敏毫不犹豫地接受了任务,并说她想自己试试,暂时不需要其他人帮助。随后,她开始发挥自己的研究特长,通宵达旦地从报纸、杂志、网络等各种渠道搜集了大量的信息,没过多久就把一堆数据和图表交给了我,并美滋滋地等着我的表扬。

我粗略地扫了一眼,失望地说:"内容很丰富,图表也很美观,但是你究竟想让我看什么东西?是打算让我读新闻报道吗?"听到我的问话,这位原本信心满满的女孩瞬间就跟泄了气的皮球一样,脸上写满了委屈。

我要说的是，我们工作中所产出的报告和材料，如果没有分析、观点和建议，无论拿出多少数据、信息和图表，对解决问题也毫无用处。当然，小敏前期所做的工作还是有意义的，只要稍作点拨和指导，她完全可以在此基础上提炼出更有价值的结论和行动方案。

现实生活中，我听得更多的还是以下形式的问话：

"经理，广告公司这次配置的设计团队素质不行啊，不但动作慢，而且出品质量也不行，严重影响项目进度，怎么办？"

"领导，市场部要求我们在这次的材料中加入存量客户经营策略和举措的内容，您看怎么写合适？"

"老板，这次招标通告发出去之后，应标单位非常踊跃，有五十多家公司报名，按惯例走招标流程太慢了，您看怎么办比较好？"

凡此种种，不一而足。

大部分领导在遇到这样的询问时，第一反应是："如果每件事情都让我告诉你怎么办，那还要你来干什么？"听到上司这么说，有些人可能会很不服气："你不是领导吗？你不是说有问题找你吗？现在有问题了，你又反过来质问我。"

可是，先别忙着抱怨。不管在哪家公司工作，你慢慢都会发现，上司绝对不是故意针对你一个人，他对所有下属提出的类似问题都有同样的反应。

这是因为，领导也是人，每天也只有24小时，除了工作也需要吃饭和休息。作为上司，他管理的业务范围比你广，对每项具体任务的了解就不可能比你更深入。作为经办人，你对自己主要负责的工作掌握更多的信息，有更全面的观察、体验和理解，因此理应提出更合理的解决方案给领导做决策。

因此，会做工作的人，懂得经常给上司做选择题，而不是做问答题。"我们遇到一个问题，不知道怎么做，请您指示"和"我们遇到一个问题，想到了三种解决方案，请您定夺"，哪一种方式更容易被上司接受和青睐？不言自明。

以上所说的都是分析问题和解决问题的能力。事实上，在开展工作的过程中，任何人都可能会遇到一些难题。为了解决它们，你少不了要向领导请示。但是，在请示之前，你一定要站在专业和现实的角度，认真思考真正的问题和根源所在，给出至少两种以上解决方案，列明各自的利弊，供领导决策时参考。你虽然没有决策权，但是有强大的建议权，还必须有推动工作的主动性和能动性。

在面对问题寻求解决方案的过程中，你既锻炼了自己的思考和分析能力，又提高了工作效率，还能获得上司的赏识，为自己的职业发展创造有利条件。这就是思考力和行动力结合带来的好处。

1.1.3 我经常接触的琐事

我曾在多家不同类型的企业从事多个不同性质的工作，包括车间工艺员、工业工程师（IE）、网络管理员、研发工程师、项目经理、工作室主任、IT经理、市场研究员、销售经理、渠道经理等，这让我有条件以不同角色接触到各式各样的同事，观察到一些有意思的琐事。

小侯是一个活力四射的帅小伙子，工作兢兢业业，深受领导和同事的喜爱。他最大的特点是"能说"。每次团队研讨的时候，只要轮到他发言，小侯总能滔滔不绝、绘声绘色地把一件事的来龙去脉、起承转合描述得异乎寻常的详尽，让你有一种身临其境的感受。可是，我每次听到他喋喋不休的发言就会对他说："讲重点，节省时间。"而他则会说："不行啊，如果不把前面那些情况讲清楚，我怕你们听不明白。"这时我就会想，小学语文老师教我们的文章缩写练习确实是有价值的，比那些高深的三角函数和微积分知识有用多了。

与小侯相比，小纪则是另外一个类型。他开会的时候明显要比小侯的话少一些，但最大的特点是不得要领，总喜欢把多个主题放在一起说，中间穿插的数据和信息却不知道和哪个主题相关，也听不出主要观点和结论是什么。有好几次开会，领导听完小纪发言之后说："嗯，讲得不错，很有新意，也有高度，不过我没有听懂。你到底想说什么呢？"这时我就会再次想到，不光小学语文老师教的文章缩写有用，中学语文老师教的归纳和演绎、大学老师教的数理逻辑也是有用的。

不管怎么说，小侯和小纪都属于喜欢沟通的类型，只是欠缺一些沟通的方法和技巧，而在我以前的同事之中，还有一类是不善于或不喜欢沟通的人，小雅就是一个典型例子。她是名校毕业的计算机硕士，高级程序员，技术能力非常强。每次布置工作，小雅都不愿与任何人合作，她总是说："那一整块儿涉及网络安全的方案我来负责。"或者，"我只负责开发独立的模块，如果需要和别人配合，请领导安排，我不管。"因此，只要她参与的项目，领导都必须给她安排独立的任务。有一次我私下问她什么原因，她说："我不愿意和人打交道，太累、太麻烦。我只喜欢和机器打交道，哪怕是玩游戏也只要对着电脑玩，这样很简单。"你或许会说，小雅是人群中最不善于沟通的特例，应该是职场中的少数，那么我接下来要说的小马则可能有更大的代表性。小马也是一位女士，已有15年的工龄了，是两个孩子的妈妈。前几年她在一个部门的综合室负责各种汇报材料、分析报告的编写。一般来说，编写一个大部门的材料都会涉及下面多个科室内容的收集和整合。每次遇到这种情况，小马就会在事前找领导说："A、B、C这几个人不是我们科室的，麻烦您先跟他们说一下，我再去找他们要材料。"有一次领导实在忍不了了，就问她："都是一个部门的同事，在一起也共事这么久了，你做的又不是一个人的事，不可以自己先找他们协商吗？如果真的碰到障碍，再找我也不迟啊。"且不说小马受部门领导的委托编写材料相当于持有"尚方宝剑"，本就该名正言顺地向其他科室索要素材，即便排除这项授权，她在部门内工作这么长时间，也理应建立了一些人际关系，何必凡事找领导协调呢？就算有些人暂时没有建立关系，作为该项工作的牵头人，小马先行一步主动找他们沟通也是合情合理的。本来只是很平常的工作沟通，完全没必要在做事之前就假设会存在障碍。

以上是公司职员工作中常见的几个典型场景，接下来再讲一个发生在很多管理者身上的案例。

小陆担任售前方案中心的经理已经六年了，手下带着近二十名技术人员，其中还有好几个名牌大学毕业的技术大拿。我平时都以一种崇拜的眼神来看他。我和他接触了很长一段时间之后发现，每次见到他都是一副没睡醒的样子，明显能感觉到他疲惫不堪。于是我好奇地问他："我知道每天都有好多客户项目需要你们来支撑，可是你们方案中心高手那么多，怎么也不至于把你这个经理累成这样吧？"他激动地告诉我："怎么不至于？我也安排手下人写方案啊，可是你别看他们有不少人技术方面很牛，但写出来的方案实在拿不出手啊，每个项目都要我兜底来修改方案，能不累吗？这个经理的活可真不是人干的！"我说："那你得培养几个帮手才行啊，否则还不把自己累死？"他说："那也得有可造之材呀！我看他们都不行，交给谁我都不放心。"

很多企业在任用干部时通常首先考虑从业务骨干中选拔，这无疑是一种有效的选人用人方式，但如果提拔之后缺乏必要的训练，这些从业务或技术转向管理岗位的经理人员，通常会延续他们特立独行的专家做派，加上以前学校教育的影响，往往不愿意或不屑于教导和培养下属，遇到下属搞不定的事情就撸起袖子自己干。这样一来，经理不但把自己累得半死，下属也得不到锻炼和成长，于是就出现了"一匹狼带出了一群羊"的结果。

拿破仑说："不想当将军的士兵不是好士兵。"随着阅历的增长，很多年轻人早晚要担任领导职位，即便不当领导，也可能要带一个小团队或在某些项目中负责组织其他人共同开展工作。因此，职场中每个人都需要具备一定的领导力，至少要懂得基本的团队沟通、协调和教练技术。说到底，领导力并不是处于领导岗位的人专属的，而是人人都需要修炼和掌握的一种能力，只不过范围和程度有所不同而已。

1.2　职业发展的胜任力模型

我在上文中讲述了一些职场中不同情境之下遇到的困境和尴尬，并在案例中做了适时的点评，下面再做一个简单梳理：

在我亲身经历的那桩安排跨部门会议的糗事中，小严明显暴露出思考力的缺乏；而我作为团队的头目，在任务分派上也反映出领导力的不足。

在小李协助技术专家王工安排行程的事件中，小李办事没有章法，未及时反馈和沟通相关信息，是行动力不足的表现；而王工交代任务不清晰、不彻底，则是领导力不足的表现。

在研究生小敏收集信息和提交报告一事上，小敏没有给出分析结论和行动建议，在思考力和行动力方面都存在不足。此外我还提到了工作中员工经常给上司出问答题而非选择题的几个场景，也是员工缺乏思考力的常见行为。

在后面列举的小侯、小纪、小雅、小马和小陆的几个事件中，可以看出他们是在团队沟通、组织协调或教练引导等方面有所欠缺，是领导力不足的典型特征。

综上所述，人们在职场中感到困惑与迷茫的根源，大部分是由于思考力、行动力或领导力不足造成的，这恰恰是智能时代需要我们不断地自主修炼的关键能力。

1.2.1 三原色构建职业发展三大基础能力

我之所以提出以上观点，是因为年过不惑之后渐渐意识到，人生在世归根结底就是三件事：思考、行动和互动。其中，思考是思维的一种探索活动，包括对宇宙万物的运行原理、精神世界的意识觉悟以及为人处世的合理方式等方面的探索；行动是基于思考之上的个人行为动作，包括工作、运动、吃饭、睡觉等任何形式的外在动作表现；互动则是指与他人发生交互作用的行为，不仅是自己有行动，还需要和其他个体之间互相交换信息和能量，包括协同工作、日常沟通、社交、演讲等多人参与的各类活动。

既然说人生在世三件事就是思考、行动和互动，那么决定人生高度和质量的就是思考力、行动力和领导力。这里我们把与他人之间互动的能力归结为领导力，是因为领导力中包含了互动所覆盖的几乎所有行为能力，而且在大部分领导力著作中，这一概念并非指领导者独有的，而是指所有人都可能拥有、可以修炼、需要在工作和生活中经常运用到的一种能力。本书所要探讨的正是这种有普遍需要的领导力。

基于以上分析，我认为人生之中最核心、最基础、最关键的三项能力就是思考力、行动力和领导力，它们也是个人职业发展必备的基础能力（如图1.1所示）。

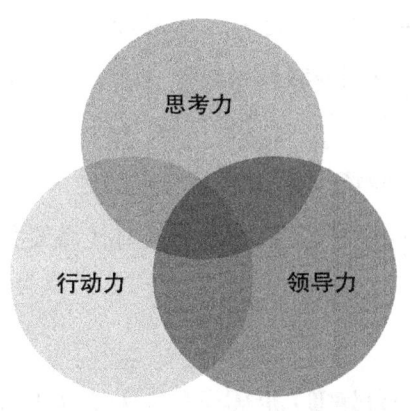

图 1.1　职业发展的三大基础能力

如果要用不同的色彩来表达这三大基础能力的含义，那么它们就相当于美术中的三原色——青色、黄色和红色。

青色：是典型的冷色调，意味着冷静、伶俐、清爽、丰富，用来代表思考力。

所谓思考力，是指人的大脑通过分析、综合、概括、抽象、比较、具体化和系统化等一系列过程，对直觉、感受、数据、信息和知识等进行加工，并转化为认识、理解和问题解决方案的能力，通常表现为概念、判断和推理等基本形式。

思考力需要依靠"用脑"来实现，与智商（Intelligence Quotient，简称 IQ）密切相关，主要用于解决逻辑关系、推理演算和创新创意等一系列相对比较程序化的问题。

黄色：是常见的暖色调，意味着阳光、轻快、活力、希望，用来代表行动力。

所谓行动力，是指在某种战略意图或目的指引下，通过采取一定的方法和程序，遵循一定的原则和路径，运用一定的手段和工具，完成某些任务，从而达成既定目标的能力。

行动力需要依靠"用手"来实现，与体商（Body Quotient，简称 BQ）密切相关，主要用于解决、推动工作和生活中的具体事务或任务的完成和实现问题。

需要特别强调的是，我所说的行动力需要"用手"来实现，主要是为了形象化地体现与思考力"用脑"的区别，并不是说只需要用手就能完成，而是必须调动全身心的力量来参与。类似地，这里所说的体商，也不仅仅是指简单的身体商数，还应该包括在自制力控制下的身体力行，以及有计划、有步骤、有方法的自主性活动等因素。

红色：是典型的暖色调，意味着热情、乐观、真诚、主动，用来代表领导力。

所谓领导力，是指带领、影响或动员他人，为实现团队目标而促进成员共同行动，以解决各种适应性问题的能力，通常表现为充分地利用人力和客观条件，以尽可能低的代价、尽可能高的效率办成事情的行为。

领导力需要依靠"用心"来实现，与情商（Emotional Quotient，简称 EQ）密切相关，主要用于解决情绪调节、关系认知、待人接物、角色互换、沟通协调等方面的问题。

关于三大基础能力的思想内涵、构成要素、方法体系和修炼路径等内容，我们将在后面的章节详细探讨。

1.2.2 三间色构成职业发展三大基本素质

显然,思考力、行动力和领导力这三大基础能力在每个人身上是相互关联、相互作用的。它们之间相互交叉和重叠,在意愿、态度和行为层面构成了个人职业发展的三大基本素质:积极主动、知行合一、使众人行(如图1.2所示)。

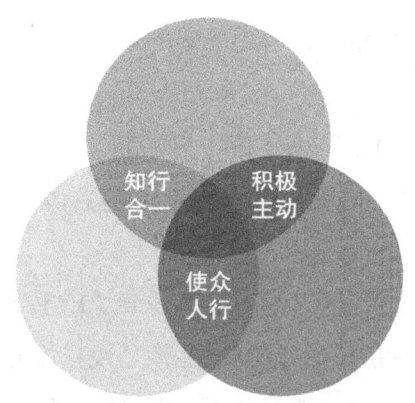

图1.2 职业发展三大基本素质

如果要用不同的色彩来表达这三大基本素质的含义,那么它们就相当于美术中的三间色——蓝色、绿色和橙色。

蓝色:是青色与红色的叠加,代表积极主动,是思考力与领导力共同作用所产生的一种意愿,意为积极思考、主动担当。

在《高效能人士的七个习惯》一书中,积极主动被定义为个人成功的第一要素,是高效能人士首先要培养的一种习惯。

积极主动是一种对自己负责的态度。积极主动的人不会因外界环境的因素随时改变自己,而是根据自己秉持的价值观做出抉择,从自己做起,自觉地担当责任,从而化阻力为助力,推进使命的达成。

绿色：是青色与黄色的叠加，代表知行合一，是思考力与行动力共同作用所产生的一种态度，意为思行致知、以知践行。

知行合一最早是由我国明朝"心学"代表人物王守仁提出来的，即认识事物的道理与在现实中运用此道理，是密不可分的。该思想包括两层意思：一是知中有行，行中有知；二是以知为行，知决定行。其中，知是指良知（即道德意识和思想意念），行是指人的实践。因此，知行合一是中国古代哲学中认识论和实践论的命题。

本书所探讨的知行合一与上述定义大致相似，重点强调的是通过有效思考获得实践中所需的知识，然后将其迅速地在实践中加以应用，尽最大努力去实现既定目标，并在此过程中对理论知识进行检验、优化和完善。只有做到知行合一，把理论和实践统一起来，才能达到"止于至善"的效果。

橙色：是黄色与红色的叠加，代表使众人行，是领导力与行动力共同作用所产生的一种行为，意为激励他人、共同行动。

克里斯蒂娜·奥斯本在《领导力》一书中把"使众人行"定义为领导力的五种行为之一，目的是实现两个方面的使命：一是通过强调共同目标和建立信任来促进合作；二是通过分享权利和自主权来增强他人的实力。

本书所定义的"使众人行"不但包含了个人的行动能力，更包含了个人带领、教导、推动和激励他人共同行动的能力，需要通过建立相互信任、增进成员关系来促进协作，通过帮助团队成员增强自主意识和发展能力，让整个团队的人员协同开展工作，在提升整体实力的同时推动团队完成一定的任务。关于三大基本素质的形成逻辑、思想内涵和发展路径等内容，我们将在后面的章节详细探讨。

1.2.3 职业发展胜任力模型的完整表现

思考力、行动力和领导力是职业发展所需的三大基础能力，它们两两相交，构建出积极主动、知行合一和使众人行这三大基本素质，而所有这些能力和素质交织在一起，便形成了我们个体的核心竞争力，它是我们在智能时代必须长期保持的一种理念、精神、心态和能力——持续学习、持续精进，也就是学习力，可以用三原色和三间色叠加而成的黑色来表示。

至此，我们构建出了一个完整的职业发展胜任力模型（如图1.3所示），其中的七个要素可分别用七种不同的颜色来表示，因此我们也将它形象地称为"七彩人生能力素质模型"。

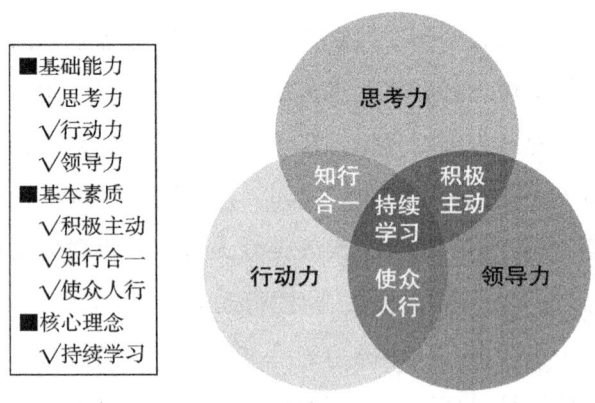

图1.3　职业发展胜任力模型

黑色：是青、黄、红三原色以及蓝、绿、橙三间色的叠加，代表基础能力与基本素质交织作用所产生的一种理念、精神和心态，意为持续学习、持续精进，其实就是学习力。

黑色意味着对知识、方法、技能和智慧的强大吸收能力。我们大部分人都处于智能时代独有的知识焦虑之中，从学校里学到的和迄今为止学到的知识永远不够用，终身学习已成为时代发展的必然趋势。

在本章推导出来的职业发展胜任力模型中，基础能力是人生之中必备的、首要的因素，其中：思考力是行动力和领导力的基础和决定性因素，对个人发展和竞争力具有决定性的作用。虽然思考力和智商、"用脑"有一定关系，但因其有成熟的理论和方法可用，我们得以通过后天的训练来提升和强化。

在众人被碎片化信息牵着鼻子走时，经历同样的时间，拥有超长专注力和超强学习力的人，就能积累更多的知识资本。因此，一个人能否持续、高效地学习，决定了其能否持续地成长和精进，也决定了其在智能时代的竞争力水平和生存空间。

1.3　做事与做人的逻辑图谱

在上文中，我们通过对一些日常事例的剖析，对工作与生活的深入思考，构建了职业发展胜任力模型。下面对该模型的基本逻辑和本书的结构安排进行简单介绍（如图1.4所示）。

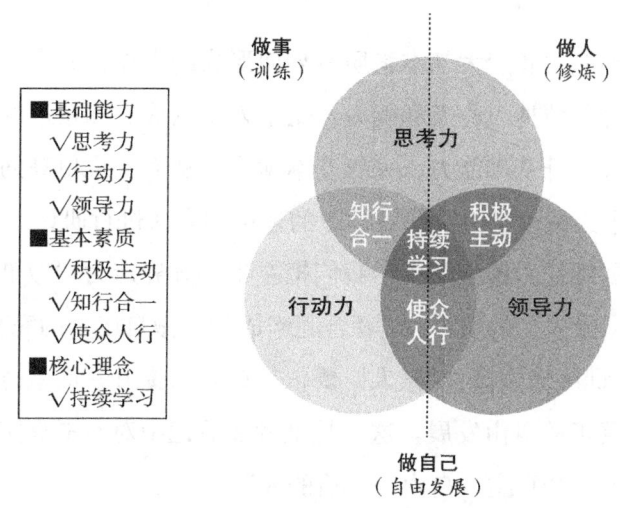

图1.4　职业发展胜任力模型的逻辑关系

行动力作为一个人办事能力的体现，是基于思考力之上的一种行事方法与逻辑，是"用脑"和"用手"相结合的具体动作和结果。与思考力类似，行动力也有很多成熟的方法体系来支撑，也可以通过实践的历练来巩固和优化。

与思考力和行动力不同，领导力更多表现为情绪调节、关系营造和沟通协调等行为，它决定着我们的影响力，和情商、"用心"密切相关。即便如此，领导力也是有一些成熟的理论模型和方法支撑的，因此我们同样可以通过刻意的修炼来提高和完善。

鉴于三大基础能力在职业发展中发挥的重要作用，而且它们都可以遵循一定的方法和路径进行自主修炼，本书分别用第二章、第三章和第四章对思考力、行动力和领导力进行详细探讨，帮助读者在头脑中建立完整的基础能力架构，以便在日常工作和生活中随时调用。

三大基本素质是思考力、行动力和领导力两两相交的衍生物，它们之间既有交叉关系，也有包含关系。积极主动、知行合一和使众人行这三大基本素质是促进我们在智能时代自由发展的关键要素，本书在第五章对它们进行重点阐述。

由三大基础能力和三大基本素质叠加而形成的个体核心竞争力，代表一种持续学习的理念、精神、心态和能力，是个人得以成长和精进的关键，它促使我们通过学习来提升基础能力，完善基本素质，从而实现更高的人生目标。本书在第六章对个人持续学习、终身学习的理论和方法进行研讨。

在职业发展胜任力模型图中，我们把左半部分界定为"做事"的方法，右半部分界定为"做人"的境界，二者合起来成为"做自己"的完整模型。其中，"做事"要依靠训练来提高，"做人"要依靠修炼来提升，而坚持"做自己"才会使我们实现真正的自由发展。这正是笔者在后记中对本书真实目的论述：希望帮助读者"做一个自主、自由、自洽的人"。

第 2 章　思考力决定竞争力

　　思考是思维的一种探索活动，思考力则是在思维过程中产生的一种具有积极性和创造性的作用力，是人的大脑通过分析、综合、概括、抽象、比较、具体化和系统化等一系列过程，对直觉、感受、数据、信息和知识等进行加工并转化为认识、理解和解决问题的能力。

　　在我们日常的工作中，同样写方案，有些人总是能脱颖而出，博得领导和同事的认可和欣赏，而你可能每次都觉得难以拿出手；同样做产品设计，有些人给出的稿件总是新颖别致，充满创意，又能满足客户的需求，而你可能苦思冥想也琢磨不出什么新花样；同样做市场拓展，有些人订单连绵不断，而你可能总是没米下锅，苦等挨饿；同样做新媒体，有些人的粉丝成倍地增长，而你可能一直在惨淡经营，半死不活；同样面对复杂的系统性问题，有些人总能看到问题的本质，快速找到有效的解决办法，而你可能抓耳挠腮，一筹莫展。为什么？

　　当遇到上述情况时，你是不是心理不平衡，又只能无奈地安慰自己说："他们之所以能够做到这样，是因为天分更高、基础更好、人脉更广……"潜台词就是：如果我也有一样的天赋资质，一样的学历背景，一样的社会关系，我也一样能做到。

殊不知，人与人之间真正的差距并不在于此。多数人思考力之低，还根本轮不到拼天赋、拼学历和拼关系！造成思考力低的根本原因也不是这些，而是因为我们大部分人懒于动脑，对任何事情都不肯做独立、深入的思考，当然，也就不会有好的判断和选择。

美团创始人王兴曾说过一句这样的话："多数人为了逃避真正的思考，甘愿做任何事情。"他们只是为了做事而做事，美其名曰追求简单快乐的人生，这就是思考力低的真正原因。

那些能够独立思考、深入思考的人，决不会人云亦云，而是能够掌控自己的工作和生活，成为自己的主人，激发出无穷的创造力和生命潜能。

人的大脑会越用越灵光，思考力也可以通过不断的训练来提高。世界上鲜有毁于用脑过度的人。当大脑习惯用正确的方式进行思考之后，思考速度自然会加快，然后成为你的潜意识和本能动作，将你塑造成为独一无二的人，因此，独立思考是独立自主的基础和前提。

日本著名管理学家和经济评论家大前研一认为，未来世界的新经济是一块看不见的大陆，涵盖了四个空间，分别是：

（1）延续旧世界的"实体经济"空间；

（2）包括现金流、信息流在内的可以穿越国境自由流通的"无国界经济"空间；

（3）由包含互联网在内的各种通信技术所产生的"数字经济"空间；

（4）以自由资金的百倍、千倍的倍数资金流动的"倍数经济"空间。

以智能社会为主要特征的新经济是呈倍数形态的，由思考力的差距所造成的经济能力差距也是成倍数的。我们必须正视的是，思考力导致人与人之间的差距已经在当今社会中初现端倪，未来这种差距还会越来越大。

大前研一在《思考的技术》一书中还说道：比别人多花两倍时间思考的人，就可以拥有十倍于别人的收入；比别人多花三倍时间思考的人，就能比别人多赚百倍的利润；以此类推，比别人多花十倍时间思考的人，当然就有可能成为一家市值总额上万亿的企业的创办者。这已经是新世界的基本法则了。

虽然每个人都有不同的人生目标，并不是所有人都要追求高于别人百倍的收入，但是，不管我们选择什么样的人生，在思考力愈显重要的智能时代，懒于思考、缺乏思考力的人将越来越没有生存的空间。因此，思考力是人生中最重要的能力之一，思考力决定竞争力。

既然思考力如此重要，那我们如何才能提升自己的思考力？应该重点提升哪些方面的思考力呢？这就涉及我们日常工作和生活中主要运用哪些思考方法的问题。

所谓思考方法，就是人们思维活动内在程序的运作方式，是为了实现特定思维目的所凭借的途径、手段或办法，也就是思考过程中所运用的工具和手段。

人们常见的思考方法有很多，比如逻辑思考、形象思考、逆向思考、聚合思考、水平思考、垂直思考、发散思考、创新思考和系统思考等。这些概念之间往往存在交叉、重叠和包含等关系，这是因为人们从不同的角度对它们进行定义的结果。

本书重点探讨与我们日常工作和生活紧密相关的三种思考方法，也是智能时代必须掌握的三项关键思考能力，分别是结构性思考、创造性思考和系统性思考。掌握并灵活运用这三种思考方法，将会大大提升我们的思考力。

2.1　垂直逻辑：结构性思考

很多人在工作中经常遇到以下状况：思考的时候缺乏逻辑，大多数时候不知道从哪里下手；讲话时缺乏条理，费了很多口舌却难以把事情说清楚；处理问题时效率低下，东捡西漏，忙得团团转而效果却不佳……

实际上，人的行为不同往往是由背后的思考方式不同导致的，面上的表达不清，实际上是思考混乱的表现。思考决定了行为，而行为决定了结果。为减少和避免以上问题的出现，我们要掌握结构性思考方法，有时候也称为垂直思考或逻辑思考。

2.1.1 结构性思考的定义和基本形式

所谓结构性思考，是指人们在认识世界的过程中，从结构的角度出发，利用整体和部分的关系有序地思考，从而更清晰地表达，更有效地解决问题的思考方法，简而言之就是"想清楚，说明白"。

结构性思考是一种层次分明、方向有序、把问题进行纵向拆分和横向归纳推理的立体化思考方法，它借助一些思考框架的辅助，将碎片化的信息进行结构化的处理，形成一个有条理、有层次、脉络清晰的思考路径。

我们验证一个人逻辑能力的强弱，就是看他考虑问题是否有条理、有思路，表达思想是否有组织、有框架。结构性思考使我们在面对问题的时候可以通过某种结构，将它拆解成一个个能解决的部分。运用结构性思考不仅能提高我们的思考力，还能从实操上让我们"思考问题更有逻辑，与人沟通更有条理，解决问题更有效率"。

结构性思考的基本原则和思想来源于芭芭拉·明托经久不衰的经典畅销书《金字塔原理》。

为了说明结构性思考的作用，我们先来玩一个简单的游戏。请你尝试记忆以下信息，看看需要花多长时间：

h、2、o、4、8

e、9、1、s、7

r、3、5、6、0

通常情况下，大部分人1分钟能记下这些信息就很不错了，即便是记忆力特别强的人，最快也要30秒才能记下这些信息。

然而，如果我们将这些信息按下列方式进行排列，你再尝试一下记住它们需要多长时间：

2、0、1、9

h、o、r、s、e

3、4、5、6、7、8

如果我没猜错的话，这次你仅用了不到3秒钟！而且现在，你想忘记它们都不那么容易了。

同样的信息，为什么我们改变顺序就能改变你理解和记忆的效率和效果呢？这就是"结构"的作用，因为：第一，我们的大脑只能同时处理3~7个信息；第二，我们的大脑会自动联想历史经验和场景。因此，为了清晰表达、传递、获得和理解信息，我们需要对信息进行逻辑化、条理化处理，也就是开展结构性思考。

当缺乏结构性思考时，我们对问题的看法可能是零散混乱、毫无条理的；进行结构性思考后，我们对问题的看法就会变得条分缕析、层次分明，如图2.1所示。

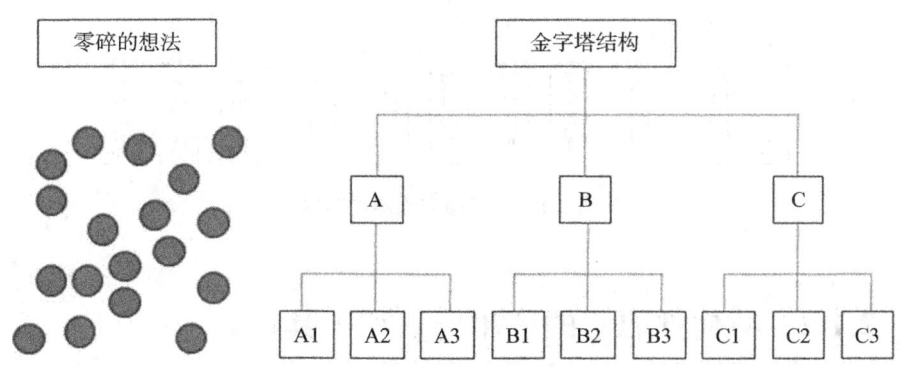

图2.1 结构性思考的前后对比

该图的右边部分是结构性思考的基本形式——金字塔结构，最顶端是需要解决的问题，可以从多个方面进行拆解，再从其中某个方面进行分析或进一步拆解。

在金字塔结构中，纵向层次之间通常是"总—分"或"果—因"关系，横向元素之间通常把同类归并为一组，各组之间呈并列关系。

我们先举个简单的例子来感受一下：如果只允许使用单一方式，如何从广州去天津？

要回答这一问题，常规思考都是从出行方式开始的。一般来说，我们出行的方式大致可以分为水、陆、空三种，而通过水、陆、空到天津的方式又各有几种，如图2.2所示。在该图中，我们虽然未必穷尽了所有方式，但足以展现金字塔的基本结构。在这个过程中，我们要建立一个先总后分的立体化分析方式，先看能够解决问题的关键方面，然后再往下分析，从而实现俯视整个问题，而不再拘泥于细节。

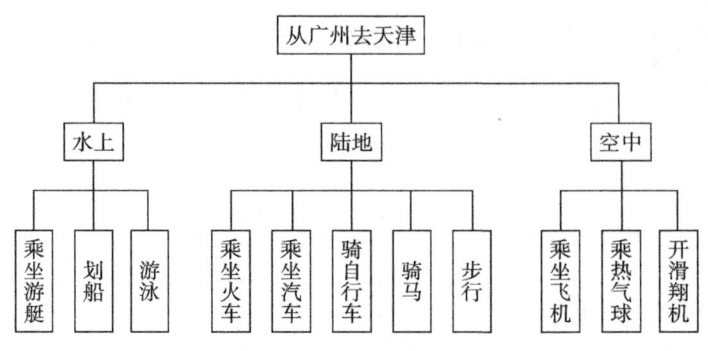

图 2.2 从广州去天津的方式

2.1.2 结构性思考的应用场景和工具

结构性思考可广泛应用于识别和筛选信息、整理和归纳信息、提炼信息和表达信息等多种场景，下面逐一阐述其运用方法和工具。

2.1.2.1 结构性思考用于识别和筛选信息

如果把金字塔结构倒立过来，你就可以看到一个漏斗形状，我们称之为信息漏斗（如图2.3所示）。它可以帮我们从大量杂乱无序的信息中识别和筛选出有用的信息，并帮助我们开展问题分析。

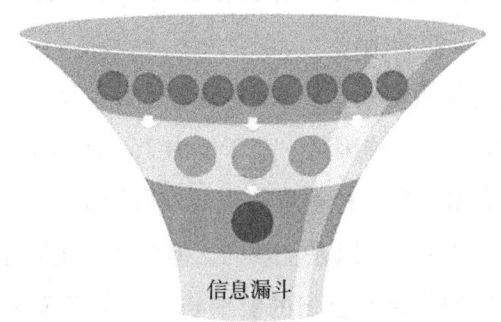

图 2.3　金字塔倒立形成的信息漏斗

我们身处一个高度信息化的社会，每天都要面对大量的信息，但这些信息中有很多都是对我们没用的。这就要求我们必须有能力识别和筛选信息。

在分析问题时，我们也会遇到海量的信息，需要从中筛选出关键信息，从而得出有价值的结论。对此，通常的做法是：先识别结论，然后筛选出支持结论的理由，并进行分类，最后寻找支持理由的事实和证据（如图2.4所示）。

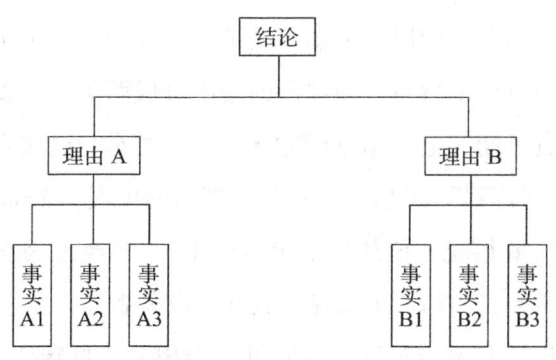

图 2.4　结论、理由与事实的金字塔结构

（1）结论：即中心思想，是对问题的看法和立场，往往会出现在信息内容的开头或结尾，或是出现在"因此、所以、证明了、可以断定"等类似提示结论的词汇之后。如果信息提供方没有明确表达，可以通过追问一句"所以呢"或"因此呢"来探寻可能的结论。

（2）理由：结论是否有价值，关键是要判断有没有充足的理由对其形成支撑。理由往往会出现在"原因是、鉴于、由于、证据是"等类似词汇之后。

（3）事实：即依据，是一种客观的现实，可能是一些数据、公理或已发生的真实事件等。结论和理由可以是主观的，但事实一定要是客观的。

先举个例子，假如你是某公司的董事长，原定于今天4点召开一个会议，并已让你的秘书去安排落实，但她今早一上班就给你打电话，汇报信息如下：

"董事长您好！刘经理来电话说系统出现突发状况，4点他无法参加会议了。小张说他晚一点开会没关系，明天再开也可以，但最好别在11点30分之前开。可是会议室明天已经被人预订了，但星期五是空着的。王总的秘书说，王总明天需要很晚才能从外地出差回来。因此，我建议把会议的时间改为星期五的10点，您看行吗？"

显然，上述信息是比较杂乱、缺乏逻辑的。下面我们按照"先识别结论，再筛选理由，最后寻找事实和证据"的方法来识别和筛选关键信息。

首先，在"因此"一词后面识别出结论为"原定于今天下午4点的会议建议改为星期五的10点"；然后将筛选出的理由分成两类，一类是与人有关的理由，即"参会人员星期五上午10点都方便"，一类是与会议室有关的理由，即"会议室周五还能预订到"；最后再寻找对应理由的事实，全部与参会人员相关，包括"王总明天需要很晚才能从外地出差回来""刘经理因系统突发状况而导致4点钟无法参加会议"和"小张晚一点开会没关系"。

通过以上的识别和筛选过程，我们可以把相关信息转变成如图2.5所示的金字塔结构，从而实现清晰明了的梳理和展现。

第2章 思考力决定竞争力

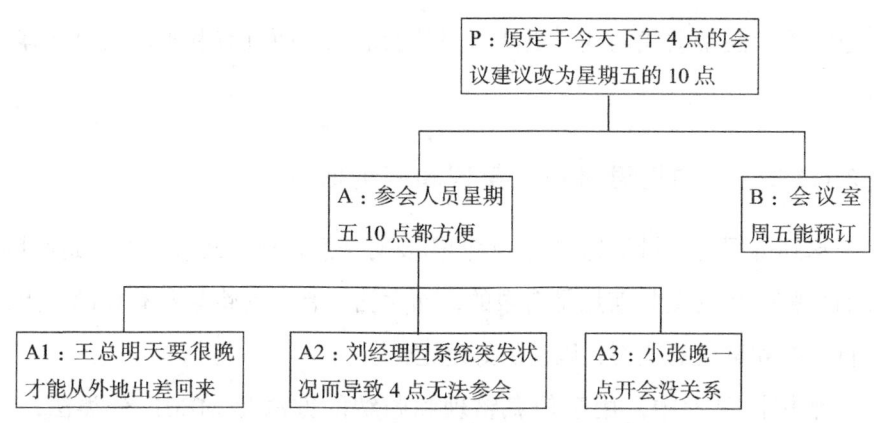

图 2.5 秘书汇报内容的金字塔结构

需要说明的是，在识别和筛选信息时，只有最后的事实是可靠的，并且用它来支撑结论和理由的逻辑是通畅的，你接受的信息才是完整可信的。

我们再用另一个具体案例来说明结构性思考在识别和筛选信息中的作用。假设下属向你汇报工作时表达了如下信息：

"领导，目前我们公司电脑业务板块的市场占有率逐年提升，但收益却逐年下降，主要是因为目前国内电脑市场的竞争太激烈，我们不得不进行低价竞争，所以利润率逐年递减，这实在是没有办法的事。"

在上述信息中，我们按照"先结论、再理由、后事实"的方法来识别和筛选信息。先在"所以"一词后面识别出结论为"电脑业务收益逐年下降是没有办法的事"，然后在"因为"一词后面筛选出理由是"目前国内电脑市场的竞争太激烈，我们不得不进行低价竞争"，最后再寻找对应的事实，但却发现下属并没有给出能支撑理由的事实。

此时，如果你找到事实数据发现：同样环境下，另一家公司的产品不但提价了，利润还增长了。这时候就可以证明下属的理由是错误的，他并没有得出正确和可信的结论，其所谓的理由不过是在为业绩下滑寻找借口而已。

可见，运用结构性思考"先结论、再理由、后事实"的方法来识别和筛选信息，不但能帮助我们获得更清晰完整的信息，而且有利于做出更加客观可靠的判断。

2.1.2.2 结构性思考用于整理和归纳信息

当拿到备用的大量信息之后，我们需要对信息进行整理和归纳。这是因为，人类的大脑一次性接收信息是有限的，而大脑又有自动将某些有相同特点的事物进行归类和重组的能力，以便更好地记忆。

在结构性思考中，用于信息整理和归纳的方法是 MECE 分类法，全称 Mutually Exclusive Collectively Exhaustive，中文意思是"相互独立，完全穷尽"，也就是对于一个焦点议题，各要素之间要做到不交叉、不遗漏的分类，而且能够借此把握问题的核心，并成为有效解决问题的方法。你还记得高中数学常用的分类讨论吗？ $a<0$、$a=0$、$a>0$，这就是典型的 MECE 分类法。

常用的 MECE 分类法有五种形式，分别如下：

（1）二分法：把信息分成 A 和非 A 两个部分，比如国内和国外，未婚和已婚，男人和女人，左和右，收入和支出，专业和业余等。

（2）过程法：按照事情发展的时间、流程顺序，对信息进行逐一分类，特别适合用于对项目进展和阶段的汇报上，比如把项目分为预研、启动、实施、收尾和验收阶段。

（3）要素法：常用于说明事物的各个方面特征，比如军队中士兵的"三大纪律八项注意"、公司的组织架构图等。

（4）公式法：按照公式设计的要素进行分类，比如销售额 = 单价 × 数量，就把销售额通过公式拆解成了单价和数量这两个要素。

（5）矩阵法：使用两次二分法，可以用四象限图来表示，比如把工作分成重要紧急、重要不紧急、不重要但紧急、不重要也不紧急这四大类。

MECE 分类法不仅可以对全部信息进行整理和归纳，还能激发大脑拓展思考。需要特别说明的一点是，虽然在分类的过程中要遵循 MECE，但实操中要做到完全的穷尽是很困难的,只要先划定一定的界限即可,不必教条化地执行而影响工作效率。

以"卖旧车前的准备工作"为例,先罗列出计划要做的工作:修理车顶的破洞、买新的车内地毯、写报纸广告稿、买新的顶灯、修理车身凹陷处、把锈斑喷漆、写后窗售车广告、写公告板的售车海报、将车内吸尘;然后再用MECE分类法进行整理(如图2.6所示),感觉是不是更加清晰明确了呢?

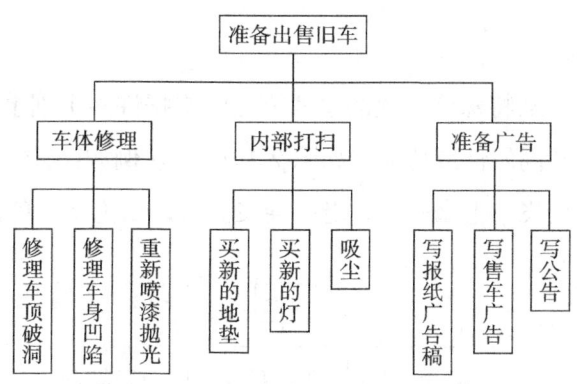

图 2.6 卖旧车前的准备工作

其实,我们每天都需要用到MECE分类法,只是没有特别在意而已,比如每日行程、出差物品清单、电脑文件分类、笔记分类等。当我们意识到MECE分类法对我们生活的巨大影响,并开始有意识地培养自己对MECE分类法的运用时,就能够将很多具象的思考抽象化,也能让自己走得更远。

此外,对于大部分情况来说,MECE分类法是一个比较通用的规则,但在某些场景下,我们还可以调用一些更直接的模型,只要把现有的信息分类放到这些模型中去,就能达到和使用MECE分类法同样的功效。比如在考虑市场战略时有一个常用的3C模型,即公司(Company)、顾客(Customer)和竞争对手(Competitor)。当我们按照这三个要素进行战略归类时,就可以防止公司出现忽视用户需求和市场行情,自顾自去开发产品而导致血本无归的情形。又如在做营销策划时有个4P模型,包括产品(Product)、价格(Price)、渠道(Place)和促销(Promotion)四个要素。当我们制定营销方案时,只要将这四个要素考虑完备,就可避免陷入低价竞争的误区。

2.1.2.3 结构性思考用于提炼信息

使用结构性思考来提炼信息的目的是为了得出结论,常用的方法有演绎法和归纳法两种。

(1)归纳法。

归纳法是一种从特殊到一般的思考方法,根据许多个别事物的特殊性来概括出同类事物的共同属性或特征(如图2.7所示)。例如:喜鹊是鸟,喜鹊会飞;乌鸦是鸟,乌鸦会飞;老鹰是鸟,老鹰会飞。所以结论是:鸟都会飞。

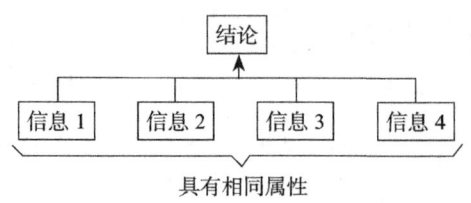

图2.7 归纳法的思考结构

归纳法是人类最基础、最常见的脑力思考方式,通常借助感觉和经验来积累知识。使用归纳法的一个弊端是,只有在穷尽要点时,结论才可能是正确的,因为一旦有人发现一个反例,就推翻了整个结论。例如:生物学家在亚洲、欧洲、美洲发现的天鹅都是白色的,于是得出"天鹅都是白色的"这一结论,但后来人们在澳大利亚发现了黑天鹅,立即就推翻了它。这就是广为流传的黑天鹅典故。

因此,我们在使用归纳法时,要尽量避免以偏概全,得出结论前要争取用更多的事实来验证,从多个角度去证实或证伪。

然而,即便归纳法有上述弊端,我们在工作和生活中仍然需要经常使用该方法来提炼信息,因为大部分时候它是最简便、最直接和最有效的。

归纳法大致可以分为两类：空间性归纳和时间性归纳。

- 空间性归纳：即把在一个地方、一个群体的性质，归纳到所有地方、所有群体的性质。比如前面所说，在欧洲看到的所有天鹅都是白色的，所以全世界的天鹅都是白色的。
- 时间性归纳：即把在过去或现在积累的经验，归纳到未来，认为未来也和现在或过去一样。比如，我们在做销售规划时，通常会根据过去几年的增长率预测未来的增长率，言外之意就是，过去是这么增长的，那未来还会继续这么增长。

另外，从归纳的内容来看，使用归纳法寻找共性的方法有两个：描述性概括和行动性概括。

- 描述性概括：即找出事物属性上的共同点。比如某人去年一共做了三类事情：一是开展了面向线下学员的营销课，全年培训学员上千人；二是针对20家企业做了定制化营销培训；三是在自己公司内开了培训班，给500名销售人员培训了营销技巧。由此可以找出共性是"营销培训"。
- 行动性概括：即找出事件结果的共性。比如从上述案例中可以得出的结果是"提升了学员对营销的热情和参与度"。

日常生活中，一个好的结论，可能是以上两种寻找共性方法的结合。先找到事物本身的共性，再通过总结事物发展的结果，给出一个完整而有意义的结论。比如从上述案例中可以得出一个最终结论："通过开展大量的营销培训，提升了学员对营销的热情和参与度。"

（2）演绎法。

演绎法是一种从一般到特殊的思考方法，从大前提、小前提到结论。大前提是事物的共性或公理，小前提是具体事物，结论是具体事物的性质（如图2.8所示）。亚里士多德的三段论就是演绎法的典型应用：大前提，所有人都会死；小前提，苏格拉底是人；结论是，苏格拉底会死。

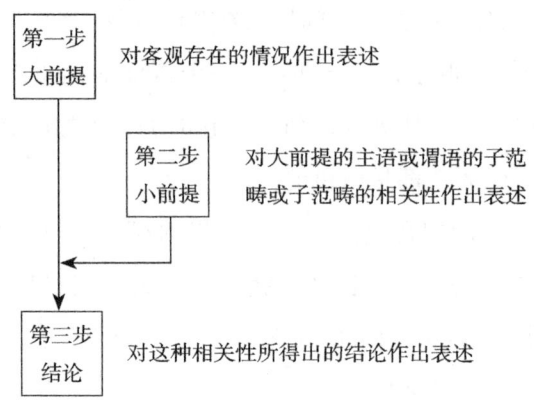

图 2.8　演绎法的思考结构

如果说归纳法是对感性经验的归纳，那么演绎法则是对理性逻辑的演绎。演绎法是基于理性进行推论的最主要的逻辑形式，它有一个极具价值的特点：可以从已知模型推出新模型。也就是说，高手如何找到自己的那个逻辑模型，主要是靠演绎法。从已经被证明的道理出发，去推出新的道理，或者说从已经被证明的重要理论当中，推出新的理论，这就是演绎法的重要作用。

我们知道，使用归纳法时，即使前提正确，也不能保证结论一定正确；而演绎法则不同，如果前提（包括大前提和小前提）是正确的，那么结论一定正确。

不过，演绎法也有一个问题，如果演绎法的前提来自于归纳法，那么其结论同样可能无效。比如：所有人都会死，苏格拉底是人，所以苏格拉底也会死。但是，凭什么说，所有人都会死？或许随着科技和人类自身的进步，"所有人都会死"这个假设有可能会被证伪。这就涉及亚里士多德提出的"第一性原理"，在此不作延展说明。

我们再举一个日常生活中的例子来说明演绎法的应用场景。如果你想向领导提出加薪申请，就可以选择使用演绎法。

大前提：罗列出比你目前更高一级岗位的关键要求；

小前提：依据大前提的几个关键方面，列举自己符合这些要求的事实和信息；

结论：我满足上一级岗位的条件，可以胜任该岗位。

在使用演绎法提炼信息时要注意：大前提不能是主观臆测的，要尽量引用普世真理或大家都认可的规则或客观事实。另外，在罗列大前提要素时，不可冗长繁杂，尽量做到简明扼要。

2.1.2.4 结构性思考用于表达信息

通过以上方法分析问题、开拓思路后，就要把你分析的结果对外表达出来，才算真正完成了结构性思考的全过程。

下面对结构性思考用于表达信息的基本原则和常用模型进行详细探讨。

（1）基本原则。

结构性思考用于表达信息通常遵循"结论先行、以上统下、归类分组、逻辑递进"四原则，简称"论、证、类、比"，分述如下：

论：结论先行。一次表达只支持一个思想，最好能够出现在开头和标题，有点像英语文章中每个段落开头的主题句。在我们的工作和生活之中，当信息复杂、时间紧迫和受众需要时（如向领导汇报工作、向客户反馈信息等），必须结论先行。

证：以上统下。任何一个层次的要点都必须是它下一个层次要点的总结概括，直到最后一个层级的内容是客观事实或者数据信息为止。以上统下最重要的一点就是要站在受众角度进行思考，检查自己有没有做到上下严格对应。

类：归类分组。每一组的要点必须要属于同一个范畴。归类分组使得结构性思考不再是对问题机械、简单地肢解，而是内在逻辑的体现，可以帮助我们尽可能地把事情考虑周全，从相关的各个方面去审视和分析。

比：逻辑递进。每个要点都需要按照一定的逻辑顺序进行排列，这是让受众更容易理解和记忆的一种方式。在写文章或说话时，常常使用"第一、第二、第三"或"首先、其次、最后"这一类关联词，受众就很容易清楚我们所描述的事情发生的时间顺序和逻辑。

例如：我认为这个产品将成为非常成功的产品，可以继续加大研发投入和推广力度，原因有三点：一是销售方面，用户数据非常乐观，比如用户有效产品激活码为3万多个，试用用户的留存率为80%；二是营销方面，市场热情度非常高，由于前期投入了大量的广告，还请了明星代言，我们的产品搜索指数在一周内排名进入TOP5，吸引了30多家媒体报道；三是运营方面，这次准备更加充分，上线的活动方案已经准备好，只差执行了。所以，我们一定要在研发和推广方面再加把劲，使这个产品在市场上获得更大的成功。

为了熟练运用结构性思考来表达信息，可以尝试在工作和生活中，任何人问你问题时，都用三点来进行回答，即先给出一个结论，然后再给出支撑这个结论的三个理由，每个理由之下再说出三个事实或数据，并让整个表达符合"论、证、类、比"的原则（如图2.9所示）。

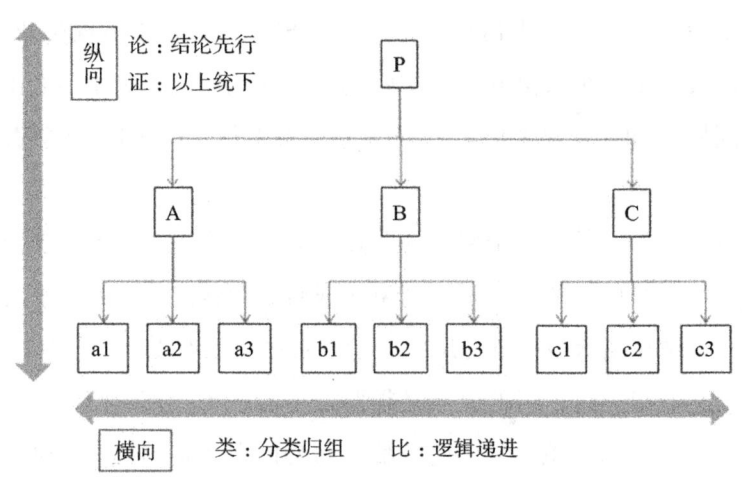

图2.9 结构性思考用于表达信息的方法和步骤

（2）常用模型。

在运用结构性思考方法表达信息的过程中，人们积累了一些有效的表达模型，可以帮助我们清晰、简练、有力地进行表达。对此，加拿大前教育部长基思·司派瑟博士开发了一门叫《驻足思考》的课程，提炼出几个有效和实用的模型，如下：

模型一，时钟计划：即以时间顺序来安排表达的信息，它能够让我们以最简单的方式，在最短的时间内构建起自己的表达框架。运用时钟计划的关键就是选定三个有逻辑关系的时间点，比如早上、中午、晚上；昨天、今天、明天；过去、现在、未来；事前、事中、事后等。

比如面试时，面试官问你：对未来的发展有什么规划？假如你大学毕业不久，你便可以选择"一、三、五"作为时间点展开论述：一到三年内，我将认真做好岗位内的工作，不断提升职业技能；三到五年，我会努力提升自己的管理技能，争取成为一个合格的管理人员；五年之后，我将向更高层的管理岗位努力，提升自己的综合管理能力。

再比如开会的时候，领导突然让你谈谈团队销售业绩的完成情况。你也可以按照时钟计划，分别从以往影响销售的因素、当前销售业绩状况、未来业绩提升计划这三个方面迅速地构建回答要点。

模型二，环球计划：即以地理位置或视觉区域作为结构来安排表达的信息，让听众看到"地图"，使其在头脑上和视觉上追随你的表达内容。在环球计划中，最关键的就是可以让听众从一个地方转向另一个地方，如国家、省份、城市、商区、房间等任何可以"看到"的地方。

环球计划特别适合在以下情景使用：

第一，增加视觉冲击力。假如你是一家业务遍布全国的大公司行政总监，国外客户来公司参观考察，可以带领客户"体验"公司三地的视觉场景：北京、上海、广州，从而帮助他们了解公司文化，并解释不同地区运营的情况。

第二，平息紧张情形。如果你需要打消感性问题引发的紧张气氛，也可以应用环球计划来放缓互动的节奏，将讨论的概念视觉化，有助于在讨论中建立起客观上的距离感。

第三，支持大型活动或探讨大型话题。可以将信息分解为三个实体部分，从而帮助听众理解大型话题。比如，选取三处地方，银行、学校、机场，详细阐述政府取消安全管制可能会产生的影响。

当然，环球计划的使用不仅限于以上情景，我们可以根据实际情况灵活处理。

模型三，三角计划：即通过方面、层面或者视角的方式来表达信息。三角计划的常用形式有两种，一是通过方面或者立场的切换，比如讲到房屋建设时，可以从规划设计、建设施工、装修布置等三个方面深入分析；二是当事人的转换，比如谈到孩子教育时，可以从教师、家长、孩子等三个方面展开论述。

三角计划有利于处理严肃的话题，会让听众留下慎思、公正、系统和富有智慧的印象，非常适合在以下情景使用：

第一，需要表现出客观。在处理棘手话题，应对情绪强烈或者敏感的听众时。

第二，需要显示出慎思。三角计划能够很好地展现出你的表达是在深思熟虑之后的深刻见解，让人感觉你的表达见解独到。

第三，陈列观点。列举观点时，运用三角计划能够加深听众的印象，最终收获让对方难忘的效果。

在上述三种表达模型中，第一要点是"打桩子"，即给出关键点（词），让听者记住和接受你想要表达的信息。一般情况下，使用三个桩子可以做到既有说服力，又有节奏感，还便于记忆。所有的桩子要符合 MECE 原则，相对独立，并在同一个层面或者范畴中。

时钟计划、环球计划和三角计划这三种基本表达模型简单而实用，我们可以在日常的沟通中有意识地去应用实践，除了独立使用某一种模型，有些话题还可以多种模型交叉使用。

如果说以上三种基本计划是结构化表达的万能法则，那么下面三种"主张计划"便是阐述主张、说服他人的不二法门，是结构化表达的另外三个重要模型。

模型四，变焦计划：即通过视野变化的推进来安排表达的信息，让听众产生强烈的视觉运动，过程中往往是以同心圆的方式带动听众。

变焦计划通过将镜头拉远（拉近），能把听众带向更宽广（狭小）的视野。它以动态的方式构建信息，适合处理棘手的问题，很多外交人员、谈判专家、营销高手都深谙此道。

变焦计划在以下三种情景下使用非常有效：

第一，扩大到更宽广的视野。基本话术是："具体地讲，……；从更广的角度来看，……；从再广的角度来看，……。"例如：为了强调航空公司向乘客提供优质服务的重要性，我们可以从单个事例扩大到公司的整体形象，表达如下："具体地讲，如果乘客在桌板上看到咖啡渍，就会以此来判断航空公司照料细节的能力；从更广的角度来看，乘客可能认为，机舱内勤质量差意味着机械维护方面可能存在问题；从再广的角度来看，这种印象可能让航空公司功亏一篑。"

第二，处理敏感或保密的信息。基本话术是："具体来讲，……；但是，……；总的来说，……。"例如：作为培训师，在很多场合会被问到课酬的问题，此时便可以用变焦计划来应对，表达如下："具体来讲，我不能透露保密信息，这个课酬是和咨询公司之间协议规定的；但是，讲师的课酬只占销售收入的固定比例；总的来说，讲师和咨询公司都追求一个共同的目标，那就是推出学员们需要的课程，让大家学到真正想要的东西。"

第三，证明选择或者决定的合理性。基本话术是："具体地说，……；更广泛地说，……；总的来说，……。"例如：作为培训负责人，在向领导汇报新搭建的学习平台时，可以这样表达："具体地说，我们正在搭建新的学习平台支撑公司的知识管理；更广泛地讲，这个新系统能有效地存贮、检索，并且还可以进行网络借阅；总的来说，现在我们可以系统地审阅我们的课程，实现知识的有效管理。"

模型五，钟摆计划：即在确认对方的关注点或标准之后，针对对方讲出来的标准，分别选择两个极端的方面进行论述，最后再给出一个折中的合理观点。前面的两个极端只是用作铺垫，目的是为了将听众的关注焦点引导到中间立场，从而打破僵局，有所行动。

钟摆计划非常适合在描述多元观点、转向中间立场、创建双赢结果等情景下使用。例如：在公司财务预算审议会上，财务总监为其所做的预算进行辩护："一方面，我们可以把目前的预算削减10%，但是那将意味着，我们要减少基本的服务并降低服务质量；另一方面，我们可以要求增加10%以支持新的创举，但是今年的收入就会下降，因此底线业绩也会受损。因此，我们提议维持目前的经费水平，并且利用现有资源增加收入，这是目前最为恰当的处理办法。"

需要特别注意的是，在使用变焦计划和钟摆计划时，切忌先亮出自己的观点，一定要探察清楚对方真正的动机之后再亮出观点，以免陷入被动的境地。

模型六，收益计划：即阐述事物如何让听众收益，用来推介或者推销事物，目的就是说服他人。收益计划还可以倒转过来警告听众防备某种产品、服务或者建议的缺点，这种方式被称为"反向收益计划"，它按照对听众的害处来表达信息。

在收益计划的表达过程中，首先应该从第二个突出的收益来讲，而不是我们习惯的最小或最大收益，因为第二个突出收益相比最小的更容易建立推进力，然后中间插入那个最不起眼的收益，逐步发展到最令人兴奋的收益以达到高潮。

既然是为了说服对方，在使用收益计划时最关键的是要站在听众立场上，阐述给对方带来的收益，而不是说自己的优点。例如：有家医院服务很好，但是药价非常贵，有病人就想把没吃完的药给退了。服务人员应对的表达是："医生是根据您的病症需要按疗程开的药。如果没有吃完，短期来看可能无碍，但是对身体的彻底康复可能会有影响。有的病人保存药品不像您这么讲究，如果我们接收大家退回来的药品,那就意味着您买回去的药有可能是别人退回来的,您觉得这样对您好吗?"

上述三大主张计划是阐明自己的主张、看法,说服他人的有力武器,我们可以根据所处的情景,结合三大基本计划一起使用。

2.1.3 结构性思考的日常训练

训练结构性思考最直接的方法就是把图2.9刻在脑海中,每次你要进行逻辑推演时,就尝试用这张图把你的思维过程画出来,每次分析问题都用金字塔结构来推演,刚开始可以用笔或用思维导图画出来,让思考形成大脑反射,从而达到每遇到问题脑海中自动呈现金字塔模型的效果,最终把结构性思考变成一种习惯。

我们在日常练习使用结构性思考时,通常可以采用自下而上的思考或自上而下的思考两种方式。

2.1.3.1 自下而上的思考

《金字塔原理》作者芭芭拉·明托认为:"任何事情都可以归纳出中心论点,中心论点可由3~7个论据来支撑,每个一级论点可以衍生出其他的分论点。"如此发散开来,就可以形成金字塔结构思考方式。

但是,在你还没有掌握这种结构性思考方法时,直接使用是有一定难度的。此时我们可以采用自下而上的思考方式去找结构,具体的操作方式是:

(1)尽可能列出所有思考的要点;

(2)找出要点之间的逻辑关系,利用MECE原则归类分组;

(3)总结概括要点,提炼观点;

(4)补充观点,完善思路。

自下而上的思考采取"先发散,后总结"的方式。用这种方式思考,不仅更容易找到逻辑结构，也更容易培养结构性思考能力。

我写作本书就是采用典型的自下而上的结构性思考方式：先通过各种途径收集个人能力和素质提升方面的书籍、课程和资料，形成若干要点；接着把思考力、行动力、领导力等要点归类为"三力"，把积极主动、知行合一、使众人行等要点归类为"三态"；然后将"三力"要点总结为"基础能力"，将"三态"要点概括为"基本素质"；最后补充"持续学习"作为个人自由发展的核心驱动力，从而形成一个完整的职业发展胜任力模型。

2.1.3.2 自上而下的思考

在你进行一定的自下而上的思考练习后，对结构性思考就比较熟悉了，想问题的时候也会更有套路。当你知道大概需要思考的方向时，就可以熟练运用自上而下的思考方式了。

这种思考方式其实大家都很熟悉，和中学时代老师教我们写议论文的方式一致，步骤如下：

（1）在开头亮出自己的观点；

（2）分论点进行阐释，每个论点用几个论据来支撑，论点之间可以是并列关系，也可以层层递进；

（3）对观点进行总结和升华。

这是常见的"总—分"形式的结构性思考方法：先总结，后发散。用这种方式思考，有助于形成、整理和构造思维导图，从而促进大脑自然有序地思考，让你更全面地去分析问题。

例如："某家电企业一季度在广东省的销售收入比去年同期下降了5%"是一个结论，如何找出关键原因呢？我们可以运用结构性思考方法，自上而下分析如下：

（1）从主要业务板块进行拆分，假设该家电企业主要生产冰箱、电视机、空调、洗衣机等四大产品，而实际数据证明电视机销售收入下降了6%，而其他三项产品收入基本持平或略有增长，那么就找到了主因是"电视机收入大幅下滑造成公司总体业务的负增长"；

（2）针对"电视机收入下降6%"这一问题，可以按广东省21个地市进行拆分，看看主要是由哪几个地市导致的，从而定位到具体的区域。假设实际数据证明深圳、江门的电视机销售额下降占到全省实际收入下降值的90%，则可将这两个地市作为重点分析对象；

（3）以上述两个地市中的深圳为例，假设其销售渠道主要分为直销、实体店、代理商、网商等四大类，如果实际数据证明来自网商的销量大幅下降导致电视机销售额下滑严重，则可以将"深圳网商销量下滑"作为重点原因进行更细致的分析，依此类推……

在运用自上而下的结构性思考过程中，人们积累了一些常用的思考模型，以下几个可作为工具借鉴使用：

（1）SCQA模型。

SCQA模型是情境（Situation）、冲突（Complication）、疑问（Question）和答案（Answer）等四项内容的缩写，经常用于广告文案写作、开场白设计、演讲等领域。

Situation：由大家都熟悉的情景、事实引入。

Complication：实际情况往往和我们的要求有冲突。

Question：怎么办？

Answer：我们的解决方案是……

S情景陈述的通常是大家都熟悉、普遍认同的事情及其发生的背景。由此切入既不突兀又容易让受众产生共鸣和代入感，然后引出冲突C。Q是疑问，是根据前面的冲突从对方的角度提出他所关心的问题。最后A是解答，是对Q的回答，也是接下来要表达的中心思想。

整个结构可帮助我们形成良好的沟通氛围，然后带出冲突和疑问，最后提供可行的解决方案。下面以某公司招聘广告为例进行说明。

S：应届大学生急需就业岗位。

C：大企业进不去，小公司看不上。

Q：去哪好？

A：XX公司拥有"大企业的平台与资源，小公司的个性化培养机制，合理的薪酬福利，优秀的同行伙伴"。期待并欢迎您的加盟！

（2）STAR模型。

STAR模型是情境（Situation）、任务（Task）、行动（Action）和结果（Result）等四项内容的缩写，经常用于组织在面试中收集面试者的信息，同时个人在写简历和表述中也可用这个方法把事情说清楚。

Situation：事情是在什么情况下发生的？

Task：你是如何明确你的任务的？

Action：针对这样的情况，你采取了什么行动？

Result：结果如何？你学习到了什么？

通过STAR的四个方面，我们可以把事情说清楚，也能更好地让人清楚你做的事情。比如你在某一项工作中有突出的表现，可以组织表达结构如下：

S：2017年初，公司发展遇到瓶颈，业务量每月环比下降2%左右。

T：为了寻求突破口，公司委任你分析问题出现的原因，并需要从内部开始解决，然后逐步找到扩大业务量的办法。

A：对于这种情况，你开始着手把效率低下的业务砍掉或者优化，积极和外部沟通，通过建立渠道联盟扩大业务触点，并成功在年底实现业务量每月5%的上升。

R：随着业绩不断向上增长，得到了公司和市场的认可，并使自己掌握了这类情况的解决方法，有能力、有信心做好类似的事情。

（3）SWOT模型。

SWOT模型是优势（Strengths）、劣势（Weaknesses）、机会（Opportunities）和威胁（Threats）等四项内容的缩写，常用于商业分析中对研究对象所处的状态和环境进行全面的研究，从而制定相应的发展战略、计划和对策等。该模型有大量的书籍和文章进行详细的介绍，也是 MBA 学生最惯用的方法，在此不详细讨论。

（4）PROSI 模型。

PROSI 模型是问题（Problem）、原因（Reason）、目标（Object）、方案（Solution）和实施（Implement）五项工作内容的缩写，是一种最常见的问题解决方法，用于各类大小问题的解决。PROSI 模型的逻辑步骤是：发现问题—分析原因—设置目标—选择方案—实施行动。

P：发现问题。所有人都生活在各种问题之中，只不过大小不同而已，人生就是一个不断地发现问题和解决问题的过程。发现问题的途径很多，可以借助数据和信息的获取、实践体验和观察、调查和研究、总结和对比等各种手段，最关键要有独立思考的精神和意识。

R：分析原因。这个阶段最好的办法就是运用结构性思考。首先运用的就是分类技术，如上文提到的某家电企业案例中，先将产品分为冰箱、电视机、空调、洗衣机四大类，后来又把渠道分为直销、实体店、代理商、网商四大类。若是团队共同分析原因，通常采用的形式是"头脑风暴"，这样可以集思广益，先把不同部门、不同层级、不同岗位的同事想到的因素都写下来，然后再运用 MECE 分类法进行整理和归纳。

O：设置目标。根据现状和期望设置一个合理的、现实可行的目标是解决问题的关键，对制定行动方案起到锚定的作用。设置目标的方法是下一章关于行动力的内容，此处不作讨论。

S：选择方案。这也是运用结构性思考的关键阶段。此时，待解决事项或备选方案较多，就要通过优先级排序来进行选择。比如先使用"影响—难度"矩阵图，把找到的备选方案按照影响程度和操作难度逐一放入矩阵中，"影响程度大—操作难度小"是最优选择，其次是"影响程度大—操作难度大"等。把这些备选方案进行专家评分和加权分析，就能得出一个优先级排序，此时选择方案也就相对容易了。

　　I：实施行动。问题解决的最后一步就是执行，此处不再赘述。不过在执行之前也可以再做一次检验，用结构性思考检验一下是否符合"论、证、类、比"四原则。

　　以上介绍的四种思考模型，是运用自上而下的结构性思考过程中常用的框架。当我们掌握了结构性思考方法的精髓时，就能熟练运用它去思考。这样坚持一段时间后，你会发现想问题时更有逻辑性，说话也更有条理和说服力。此时，我们完全不必拘泥于任何常规模型，甚至可以根据实际使用场景建立和创造属于自己的思考模型和体系。

　　综上，结构性思考可以在问题解决的过程中发挥巨大作用，比如拓宽思路、减少无效工作量等。作为一种可迁移和复制的能力，结构性思考还可以在汇报、述职、沟通、团建、项目管理等各个领域使用。

2.2　水平发散：创造性思考

　　我们处于一个风云变幻的时代，面对一个日新月异的世界。我们的工作和生活经常会遇到新问题，需要有新思想、新主意和新办法来应对。然而，我们经常因为缺乏创意而走不出固有的思维定式，在面对新形势、新问题时一筹莫展，想不出合适的对策，即便一群人开头脑风暴会也总是抛出一些老掉牙的招式，毫无新意可言。是我们的智商不够高，还是我们天生缺乏创造性？都不是！

　　事实上，中国人的高智商是公认的，但在国际上却被普遍认为缺乏想象力、创造力。这虽然与传统的教育方式和环境密切相关，但主要是因创造性思考方法的推广普及不足所致。

　　是的，与结构性思考一样，创造性思考也有一定的模式和套路，只要掌握这套思考方法，就可以做到创新不断，创意无限。

2.2.1 创造性思考的定义和基本流程

所谓创造性思考，有时也被称为水平思考或发散思考，是指人们在改造世界的过程中，开拓认知新领域、开创认知新成果的思考方法，是以感知、记忆、联想、理解等能力为基础，具有综合性、探索性、求新性、广阔性、深刻性、独特性、批判性、敏捷性和灵活性等特征的高级心理活动。

创造性思考本质是发散性的，遇到问题时能从多角度、多侧面、多层次、多结构去思考和寻找答案，既不受现有知识的限制，也不受传统方法的束缚。创造性思考的路线是开放的、扩散的，解决问题的方法不是单一的，而是在多种方案、多种途径中去探索、选择。

本书将要探讨的创造性思考方法，其基本理念和思想来源于哲学、医学、心理学博士爱德华·德·博诺的经典畅销书《水平思考》。他主张思考者在进行创造性思考时保持"3P心态"：

（1）积极（Positive）：有想法就好，每个点子都有价值；

（2）丰富（Prolific）：越多越好，点子越多，就越有可能获得突破性的创意；

（3）有趣（Playful）：越疯狂越好，放松心情，任思路驰骋，驯化一个疯狂的想法比绞尽脑汁让一个平庸的点子变得惊人容易得多。

为了说明创造性思考的作用，我们先来看看下面这个小故事：

从前，有个伦敦商人欠了一大笔高利贷。当时的规定是，如果欠别人钱还不了，就会被送进监狱。放高利贷的人是个丑陋的老头，他早就看上了这个伦敦商人的女儿，于是趁机提出一个交易：如果伦敦商人愿意把女儿嫁给他，他就可以将高利贷一笔勾销。还没等商人父女表态，放贷人就对女孩说："让上帝来决定这件事吧。我会把一块黑色和一块白色的鹅卵石放到钱袋里，你从中选一块。如果是黑色的，那么必须嫁给我，债务一笔勾销。如果是白色的，那么你可以不用嫁给我，高利贷也不用还了。但如果你拒绝挑选，你就等着你父亲被送进监狱吧。"当时，他们正站在放贷人的花园里，脚下正好是一条由黑白鹅卵石铺成的小路。放贷人弯腰拾起了两块鹅卵石，飞快地放进了钱袋。眼尖的少女发现，放贷人拾起的那两块鹅卵石都是黑色的。还没等她反应过来，放贷人就要她选出一块决定她和她父亲命运的鹅卵石。

如果你是那个面临可怕选择的少女，你会怎么做呢？你会采用什么样的思考方法来解决呢？按照常规逻辑，无论你选哪块鹅卵石，呈现出来的颜色都将是黑色的，都无法改变少女嫁给丑陋老头的命运。但是，如果换一个思考方法，少女完全有可能避开这一选择。事实正是如此。

当看到放贷人的所作所为时，少女并没有不知所措，而是坦然从钱袋里拿出了一块鹅卵石。不过，她故意失手把那块鹅卵石掉在石头小路上，以致其他人都没来得及看清这块石头是什么颜色的。由于小路上到处都是黑色和白色的石头，所以谁也分不清到底哪一块才是刚刚掉下的。"啊，我真是太不小心了！"少女看似懊悔地对放贷人说道，"不过应该也不要紧，只要您看一看钱袋里剩下的那块是什么颜色的，就会知道我刚才选出的是什么颜色了。"

在这个故事中，根据爱德华·德·博诺博士的定义，如果少女只关注自己选出的那块石头并围绕这一点展开思考，属于垂直思考（或逻辑思考）；而对于两块同为黑色的鹅卵石，少女关注的不是自己选出的那块，而是剩下的那块，这属于水平思考。当然，这只是创造性思考方法的一种应用场景，并不是全部。

事实上，创造性思考有一套简单易行的基本流程，它要求我们按照步骤进行思考，把注意力锁定在一定的方向上，专注而严肃地开展创造活动，从而使得创造性思考成为可学习、可复制、可组织的一种思考方法。

创造性思考的逻辑步骤一般包括以下四步（如图2.10所示）。

（1）选择和定义问题焦点。

虽然创造性思考的目的为了适应新情境、解决新问题，但问题焦点在初期可能不一定是清晰的，因此选择和定义问题焦点很重要。如果方向走错了，再努力也是徒劳。选择和定义问题焦点就是让我们首先找到问题的要害，找准思考的位置和方向。

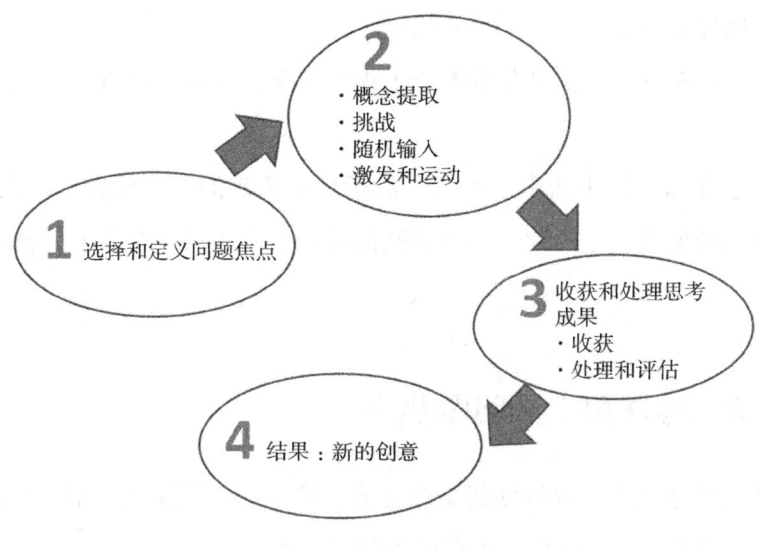

图 2.10　创造性思考四步法

（2）运用创造性思考方法想出各种主意。

在创造性思考方法体系中，常用的有四大思考工具（正是这些工具让我们有可能学习和复制创造性思考的方法）。当我们实际开展创造性思考时，可以根据需要选择其中一个或几个工具，帮助我们针对焦点问题产生出尽可能多的主意。

常用的四大创造性思考工具分别是：概念提取、挑战、随机输入、激发和运动。它们是构建和提升我们创造性思考力的利器，也是本步骤中要运用的主要手段。

（3）收获和处理思考成果。

在上一步骤中，我们的主要任务是找到尽可能多的主意（即解决问题的备选方案），而非判断哪个主意是最好的。而在本步骤，我们的主要工作就是最大化应用所产生的想法，把想法进行分类存储，对想法进行再加工，使它们变得更可行，从多角度评估哪些主意更实际、更有价值。

（4）选择新的创意。

在上一步对各种主意评估的基础上做出决策，选择一个或几个新的创意来执行。

在创造性思考四步法中，前三个步骤是最关键的。只要这三步完成得好，第四步就水到渠成了。因此，接下来我们对这三个关键步骤及其方法进行详细探讨。

2.2.2 选择和定义问题焦点

在开展创造性思考寻找创新主意之前，第一步是弄清楚要解决的问题焦点是什么。一般来说，问题焦点可归纳为如下两大类：

（1）目标焦点。为了解决某个问题、需要带着目的进行思考的焦点，关注"为什么"要获得创意，通常用动词来描述。比如："如何提升员工的执行力？""怎样实现企业未来3年的发展目标？""怎样解决运输费用日益升高的问题？""怎样减少生产线上的故障"等。

（2）机会焦点。又称领域焦点，是指为了获得某种结果或达成某种改进，对那些没有出现明显问题的领域进行思考，关注"在哪里"获得创意。机会焦点可大可小，比如："企业文化建设方面的创意""会议室布置的新主意""产品包装方面的新主意""关于食堂餐饮的新主意"等。

当关注问题焦点时，我们必须明确问题焦点不存在唯一的正确性。从多个角度定义问题焦点，可以找到真正的问题所在，或扩展解决问题的思路。

例如：某大型购物中心的顾客抱怨停车场太小了，顾客为了停车经常要排长队。作为该购物中心的管理者，可供选择的问题焦点有很多，包括但不限于：

- 如何扩大停车场的规模？
- 如何减少顾客对停车场的需求？

☞ 如何让停车场容纳更多的车？
☞ 如何让人们对停车场的规模感到满意？
☞ 如何让人们对停车场的服务感到满意？
……

可见，看问题的角度多了，解决问题的创意也相应增多。要定义好问题焦点，可以采取如下两个方法（如图 2.11 所示）：

（1）将问题焦点进行扩展。提出："我们为什么要解决这个问题？"再将每个理由变成："我们怎样解决这个问题？"

（2）将问题焦点进行收缩。提出"阻碍我 / 我们的是什么？"或"造成这一问题的因素有哪些？"再将这些影响因素变成"我们怎样针对这些因素进行改进？"

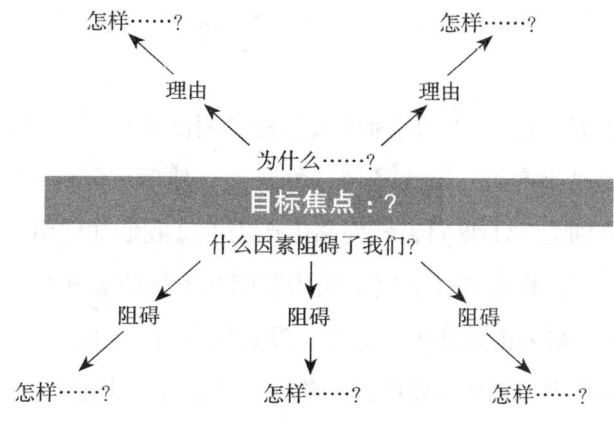

图 2.11　定义问题焦点的方法

通过扩展和收缩问题焦点，我们可以分清哪些是当前急需解决的问题，哪些是解决起来比较容易见效的问题，哪些是主要或根本问题，从而确定解决问题的次序。

为了直观展现以上方法的使用场景，我们从"怎样提高团队士气"这个初始问题焦点出发，运用"扩展"和"收缩"两个手段对初始问题焦点进行重新定义（如图 2.12 所示）。

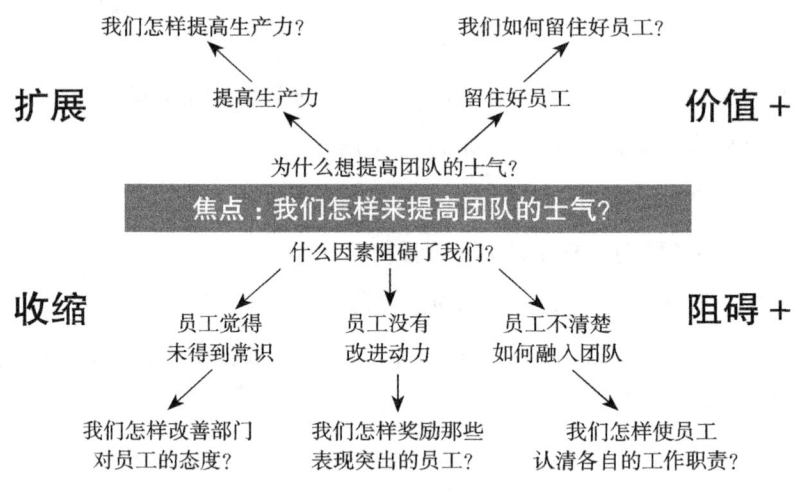

图 2.12　定义问题焦点示例

第一步：扩展。提出"我们为什么想提高团队士气？"得到两个理由，分别为：①为了提高生产力；②为了留住好员工。然后，再将这两个理由变成新的问题焦点，分别为：①我们怎样提高生产力？②我们如何留住好员工？

第二步：收缩。提出"什么因素阻碍了团队士气的提升？"得到三个答案，分别为：①员工觉得未得到赏识；②员工没有改进动力；③员工不清楚如何融入团队。再将这些影响因素变成新的问题焦点，分别为：①怎样改变部门对员工的态度？②怎样奖励那些表现突出的员工？③怎样使员工认清各自的工作职责？

通过以上两个方法的运用（甚至多次反复运用），我们可能会找到更符合实际情况或更接近事情真相的问题焦点，从而在寻找解决方案之前选择更为精准的方向，确保解决问题不跑偏。

值得一提的是，针对现有的问题焦点，采取扩展和收缩的方法就可以重新定义出新的焦点，因此，不管对于什么问题，并不存在唯一正确的焦点，只不过有些焦点更接近真相，有些可能离真相更远一些罢了。这恰恰是我们使用扩展和收缩来重新定义焦点，逼近问题真相的目的。

此外，使用扩展方法提出"为什么要解决这个问题"，可以将我们引向思考积极的方面，从而带来更多新的价值；而使用收缩方法提出"阻碍因素有哪些"，更多地将我们引向思考消极的方面，从而引出更多新的障碍。这也是我们把扩展作为优先推荐方法的主要原因。

当我们完成问题焦点的定义并选定了一个需要解决的焦点之后，下一步要做的就是进入创造性思考的实质性阶段，运用概念提取、随机输入、挑战、激发和运动这四大工具来产生新的创意。

2.2.3　创造性思考工具一：概念提取

所谓概念提取，是指从最先想到的某一个主意开始，提取出该主意所蕴含的一些概念，然后沿着这些概念进一步扩展，从而产生更多的新主意。

例如，针对需要解决的问题焦点："如何鼓励员工创新？"有人一开始提出了一个想法："用员工的名字冠名新产品，以此来鼓励创新。"基于这个主意，可以提取一个概念："让个人有成就感"，再以"个人成就感"为固定点进行思考，又可以想出多个主意，比如：

- 奖励其个人可以为产品命名；
- 对公司创新有特殊贡献的员工，在特定用品上面印上其肖像，以示奖励；
- 创立"公司名人堂"；
- 建立以其个人命名的基金；
- 奖励在创新领域贡献突出的员工作为"终身员工"；
- 奖励与CEO共进晚餐；
- 奖励其家人与CEO共进晚餐；
- 召开全公司员工参加的大型颁奖大会，像明星一样走红毯并颁奖；

☞ 邀请其重要家庭成员参加年会，并一同上台领奖；

☞ 将其照片和事迹刊登在公司内刊或行业杂志上；

☞ 在公司墙报栏刊登照片和事迹；

☞ 在公司大堂和电梯的显示屏上播放其宣传片等。

当然，我们还可以从一个主意提取多个概念，再以这些新的概念为固定点，想出更多的新主意。

（1）概念三角。基于以上案例，我们把这一概念提取的模式称为"概念三角"，分四个步骤展开：

第一步：从一个问题焦点出发，产生一个初始主意；

第二步：从这个主意中提取一个概念；

第三步：从这个概念（固定点）出发，衍生出其他主意；

第四步：重复以上1~3步，产生更多新主意。

根据以上步骤，我们以一个生活中的实例来进一步说明概念三角的具体用法。假设要解决的问题焦点是"在紧张的工作之余如何减压"，具体思考步骤如图2.13所示。

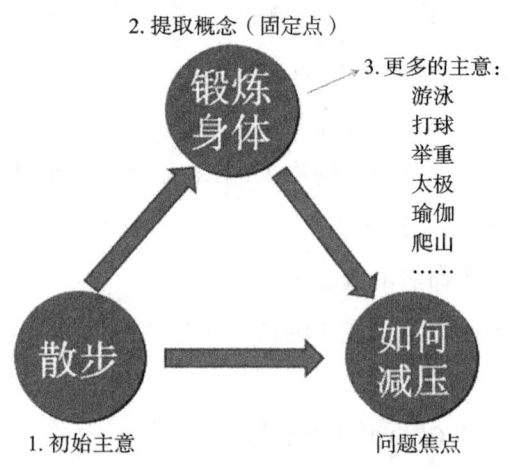

图2.13 概念三角的应用示例

第一步：从"如何减压"这个问题焦点出发，产生一个初始主意为"散步"；

第二步：从这个初始主意中提取一个概念为"锻炼身体"；

第三步：从"锻炼身体"这个概念出发，衍生出其他主意："游泳""打球""举重""太极""瑜伽""爬山"等。

在这个例子中，第二步提取出来的概念也叫"固定点"，它起到"锚定"的作用，第三步衍生出来的所有新主意都在这一固定点所锚定的范围之内。

同时，上文还说到，从一个主意可以提取多个概念，然后再以这些新的概念为固定点，想出更多的新想法。这正是第四步（重复第1~3步）之后的工作。我们仍以上述案例为基础进行第二轮概念三角应用示范（如图 2.14 所示）。

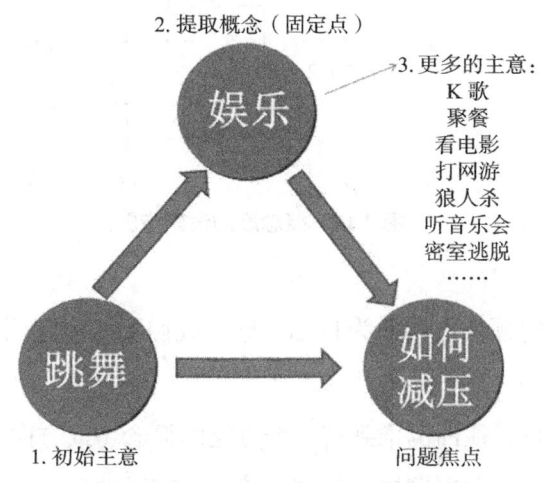

图 2.14　概念三角的第二轮应用示例

第一步：从"如何减压"这个问题焦点出发，产生一个初始主意为"跳舞"；

第二步：从这个初始主意中提取一个概念为"娱乐"；

第三步：从这个概念出发，衍生出其他主意有"K 歌""聚餐""看电影""打网游""狼人杀""听音乐会""密室逃脱"等。

（2）概念扇。在使用概念提取这个创造性思考工具时,除了采用"概念三角"模式,还可以采用另一个类似模式,称为"概念扇"。其操作过程也分为四步（如图2.15所示）：

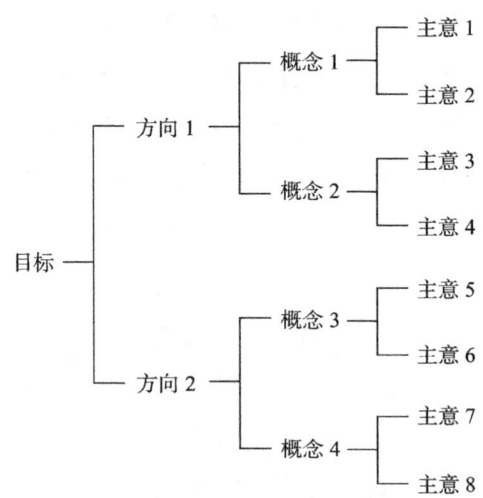

图2.15　概念扇的逻辑步骤

第一步：把问题焦点转化为目标,即"我们要努力达到什么"或"我们思考的目的是什么"；

第二步：从目标往回倒推到若干个宽泛的概念（或方向）；

第三步：从每个方向倒推,找到在该方向前进的概念；

第四步：把步骤三的所有概念罗列出来,然后分别寻找具体办法（主意）来实施这个概念。

概念扇是一种"以终为始、由大到小"逐渐展开的思考模式,有些类似于"瀑布效应"。下面以"如何缓解城市交通拥堵"这一问题焦点为例,说明概念扇的具体操作过程（如图2.16所示）。

第 2 章 思考力决定竞争力

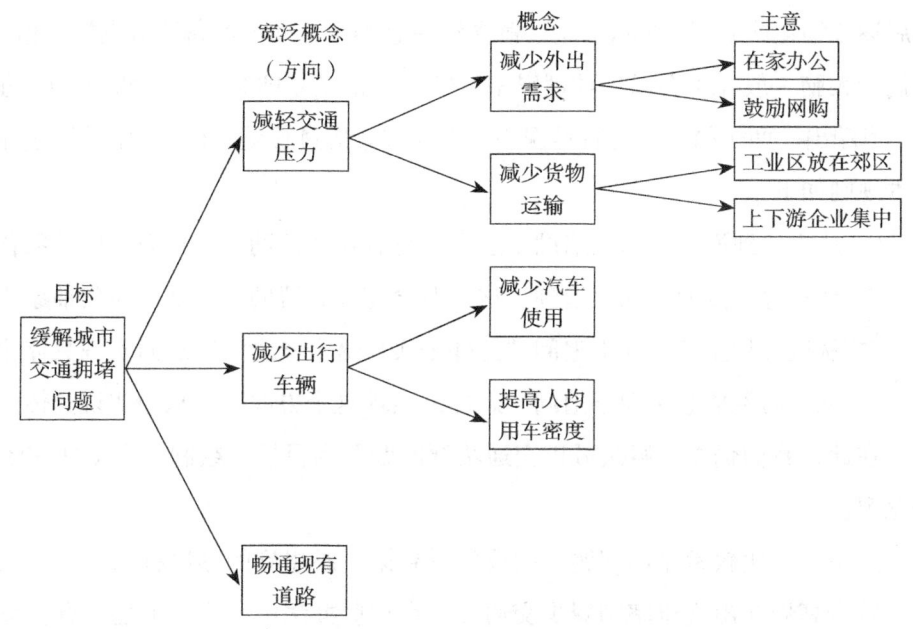

图 2.16 概念提取之概念扇的应用案例

第一步：把问题焦点转化为目标，即"缓解城市交通拥堵问题"。

第二步：从目标往回倒推，得到 3 个宽泛的概念（方向），分别为：①减轻交通压力；②减少出行车辆；③畅通现有道路。

第三步：从每个方向倒推，找到在该方向前进的概念。我们仅以"减轻交通压力"这个方向为例（其他依此类推），找到 2 个具体概念，分别为：①减少外出需求；②减少货物运输。

第四步：把步骤三的所有概念罗列出来，然后分别寻找具体办法（主意）来实施这个概念。我们仅以"减少外出需求"这个概念为例（其他依此类推），产生 2 个具体办法为：①推行在家办公；②鼓励网购。

在这个案例中，我们虽然没有构建一个完整的概念扇，但每个步骤都做了一次具体的展示，足以说明操作方法的可行性和有效性。

在实际解决问题的过程中，虽然看起来最简洁的方法是先从"目标"出发，然后逐步细化或后退，形成方向、概念和主意等组合而成的备选方案树。但是，我们的大脑一般并不会以这种逻辑来运转，通常是立即会想到一两个实际的主意，或蹦出一两个概念。这种情况下，寻找方案的过程就是概念扇的制作过程。基本规则如下：

  ☞ 从主意到概念：向上追溯"这个主意有什么帮助？"从而实现抽象化；

  ☞ 从概念到方向：向上追溯"这个概念有什么帮助？"从而实现抽象化；

  ☞ 从概念到主意：向下追问"怎样来实现这个概念？"从而实现具体化；

  ☞ 从方向到概念：向下追问"怎样来实现这个方向？"从而实现具体化。

在此，我们仍以"解决城市交通堵塞问题"为目标，绘制一个更加完整的概念扇。

这是一个比较常见的问题，假设你看到第一眼想到的办法有三个，在家办公、减少高峰期出现概率和减少交通量。在这些办法中，第一个是主意，第二个是概念（主意的直接目的或直接方法），第三个只是方向（极宽泛的概念或途径），对应概念扇的不同层次。即便如此，我们仍然可以用上述抽象化或具体化的规则来建立概念扇。

第一步，从主意出发："在家办公"是一个主意，它直接的目的是什么呢（抽象）？答案是"减少外出需求"。那减少外出又有什么意义呢（继续抽象）？可以缓解交通负担。因此，由"在家办公"这一个主意，我们抽象出了"减少外出需求"这个概念，进而抽象出了"缓解交通负担"这个方向。

第二步，从概念出发："减少高峰期出现概率"是一个概念，向上进行抽象可以是"使现有的道路更加通畅"这个方向，向下进行具体化则可产生一些具体实现方法，如"错峰上班""节假日办公"等。

第三步，从方向出发："减少交通量"是个大方向，如何实现它呢（具体化）？可以想到"减少汽车使用""提高人均使用交通工具的密度"这两个概念。将这个两个概念再具体化，则可以产生"发展地铁""轻轨""鼓励公交""鼓励搭乘"等具体办法。

第 2 章 思考力决定竞争力

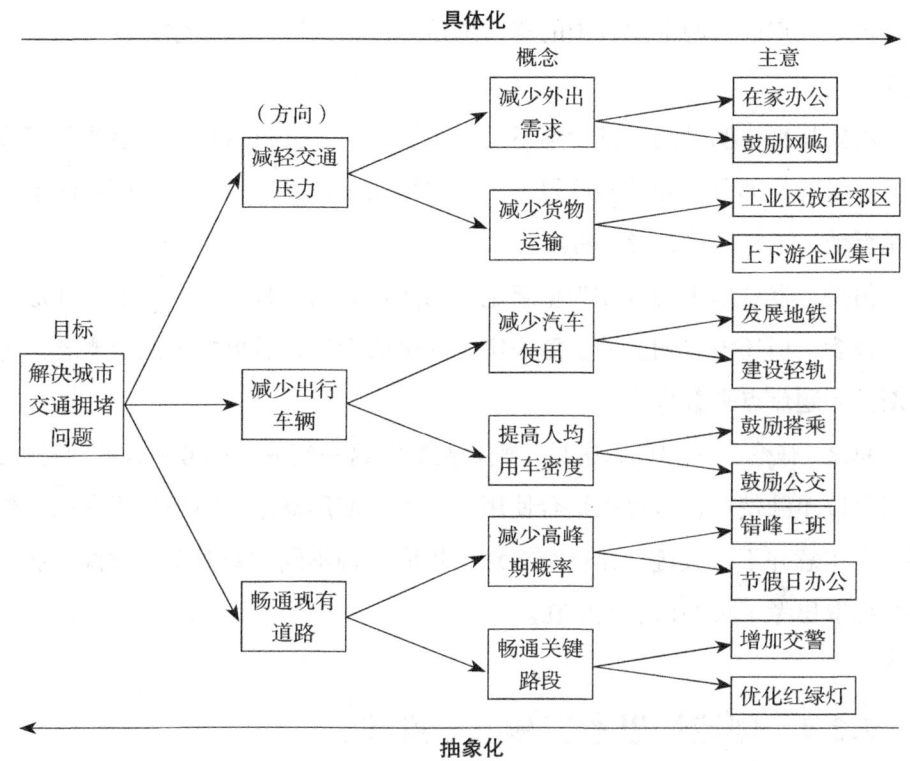

图 2.17 概念扇应用实例的全景展示

当我们按照上述方式反复使用抽象化、具体化规则后，将产生更多的方向、概念和主意，只要把它们逐一填入概念扇的对应层次，就能绘制出一张完整的概念扇（如图 2.17 所示）。

在实践中，概念扇中的方向和主意之间，有时可能存在很多层次。可以将最为宽泛的概念定义为方向，而主意总是做某事的具体方法。在这两者之间存在的就是"概念"。"概念"与"方向"的区别是相对的，"方向"只是你能想到的最宽泛的概念。

为了尽可能多地获取新的主意，在概念扇的绘制过程中，可以不必拘泥于小节，根据你的实际需要让同一内容在多个地方、多个层次出现。如果你无法决定把某一点放到两个地方中的哪一个地方比较合适，那么你可以在两个地方都放。

需要特别说明的是，概念扇不是一个分析树。分析树把一个事物分解成一级又一级的子部分（如结构性思考中的"结论—理由—事实"），而概念扇强调的是行动，不是描述或者分析。

另外，概念扇也可以作为重新定义问题焦点的一种方法。比如当你形成了一个概念，但还没有相应的主意来实施这个概念时，就可能把这个概念作为一个新的问题焦点来看待。

总之，概念三角和概念扇是"概念提取"这一创造性思考工具的两种形式，二者可以单独使用，也可以结合使用。不管是使用概念三角还是概念扇，想出某一个主意并不是关键，在这个主意上提取多种不同的新概念和替换方法，是概念提取思考工具的核心点所在。

2.2.4　创造性思考工具二：挑战

所谓挑战，是指针对某一个问题焦点，列出与之相关的、我们认为理所当然的事情（观念和想法），包括可观察到的性质和特征、现状和传统思考模式等，形成一个列表，然后对其中各项属性逐一进行挑战，从而获取更多的主意。

作为创造性思考工具之一，挑战的主要步骤如下：

第一步：选择一个目标焦点；

第二步：列出与目标焦点相关的、我们认为理所当然的事情；

第三步：从我们认为理所当然的事情中逐项进行挑战，产生新主意（想法）；

第四步：从步骤三想出来的主意中选择一个或几个予以实施。

在以上步骤中，最关键的是第二、三步。下面我们选择"汽车"作为目标焦点（第一步），使用挑战这一工具进行创造性思考，目的是找到关于汽车的创新性主意和思路。

第 2 章　思考力决定竞争力

在第二步中，为了挑战现有观念和传统想法，首先要列明可挑战的属性，即我们认为理所当然的事情，包括以下六个领域（如果你认为还有其他需要补充的方面，也可以列出来作为挑战的"靶子"）：

（1）现状：指可观察到的性质和特征，即"那里有什么"，如汽车有"轮子""方向盘""引擎""车灯""座椅"等。

（2）主要观念：指的是"为什么会存在""什么促使我们如此思考"等，如汽车作为"交通工具"而存在，那么"交通工具"就是它的主要观念。

（3）边界：指的是相关的限制、约束或界限，如汽车"不能飞"。

（4）假设：指那些我们视为理所当然的东西，如汽车"有方向盘""比人跑得快"等。

（5）基本因素：指的是我们认为必须包含的因素，如汽车的"安全性"。

（6）避免因素：指那些我们要努力避免的因素，如汽车要努力避免"碰撞""刹车失灵"等。

我们先把上述六个方面的属性全部罗列出来，形成一个备用的挑战要素列表（如表 2.1 所示），然后进入第三步，即实质性挑战阶段。

表 2.1　与汽车相关的挑战要素表

挑战领域	现有观念和传统想法
现状	轮子、方向盘、引擎、车灯、座椅
主要观念	交通工具、运输工具
边界	不能飞
假设	有方向盘、比人跑得快
基本因素	安全性
避免因素	碰撞、刹车失灵

开始挑战后，我们会用到一个挑战工具，叫"为什么/CBA"，它是由"为什么/C""为什么/B"和"为什么/A"这三个子工具组成的，其中 C、B、A

三个字母的含义分别为 Cut（去掉）、Because（因为）和 Alternative（选择）。下面对这三个子工具进行简要说明：

（1）"为什么 / C"：有意识地尝试去掉每个事项，想想结果会如何，并询问自己："你可以直接去掉这个或停止这么做吗？"如果回答是"能"，就在这一栏划一个"×"，并往下挑战其他备选项；如果回答是"不能"，则在这一栏划一个"√"，并在同一行转入"为什么 /B"；如果回答是"能，但需要用其他方法来替换"，则在这一栏划一个"×"，并在同一行转入"为什么 / A"。

（2）"为什么 / B"：如果某个备选项进到此环节，说明它是不可去掉的，此时你需要询问自己："为什么就是这样或必须这么做？"并在此处写出理由。

（3）"为什么 / A"：如果某个备选项进到此环节，说明它是可以去掉的，但你仍然需要询问自己："有哪些其他可替代的方法？"并在此处写出你想到的新方法或新主意。

以上关于"为什么 /CBA"的使用流程可以用图形化的方式来展现（如图 2.18 所示）。

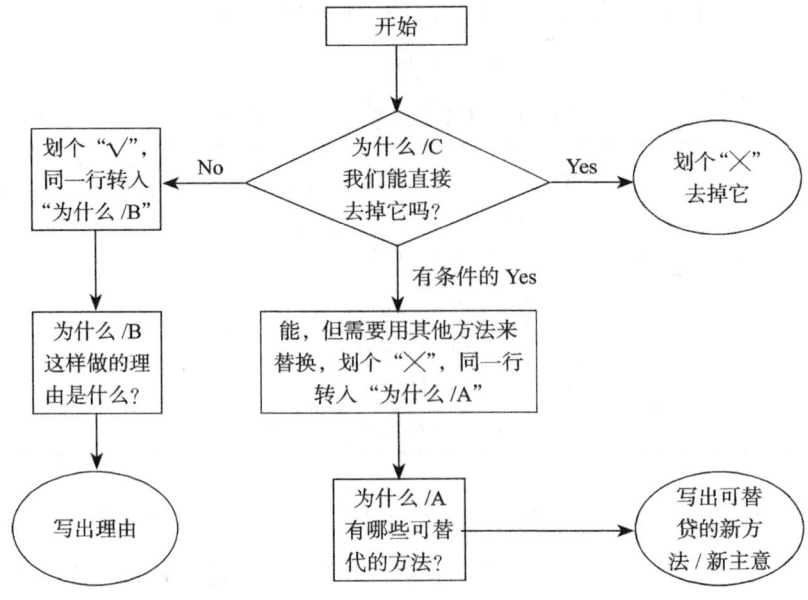

图 2.18　"为什么 /CBA"的使用流程

下面使用"为什么/CBA"这个工具，在目标焦点"汽车"的六个挑战领域中各选择一个观念或想法来进行创造性思考（如表2.2所示）。

表2.2 "为什么/CBA"工具的应用示例

挑战领域	现有观念和想法	为什么/C	为什么/B	为什么/A
现状	轮子	×		气垫、磁悬浮等
主要观念	交通工具	×		运输货物
边界	不能飞	×		贴地飞行
假设	有方向盘	×		手柄操控
基本因素	安全性	√	保障人身安全	
避免因素	避免碰撞	√	保障自身、他人和物品不受伤害和损失	

通过以上创造性思考过程，在表中选择若干新主意，可能产生关于汽车的一些创新设计，如"由气垫托举、手柄操控、可贴地飞行的新概念汽车"。

"挑战"这一创造性思考工具在我们日常工作和生活中可以广泛地使用，尤其对于产品设计、广告设计、流程设计、营销策划等领域的从业人员具有很强的操作指导价值。

下面以某保险公司"理赔流程优化"为例，进一步说明挑战思考方法在实际工作中的应用。

首先列出现有理赔流程状况及现行客户需提供的资料，包括：柜面受理报案，提交申请书，出示医疗发票、保单、身份证明、医疗材料、死亡证明，现场勘查，出示关系证明，二次审核，提供账号信息，最后转账拨款。

接着使用"为什么/CBA"工具，对以上流程和所需资料一一进行挑战，包括：将柜面受理改为柜面和网上自动理赔；提交申请书与报案合并；将出示保单改为系统自动查询；无须出示身份证，通过和公安直接联网解决；将实地勘查改为发展外包勘查人员；将转账拨款改为现场预付部分赔款。

经过以上挑战思考，形成"理赔流程优化"新方案如下：

（1）流程简化：将申请书与报案合并，可节约理赔人、接待人的时间；

（2）业务外包：将现场查勘工作外包给第三方（如公安或民政部门），相当于将关系证明和查勘也合并了，进一步简化了操作流程；

（3）赔款预付：现场预付部分赔款，以此简化流程并吸引更多客户购买保险。

总之，挑战思考的核心思想就是先列出现有状况，然后一一试图改变或替换它们。这种挑战并不是为了提出批评、判断或找错，而是对"唯一性"的挑战。无论你认为现在的方案多么完美，随着时间的变迁、内外环境的改变，它都有可能变得陈旧、落伍和不合时宜，这正是我们使用挑战思考工具来推动创新的根本出发点。

2.2.5 创造性思考工具三：随机输入

和很多年轻的父母一样，我儿子出生前，为了给他起个好名字，我和妻子真的是费尽心思，绞尽脑汁。然而，即便如此，我们还是难以找到一个寓意好、有新意且叫起来朗朗上口的名字。后来我们想到的一个办法是：拿出一本《新华字典》，每人闭上眼睛随机翻一页，然后各自在翻到的那一页里挑一个喜欢的字，于是就产生了我儿子现在的名字。

说实话，这办法看起来简单粗暴，但真的挺好用的。看看现在有些学校一大拨叫"浩宇""昊宇""昊禹"，"子轩""紫轩""紫宣""子涵""梓涵""紫涵"，"可心""可欣""可馨"的名字，我真庆幸当时的决策是正确的。

我后来才知道，这种方法叫作"随机输入"，是创造性思考最简单的工具之一，同时也是最有趣的一种。如今这一工具已在世界上多数主流广告公司被正式运用。

所谓随机输入，就是用随机的物体、词语、人、杂志或陈列品等进行随机的思考激发，从而产生一系列新主意。

第 2 章 思考力决定竞争力

我们的大脑非常善于建立联系，它可以把两个看似毫不相干的事物想方设法联系起来。随机输入就是充分利用大脑的这个特点，从看似与需要解决的问题毫不相干的事物或物件着手，开拓出一条新的思路。

像前面介绍的两个创造性思考工具一样：随机输入也有相应的操作步骤（如图 2.19 所示），如下：

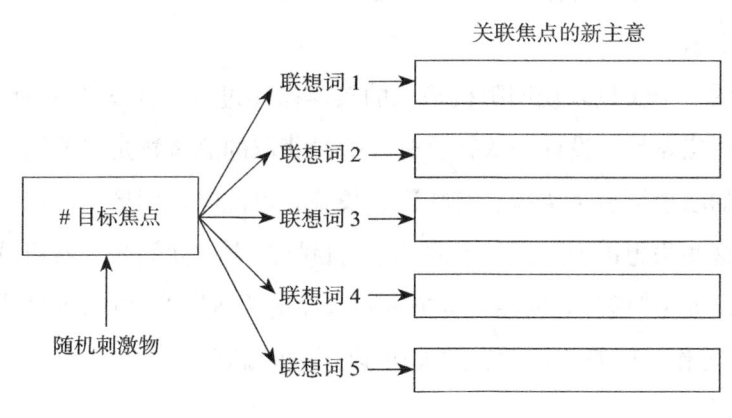

图 2.19　随机输入的操作步骤

第一步：选择一个目标焦点；

第二步：随机获取一个刺激物，与目标焦点摆放在一起；

第三步：围绕刺激物想出各种主意（联想词）；

第四步：从步骤四想出来的主意中选择一个或几个，与目标焦点关联起来予以实施。

在上述步骤中，最关键的因素就是随机刺激物。它一般是个名词，可以是我们身边的任何事物，也可以是我们曾经听过、看过、接触过，甚至只是想象过的任何事物。获取随机刺激物的途径很多，包括但不限于以下一些方式：

- 拿一本词典，随意翻到任意一页，手指随意指向任何一个词；
- 做一套包含各种名词的卡片，随机抽取一张；

- 拿一张报纸，从任何一篇文章中随意找一个名词；
- 从你身边的桌子、沙发、会议室、咖啡厅等各种场所随意选择一样物品；
- 听一首歌曲或音乐（由此产生联想）；
- 随机选取一个视觉形象，如杂志上的任意一张图片、某个电影片段、短视频等；
- 触觉：装一袋有不同构造的物品，把手伸进入触摸，运用触觉刺激想象。

下面用一个实例来说明随机输入的具体操作过程（如图2.20所示）。我们选择的目标焦点是"设计一款新手机"，随机获取的刺激物是"毛线"，围绕"毛线"想出的联想词有：柔软、有味道、长条、可洗涤、圆形、燃烧、衣服、缝隙等，从这些联想词中选择一个或几个与目标焦点建立关联，就能设计出一些新款手机，如："具有柔韧性、可折叠和弯曲的手机""可发出各种味道且防水的手机""可作为防身武器并有防火功能的手机"等。

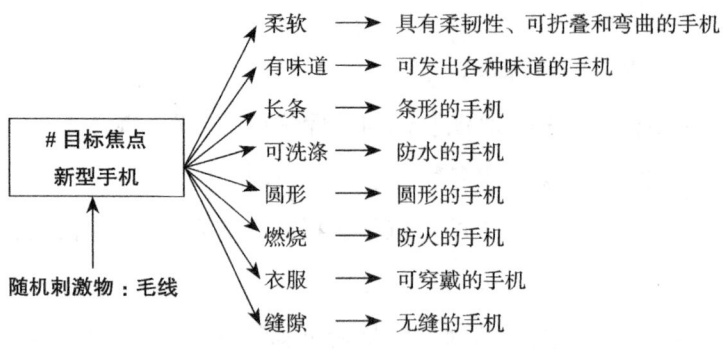

图2.20 随机输入思考工具的应用示例

通过以上示例可以看到，随机输入的关键是，随机的刺激物不能刻意选择。因为如果可以进行选择，就是有意地向现实想法的相关方面靠拢，那样只会强化既有的想法，却不会改变它们。因此，这种方法需要人们有意识地制造一种随机的结果。

在传统的企业和组织之中，一旦某个模式被建立起来，我们就很容易沿着那个模式既定的轨道进行思考，要跳出那个轨道来获取新想法就会变得困难。使用随机输入这一简单易用的工具，可以帮助我们有效地打破既有模式的束缚，为思考目标焦点打开新的思路，产生刺激、令人兴奋的创意。

因此，随机输入在我们固有的想法重复出现，实在想不出新概念的时候可以起到非常明显的效果。这一创造性思考工具在广告创意、产品设计、金融服务、市场营销、教学设计等诸多领域都有很好的应用前景。

2.2.6 创造性思考工具四：激发和运动

元曲作家李行道在《灰阑记》中记载了一个包拯智断亲子案的故事：马员外有妻子胡氏，还有小妾张海棠。胡氏与令史赵某通奸，将马员外毒死，反嫁祸张海棠所为，并为夺取马员外遗产而欲将张海棠的亲子寿郎说成自己的亲子以便夺走。一审时张海棠被屈打成招，后来案子移转到开封府尹包拯处复审。包拯用石灰撒了一个圆圈，将寿郎放到圈中，指令胡氏和张海棠"拔河"，并说谁把寿郎拖出来就断谁是亲生母亲。张海棠因心疼儿子，不忍心用力拖拉，而胡氏不顾寿郎死活，将其拽出圈外。包拯于是判断张海棠为寿郎真正的生母，并将胡氏法办。

该案成为流传千古的名案，就在于特定的时代背景凸显了裁判者不走寻常路的大智慧，是包拯运用创造性思考方法使然，因为在宋代不可能有DNA鉴定技术，事实上很难在有限时间内查明真相。包拯的断案方法实质上就是源自一个经验逻辑——如果是亲生母亲，不可能会不顾伤害而猛力拖拉自己的儿子，于是采取了上述看似匪夷所思的断案技巧。

这类审判二母夺一子的故事，在汉代《风俗通义》中就有类似记载，《旧约圣经》中所罗门王以剑判争儿案也与此相类似。此外，同类故事印度、希腊、罗马等国家也有流传。

我们把镜头拉回到现在。近几年幽默类的视频节目很受欢迎，诸如东方卫视的"笑傲江湖""今晚80后脱口秀"、爱奇艺的"奇葩说"、腾讯视频的"吐槽大会"等。幽默类节目最大的特点是要在表演过程中经常性地"抖包袱"。那些出其不意的"包袱"往往能把观众逗得前俯后仰。它们之所以能产生这样的"笑果"，也是因为不走寻常路而产生的奇思妙想所致。

在创造性思考领域，上述不走寻常路的方式被称为"激发和运动"。下面先对"激发"和"运动"技巧分别进行探讨。

2.2.6.1 激发

激发又叫"激发性操作"（Provocative Operation，简称PO），它就如我们沿着既定的模式和轨迹从A点向B点前进，但却在侧面突然找到一条新路经或C点（如图2.21所示）。

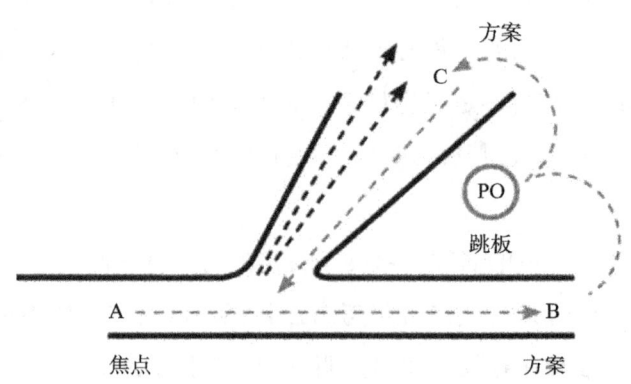

图2.21 激发性操作（PO）的基本原理

"激发"和"挑战"的使用在开始时是一样的——先列出理所当然的现状和现有的做事方式，但接下来"激发"要做的事情与"挑战"则不同，主要通过摆脱、反向、夸张、扭曲和许愿等五个不同的工具进行刺激，然后把刺激出来的想法（甚至疯狂的主意）作为"跳板"转移到新观点上去。下面对激发的五个工具分别进行举例说明：

（1）摆脱。对我们认为理所当然的事情说"不"，从而达到取消、否定、抛弃或去除的目的，是最简单的一种激发方式。例如："鞋子有鞋底"的摆脱 PO 可以是"鞋子没有鞋底"；"茶杯口是圆形的"的摆脱 PO 可以是"茶杯口是方形的"；"餐厅应该有菜单"的摆脱 PO 可以是"餐厅没有菜单"。

（2）反向。从逆反常规的方向进行思考，如"我吃苹果"反向 PO 可以是"苹果吃我"。反向 PO 的方法有很多，包括上下反向、内外反向、前后反向、正反反向等，它们都是正确的，目的就是要使问题的情境发生变化。例如"汽车沿公路行驶"是一个理所当然的事情，它可以针对不同的关键词进行激发，从而出现几种不同的反向 PO：

- 汽车是沿着公路逆向行驶的（与"正常行驶方向"反向）；
- 汽车没有发动，它是静止的（与"行驶"反向）；
- 汽车不是由司机驾驶，而是自发地沿着公路向前行驶（与"司机驾驶汽车"反向，是"自动驾驶"汽车的创意来源）；
- 汽车保持相对静止，而公路沿着反方向运动（与"汽车行驶"反向，汽车装配生产线就是运用这个原理）。

（3）夸张。提出一个超越常规范围的尺度（夸大或缩小），如"一个车位只能停一辆车"可夸张为"一个车位能停 10 辆车"。这个方法是指在数量、频率、体积、温度、时间和重量等方面进行夸张。例如对电话问题可以有很多夸张 PO：

- 电话机太重，以至于不能搬动（重量夸张）；
- 每次电话只能通话 10 秒钟（时间夸张）；
- 你可以同时跟 1000 个人通话（数量夸张，电话会议即这种形式）；
- 电话机很小，可以像一颗纽扣一样被随身携带（体积夸张，当下使用的移动电话都是如此）；

- 一分钟可打 1000 次电话（频率夸张，机器人外呼平台就是这个创意的真实应用）。

（4）扭曲。在任何情况下，事物之间总有一定的联系，任何行动也存在一定的时间顺序。扭曲就是找到这种常规的安排（如关系、时间顺序等），然后扭曲它们。如"你主动选择电视机播放的节目"是一种常规安排，扭曲 PO 可以是"电视机自己选择为你播放的节目"。我们常用的扭曲 PO 主要包括关系扭曲和顺序扭曲。例如"你封上信件后通过邮局寄信"是一个理所当然的事情，它的扭曲 PO 可以是：

- 邮局帮助你写信（关系扭曲）；
- 你给邮局寄信（关系扭曲）；
- 你在邮寄信件之后才封上信件（顺序扭曲，这个扭曲 PO 曾经产生了一个有趣的商业模式：如果你不想支付邮资，就以不封口的方式寄信，广告商可以在你的信件中塞入广告再帮你封闭信件、支付邮资）。

（5）许愿。创造一个幻想或异想天开的白日梦（如果……那不是很好吗？）。许愿 PO 越具有幻想性，越是痴心妄想，就越具有刺激性。如现状是"垃圾如山的塑料袋白色污染"，许愿 PO 可以是"如果塑料袋可以吃那就太好啦"；现状是"北京和纽约之间人们要见个面花的时间太长了"，许愿 PO 可以是"如果有时空隧道实现瞬间穿越就太好啦！"

应用 PO 的关键是，先不要马上说"不"，而是进行思维的探索，看看这样大胆的主意会把我们引领到哪个方向，从而在探索的过程中形成新的、更好的主意，进而增强主意的质量和可行性。因此，PO 让我们学会在对错之外进行更多思考，是除"Yes"和"No"之外采取的看待问题的第三种态度和方法。

2.2.6.2 运动

通过"激发"技巧创造出来的想法有时太过大胆、极端和疯狂，此时就要用到"运动"技巧来进行适应性调整，以满足目标焦点的需要。"运动"技巧帮助我们从激发（PO）出发获得新的创意，主要有三个工具，如下：

（1）时刻观察：形象化地想象PO之后每时每刻会发生什么，从中挑选出那些符合目标焦点、能够进一步发展的主意。

（2）提炼概念：从PO之中提炼一个概念，从而获得符合目标焦点的新创意。

（3）积极方面：列出PO的种种好处，以及不同干系人的各种想法，从中获得符合目标焦点的新创意。

在明确了"激发"和"运动"的含义和操作方法后，接下来我们探讨"激发和运动"这一创造性思考方法的主要步骤，如下：

第一步：选择一个目标焦点；

第二步：列出你认为关于这个目标焦点的理所当然的事情；

第三步：使用激发技巧创建激发（PO），选择最大胆的那个PO；

第四步：使用运动技巧，产生符合焦点的新创意；

第五步：从步骤四想出来的主意中选择一个或几个予以实施。

在上述步骤中，最关键的就是第三、四步，即"激发"和"运动"技巧的运用。其中，关于"激发"技巧，上文已通过若干不同的实例进行了探讨，接下来我们对"运动"技巧的使用进行举例说明。

例1：我们理所当然地认为，"餐厅应该提供餐具"，如果运用摆脱PO，产生的激发是"餐厅不提供餐具"。显然，这个激发并不能直接应用于餐厅经营。此时，我们可以使用"时刻观察"这一"运动"工具，通过形象化的想象，将这个摆脱PO运动到"顾客得自己带餐具"，但由于顾客一般不愿意把自己的餐具带走，就只能把它们留在餐厅内。于是一个新的经营创意产生了："顾客可以在自己的餐具上印上名字或特殊标记，餐厅用顾客自己的餐具向顾客提供服务。"这意味着顾客会倾向于经常去同一家餐厅，这无疑是个招徕回头客的好办法。

例2："我喝橙汁"是一件理所当然的事情，如果运用反向PO，产生的激发是"橙汁喝我"。显然，这个激发在常规的情境下不具备任何操作性。此时，我们也可以使用"时刻观察"这一"运动"工具，通过形象化的想象，设想："我掉进了一大杯橙汁里面，当我爬出来的时候身上散发着橙汁味道。"这可导致一个关于沐浴的主意，即在淋浴喷头上安装几种不同味道的香水管，淋浴者可以选择其所喜欢的那种香水味道来淋浴。

例3：我们理所当然地认为，"餐厅要向顾客收取食物费用"。如果运用摆脱 PO，产生的激发是"餐厅不收取食物费用"。显然，这个激发用于餐厅经营是不现实的。此时，我们可以同时使用"时刻观察"和"提炼概念"这两个"运动"工具，先从"不收取食物费用"想到"收取其他费用"，再提炼出一个新概念如"收取时间费用"，从而获得一个新创意："用收取时间费用来代替食物费用"。具体到操作方法可以是：顾客以每分钟为单位支付一定的费用，在所支付费用的时间范围内，食物是免费提供的。这个主意对咖啡厅、茶室等经营场很有借鉴意义。

2.2.7　收获和处理思考成果

在创造性思考的在第二步中，我们会针对问题焦点产生出很多不同的想法，其中有些想法是立即可以实施的，而有些想法可能过于笼统，还只是一个大体概念或雏形。因此，我们需要对它们进行分类收获，对那些概念型想法、雏形想法进行加工处理，使之更加具体化和易于实施。这一步骤可采用的方法通常有两种：修整和加强。

（1）修整。运用现实生活中真实的约束条件，对概念型想法或雏形想法进行修整，使之符合成本、合法性、时间限制、技术可行性等现实要求，变得更加具体和实用可行。

例如：目标焦点是"提高团队士气"，提出的初始主意是"设立专门的空间来开展团队活动"，修整该主意的具体方法如表2.3所示。

表 2.3　使用修整方法处理初始主意的示例

约束条件	修整主意的具体方法
1、设立专门空间的成本预算限制	○ 在办公室开会 ○ 请人力资源部门来推动会议 ○ 在公园里召开团队会议
2、很难让所有成员同时离开岗位参加活动	○ 让每次活动的时间持续半天 ○ 有时候可召开电话会议 ○ 在晚上开展活动 ○ 每次只召集一半的成员参加活动
3、开展活动有可能使团队成员分散注意力，从而完成不了每月的销售任务	○ 每次活动包含一部分如何超额完成销售任务的讨论 ○ 在会计年度的末尾召开，作为庆功会

（2）加强。找出主意的优点（考虑主意对相关人群的价值），想办法加强这些优点，从而使主意变得更为具体可行。

例如：目标焦点是"增强员工的荣誉感"，提出的初始主意是"举办颁奖宴会"，加强该主意的具体方法如表 2.4 所示。

表 2.4　使用加强方法处理初始主意的示例

相关人群	观点（主观好处或希望）	加强主意的具体办法
团队领导	○ 希望鼓励团队成员达到团队目标 ○ 希望团队成员在宴会上过得开心 ○ 希望团队成员觉得自己很特别	○ 给每个团队成员一个特别奖励，以表彰其工作业绩 ○ 让其中一些奖励方式有幽默感 ○ 请一个演艺人员进行表演，增进气氛 ○ 在豪华的地方举办宴会
团队成员	○ 希望自己对团队和公司的贡献得到承认 ○ 希望在工作之余有一次放松机会	○ 请 CEO 褒奖团队对公司的贡献 ○ 在晚宴前，为每个团队成员提供一次免费的 SPA
团队成员家属	○ 希望自己对团队成员工作的支持得到认同	○ 邀请员工家属参加宴会 ○ 给每个团队成员一份礼物，让他们带给家人

至此，我们完成了对创造性思考基本流程和工具的探讨。在开展创造性思考的过程中，概念提取、挑战、随机输入、激发和运动这四大工具是可以组合运用的，比如把概念提取与激发和运动结合、把挑战和随机输入结合，只要能达到预期的创新效果，组合形式不拘一格。

创造性思考的流程和工具可以使我们找准问题，通过对所获得的信息进行洞察和重组，有方向、有步骤地在可控状况下产生新想法。它摆脱了传统的、无规则的头脑风暴形式，也不依靠艺术家式的灵感突降，而是通过一套严格有效的方法和步骤来获得新价值，使我们的思考变得更有质量，更加丰富多彩。

2.3 纵横捭阖：系统性思考

在我们的工作和生活中，经常出现这样的场景：为了解决某一问题采取了一项对策，结果却引发了更多其他问题；针对某个问题立刻采取了有效措施，但过段时间后问题又复发了，而且变得更加严重。这是为什么呢？主要就是系统性思考不足造成的。

人类自古至今都生活在一个由各种系统构成的世界里，始终与系统密不可分，我国的中医就是典型的系统性思考的理论结晶。然而，长期以来，由于西方"还原论"的盛行，人们习惯于将事物分割开来进行分析和研究，这虽然使得科技水平获得了长足进步，但对解决动态复杂的系统问题却经常是无效的，甚至会产生一些不良影响，例如：只见树木不见森林，只看眼前不看长远，只看现象不看本质，头痛医头脚痛医脚，互相推诿互相抵制，甚至越努力越拙劣等。消除这些矛盾的关键就是从单一的"还原论"转向整合的"系统论"，运用系统性思考的原理和方法来分析和解决问题，达到纵横捭阖的效果。

目前关于系统性思考的著作和文章很多，知识体系和内容非常庞杂，很多人觉得难以掌握。为此，本书吸取了德内拉·梅多斯、丹尼斯·舍伍德、彼得·圣吉和邱昭良等国内外专家理论文献的精要内容,对系统性思考的原则、方法和工具进行探讨,以便帮助读者快速建立一个简要的理论视图,掌握其关键的应用方法和技巧。

在讨论系统性思考之前,先要弄清楚什么是系统,因此,本节的内容将从探讨系统的定义、构成要素与主要特征开始。

2.3.1 系统的定义、构成要素与主要特征

系统是由相互作用、相互依赖的若干元素组成的具有特定功能的有机整体。其中"系"为关系、联系,"统"为统一。人体、家庭、企业、组织、社会和生态等均可称为系统。

每一个系统同时又是它从属的更大系统的子系统,比如人体作为一个系统,包含了神经、消化、血液循环、呼吸等若干子系统;每个子系统又包含了若干更小的系统,比如血液循环系统由心血管系统和淋巴系统组成,而在心血管系统中,心脏作为其中一个组成部分,又包含了心肌、瓣膜、心脏自身的血管系统和起搏—传导系统等更小的子系统。

不管是哪一层级的系统,都包含了三个方面的构成要素:实体、连接和功能目标。

实体既可以指有形能动的主体,也可以指一些无形的事物,或者这些事物的关键特征、要素及其中的一些部分。例如:人体系统中的实体包括骨骼、肌肉、各种器官等;企业系统中的实体包括管理者、员工、投资者、顾客等;学校系统中的实体包括学生、老师、教室、食堂、操场、课程等。

连接是指实体之间的内在联系,是系统的精髓所在,影响和决定着系统的结构、行为等。它可能是物质流,如血液、商品、现金等;也可能是反馈信息,如订单、收入、成本、满意度等。

系统由哪些实体构成,实体之间如何连接,这些都不是偶然的、随机的,

都有其内在的功能目标。例如：某个家庭由夫妻及子女组成，其功能目标是繁衍和哺育下一代，让每个成员不至于孤独地存在；某个企业由管理者、员工、投资者和顾客组成，其功能目标是盈利和解决就业，实现某些宗旨和使命。

需要特别说明的是，每个家庭、每个企业都可作为独立的系统而存在，因此不同的家庭、不同的企业有着不同的功能目标。

系统一般有三大主要特征，分别如下：

（1）自组织。指系统具有稳定的、高度有序的动态结构，它影响并决定着系统的行为模式。例如：骑车人和自行车构成一个系统，由骑车人为系统注入动力，使自行车和骑车人在地面上立起来并往前行进，即使没有外力干涉，该系统仍然显示出一种稳定的结构。系统具有这种高度有序的自组织特征，主要因为存在一股与周围环境联系起来的能量流，比如骑车人用腿将能量送入系统，这些能量来自于和吸入氧气相关的活动。当能量流停止的时候，系统就开始退化，比如骑车人停止踩脚踏板之后，自行车最终会倒下。所以，自组织系统都和周围的环境交换能量，又被称为"开放系统"。

（2）涌现。指整体具有而其组成部分不具有的特性，一旦把整体分割为不同的部分，这些特性便不复存在。没有什么比"涌现"一词更能体现系统之美了。例如：人脑作为一个系统而存在，其中单个神经细胞没什么特别之处，放在一起也不过是一团糨糊，但由它们组成的人脑居然能产生意识，并且还时不时蹦出灵感。这就是涌现，也就是我们常说的"整体大于部分之和"。而涌现来源于什么呢？它源自系统的自组织，就如同大量神经细胞自组织构成的人脑。

（3）反馈、自修正和延迟。系统内部的信息流称为反馈，在很多自组织系统中，反馈经常和自修正、延迟密切相关。在上述自行车与骑车人这一开放的自组织系统中，表现出了维持动态稳定这一属性，从而保持了自行车和骑车人的竖直前进。如果该系统遇上颠簸就会出现摇晃，但它很快就会再次稳定下来，因为系统具有自修正的特征，当外界出现一定的干扰时会主动维持有序、自组织的状态。这一切都是通过反馈来实现的：骑车人一旦感受到了摇晃，就会轻微地调整重心来进行平衡。这种自修正机制在处理小颠簸时非常有效,但如果颠簸剧烈,系统有可能崩溃,即骑车人和自行车可能会摔倒。在开放的自组织系统中,与反馈、自修正密切相关的另一个特征是延迟,比如洗澡时调节水温的场景:水变冷了,赶紧调大,过一会感受到水太热了,又赶紧调小,如此反复多次才能调节到合适的水温。因为反馈常常出现延迟,所以我们常见的问题是,没耐心等到系统反馈的那一天就改变了主意或放弃了原来的做法,虽然原来的措施可能是有效的。

2.3.2 系统性思考的定义和基本原则

所谓系统性思考,就是将认识对象作为一个独立的系统来进行观察,从系统与要素、要素与要素、系统与环境之间的相互联系、相互作用等方面综合地考察认识对象,从而发现系统存在与发展规律的一种思考方法。

系统性思考是源于系统论和整体论的一种思考模式,它以"系统"这一概念来划定事物的边界,使人们的认识更为完整、更具穿透力,极大地简化了人们对事物的认知过程,使思考更具全局意识和整体性。

上文已经提到,系统具有动态稳定的自组织特征,作为整体出现的涌现特征以及反馈、自修正和延迟特征。基于这些特征,系统性思考需要遵循四项基本原则,如下:

(1)动态原则:从线性思考到环形思考。

所谓动态原则,就是在系统性思考时不只要看到静止的片段,还要看到系统的动态及其来龙去脉,认识到因果关系之间的微妙互动。

传统上人们习惯于采用事件驱动的、反应式的线性思考模式,这是一种关注问题、立足于眼前、条件反射式的应对方式,经常导致"按下葫芦浮起瓢"和忙于四处救火的尴尬局面。

在真实世界中,很多问题往往是复杂的系统问题,背后可能还隐藏着更多、更深的问题，造成问题的原因也是多方面的，而且问题与问题之间、问题与结果之间、结果与结果之间存在着相互影响和动态作用，要想找到单一的"病因"并施加影响是不可能的。因此，系统性思考要求我们遵循动态原则，从线性思考走向环形思考。

以"是否要养成早起的习惯"这一问题为例，如果采取传统的线性思考模式，立足于希望达到的结果，直接设定一个闹钟就好了，每天不管遇到什么情况都坚持闹钟响铃立刻起床即可。但是，如果按照动态原则进行系统性思考，你可能要考虑：是什么原因要让自己早起？而早起又能带来什么？由此你可能想到更多办法来解决真正的问题，比如减少通勤时间、花钱换时间、改善睡眠、修改公司上班时间等。这样就不会从表面上的早起来思考，从而能够找到根本的解决方案。

（2）深度原则：从关注事件到洞悉结构。

所谓深度原则，就是在运用系统性思考方法来认识世界、处理问题时，不能只关注一个个孤立的事件，而要看到事件之间的相互关联、作用模式和发展趋势，并进一步看清影响以及推动该模式与趋势发生的潜在结构。

系统论的观点认为，结构影响行为——构成系统的主要变量之间的相互作用和影响驱动着系统的变化，促使系统产生不同的行为模式，表现为一个个具体的事件。因此，深度原则就是要求我们在进行系统性思考时，要从关注事件走向洞悉系统的结构，识别出趋势和模式，区分出目的和手段，通过调整或改变结构来提高系统整体的功能。

①识别趋势：所谓趋势，指的是一件事情究竟是现在才发生，还是历史的重演；是在变得更加严重，还是在逐渐变得温和。例如前几年闹得沸沸扬扬的某代工厂员工跳楼事件，如果是孤立的个案，可能归因于个别员工心理素质不行，要加强心理辅导；但事实是连续十几名员工接二连三地跳楼，那就要看趋势，从多起跳楼事件中分析问题发生的背景和根源，寻找遏制类似恶性事件再次发生的办法。

②识别模式：所谓模式，是指那些看似不同事物背后相似的规律。例如：在家庭教育中，当孩子犯错时，很多家长的第一反应是批评；在日常工作中，员工遇到不公正时，第一反应是抱怨社会。这其实是人的一种惯常模式，姑且称之为"批评模式"。这种行为模式不是孤立的，会受到能力、学识、身份等诸多因素的影响。一个人会在不同场景中表现出同样的模式。如果你能识别出这种模式，就更容易理解一个人。当然，你也可以分析自己的模式，从而改进和优化自己的行为。

③区分目的和手段：前文谈到系统的元素不是关键，目的才是。若不能分清目的和手段，容易产生"手段目的化"的问题。例如：在办公室久坐容易导致腰肌劳损，如果我们据此制定的解决方案是去锻炼，具体做法是每天坚持跑步，很可能适得其反。这是因为，锻炼和跑步不是真正的目的，只是一种手段，而我们真正的目的是改善腰肌劳损，但跑步并不是恰当的改善方式，康复训练和走路其实更好。

（3）整体原则：从局限本位到关照全局。

所谓整体原则，就是在系统性思考时构建一个立体化视角，从整体着眼，对系统内部的复杂关系进行清晰的梳理，确保不遗漏重要的实体和连接，在把握系统本质和规律的基础上，找到最佳的处理方法。整体原则是系统性思考的本质，它是一种格局，也是一种能力，我们常说"眼界决定境界"就是这个意思。

在我们的企业和组织中，最常见的问题仍然是本位主义。组织中的每个部门、每个人都习惯从自身出发，出现问题时喜欢归罪于别的部门、别的人，结果造成组织中充斥着相互指责的风气，组织做出的决策也经常显得平庸、无效，甚至愚蠢。这些情况的发生与部门、个人的思考中缺乏整体原则密切相关。

苏轼有诗云："不识庐山真面目，只缘身在此山中。"整体原则给我们的一个重要启示是，为了更全面、更完整地看清系统的全貌，有时需要跳出系统看系统，以此来观察系统的结构、功能和目的。

（4）最优原则：从症状解到根本解。

所谓最优原则，就是从若干备选方案中选出最佳方案，使系统运转处于最佳状态，达到最优目标。它要求我们在思考问题的解决方案时，要做到统筹兼顾，点面结合，综合协调，本着"多利相权取其重、多害相衡取其轻"的思想，系统筛选，多中择优，以期达到整体最佳的效果。

为了遵循最优原则，我们在进行系统性思考时要特别注意规避"短期对策"和"症状解"对解决问题的不良影响，这是因为短期对策和症状解虽然有时能起到立竿见影的效果，但长期而言有可能产生越来越严重的后遗症，使问题逐渐恶化，进而越发依赖于短期对策的刺激，陷入难以自拔的境地。例如：用送钱送粮的方式去扶贫，往往使扶贫对象产生依赖思想，一味地等、靠、要，软化抗贫的意志和努力，越扶越贫，因此"精准扶贫"的核心理念是要"扶志"和"扶智"，从根本上解决贫困人口的致富意愿和能力问题，这就是"根本解"的重要作用。

所谓"根本解"，其实是一种"高杠杆解"，对解决系统问题具有巨大的撬动作用。例如：古人所言"学海无涯苦作舟"，是把吃苦看作是学习的主要途径，会导致很多人认为凡是读书学习都是辛苦的差事，不利于人们安心向学，而现代教育思想则提出"寓教于乐"的理念，很好地解决了这一问题，这就是对学生厌学问题的一个根本解、最优解和高杠杆解。

2.3.3 系统性思考的基础工具箱

为了有效地开展系统性思考，可以选取一些常用的思考工具进行辅助，我们称之为系统性思考的基础工具箱，其中包括剥洋葱图、多重原因图、鱼骨图、环路图、趋势分析图等。

2.3.3.1 剥洋葱图

剥洋葱图是系统性思考方法中最简单的一个工具,就是将问题一层层地"剥皮",一般要连问五个"为什么"(甚至更多,也可能更少),直到找到根本原因为止,然后针对根本原因提出解决方案(如图 2.22 所示)。下面以一个经典案例来说明具体用法。

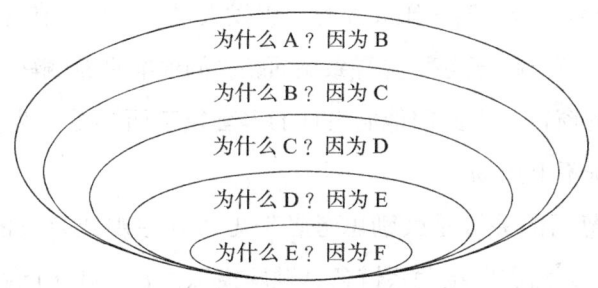

图 2.22 剥洋葱图的提问形式(从外到内逐层"剥皮")

据说美国华盛顿广场有名的杰弗逊纪念大厦的墙面出现了裂纹。为了保护好这幢大厦,有关专家进行了专门研讨。最初大家认为损害大厦墙面的元凶是具有侵蚀作用的酸雨,但经专家进一步研究,却发现对墙体侵蚀最直接的原因是每天冲洗墙壁所含的清洁剂。为此,专家们使用剥洋葱图的方式展开了问题追踪:

- ☞ 为什么要每天冲洗墙壁呢?
    - ■ 因为墙壁上每天都有大量的鸟粪。
- ☞ 为什么会有那么多的鸟粪?
    - ■ 因为大厦周围聚集了很多燕子。
- ☞ 为什么会有那么多燕子呢?
    - ■ 因为墙上有很多燕子爱吃的蜘蛛。
- ☞ 为什么有那么多蜘蛛呢?

■ 因为大厦四周有蜘蛛喜欢吃的飞虫。

☞ 为什么有这么多飞虫？

■ 因为飞虫在这里繁殖得特别快。

☞ 为什么飞虫在这里繁殖得特别快？

■ 因为这里的尘埃最适宜飞虫繁殖。

☞ 为什么这里最适宜飞虫繁殖？

■ 因为开着的窗户阳光充足，引发大量飞虫聚集在此繁殖。

至此，专家们发现"开窗"是导致墙面裂纹的根本原因，解决办法很简单——关上整幢大厦的窗帘，而此前他们设计的多套复杂而详尽、费事且费钱的墙面维护方案完全派不上用场。

使用剥洋葱图的关键是鼓励思考者努力避开主观或自负的假设和逻辑陷阱，从结果着手，沿着因果关系链条，顺藤摸瓜，直至找出问题的根本原因。

在日常工作和生活中，我们也会遇到一些复杂的问题，此时不要急于针对问题立刻求解，尝试使用剥洋葱图，多问几个"为什么"，也许就能找到问题的根源，从而给出具有高杠杆作用的根本解。

2.3.3.2 多重原因图

多重原因图是帮助我们针对问题查找和发现多种不同原因，并建立原因之间关联性的思考工具，具体步骤如下：

第一步：找到并列明待解决的问题；

第二步：查找和发现多种不同原因（可采取个人思考、小组讨论、头脑风暴等形式），运用 MECE 法则，将所有原因排列在问题周围，并使用单向箭头线将所有原因和问题进行连接，箭头全部指向对应的问题（若是未经证实或暂时不确定的原因，箭头线使用虚线来表示）；

第三步：将所有原因当作新的问题，继续参照上一步方法查找原因，并建立原因和问题的连接关系，反复进行这一操作，直到找不出更多的原因为止；

第四步：检查各原因之间是否有因果关系，如果有，也使用单向箭头线建立连接。

为了展现多重原因图的绘制步骤和形式，我们以肺癌问题为例进行说明（如图 2.23 所示）。

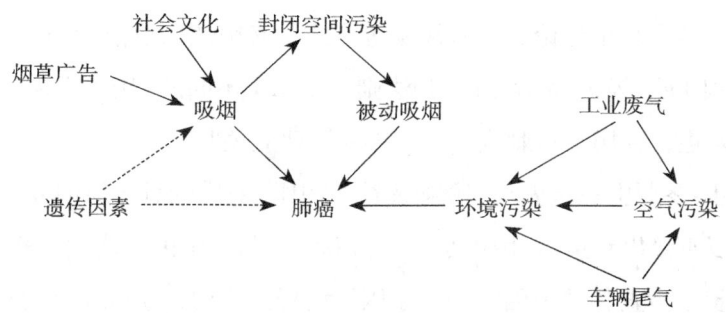

图 2.23 肺癌问题的多重原因图

根据肺癌问题的多重原因图，我们可以看出，引起肺癌的可证实的主要原因是吸烟和环境污染，因此对于个人而言，最有效的预防肺癌方法是"不吸烟，并尽量防止被动吸烟"；对于公众而言，最关键的手段是"治理环境污染（包括公共场所禁烟）"。

2.3.3.3 鱼骨图

鱼骨图是一种发现问题根本原因的思考工具，也可称为"因果图"或"石川图"（因其由日本管理大师石川馨先生所发明而得名），它看上去有些像鱼骨，一般在"鱼头"上标明问题，在鱼骨上长出鱼刺，上面按出现机会多寡列出产生问题的可能原因，有助于说明各个原因之间是如何相互影响的。

鱼骨图的特点是简捷实用，深入直观，具体步骤如下：

第一步：找到和明确待解决问题，标明到"鱼头"上，并画出主骨（与"鱼头"相连的横向核心粗线）；

第二步：分析问题原因的结构，确定关键要因或"大因"（一般不超过 7 项，用中性词描述，不说明好坏），画在"大骨"的末端，例如：现场作业一般从"人、机、料、法、环"着手，管理问题经常从"人、财、物、时间、信息"着手，视具体问题而定；

第三步：针对每一个关键要因，找出所有可能的基本原因或"中因"（可采取个人思考、小组讨论、头脑风暴等形式，必须使用价值判断，如"……不良""……下降"等），运用 MECE 法则，将每个不同的"中因"排列在对应的关键要因两边，并用"鱼刺线"与"大骨"建立关联；

第四步：参照上一步做法，找到每个"中因"对应的具体原因或"小因"（应分析到可以直接出对策），用更小的"鱼刺线"与"中因"建立关联；

第五步：检查各"中因"和"小因"的描述方法，确保语法简明、语义明确。如果某种原因可同时归属于两种或两种以上因素，请以关联性最强者为准（必要时考虑"三现主义"，即现时到现场看现物，通过相对条件的比较，找出相关性最强的要因归类）。

注意事项：绘图时，建议保证大骨与主骨成 60 度夹角，中骨与主骨平行，并用特殊符号标识出重要因素。

为了展现鱼骨图的绘制步骤和形式，我们以"客户服务水平下降"问题为例进行说明（如图 2.24 所示）。

2.3.3.4 环路图

在进行系统性思考时，经常要将问题视为由各种原因和结果形成的"反馈过程"的组合，这就要求思考者找到因果之间的互动回路，可以使用环路图来辅助思考。

环路图主要采用动态和环形的视角来思考系统问题，不只要看到当下的因果关系，还要拉长思考的时间维度，看到事物发展的动态变化和可能性；不只要看到单向和线性的因果关系，还要看到因果之间可能存在的环形互动关系。

第 2 章 思考力决定竞争力

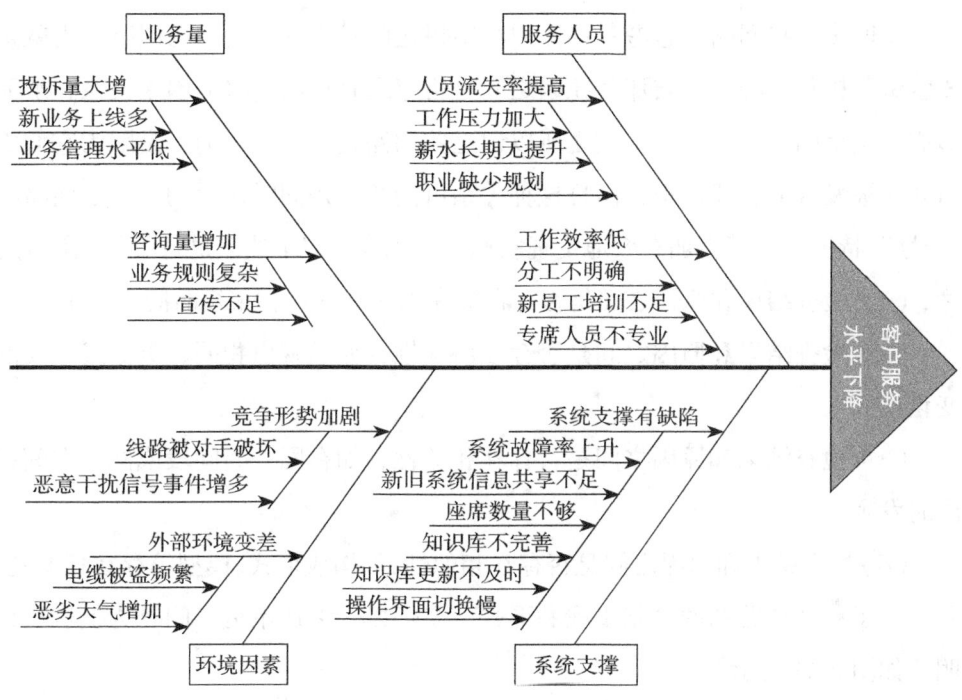

图 2.24 "客户服务水平下降"问题的鱼骨图

在使用环路图辅助进行系统性思考时,可以按以下四个步骤进行:

第一步:找问题。找出工作、生活中重复出现的一个问题作为分析对象。

第二步:找原因。列出产生这个问题的各种原因,用箭头把它们分别连接到问题上(从原因指向问题)。本阶段可采取个人思考、小组讨论、头脑风暴等形式,找到产生该问题的原因,还可使用剥洋葱图、多重原因图、鱼骨图等工具进行辅助,梳理出主要原因,并进行层次分析与聚类。如果选择分析的问题较为复杂,建议找出最核心的关键因素,不要过于发散。

第三步:找结果。找出这个问题可能产生的各种结果,用箭头把它们与问题分别连接起来(从问题指向结果)。本阶段的操作与上一步类似,但要有一定的前瞻性,不但要看到现在可能的结果,还要看到将来可能发生的结果。

第四步：找回路。思考各种原因与结果之间是否存在隐性的回路。也就是要尝试分析每一种结果与那些原因之间是否存在直接或间接的因果关系，从而形成一个个闭合的回路。我们之所以说这些回路是"隐性"的，是因为它们之前并未被发现或表述出来，而且这种关系可能并不是同时发生的。鉴于回路的"隐性"特征，为了更加有效地发现它们，可以参考以下线索进行寻找和识别：

（1）检查结果和原因之间是否存在顺序性，如先后在很短时间内发生；

（2）检查结果和原因之间是否存在协同性，如呈现出相同、类似或相反的变化模式；

（3）检查结果和原因之间是否存在相关性，如在同一时间段或同一空间内同时发生；

（4）检查结果和原因之间是否存在相似性，如构成形式、模型等存在相似性。

为了展现环路图的绘制步骤和形式，我们以"沟通不良"问题为例进行说明（如图 2.25 所示）。

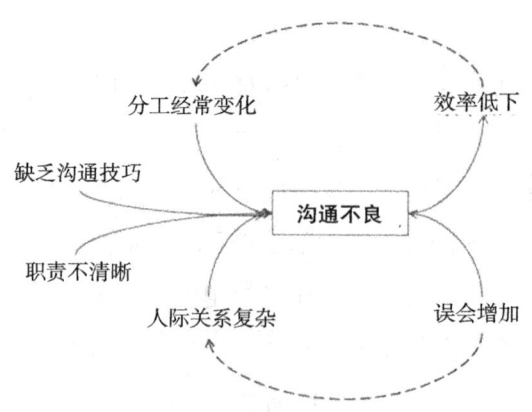

图 2.25 "沟通不良"问题的环路图

在"沟通不良"问题中，我们先找到"分工经常变化""缺乏沟通技巧""职责不清晰"和"人际关系复杂"等四个原因，然后找到"效率低下"和

"误会增加"这两个结果，在最后找环路时发现"人际关系复杂"可能是"误会增加"的后果，"分工经常变化"可能是"效率低下"的后果（图中可用两个红色的虚线箭头表示），这是两个恶性循环的回路。

2.3.3.5 趋势分析图

系统性思考理论中有一个著名的"冰山模型"（如图2.26所示），揭示了人类的思考层次。其中，冰山顶部露出水面的部分是事件（Events），中部是模式（Patterns），底部是结构（Structure）。

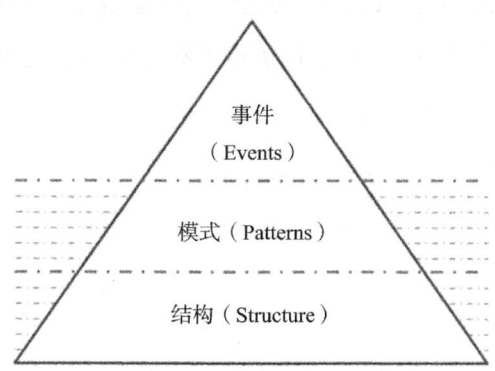

图 2.26 系统性思考的"冰山模型"

在"冰山模型"中，露出水面的部分是我们可以观察、感知、经历的事件。我们通过经历和观察各种事件来认识和了解这个世界，这是大多数人关注和思考的层次。然而，对于大部分系统性的问题而言，这些事件只是我们可见的一小部分，而且往往不是最重要的。

为深入地了解系统性问题的本质，我们必须往水面之下的部分探索，追究："为什么会发生这些事件？""未来还会发生哪些事件？"要获得这些答案，就要把有关事件联系起来，分析它们是否存在某些趋势或模式，由此进一步梳理出系统的结构，包括：存在哪些影响因素？它们之间存在哪些相互关联和反馈作用？它们的成长路径和变化态势如何？

上文讲过，系统的结构影响和决定其行为模式，是我们理解系统会发生什么、为什么会发生的关键，使得我们不仅知其然，还知其所以然。善于进行系统性思考的人不会"头痛医头、脚痛医脚"地采取机械反应，而是会将行为与结构联系起来，在探寻事件之间的关联模式和发展趋势后，找到有效的高杠杆解，达到"标本兼治"的功效。

为了更好地看清事件发生的趋势和系统变化的动态，我们经常使用趋势分析图来辅助思考。它是一个常见的系统性思考工具，通常由横轴（时间）和纵轴（变量表现）构成，用一条曲线表述问题或者变量随时间发生的演变模式。下面以某公司2010年1~11月产品销售量走势为例进行说明（如图2.27所示）。

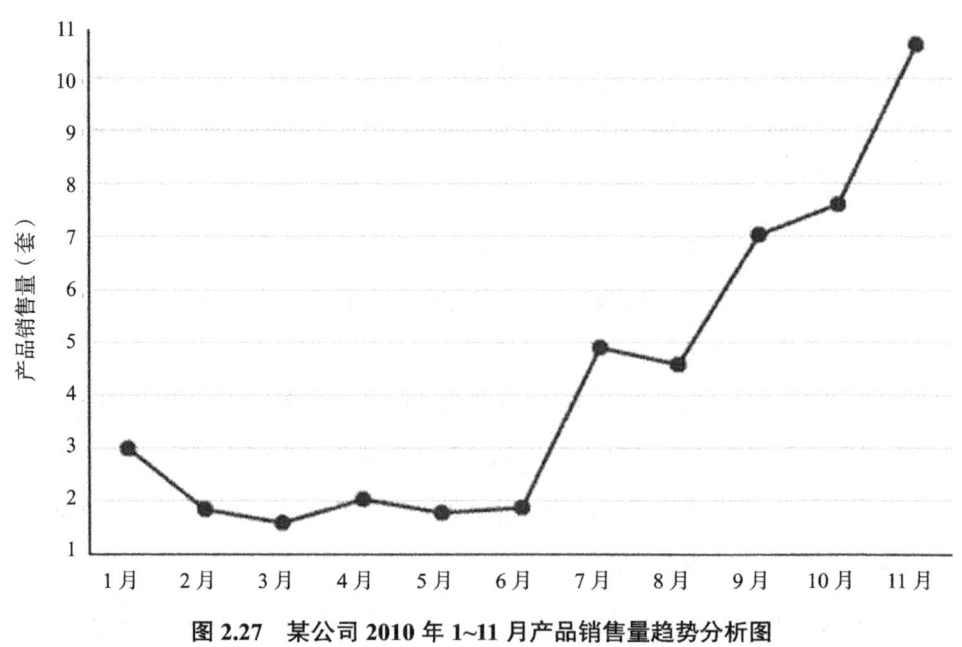

图2.27　某公司2010年1~11月产品销售量趋势分析图

通过趋势分析图可以发现：2010整个上半年销售业绩平平，7月开始销售量大幅上扬，一路高歌猛进。追溯该趋势的起源，发现6月推出的更新换代产品和大规模广告攻势是成功的关键。该公司于是找到了产品销售量突破的抓手，在后续两年中屡屡得胜。

除了上面这种简单的表现形式，趋势分析图还可以升级优化为：把某一变量连续两年的数据放在一起对比分析，从而发现当下趋势与历史趋势的差异，找到真正的问题所在。

下面以某公司2017—2018年业务收入走势为例进行说明（如图2.28所示）。

图2.28　某公司2017—2018年业务收入趋势分析图

通过趋势分析图可以发现：该公司业务收入从2018年3月份开始轻微下滑，但到了5月份之后，业务收入低于上年同期水平，并随后加速下滑，形成与上一年发展趋势的剪刀差，业绩堪忧。

基于这种情况，该公司组织市场经营部门加速研究问题对策，以趋势分析图为基础，叠加运用了多重原因图、鱼骨图等工具，最终找到两个关键原因，一是竞争对手在某个细分市场通过低价策略抢夺了大量老用户，二是因公司代理佣金政策的调整导致两个重要代理商被策反。为此，该公司立即采取了有效的应对方案，终于在当年年底逐渐扭转局面。

事实上，为了适应工作需要，人们有时也会根据现实情况对趋势分析图进行一定的改造。

例如：某通信运营商发现某个细分市场在一段时期内宽带业务收入呈下降趋势，有个别地市分公司反映可能和融合率提升有关。为了探寻这一问题是否具有普遍性，分析人员把各地市9个月内宽带收入同比增长率和融合率提升这两个变量放在一起对比分析，果然发现它们之间存在负相关关系（如图2.29所示）。

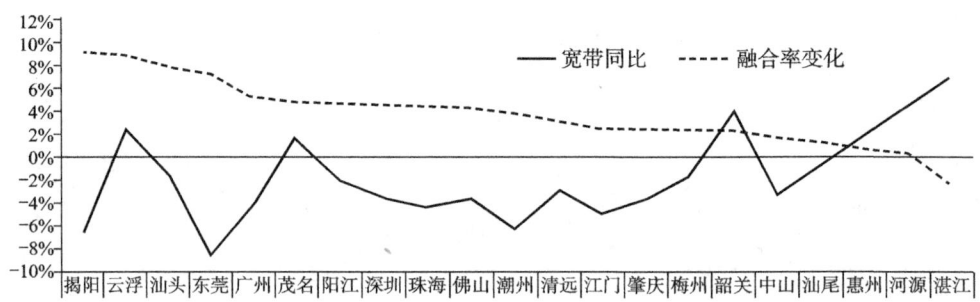

图2.29 某通信运营商宽带收入与融合率对比趋势分析图

针对这种现象，该公司进一步分析了融合率提升对宽带收入影响的深层原因，找到了问题的症结所在，最终制定了针对性应对方案，一举解决了这一问题。

2.3.4 系统性思考的新语言：因果回路图

在进行系统性思考时，想要深刻地揭示系统的结构和功能，最有效的工具是因果回路图，也称系统循环图。它几乎遵循了系统性思考的全部重要原则，包括动态、深度、整体和最优原则，因此被称为系统性思考的"国际标准语言"。

2.3.4.1 因果回路图的定义、要素和基本模块

因果回路图是由一系列相互连接的变量构成的闭合回路，用来表示系统中影响系统行为的关键因素及其之间的相互联系、重要反馈，从而反映出复杂事

物之间的因果关系，即系统的结构和本质。

下面以"人口数量"这一问题的因果回路图来说明其构成要素和基本模块（如图 2.30 所示）。

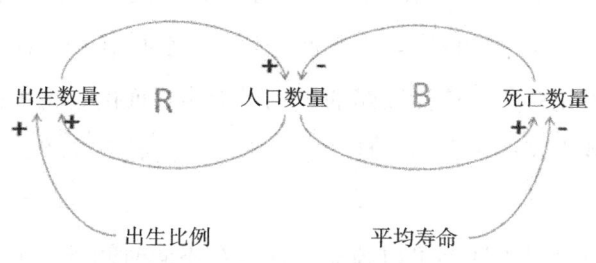

图 2.30 "人口数量"问题的因果回路图

因果回路图由两类要素构成，分别是变量和连接。

"变量"可能是实体、要素和属性，分为存量和流量两种。其中，存量有时间维度，比如人口数量是个存量，它代表着某年某月某日的人口数；流量没有时间维度，比如人口出生数量是个流量，表示一段时间（如一年）内新出生的人口数。一般来说，一个存量至少有一个输入的流量和一个输出的流量。很多情况下，一个存量可能会有多个输入流量和多个输出流量。

"连接"表示变量之间的因果关系，分为正反馈和负反馈两种。其中，正反馈是指一个变量的增强（或减弱）会导致另外一个变量的增强（或减弱），如"出生数量"与"人口数量"之间就是正反馈关系的连接；负反馈是指一个变量的增强（或减弱）会导致另一个变量的减弱（或增强），如"死亡数量"对"人口数量"来说就是负反馈关系的连接。连接反映了变量之间的关系及其变化方向，在因果回路图中通常用有向箭头及 +/- 极性来表示。

因果回路图一般包含四种基本模块：增强回路、调节回路、时间延迟和悬摆。

如果一个闭合回路中存在偶数（包括 0）个负反馈连接，则该回路属于增强回路，如"出生数量"与"人口数量"之间的回路，包含了 0 个负反馈连接，属于增强回路,用字母"R"表示;反之,如果该回路中存在奇数个负反馈连接,则属于调节回路,如"死亡数量"与"人口数量"之间的回路,包含了1个负反馈连接,属于调节回路,用字母"B"表示。任何一个闭合回路要么是增强回路,要么是调节回路。不同类型的回路组合起来使系统变化出各种不同的动态。

增强回路对系统中事件有增强其原有变化态势的作用,而调节回路会自我调节、抵消并阻止变化。增强回路的影响可能是正面的,也可能是负面的,其表现特征是:越来越……良性循环、恶性循环、连锁反应等,总之都是进一步增强。

没有任何一个增强回路可以独立存在。在不同时间条件下,它会碰上一些限制因素,使成长受到限制或逆转。多数情况下,增强回路会有多个限制因素。这些限制因素可以用调节回路来表示。调节回路的作用是阻止或限制、干预或解决问题,它可以使得系统向某一个目标靠近,从而达到某种平衡或实现某个目标。

作为因果回路图的基本模块之一,时间延迟在系统中比比皆是,它们决定了系统反应速度有多快,同时还决定了达成目标的准确性以及系统中信息传递的及时性。为了在因果回路图中体现时间延迟,我们通常在两个变量连接的箭头中画两条短的平行线来表示。

时间延迟既存在于增强回路上,也存在于调节回路上。若时间延迟出现在增强回路上,它使得系统的增长速度不如预期的那样迅速,看起来似乎慢了半拍;若时间延迟出现在调节回路上,它使得解决方案看起来似乎不奏效,导致人们为了得到想要的结果而做出大幅度的调整,从而导致系统出现强烈振荡或矫枉过正。比如我国20世纪70~80年代推行计划生育政策,可以使人口增长得到抑制,但由于存在时间延迟,有些地方的执行者可能使用过激的强制手段;前几年开放"二孩"政策后,同样由于时间延迟(当然还有生育观念的转变等因素影响),生育率提升并不如预期的那么大。类似的情况在房地产调控领域更是屡见不鲜。

尽管所有的反馈回路都代表着闭合、连续的回路，没有起点，没有结束，但有些系统循环图还包括虽然在闭环之外但却连接在闭环之上的因素，它们被称为悬摆，一般可分为两类：

（1）输入悬摆：一般用来表示期望达到的目标、隐含的标准、政策，或者是系统外部的驱动或限制因素，以及用以确定外部变量数值的参数，如"出生比例"和"平均寿命"对于"人口数量"问题来说都属于输入悬摆。

（2）输出悬摆：表示整个系统运作的结果。

2.3.4.2　绘制因果回路图的基本法则

在进行系统性思考的过程中，因果回路图可以帮助我们梳理个人思路、检视和改善心智模式、提供决策参考、促进与利益相关者的交流和共识、激发团队智慧等。

绘制因果回路图通常参照以下法则展开：

（1）了解和明确系统边界。如果我们感兴趣的系统是大象，就可以围绕大象本身划下系统的边界；如果我们将大象作为一种社会性动物来研究，系统边界可能就是象群；如果我们要研究中非的生态系统，大象只是其中的一员，那么系统边界就是整个生态系统。

（2）从有趣的地方开始。既然我们要画的是系统"循环"图，那么从哪个环节开始都不是问题，因此从你感兴趣的地方开始即可。主要你沿着因果链追根究底，迟早都能掌握系统的全貌。下面是一些可以帮助你决定从哪里开始的问题：

☞ 系统最关键的外部驱动力是什么？（输入悬摆）

☞ 系统的关键成果是什么？（输出悬摆）

☞ 在与希望解决的问题相关的因素中，哪一个是最关键的？（关键因素）

（3）询问"它将促成什么"以及"它由什么促成"。系统循环图中的所有元素都被因果关系链连接到了一起。任何两个被箭头连接在一起的元素都存在一定的因果关系，我们可以询问它能够促成什么、它由什么促成，从而找出因果关系。

（4）不要陷入穷究细枝末节的陷阱之中。一旦出现了思维模式不同的问题时，尽快采用小组讨论的方式达成共识。要经常检查你的结果，检查范围不要局限于小组之内，还可以邀请其他人来发表看法。

（5）使用名词而非动词来描述。坚持使用名词来强调行动的内容，会使系统循环图显得干净明了。

（6）不要使用类似于"在……方面增长/降低"这样的词语。在描述中使用"上升"这个词，就意味着你在潜意识里认为这个因果关系只会带来单向上升的结果，只不过是上升的程度不同罢了，而下降的可能性则非常不明显，以至于在漫不经心中被忽略掉了。因此，遇此情形，使用"……的变化"是更好的表达方式。

（7）随着进展及时确定连接类型。在绘制系统循环图时，应该随着你的进展随时确定已经出现了的连接的反馈类型，不要先放着，等以后再做决定。

（8）随时准备修改。世界在变化，任何系统循环图，无论它包含了多少真知灼见，都难免挂一漏万，或者你经过观察、思考后又有新的认识。因此，要时刻保持开放心态，随时准备修改。

当我们使用因果回路图了解、识别和掌握了问题产生的系统结构后，就要学会去寻找"杠杆点"，即在系统中的某处施加一个小的动作或影响，导致整个系统的行为发生显著的变化。

一般情况下，改变那些显而易见的要素往往很难改变系统的行为，因此，要想发生系统性的改变，就要尝试基于因果回路图探索要素之间的关系，找到连接和目标这两个不明显的关键，让系统的局势形成一个增强回路。

接下来我们以"学习积极性"问题为例（如图2.31所示），对因果回路图的绘制和使用进行简要说明。

第 2 章 思考力决定竞争力

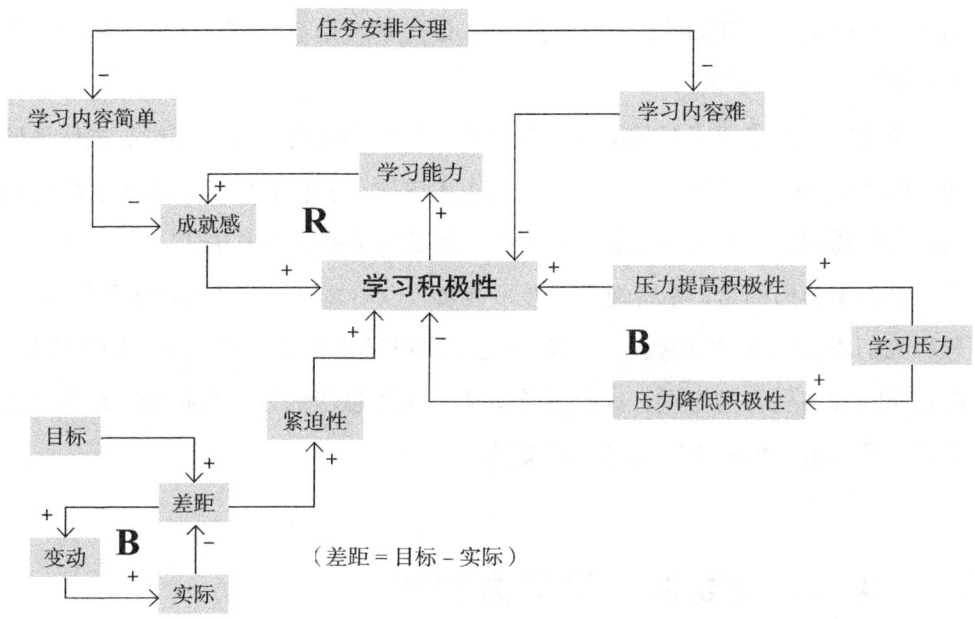

图 2.31 "学习积极性"问题的因果回路图

在该图中，学生学习的核心增长引擎就是以"学习积极性""成就感"和"学习能力"这三关键因素组成的增强回路，随着积极性的增加，会增加学习能力，随着学习能力的增加，会增加成就感。随着这个增强回路的运转，学习能力、积极性和成就感会无限制的增长下去，从而形成良性循环。

然而，这一增强回路既是增长引擎，也是衰退引擎，因为其中任何一个因素下降都会引起连锁反应，各个关键要素是同方向变化的。比如压力过大时，学习积极性下降，随着增强回路的运转，能力、积极性和成就感又会恶性衰退下去。

此时，智慧型的家长和老师在学生学习成长的关键时期，往往会想办法帮助学生减压。这其实就是发挥该因果回路图中右侧调节回路的作用，也就是从杠杆点寻找最优解的重要方法。其他回路的分析与此类似，不再赘述。

总之，因果回路图可以让我们以动态、整体、深入的视角对复杂问题进行剖析，从而更准确和高效地找到杠杆解和最优解，是系统性思考的通用语言和有力武器。

至此，我们完成了对系统性思考的基本原理和主要工具的探讨。虽然系统理论体系很庞杂，无法一一介绍，但以上内容对于我们日常工作和生活中遇到的复杂问题而言，不失为一套分析思考、制定对策的有效方法。

最后需指出的是，系统性思考并不神秘，也不高深，它其实就在我们身边。只要我们不拘泥于"还原论"的思考范式，通过学习掌握其基本原则和方法，通过实践养成思考的习惯，就能熟练运用系统性思考的方法和技能，踏入"见自己、见天地、见众生"的思考新境界。

2.4　六大要诀：思考力训练

结构性思考、创造性思考和系统性思考是常见的三种主流思考方法，但并不是思考方法的全部。我们通过前三节的内容详细介绍它们的作用、内涵和操作方法。大量的实践证明，这三种思考方法是我们工作与生活中最有效的思考利器，一旦掌握，就能让我们成为独立思考、独立自主的人，开创属于自己的七彩人生。

然而，要真正掌握这些思考方法，就必须自觉地坚持思考力训练，从初级思考者逐步向中级思考者、高级思考者转变。其中，初级思考者是指那些任何事情来临的时候，简单思考一下就去做的人；中级思考者是指那些事情来临时，经过认真考虑后能做出自己的判断和选择的人；高级思考者是指那些能够进行深度思考，对现有知识和信息进行系统梳理和整合，能产生创造性知识成果的人。

为了有效训练思考力，使我们的思考力水平逐渐向更高阶段发展，我总结了思考力训练的"六大要诀"，供读者参考。

要诀一：认识自我，独立自主；

要诀二：拓宽视野，广泛阅读；

要诀三：保持好奇，及时记录；

要诀四：发现问题，全神贯注；

要诀五：积累智慧，学思渐悟；

要诀六：传播分享，撰文立著。

下面对这些训练要诀进行逐一说明。

2.4.1 认识自我，独立自主

在认识这个世界之前，我们一定要先认识自己，才能做出正确的判断和选择，成为社会中独立自主的个体。因此，了解自我、认识自我是走向独立思考和训练思考力的开端。

（1）撰写个人使命宣言，清晰认识自我。

古希腊哲学家柏拉图曾提出了一个永恒的哲学命题："我是谁？我从哪里来？要到哪里去？"通俗一点讲就是："我究竟要成为一个什么样的人？"这个问题无比重要，是让我们认清自己最直接、最有效的方法，但回答起来却很难。为了便于认识自我，史蒂芬·柯维在《高效能人士的七个习惯》中将之转换为建立个人使命宣言，具体做法如下：

安排一个独处的时间和安静的空间，认真理性地思考以上问题，与自己的心灵和梦想来一次诚实的、深层次的沟通，从事业发展、家庭生活、健康休闲、财务追求、个人成长、人际关系、灵性升华、社会贡献等各个方面梳理自己的人生目标、愿景和基本价值观，然后试着书写个人使命宣言，主要包括：自己想成为一个怎样的人（品德），成就怎样的事业（贡献和成就），坚持怎样的价值观、行为原则和处世哲学等。

撰写个人使命宣言的目的是认清并表达自我，形式不拘一格。例如有人直接根据上述的各个方面进行梳理，形成如下的个人使命宣言：

- 事业发展：做成国内知名的互联网内容运营平台。
- 家庭生活：事业与家庭并重，兼顾家庭生活。
- 健康休闲：早睡早起，运动、旅行和休闲度假是必需品。
- 财务追求：简单生活，不苛求、不排斥物质财富。
- 个人成长：坚持独立思考，终生学习，不虚度光阴。
- 人际关系：坚持自己的个性，尊重他人，真诚交友，不随波逐流、不阿谀奉承、不趋炎附势。
- 灵性升华：追求丰富多彩的精神生活，提高灵性。
- 社会贡献：用自己的实践和研究成果为别人创造价值。

此外，也有人针对自己的多重角色来撰写个人使命宣言，我景仰的一位上司就是这样做的：

- 我是讲师，在讲台上成就自己，帮助他人；
- 我是舞者，在舞台上愉悦生命，放飞心灵；
- 我是榜样，在生活中承上启下，践行生命的意义。

（2）掌控自己的内心，实现独立自主。

除了通过撰写个人使命宣言来认识自我，在开始独立思考之前，我们还要尽力做到独立自主。当孩子尚处于幼儿阶段，父母便会经常教育他们"自己的事情自己做"。然而，我们身边有不少成年人，在遇到问题需要处理时，却是习惯于支使或依赖别人，而不是尽量自己主动去解决。他们总是倾向于索取，而不肯给予，自然无法开始独立思考，也就与成长无缘。

当然，独立自主并不是所有事情都自己做，而是让你具备一种独立自主的精神，通过这种精神和思想的磨炼，逐渐让我们掌握独立思考的能力。

心学创始人、明代哲学家王守仁认为："心即是理，心外无物。"这其实也是告诉我们，做任何事情都要反求诸己，由内而外。只有掌控自己的内心（独立自主），才能掌控这个世界。

2.4.2 拓宽视野，广泛阅读

为了有效地训练思考力，我们要把自己的头脑充分打开，拓宽视野，去接触不同的圈层，开拓不同的人脉，从而打开思考的领域和维度。拓宽视野的方法很多，包括但不限于以下做法：

（1）扩展交往圈子：经常与那些你认为有思想、有文化、有境界的人聊天或讨论，以此来锻炼和提升思考力。

（2）积极参与交流：在日常工作、专题会议、头脑风暴中积极参与讨论，拓展认知思路。

（3）深入调查研究：对不清楚的问题开展调查研究，多角度、深入地了解前因后果，防止一叶障目，不见森林，是提升思考力的重要途径。

（4）坚持广泛阅读：读书能让我们学到知识，提升技能，还能让我们转变认知，提升思想，是最快捷、最有效提升思考力的方式。

2.4.3 保持好奇，及时记录

苹果公司联合创始人史蒂夫·乔布斯在斯坦福大学演讲的最后一句话是"保持饥饿"。他就是要告诉我们对这个世界、社会、时代和科技保持好奇，不断去探索、发现自己的认知边界。

（1）放空自己，思考本质。

保持好奇实际上就是放空自己，然后接触更多的新生事物。当我们遇到新问题时，要多问为什么，尝试通过不断的设问，一步步逼近事实的真相。同时，我们思考的出发点应该是对事不对人，追求事情本身层面的基本规律，不夹杂个人的、不公正的观点和立场，以免影响对事物本身的思考。

（2）养成习惯，随时记录。

我们在日常的工作、学习、讨论、甚至休闲时，可能偶然会有灵光一闪的时刻，或是一个金句，或是一个新创意，或是一个思想的火花，这些都是很有价值的。如果我们能把它们及时记录下来，就有可能成为未来需要时的一种输入，否则多数都会转瞬即逝，过后就再也想不起来了。

现在科技很发达，我们随时可以拿起手机，借助文字、照片、视频或录音等方式做记录。我自己就经常用手机的备忘录功能随时记录一些灵感，有时在半夜或清晨思考有所得时，就立刻拿起手机记下来。这些零碎的要点后来很多都成为我写作的素材，甚至是深入思考的思想来源。

以前通信尚不发达时，很多人有每天写日记、经常写信的习惯。现在微信、QQ等通信手段几乎取代了书信往来，但写日记仍然是一个帮助我们思考、整理、总结的好方法。它可以让我们更清醒、更理性、更准确地认识自己，与备忘录比起来，它是原始素材经过加工后的半成品。当我们后期需要使用时，日记比备忘录具有更高的可用性。

（3）相关信息，留意收集。

除了及时记录偶然出现的灵感和点子，我们在工作中还要有意识地收集各类信息，尤其是那些跟自己相关的信息，不但要随时收集，还要归类整理，以备需要时方便查询。收集信息的过程可以训练我们对信息的获取、处理、归纳、分类、存储、清理等方面的能力，这些都是思考力训练中不可或缺的手段。

（4）遇到难题，尝试涂画。

在遇到一些处理难度较大的棘手问题时，我们可以拿出纸笔，尝试着涂涂画画。这种看似漫无目的的行为，其实是在促使我们用视觉化的呈现方法来探索问题的核心、要素的关系、可能的原因和预想的思路。在这个思考视觉化的过程中，如果结合我们学过的结构性思考、创造性思考和系统性思考方法，有时可能就会豁然开朗，突然发现需要的线索和解决方案。

2.4.4 发现问题，全神贯注

我们之所以要不断提升思考力，根本原因就是要用它来解决工作和生活中不时出现的各种问题，而解决问题的前提是先发现问题。

（1）发现问题的方法。

当我们身边发生了一些特别的事情或出现了一些特殊的状况时，首先要思考问题究竟是什么、问题的根源是什么，然后再去想解决办法。有时候，发现一个问题，或确定问题出在哪，比解决问题还更重要。

为了发现问题，我们需要经常运用到"行动研究"方法，在行动和实践中不断去研究和发现问题，及时解决或动态调整，从而更好更快地达成既定的行动目标。

（2）全神贯注的方法。

在我们对发现的问题进行思考时，要尽量做到全神贯注，深度思考，促使我们的想象力、创造力、发现力达到高潮，进而爆发，创造出让我们惊喜的方案或主意。为此，我们最好每天都给自己安排一段安静的、不受打扰的、专注于思考的时光，这一点对解决复杂问题或从事创造性工作的人尤为重要。

当下的移动互联网在给我们的生活带来便利的同时，也带来了不少副作用，让一些"知识分子"退化成了"知道分子"，比如现在很多人患上了"手机依赖症"，每天一有空就不停地刷手机，从中获得大量碎片化的信息和知识，但这些信息和知识并不能提升思考力，反而会干扰我们的思考深度。为了摆脱对手机的依赖，我们可以坚持在睡前或午休期间一个人安安静静地思考某个长期关注的问题，从而有效训练我们的专注力，以此来达到提升思考力的目的。

2.4.5 积累智慧，学思渐悟

智慧是生命所具有的基于生理和心理器官的一种高级创造思考能力，是结构性思考、创造性思考和系统性思考等多种思考方法综合运用的结晶，包含对自然与人文的感知、记忆、理解、分析、判断和升华等所有能力。

一个人是否拥有自己特有的智慧，是其真正成熟的标志。然而，智慧的获得并非易事，绝非一朝一夕之功，需要我们不断地阅读、思考、实践、学习、总结和提炼，并通过一点一滴、日积月累的磨炼而得来，是一个从渐悟到顿悟的过程。

积累智慧最有效的方法就是在实践中不断进行总结和复盘，发现自己工作和生活中存在的问题，优化方案，调整计划，及时改进，不断做出更好的判断和选择。

总结和复盘是一项长期的功课，每年、每月、每周、甚至每日都要做。曾子曰"吾日三省吾身"也是基于这个道理。为了更好地积累智慧，总结和复盘可从以下方面入手：

（1）工作推进。

有没有按计划完成目标？如果完成了，可总结出哪些方法和经验？还有哪些办法可以做到更好？如果没有完成，是什么原因造成的？有哪些教训需要吸取？下次如何改进和完善？

（2）学习收获。

今天有新的收获没有？是否学习到了自己所需的知识或技能？如何把这些知识技能运用到自己的工作和生活中去？能否基于自己的工作实际进行完善和优化？

（3）为人处世。

与人相处时有没有换位思考？沟通是否恰当？是否与人发生了争论？有哪些不妥的言行？对上司、同事、下属和家人的脾气是否需要多一些克制？

2.4.6 传播分享，撰文立著

教育领域有一句很有名的话："想给别人一碗水，你先要有一桶水。"要想让思考力不断进阶，最有效的手段就是把你的思考所得传播分享出去，让更多的人受益。传播分享的途径很多，常用的有三种：

（1）培训。

这是传播思考所得、提升思考力的最佳途径，因其简便易行，适合所有人运用。你可以将自己的思考成果通过办讲座、沙龙或各种形式的培训班分享给其他人。在讲给别人听之前，你必然要对自己思考的内容进行详尽的归纳、整理和提炼，还要考虑使用什么样的方法才能让别人易于理解和接受，这一过程就是对结构性思考、创造性思考和系统性思考极其有益的锻炼。

（2）演讲。

去公开场合做演讲是对思考力的巨大考验。如果你能做好一场公开演讲，那么你的逻辑思考、语言表达和互动控场等能力都能得到极大的训练，而且演讲能力本身就是一个人思考力最高级别的表现。

（3）写作。

发表文章、著书立说是最有成效的一种思考力。任何一个人要写出好文章、好作品，首先就要具备良好的思考力。如果说读书和实践是输入，撰文和立著是输出，那么思考就是将输入转化为输出的"熔炉"，它不但要熔化我们收获的东西，还要凝练出思考智慧的结晶。因此，思考是写作的起点，写作是思考的创造，更是一种对思考力的锤炼。

第3章　行动力决定生产力

古人云："种瓜得瓜，种豆得豆。"如果你想要取得某种成果，首先就要采取行动。因此，行动力是一切成果取得的先决条件。

对于个人而言，行动力就是有效利用资源，保质保量完成任务、达成目标的能力，是在保证一定效率的基础上，实现某种效果的方法和能力。

在我们的工作和生活中，经常会遇到这样一些人：他们可能行动非常迅速，但由于事前没弄清楚目的和目标，结果却南辕北辙；他们可能有明确的行动目标，但行动过程毫无章法，循环往复，效率低下；他们行动中可能遵循了一套标准的流程，但由于缺乏必要的检查和调整，出来的结果总是差强人意；他们可能事前制定了清晰的计划，但行动时却总是难免走样，最终还是事与愿违……

以上种种情形的存在，归根结底都是行动力不足造成的，主要原因包括但不限于以下方面：

- 目的目标不明确，不知道为啥干；
- 行动任务不清晰，不知道干什么；
- 工作方法不掌握，不知道怎么干；
- 资源协调不到位，干起来不顺畅；
- 过程执行不到位，干起来效率低；

☞ 计划落实不到位，干出来效果差。

人在职场，上司对员工的期望首先是你会做事、能成事。管理者通过下属的行动力来完成一项一项的任务，达成一个一个的目标，从而让雇主的生产力得到不断的提升。由此可见，"行动力决定生产力"，任何人要想在职场中展现出自身的价值，首要任务就是通过准确高效、富有条理的行动来证明自己良好的行动力。

当我们分析行动力不足的原因时，总能找到各种各样的理由。然而，我们真正需要的并不是为失败找原因，而是为成功找方法。那么，究竟要遵循哪些规律性的方法和途径，才能有效改善我们的行动力，使得我们在做任何事情时都能得心应手、游刃有余呢？

为了找到这样的规律，笔者首先对自己近 30 年来的职业生涯进行了回顾和梳理。在此期间，我虽然担任过车间工艺员、工业工程师、网络工程师、电脑程序员、研发工程师、产品经理、方案经理、项目经理、培训师、团队管理者等不同角色，但我惊讶地发现，自己以往大部分精力是用来完成非常规的项目性工作，而那些日常的周期性工作、突发的临时性工作都如同昙花一现，几乎没在大脑里留下印象，即便有星星点点的记忆，也微乎其微，不值一提。推己及人，这让我非常笃定地认为，大部分人都会对那些具有某种特殊意义或对某些领域具有较大影响力的项目性工作给予更多的关注和热情。

虽然我并不否认有些人追求工匠精神，对常规化、流程化的工作更感兴趣或更愿意投入精力，但面对身边变化不定的社会环境以及未来更广泛的智能化科技成果应用，从个人职业发展的角度来看，我仍然认为，在非常规的项目性工作的处理上掌握科学有效的方法对每个人（尤其是知识工作者）都非常重要。

基于以上理解和分析，作为一个曾经深度参与 ISO9000 质量管理体系和 CMM 软件过程能力体系建设的管理科学学者和获得 PMI 认证的项目管理专家，我认为运用一些成熟的理论来指导实践是非常有必要的。

为此，我结合自己的亲身体验，再次对企业管理、项目管理和质量管理等方面的经典著作进行了研究，除了研读小仓广的《做事的常识》和克里斯·麦克切斯尼、肖恩·柯维、吉姆·霍林的《高效能人士的执行4原则》之外，还着重钻研了富田和成的《高效PDCA工作术》、彼得·德鲁克的《卓有成效管理者的实践》以及项目管理协会推出的《项目管理知识体系指南（PMBOK指南）》，通过吸收、消化、提炼和总结，最后综合集成为一个行动力方法与步骤的框架模型（如图3.1所示）。

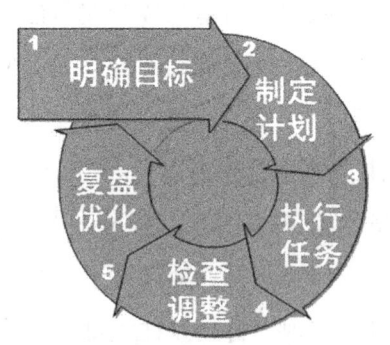

图 3.1 行动力的方法与步骤

在这个模型中，我把行动力分解为五个基本步骤（模块），分别为明确目标、制定计划、执行任务、检查调整和复盘优化。这是一个关于行动力的通用方法框架。不论我们开展何种类型的工作，处于哪个工作层级（宏观、中观还是微观），只要参照这个过程，将每一步都执行到位，就能确保高效地达到最佳的结果，既能"做正确的事"，又能"正确地做事"。

在行动力方法的五大步骤中，核心思想并不是"做事"，而是"谋事"和"管事"，使我们所做之事沿着正确的轨道高效地推进，最后才能"成事"。从这个意义上说，行动力更多表现为一种管理能力，是包含了明事、谋事、做事、管事和成事的对事情的掌控能力。

下面分别阐述这五大步骤的主要内涵、具体方法和应用工具。

3.1 明事：明确目标

有人说："如果你知道要去哪，全世界都会为你让路。"芸芸众生，每天都有很多人在忙忙碌碌，甚至加班加点，然而其中有不少人却是为了做事而做事，表面上看起来很充实，实际上做的是无用功，有时甚至是南辕北辙。可见，无论我们做什么，首先要明事，即明确目标。

在平常的工作和生活之中，常见的需明确目标的场景有三种：一是当上级给你分派任务时，你要向上级询问并澄清目标，以便有的放矢地去完成任务，避免出现含混不清的过程和结果；二是当你和其他人共同推进某项工作时，你要和队友共同制定工作目标并达成共识，同时还要获得相关上级的认可，以便上下同欲、齐心协力地去推进；三是当你自己准备做某件事的时候，也要设定一个明确的目标，以便脚踏实地，拾级而上，一步一步去实现目标，而不是"脚踩西瓜皮，溜到哪里算哪里"。

古希腊哲学家柏拉图曾提出过灵魂三问："我是谁？我从哪里来？我要到哪里去？"这是一个哲学命题，它揭示了一个普遍存在的现象就是：只有在具备明确目标的前提下，我们所担负的使命、所从事的工作和所执行的任务才被赋予一定的意义。因此，管理学的经典理论认为，我们通常是先有目标，再有工作，而不是先有工作，再有目标。

为了弄清楚如何在做事之前明确目标，下面我们着重探讨目标的作用和意义、目标的定义和标准以及目标的设定和澄清。

3.1.1 目标的作用和意义

在讨论目标的作用和意义之前，我们先来看两个小故事。

1952年7月4日，一位叫弗罗伦丝·查德威克的妇女开始了横渡卡塔林纳海峡的壮举。那天早晨气温很低，海水冰冷。海上浓雾弥漫，她连护送她的船只都几乎看不见。时间一个钟头一个钟头地过去,千千万万人在电视上注视着她。有几次,鲨鱼靠近了她,被人开枪吓跑了。在以往这种渡海游泳中,她的最大问题不是疲劳,而是冰冷刺骨的水温。15个小时之后,查德威克被海水冻得浑身发麻。她感觉自己无法继续游下去了,就叫人拉她上船。她的母亲和教练在旁边的另一条船上告诉她,海岸已经很近了,叫她不要放弃。然而,她朝着加州海岸望去,除了浓雾什么也看不到。又过了几十分钟,从出发算起15小时55分钟之后,她再也坚持不下去了。人们把她拉上了船。她上船的位置,离加州海岸只有半英里!

后来,查德威克回忆说,真正令她半途而废的不是疲劳,也不是寒冷,而是因为她在浓雾中看不到目标。她一生之中就只有这一次没有坚持到底。两个月之后,她重新发起冲击,终于成功地游过了这个海峡,成为第一位游过卡塔林纳海峡的女性。

这个真实的故事告诉我们,当一个人看不到目标的时候,会感觉事情无从掌控,最终在气馁和绝望中沉沦和放弃,从而导致失败。查德威克虽然是个游泳好手,但也需要看见目标,才能鼓足干劲完成她有能力完成的任务。

与此相关的另一个故事是这样的:

1984年,在东京国际马拉松邀请赛中,名不见经传的日本选手山田本一出人意料地夺得了世界冠军。当记者问他凭什么取得如此惊人的成绩时,他说:"我依靠智慧战胜了对手。"

当时很多人认为,这个偶然跑到前面的矮个子选手是在故弄玄虚,因为马拉松比赛是体力和耐力相结合的运动,只有身体素质好又有耐力的选手才有望夺冠,说凭智慧取胜确实有些牵强。

两年后,意大利国际马拉松邀请赛在米兰举行。这一次,山田本一又获得了冠军。当记者请他谈经验时,他的回答还是上次那一句"依靠智慧战胜了对手",但人们对他所说的智慧仍然迷惑不解。

10年后,山田本一在他的自传中揭开了谜底。他说:"每次比赛之前,我都要乘车把比赛的线路仔细看一遍，并把沿途比较醒目的标志画下来，比如第一个标志是银行，第二个标志是一棵大树，第三个标志是一座红房子……这样一直画到赛程的终点。比赛开始后，我就以百米的速度奋力地冲向第一个目标，等到达第一个目标后，我又以同样的速度冲向第二个目标，如此下去……40多公里的赛程，就被我分解成这么多个小目标轻松地跑完了。起初，我并不懂这样的道理，直接把目标定在40多公里外终点线上的那面旗帜上，结果我跑到十几公里时就疲惫不堪了，我被前面那段遥远的路程给吓倒了。"

这个故事告诉我们，当你眼前有一个可实现的既定目标时，它就会激励和鼓舞着你朝此目标前行；当你实现一个目标又选择一个新目标时，这一个一个的目标就会推动着你不断迈上新的台阶，到达人生之中更高的境界。这就是目标对于行动的意义所在。

据说哈佛大学有一个关于目标对人生影响的跟踪调查，对象是一群智力、学历、环境等各方面都差不多的人，跟踪周期为25年。结果表明：在被调查的人群中，27%的人没有目标，60%的人目标模糊，10%的人有清晰但比较短期的目标，3%的人有清晰且长期的目标，他们的生活状况分别如下。

那些有清晰且长期目标的人，仅占被调查人数的3%，25年来几乎不曾更改过自己的人生目标，朝着同一方向不懈努力，最终几乎都成了社会各界的顶尖人物，其中不乏白手创业者、行业领袖、社会精英等。

那些有清晰但比较短期目标的人，占被调查人数的10%，大都生活在社会的中上层。他们的共同特点是，那些短期目标不断被达成，生活状态稳步上升，最后成为各行各业不可缺的专业人士，如医生、律师、工程师、高级主管等。

那些目标模糊的人，是被调查者之中的大多数，占比达60%，他们几乎都生活在社会的中下层面，虽能安稳地生活与工作，但都没有什么特别的成绩。

那些没有目标的人，占被调查人数的27%，几乎都生活在社会的最底层，常常失业，依靠社会救济，并且总是在抱怨他人，抱怨社会，抱怨这个世界。

由此可见，目标的设定对每一个人都是非常重要的，有清晰且长远目标的人和毫无目标的人，他们的生活状况和个人成就差异巨大。那么，对于一个团队或组织来说，目标的作用和意义又如何呢？

为了回答这个问题，曾经有一位心理学家做过一个实验。他组织了人数相当的三组人，让他们分别向着10公里以外的三个村子进发。

第一组人既不知道村子的名字，也不知道路程有多远，只告诉他们跟着向导走就行了。刚走出两三公里，小组里就开始有人叫苦；走到一半的时候，不少人抱怨为什么要走这么远，何时才能走到头，有人甚至愤怒了，坐在路边不愿走；越往后，他们的情绪就越低落。

第二组人知道村庄的名字和路程有多远，但路边没有里程碑，只能凭直觉和经验来估算时间和距离。走到一半的时候，大多数人想知道已经走了多远，比较有经验的人说："大概走了一半的路程。"于是，大家又簇拥着继续往前走；当走到四分之三的时候，有些人觉得疲惫不堪，而路程似乎还有很长，于是情绪变得低落；这时，有人说："快到了！快到了！"大家又振作起来，加快了前进的步伐。

第三组人不仅知道村子的名字和路程的长短，而且公路旁每一公里都有一块里程碑。他们边走边看里程碑，每缩短一公里，大家就会有一小阵的激动和喜悦。行进中他们用歌声和笑声来消除疲劳，情绪一直很高涨，很快就到达了目的地。

在这个实验中，第一组的结果告诉我们：如果团队不知道目标，也没能就目标达成一致，就很难形成一致的向心力。虽然大家看起来可能都很忙，但却做了很多无用功，有时甚至是努力在做一些有损于团队的事，得不偿失。

第二组的结果告诉我们：即便团队有目标，但如果没有人提醒大家走到了哪里，团队成员会因为看不到自己的行动离预期目标有多远而灰心丧气，有时甚至会在半路上因失去前进的动力而放弃目标。

第三组的结果告诉我们：如果在完成目标的过程中，有了阶段性进展，就有对应的反馈和激励，让团队成员清楚地知道现在处于什么位置、下一步需要到哪里，而且越努力越开心，那么大家完成目标的动力就会大大增加，也会更加高效地达成目标。

从以上实验可以看出，目标对团队行为的作用和影响也是显而易见的。在现实工作中，我们往往不是没有目标，而是目标在过程中随着具体任务的不断变化而被转移了，冲淡了，甚至遗忘了，结果导致我们看起来还是在谈最初的目标，但实际上所做的事已是南辕北辙。

基于上述分析，目标的作用和意义具体表现在以下四个方面：

（1）指明方向。《圣经·约伯记》中说："你定意要做何事，必然给你成就，亮光也必照耀你的路。"

对于个人而言，当你有了清晰的目标，就知道每天需要完成哪些重要的工作，即便有很多干扰事项，也会习惯性地屏蔽掉一些无用和垃圾信息，将主要精力用来做自己该做的事情。而那些没有目标的人，总是被动地跟着各种琐碎、无用甚至垃圾信息走，最终一事无成。

对于团队而言，设立明确的目标可以为管理者提供协调各成员集体行动的方向，从而引导整个团队形成统一的行动与合力，实现 1+1>2 的效果。

（2）激励斗志。世界潜能开发和激励大师安东尼·罗宾曾说："有什么样的目标，就有什么样的人生。"

目标既是我们努力的方向，也是一种鞭策，它给了我们一个看得见的"射击靶"。随着你付出各种努力，目标会渐渐变为现实，此时你就会产生成就感，且这种成就感会随着你离目标距离的缩短而不断增强，并进一步激发你的努力和潜能。事实上，制定和实现目标看起来就像一场比赛，随着时间的推移，你实现了一个又一个目标，你的思维方式和工作方式也会渐渐发生改变。

对于个人而言，设立目标的核心是实现自我管理，是"我要干"而非"要我干"，是一种具有牵引性的拉力而非来自外部的推力，这本身就是一种激励斗志的动力。

对于团队而言，目标是一种激励成员集体行动的力量源泉。只有在成员明确了行动目标后，才能调动其潜能和努力，使其尽力而为，创造最佳业绩。

（3）凝聚团队。众所周知，凝聚力是使团队成为一个多成员的联合体，而不是一盘散沙的重要因素。

当一个团队要完成某个任务或项目时，首先要明确一个大家一致认同的目标。这样的目标既能让团队成员觉得有一定的难度和挑战，又会觉得通过大家的通力合作和不懈努力是可以实现的，能给团队带来成就感和荣誉感。一个被各成员充分讨论和认可的目标可以上升为团队的共识，让每一个成员将其看作是自己（而非别人）为自己制定的目标，从而在行动上表现为"我要干"而非"要我干"，起到从个人激励到集体激励的作用，实现从团队目标向团队凝聚力的转化。

因此，当团队目标充分体现团队成员的共同利益，并与各成员的个人目标保持和谐一致时，就能够极大地激发团队成员的积极性、凝聚力和创造力。

（4）辅助决策。不管是对于个人还是团队，目标都具有指明方向的作用，但它有时又像是撒在园中的种子，稍不留意，野草就会蔓生，且长得又快又多。因此，我们在实现目标的过程中，随时要针对当下的情况做出一系列的决策，以确保我们的行动不偏离方向，让园中的野草不至于影响到种子的茁壮成长。

这里所说的决策，指的是要对多项事情具有选择的能力，甄别出哪些是我们当下需要做的、哪些是不紧迫的、哪些是多余的，在"鱼与熊掌不可兼得"时，理智、慎重地选择对我们有利的事，舍弃那些不能成就我们的事。在这些取舍之间，我们都是以目标为导向来辅助决策的。

此外，在团队管理中，目标既可作为团队管理者制定决策方案的依据，还可以用来衡量团队成员执行工作的好坏，为团队成员的调配和后续的行动决策提供辅助。

3.1.2 目标的定义和标准

我们在上文探讨了目标的作用和意义,接下来重点介绍目标的定义和标准。

3.1.2.1 目标的定义

"目标"一词最早是指射击、攻击或寻找的对象,后来泛指个人或组织想要达到的境地、标准或期望实现的成果、蓝图。

对于执行一项任务或开展一项活动而言,目标就是对任务或活动所要达到的预期结果的主观设想,是执行者或组织者预先在头脑中形成的一种主观意识形态,也是该项任务或活动预期目的的具体表现,为任务的执行或活动的开展指明方向。

根据上述定义,目标一般具有以下几个特性:

(1)主观性:既然目标是在人们的头脑中形成的对预期结果的主观设想和意识形态,自然具有主观性。从主观意识反映客观现实的程度来划分,目标可分为必然目标、或然目标和不可能目标。

(2)方向性:目标是预期目的的具体体现,为任务或活动指明方向,因此具有方向性。

(3)现实性:目标的实现具有价值性,其实现过程具有可操作性,二者共同构成了目标的现实性。从现实目标满足期望程度看,目标可分为理想目标、满意目标、勉强目标和不得已目标。

(4)社会性:目标是由个人或组织制定的,受到社会政治、经济制度、文化传统、意识形态等制约,因而具有社会性。

(5)实践性:目标具有为实践任务或活动指明方向的作用,只有通过实践才能实现目标,因此它具有鲜明的实践性。

3.1.2.2 目标的标准

彼得·德鲁克在《管理的实践》一书中论及个人和组织的绩效目标时，提出了明确性（Specific）、可衡量（Measurable）、可实现（Attainable）、相关性（Relevant）和时限性（Time-bound）五大原则（简称 SMART 原则），目的是帮助组织和员工高效地工作，实现更好的绩效。后来，人们通过研究发现，这五大原则可适用于对任何目标的描述，于是扩展应用到个人活动和企业管理的各个领域之中。如今，SMART 原则已成为个人和团队制定各类目标的通行标准，广泛应用于工作和生活的方方面面。

因此，判断一个目标是否合理有效，最直接的标准就是看它是否符合 SMART 原则，具体含义如下：

（1）明确性：指的是能用具体的语言清楚地说明要达成的行为标准。只有使目标明确具体，个人才能在实现目标时把动作做到位，团队才能准确地获得对目标的认知和理解。比如：我的个人目标是"过上幸福的生活"，就是一个笼统的说法，如果将其改为"有一份稳定的工作，月收入 1 万元以上，每周去看一次电影，每月和朋友聚餐一次，每年去旅行一次"，就是一个明确的目标；又比如：某电信企业提出"为客户提供优质服务"，就是一个很模糊的目标，如果改为"当日下单，当日安装；当日报障，当日维修"，就非常明确了。

（2）可衡量：或曰"可度量"，即指可通过数量化或行为化的语言进行描述，并可通过收集到的数据或信息进行验证，作为衡量目标达成与否的依据。比如：我的目标是"期末考试获得一个理想的成绩"，这是一个难以度量的表述，若改为"期末考试各科成绩平均分在 85 分以上"，就是一个可衡量的目标；又比如"客服在接听电话时要快速响应"是一个不易衡量的表述，若改为"客服在客户来电后三声起接"就是一个可衡量的目标。

（3）可实现：不管是对个人还是组织，目标都应该是可实现的，否则就失去了指明方向的意义。例如，一个普通的初中学生要"在一年之内通过英语四级考试"就不是一个可实现的目标，一个刚成立的手工作坊要"在半年内去纽交所上市"显然也不是一个可实现的目标。一个真正可实现的目标不是越大越好，越高越棒，它不能太容易就能达到，也不能高到永远也碰不着，"跳一跳，够得着"最好，既要有未来指向，又要富有挑战性。比如篮球架上篮筐的高度，既不会让你轻易就能进球，也不会让你永远也进不了球，而是你努努力就能进球。

（4）相关性：设定的目标必须和个人的身份或组织的使命相关联，如果实现了这个目标，但对个人或组织的主要目标完全不相关，或者相关度很低，那这个目标即使达到了，意义也不是很大。比如一个前台，你让她学点英语以便接电话的时候用得上，这时提升英语水平这一目标与提高前台工作水准这一目标直接相关，若你让她去学习六西格玛，就有点跑题了，因为这一目标与提高前台工作水准的相关度很低；又比如一个软件开发团队，如果全体参加项目管理培训，与提升软件开发的项目管理水平和团队协作能力这一目标直接相关，但如果去参加厨艺培训班，那就没什么相关性了。

（5）时限性：指目标的实现是有时间限制的，这样才能让目标更可控。比如："我将在接到通知后尽快赶到指定地点"未给出明确的到达时间，不符合时限性原则，而"我将在接到通知后30分钟之内赶到指定地点"就包含了明确的完成时限；又比如：公司的目标是"营业利润达到1000万元"就没有时间限制，这样的目标只会成为一句口号，起不到任何作用，若改为"营业利润在3年内达到1000万元"就是一个有意义的目标。

总之，不管是个人还是组织，在制定目标时都应参照以上五条标准，才能使最终形成的目标合理有效，从而真正指导实践。

3.1.3 目标的设定和澄清

在讨论目标的设定和澄清之前,我们先简单地说一下目标的分类。

通常情况下,我们会按照时间的长短跨度把目标分为短期目标、中期目标和长期目标这三类。其中,短期目标是最为全面和具体的目标,一般是期望在1年内达到的目标,有时甚至是期望在1个季度或1月内达到的目标;中期目标一般是指期望在2~5年内达到的目标;长期目标是指期望在5~10年或更长的时间内达到的目标。当然,不同的人、不同的组织在不同的时期和环境下,对短期、中期和长期目标的定义会有所差异,我们还要针对具体情况进行具体分析。

另外,根据目标设定的主体,我们还可以把目标分为主动目标和被动目标。其中,主动目标是个人或组织主动发起而设定的目标,是你自己或你所在的组织想去完成的事情,是主动选择的结果;被动目标是别人给你安排的任务,或上级组织要求下级单位达成的业绩目标。

显然,主动目标由个人或组织自行设定,而被动目标则需要由执行任务、达成目标的个人或组织向上级进行澄清。当然,现实工作中还有一些目标介于主动和被动之间,往往下级会设定目标,上级也会提出要求,上、下级之间最后通过斡旋、协商、命令等方式达成一致。

下面我们讨论针对主动目标的设定和针对被动目标的澄清方法。

3.1.3.1 目标的设定

关于目标的设定,马里兰大学洛克(E. A. Locke)教授在一系列科学研究的基础上,于1967年专门提出了"目标设定理论(Goal Setting Theory)"。该理论认为,目标本身就具有激励作用,它能把人的需要转变为动机,使人们的行为朝着一定的方向努力,并将自己的行为结果与既定的目标相对照,及时进行调整和修正,直到最终实现目标。这种使需要转化为动机,再由动机支配行动以达成目标的过程被称为目标激励。

（1）目标设定的基本要求。

目标设定的最根本出发点就是要达到目标激励的效果，而这一效果主要受到目标本身的性质和周围变量的影响。因此，在设定目标时，要从目标的性质和周围变量这两个方面进行充分考虑，尽量满足以下要求：

- 目标要充满挑战，才能激发潜力；又要能力所及，才不会失去动力，让人气馁和半途而废。
- 目标要具体明确，而不是"尽量……""力争……"。比如原地摸高时，你的目标是"尽量高"，结果可能是 2.8 米；如果目标是墙上一条 3 米高的线，结果可能是 2.9 米或更高。
- 要全力以赴，努力达成目标。为了有助于坚守承诺，个人可将目标告诉周围的亲友，团队可将目标向特定的人群发布。
- 尽量制定详尽的中短期目标，它比长期目标更有效。比如"1 年内实现营业收入 1000 万元"，可能比"10 年内成为全球企业五百强"好得多。
- 要能定期测量和反馈进度，及时了解向预定目标前进了多少。
- 要对目标达成给予奖励，用它作为将来设定更高目标的基础。
- 在实现目标的过程中，对任何失败的原因都要抱持现实的态度，不要轻易地将失败归因于他人或外部因素，而要诚实对待自己，力求在未来做得更好。

（2）目标设定的方法步骤。

前文讲到，一个合理有效的目标需要符合 SMART 标准，那么目标的设定就可以从这五个标准出发，按以下步骤展开。

第一步，目标的明确化：即对由谁来完成哪些事情、完成到什么程度进行明确的表述。为此，我们常用"5W2H"方法来提问，并通过回答这些问题让目标逐渐变得准确、清晰、全面而富有条理。5W2H 的问题包括：

- WHAT：是什么？做什么事情？
- WHY：为什么做？与个人或组织的目标有什么关系？

- WHEN：什么时候完成？什么时机最适合？
- WHO：谁来做？还有谁可以帮助做？他们是否能提供帮助？
- WHERE：在哪里做？那里的环境如何？
- HOW：如何做？做到什么程度？分几个步骤和阶段？
- HOW MUCH：用多少资源？这些资源从哪里获得？能得到吗？

第二步，目标的度量化：即给目标设立一个统一、标准、清晰和可度量的标尺，作为衡量是否达成目标的依据。为此，我们常用的口诀是"能量化的尽量量化；不能量化的尽量细化；不能细化的尽量流程化"。操作方法如下。

- 能量化的尽量量化：目标的量化一般会从数量、质量（合格率、残次品率等）、成本/价格、时间、上级或客户的满意度等五个方面进行，比如收入、利润、成本等财务指标可以量化为货币值，文章可以量化为字数、篇数，服务质量可量化为抱怨率、投诉率、满意率、故障处理及时率，培训可以量化为场次、小时数、人次、学员评分等。

- 不能量化的尽量细化：比如很多公司都有办公室主任这个职位，其工作繁杂琐碎，很难量化，此时就可以先细化，将其工作职责分解为日常接待、文件收发、会议安排、培训组织等几个细项，在此基础上针对每个细项再进行量化即可，比如日常接待的客户满意率、文件收发的及时率、会议安排的次数和满意率、培训组织的场次和评分等。

- 不能细化的尽量流程化：比如培训专员的主要工作是组织安排培训班，工作重复而单一，似乎很难量化和细化了，此时就可以先流程化，将其工作内容按流程分解为：接单—安排课程—发培训通知—准备教材—安排学员接送—安排食宿。在此基础上针对每个流程环节再进行量化就可以了，比如接单处理及时率、课程满意度评分、培训通知及时率、教材满意度评分、接送安排评分和食宿评分等。

第三步，目标的可实现检查：即检查工作内容是否饱满，是否有机会达成目标，即"跳一跳，够得着"。

第四步，目标的相关性检查：即检查目标的实现与其他目标的关联程度，如果不相关或关联度很低，则要考虑更换现有目标。

第五步，目标的时限性检查：即检查目标是否包含明确的完成时间要求，若缺失，则需要补充，如果任务或活动的时间跨度比较大，还有必要设定一些阶段里程碑。

需补充说明的一点是，如果所设定的目标是团队目标，就要在团队内部充分讨论并形成共识；如果目标是更大的组织目标的一部分，则还要与上级及相关单位沟通一致。

以下是某汽车 4S 店年初设定的客户信息收集任务的目标示例，对应着 SMART 五条标准，我们分别在括号里用字母作了标注（如图 3.2 所示）。

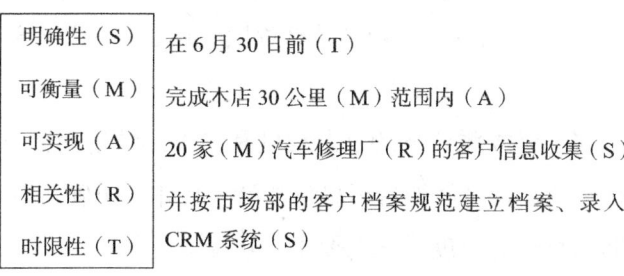

图 3.2　某 4S 店的客户信息收集目标示例

3.1.3.2　目标的澄清

当我们在接收上级委派的任务时，为了准确、高效地完成任务，首要和关键的工作是通过与上级的直接沟通，澄清其期望达成的目标。

目标的澄清有两个基本路径，一是澄清目标要素，二是澄清目的手段。

（1）澄清目标要素。

和目标的设定有所区别的是，目标的澄清是在接受被动目标时使用的方法，也就是说，此时上级的心目中已经设定了一个目标，虽然未必完全清晰，但至少有一定的轮廓。作为下级，为了使后续的行动有的放矢，避免南辕北辙或偏离方向，有必要参照 SMART 标准进行目标要素的澄清，具体步骤如下：

第一步，询问有哪些明确的要求。类似于目标的设定，可用"5W2H"来提问，例如：

☞ WHAT：需要做的具体是什么事情？

☞ WHY：出于什么原因或考虑？

☞ WHEN：希望什么时候完成？（此即为时限性要求）

☞ WHO：希望哪些人来做？可以获得哪些人的支持和帮助？

☞ WHERE：在哪里做？

☞ HOW：希望怎么做？分几个步骤和阶段？每个步骤和阶段又有什么具体要求？

☞ HOW MUCH：做多少？做到什么程度？用多少资源？这些资源从哪里获得？

以上问题，视上级委派任务的复杂程度和当下的情境而提出，不可生搬硬套，但目的只有一个，就是使得目标尽量清晰、具体、明确，便于执行和操作。

第二步，询问有哪些可度量化的要求，包括：

☞ 有哪些数量、质量、成本/价格、时间、满意度等方面的具体要求？

☞ 有哪些细化的动作要求，对这些动作的评价标准是什么？

☞ 有哪些流程化的动作要求，希望按什么操作步骤来完成，对这些动作和步骤的评价标准是什么？

第三步，澄清目标的可实现性：根据前两步获知的信息，预估按照当下的资源情况是否能按时完成任务，如若不能，应即时向上级提出，客观地讲明原因和测算依据等，并商讨更为可行的目标方案，如缩小范围、增加资源、延长时限等。

在完成上述三个步骤后，目标的基本要素都已澄清，至于是否需要进行目标的相关性检查和澄清，视实际情况而定。一般情况下，上级在委派任务前已经对此评估过了，非特殊情况无须澄清。另外，目标的时限性要求已在第一步澄清，此时也无须再做。

（2）澄清目的手段。

作为被动目标的接收者，除了要澄清目标要素外，还有一项非常重要的工作，就是澄清目的手段。

在我们的工作场景中，不存在且不应该存在为做事而做事的情况。同样，你接受的任何一项任务，都不仅仅是为了完成这一项任务而已，任务的后面一定有其目的所在。

笔者在第一章讲述过一个"文秘小李代订机票"的案例。在该案例中，小李起初执着于"代订机票"这个具体任务，为了订机票而订机票，事前没有问清楚订机票的目的是什么，结果导致技术专家王工最后连高铁票都错过了。这就是典型的错把手段当成目的的现象。

类似的情况在我们的日常生活中也很常见。例如，近几年随着线上读书会、听书 App 的兴起，有些人出于"知识焦虑"，每年给自己设定一个诸如"读 50 本书"或"听 100 本书"的目标，也许到年中的时候，目标才完成了 1/10，于是下半年奋起直追，到年底时圆满完成了目标任务。然而，读完或听完这么多书，他们却悲哀地发现，自己好像并没有什么收获。这就是仅有手段，缺乏目的带来的结果。

因此，澄清目的手段也是目标澄清之中重要的一环。弄清楚上级委派任务背后的目的，会让我们在完成任务时找到更多的行动路径和解决办法，而不是拘泥于交办的某件事。我们常说："只要思想不滑坡，办法总比困难多。"最根本的一点就在于，当我们清楚做事的目的之后，围绕这个目的，可以从多个角度找到适合的行动方案，不再局限于为做事而做事。

澄清目的手段的方法很简单，只要向委派任务的上级询问"完成这项工作的主要目的是什么"或"做这件事希望达到什么目的"即可。

总之，目标是行动的起点，也是个人和组织获得成功的前提。个人没有目标，就没有生活的方向；组织没有目标，就没有工作的方向。在这个世界上，许多没有明确目标的人，正在为有明确目标的人完成他们的目标。这就是我们在做事之前明确目标的价值所在。

3.2 谋事：制订计划

古人云："凡事预则立，不预则废。"这里所谓的"预"，就是制定计划，即谋事，是行动力方法中的第二步，在明确目标之后进行。

什么是计划呢？计划就是实现目标的路径。例如，你的目标是追求一位美女，让她变成你的妻子。你的路径可能包括搭讪、获取联系方式、送礼物、约会、共同出游、面见对方家长、求婚等一系列行作。将这些行动串起来，并配上时间表，就是一份计划。

可见，制订计划就是制定一个实现目标的路径，主要是指：围绕既定的目标，将其分解为可执行的具体任务、行动、子行动，确定执行各项任务和行动的具体方法，配置相应的人、财、物等资源，形成一整套有条理、有步骤、有节奏的行动和管控方案，使各项任务和行动高效有序地开展，最终实现预定的目标。

将上述工作归纳起来，制定计划主要分为两大步骤，即分解目标和配置计划，下面分别进行探讨。

3.2.1 分解目标

老子在《道德经》中说："天下难事必作于易，天下大事必作于细。"不管我们做什么事，首先要从分解目标开始，把难事分解为一件件易事，把大事分解为一件件小事。

对于个人而言，如果目标不是一天能完成的，那就要将目标分解到每一天去实现，即所谓"万丈高楼平地起，日清日高事竟成"；对于组织而言，如果目标不是一个人能完成的，那就要将目标分解到每个人去实现，即所谓"众人拾柴火焰高，千斤重担人人挑"。

在下文的阐述中，如果没有特别说明，我们不再区分个人与组织的差异，仅把个人当作是组织的一种特殊形式来看待（即只有一个人的组织）。

通常情况下，一个大目标可以分解为若干小目标（或指标），一个小目标（或指标）可以分解为若干个任务，一个任务可以分解为若干个行动，一个行动还可以分解为若干子行动，依此类推。每个层级的名称可以有所差异，但其本质就如同细胞裂变一样，下一级比上一级更加细化，最终会形成一个按层次展开的、金字塔形的分解结构，我们将其称为"工作分解结构（Work Breakdown Structure）"，简称 WBS（如图 3.3 所示）。它是分解目标之后得到的一个结果，将作为下一步配置计划的输入。

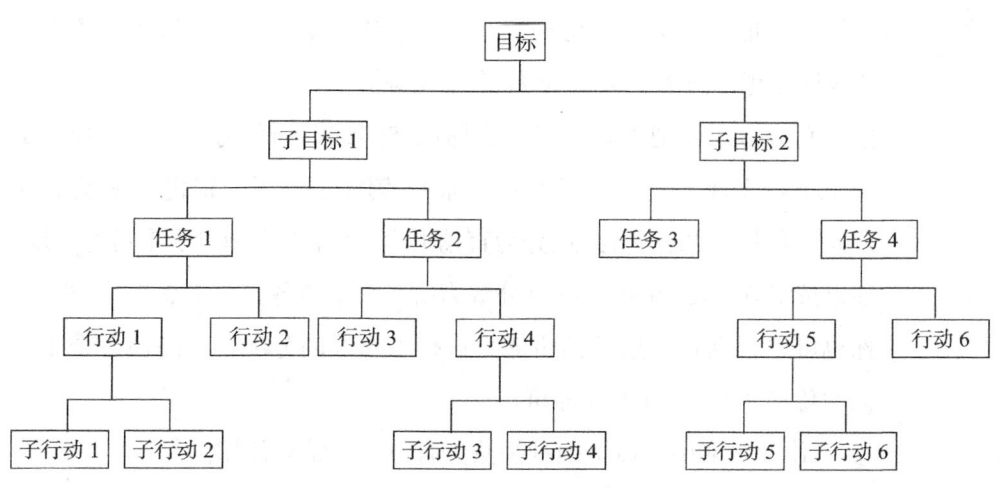

图 3.3　工作分解结构（WBS）示意图

我们在分解目标时，可分两步来完成：先分解为子目标（或指标），再分解为任务和行动。

3.2.1.1 分解为子目标（或指标）

将目标分解为子目标（或指标）的方法主要有两种，分别是加法分解和乘法分解。

（1）加法分解：是基于"还原论"的思想，将整个目标像切蛋糕一样切分成若干个子目标（或指标），你只要将每一块小蛋糕吃掉了，整个蛋糕也就吃掉了，目标也就完成了。

加法分解是我们日常使用最普遍的目标分解方式，如上一节中讲到的山田本一分解马拉松目标的方式就是一个典型案例。

加法分解一般有两种方法：

- 按时间分解：先把完成目标的总时间切分为若干个时间段，每一个时间段完成一个子目标（或指标）。例如：公司一年的销售目标为1200万元，如果按12个月进行平均分配，每个月的销售目标就是100万元。当然，你也可以不按平均分配，如将季节性差异、前期准备、历史经验等因素考虑进去，分解为12个不相等的子目标。
- 按空间分解：先把需要完成的目标从空间维度切分为若干个小块，每一个小块实现一个子目标（或指标）。例如：公司的销售目标是1200万元，可供运用的销售渠道分为直销渠道、实体渠道和电子渠道这三块，如果按平均分配，销售目标可分解为由三大渠道各完成400万元。当然，你也可以根据各渠道的销售能力进行不均等的分配，最终使各个子目标的总和达到1200万元即可。

在现实工作和生活中，以上两种加法分解方法可结合使用。

（2）乘法分解：是基于数学中"因式分解"的原理，将整个目标按照多因子相乘的方式切分成若干个子目标（或指标），只要每一个子目标（或指标）实现了，整个目标也就实现了。

我们平常使用乘法分解的情况相对较少，但也并不鲜见。比如在新零售的营销场景下，有一个计算销售额的公式为：销售额 = 流量 × 转化率 × 客单价 ×

复购率。根据这个公式,如果销售额目标为提升1倍(即翻一番),那么这个目标就可以按照乘法分解为流量、转化率、客单价和复购率这四个子目标(或指标)。这样一来,只要其中任何一个子目标翻倍,其他三个子目标不变,就能完成销售额的目标。当然,你也可以让4个子目标分别进行一定程度的提升,例如各提升20%,那么目标销售额将为:(1+20%)×(1+20%)×(1+20%)×(1+20%)=2.0736,从而超额完成了销售额提升1倍的目标。这就是乘法分解呈现出来的指数效应。

据说,著名的Space X的创始人埃隆·马斯克有一个疯狂的火星移民计划——用火箭将100万人送上火星。然而,根据NASA的测算,目前将1个人送上火星的成本就要100亿美元之巨,全世界都几乎没几个人有能力承担这样的费用,更别说移民100万人了。然而,马斯克认为,如果把运送1人上火星的成本设定为50万美元,将会有很多人具备这样的经济实力,他的梦想就有可能成为现实。显而易见,50万美元的成本目标和现实情况相差了20000倍!此时,马斯克就运用了乘法分解的方法,将成本下降20000倍的目标分解为火箭的载人能力、发射成本和发射次数这三个子目标。这样一来,只要三个子目标分别比现在提升20倍、10倍、100倍,成本下降20000倍的目标也就完成了。

3.2.1.2 分解为任务和行动

当我们把目标分解为若干个子目标(或指标)后,接下来就要将每一个子目标分解为具体的任务和行动。如果把每个子目标看成是做事的结果,那么分解为任务和行动就相当于把结果"翻译"成实现结果的过程和子过程,并由此形成工作分解结构(WBS)。

将子目标分解为任务和行动的方法有两种:正向规划和逆向规划。

(1)正向规划:当你详细掌握某一个子目标的实现过程及其子过程时,你就能提前规划分几步走,应该先做什么、后做什么、同步做什么,应该先完成什么、后完成什么、同步完成什么，这就是正向规划。

例如：公司今年的销售目标是比上一年提升20%，分解到直销渠道的子目标（指标）为销售额同比提升40%。根据历史经验，这个子目标可分解为提升客户对产品的认知度、提升客户接触面、提升队伍销售能力等3个任务。其中，"提升客户对产品的认知度"可再次分解为产品能力升级、产品宣传优化等2项行动；"提升客户接触面"可再次分解为提升新客户接触面、提升老客户接触面等2项行动；"提升队伍销售能力"可再次分解为提升线下培训能力和提升线上培训能力等2项行动。以上6项行动又可分解为用户界面升级、系统功能升级、聚焦宣传目标、优化宣传口径、系统精准推送、强化考核执行、聚焦目标客户、强化派单销售、培养种子教练、建立课程体系、建立案例平台、建立分享机制等12个子行动，最终形成一个完整的工作分解结构（如图3.4所示）。

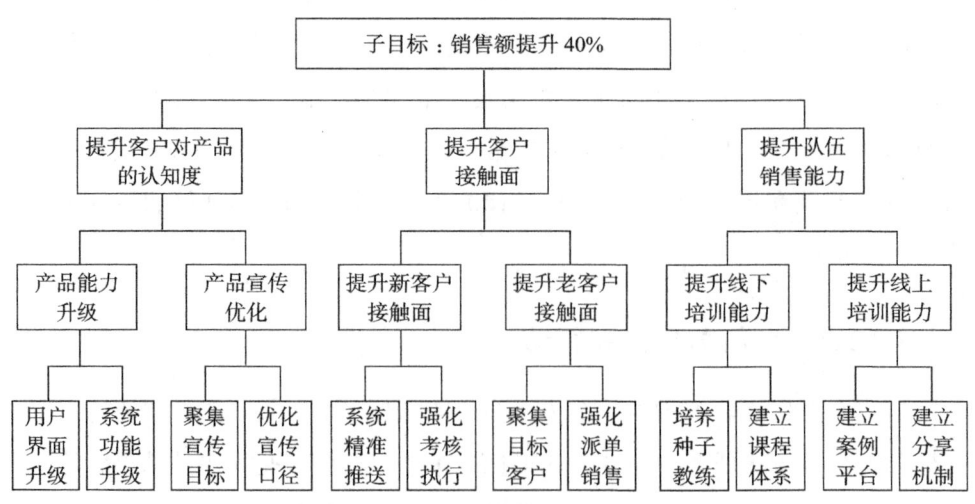

图 3.4 直销渠道销售子目标提升 40% 的工作分解结构示例

（2）逆向规划：当你面对某个子目标既不掌握成熟的步骤又缺乏可借鉴的资料和历史经验时，通常的分解方法就是"以终为始"，即从最终的状态出发，尝试一步一步往前倒推，再对应到当下的每一步应该怎么走，从而分解出具体的任务和行动，这就是逆向规划。

例如：作为一名新的销售经理，假设你今年的销售成交目标是120个客户，你对如何完成这一目标毫无头绪。此时，你可以先请教一下公司里的"老鸟"，通常的客户成交率是多少，将其作为你分解任务和行动的依据。然后，从120个成交客户的目标出发，倒推出需要多少个准客户，再分摊到每月、每周、每个工作日，推算出每天需要打多少个陌生电话，拜访几个新客户或老客户，请几个犹豫客户吃饭……这些就是你每天的任务和行动，也可以像正向规划一样形成一个详尽的工作分解结构，因形式类似，在此不再举例。

在将各个子目标分解为任务和行动的过程中，从目标到任务，从任务到行动，从行动到子行动，甚至从子行动到孙行动……这是一个逐级细化、不断穷尽的过程，每下降一级代表对工作的更详细界定，直到分解不下去为止。此时，我们可将最下面的那一级行动称为末级行动，每个末级行动都必须有可供交付的成果。为此，在将目标分解为任务和行动，形成工作分解结构（WBS）的过程中，必须遵循以下几条原则：

☞ 将主体任务逐步细化分解，直到不能再细分为止；
☞ 所有末级行动均可直接分派到个人去完成；
☞ 分解后的任务和行动结构清晰，从树根到树叶均无交叉重叠；
☞ WBS中某项任务或行动的内容是其下面所有子项之和。

不管是将目标分解为子目标（或指标），还是继续分解为任务和行动，都要遵循MECE原则，做到不交叉、不遗漏，以形成层次分明、逻辑清晰的WBS。这也是结构性思考方法在工作中的具体应用。

3.2.2 配置计划

有人说："给梦想配上时间表，就变成了行动计划。"当我们完成了工作分解结构之后，接下来的事情就是将它变成真正可执行的计划。

一个完整的计划需要对设定目标时提出的"5W2H"问题进行全面的回答，因此其中至少应该包括如下内容：

- 每一个末级行动是什么（What）？
- 它们分别隶属于哪项任务和子目标（Why）？
- 完成时限是何时（When）？
- 由谁负责、谁配合完成（Who）？
- 在哪里完成并交付（Where）？
- 完成到什么程度、有什么交付件（How）？
- 需要什么资源（How Much）？

我们以金字塔结构的 WBS 作为输入，在此基础上对所有任务和行动进行排序，对每一个末级行动加入对应的完成时限、完成责任人、配合人、交付件、交付地点和资源需求等信息，就形成了一个计划表单，这就是配置计划的过程。

在此，我们仍以某公司销售额目标提升 20% 为例，选取其中的直销渠道销售额提升 40% 这一个子目标进行展示，相应的计划表单如图 3.5 所示。

在该表单中，我们以公司目标之下的一个子目标为例，详细展示了排序后的所有末级行动及其所隶属的上一级行动、任务和子目标，还展示了完成时限、负责人、配合人、交付件、交付地点和资源需求，全面回答了设定目标的"5W2H"问题，是一个配置完整的计划示例。

可见，配置计划通常以 WBS 为基础，对所有子目标、任务、行动和子行动按照重要度（或完成时限）排序后，再与相关人员沟通、评估、确定其他配置项内容，填入表中相应栏目即可。

至此，经过目标分解形成 WBS，经过配置计划形成计划表单，整个制订计划的工作基本完成。需要说明的是，在计划表单中，聪明的计划制订者还会预测某些任务或行动可能出现的问题，提前想好应对措施并在表单中展现出来，而且为了确保目标的实现，他们还会预留一些缓冲时间给未预见的任务和行动，以便在执行时做到游刃有余。

第3章 行动力决定生产力

目标：公司销售额提升20%									
子目标	任务	行动	子行动	时限要求	交付件	交付地点	责任人	配合人	资源需求
直销渠道销售额提升40%	提升客户对产品的认知度	产品能力升级	用户界面升级	2月28日	软件系统上线发布	线上	张三	小A	程序员2名
			系统功能升级	2月28日	软件系统上线发布	线上	张三	小A	程序员2名
		产品宣传优化	聚焦宣传目标	2月28日	提交宣传目标清单	邮件及共享服务	李四	小C	广告公司1人
			优化宣传口径	2月28日	口径及宣传品文案	邮件及共享服务	李四	小C	广告公司文案2人
	提升客户接触面	提升新客户接触面	系统精准推送	4月30日	软件自动实现地址区配销售人员并派	线上	张三	小A	程序员2名
			强化考核执行	4月30日	考核优化文案发文	全省	王五	小D	
		提升老客户接触面	聚焦目标客户	4月30日	系统实现每月自动提取目标客户	线上	张三	小A	程序员2名
			强化派单销售	4月30日	系统实现每天自动派单	线上	张三	小A	程序员2名
	提升队伍销售能力	提升线下培训能力	培养种子教练	6月30日	完成100名种子教练认证	全省各地市	赵六	小F	外部老师3人，内训师5人
			建立课程体系	6月30日	完成3门核心课程的开发并提交课件	邮件及共享服务	赵六	小F	外部老师3人，内训师5人
		提升线上培训能力	建立案例平台	6月30日	完成案件平台开发并上线发布	线上	张三	小A	程序员2名，案例审核1人
			建立分享机制	6月30日	完成通知发文	全省	刘七	小D	
实体渠道销售额提升10%									
电子渠道销售额提升50%									

图3.5 某公司销售额目标提升20%的计划表单示例

计划表单是我们常用的计划呈现方式，这是因为表单富于条理、逻辑清晰，能给人一目了然的视觉效果。当然，如果你愿意，用文字说明或用图形展示也未尝不可。事实上，呈现计划的另一种直观形式就是项目管理中常用的"甘特图（Gantt chart）"。

所谓甘特图，又被称为横道图或者条状图，它通过条状图来呈现项目中各项任务和行动的进度以它们之间的相互关系，是一种可直观地展现一个项目划分为哪些任务和阶段、各任务和行动分别需要完成哪些事情、按照什么顺序、花费多长时间、由谁来完成、目前进展到什么阶段等多维度信息的图形化工具。

目前人们常用的制作甘特图的软件是 Microsoft 公司的 Project，还有些人喜欢直接用 Excel 软件的"条形图"工具来制作。不管使用何种软件工具，其大致形式如图 3.6 所示（该图为网上下载，无实际含义，仅供示意参考），但这不是本书的重点，在此不予赘述。

需要特别说明的是，当某个项目是由一个团队来完成时，通常需要任命或指定一位项目经理（项目负责人），由其负责与上级沟通和明确目标，组织所有团队成员共同制订计划，推动计划的执行及实施管控。

3.3 做事：执行任务

老子曰："千里之行，始于足下。"当你明确了目标，制订了计划后，"谋事"这一关就算完成了，接下来要着手去"做事"，也就是执行任务，这是行动力方法中的第三个步骤。

所谓执行任务，就是围绕既定的目标，将计划表单中的所有任务及其所包含的行动和子行动一件一件执行到位，并按照计划的时限、地点、数量和质量等要求交付相应成果的过程。

第3章 行动力决定生产力

时间		星期	四	五	六	日	一	二	三	四	五	六	日	一	二	五	六	天数	参加人员	注意事项
		日期	28	12月 29	30	31	2007年1月 3		11	12	15	20	21	23	2007年2月 2	3			
1	系统安装与整合	预计																	新思维	
		实际																		
2	实施工作计划确定	预计		■															全体相关人员	
		实际																		
3	总体流程/数据/系统初始化 管理维护	预计			■	■													新思维	
		实际																		
	业务/IE/采购	预计				■	■												新思维	
		实际																	IE、业务、采购、财务	
	材料管理/成品管理	预计					■	■											新思维	
		实际																	仓库、财务	
	应收/应付/资金管理	预计						■	■										新思维	
		实际																	财务	
	存货核算/财务处理	预计							■										新思维	
		实际																	财务	
4	编码原则讨论/确认	预计																	全体相关人员	
		实际																	各部门	
5	各项基本资料搜集及录入	预计																		
		实际																		
6	岗位作业流程拟定	预计										■							新思维	
		实际																	各相关部门骨干人员	
7	各项基本数据查核及修正	预计										■	■						新思维	
		实际																	各部门	
8	上线前模拟演练	预计												■					新思维	
		实际																	全体相关人员	
9	各项期初余额录入/校正确认	预计													■				新思维	
		实际																	各部门	
10	正式上线与服务	预计														■			新思维	
		实际																	全体相关人员	
11	上线后检讨会议	预计															■		新思维	
		实际																	全体相关人员	
	实施天数总计																			

图3.6 计划甘特图示例

关于如何执行任务,克里斯·麦克切斯尼、肖恩·柯维和吉姆·霍林所著的《高效能人士的执行4原则》以及富田和成所著的《高效PDCA工作术》中有较多的论述。笔者在吸收他们著述思想的基础上,将"执行任务"归纳整理为三大要点:明晰具体动作、坚持要事优先和关注引领指标,下面分别进行探讨。

3.3.1 明晰具体动作

当WBS完成后,我们看到的末级行动都是一些可以由某个责任人去完成或去组织完成的工作。不过,要完成这些工作,也不是一蹴而就的,因为这些末级行动还可以被继续分解成一系列具体动作,然后由执行人一个一个去完成,这个过程称为"明晰具体动作",可分为两步来进行:一是从末级行动到"DO";二是从"DO"到"TO DO"。

3.3.1.1 从末级行动到"DO"

我们仍以上一节"某公司销售额目标提升20%"为例,WBS中的"聚焦宣传目标"是一个末级行动,它可以被分解为以下具体动作,我们称之为"DO":

- 获取现有宣传目标清单;
- 提出目标聚焦的筛选条件初稿;
- 组织讨论筛选条件并形成汇报稿;
- 向领导汇报并确认筛选条件;
- 筛选出聚焦目标清单;
- 将聚焦目标清单提交领导审核确认;
- 将确认后的宣传目标清单提交给广告公司;
- 将确认后的宣传目标清单发给市场部备案。

3.3.1.2 从"DO"到"TO DO"

作为由团队共同推进的项目的一部分，虽然末级行动只有一个责任人，但并不代表参与行动的干系人仅此一人，因此以上所列的具体动作需要明晰地对应到团队中的每一个人，并对其中的具体细节进行界定。为此，我们可以利用"6W3H"提问的方式来处理，具体问题是：WHO（谁）、WHOM（对谁）、WHEN（何时）、WHERE（何地）、WHAT（做什么）、WHY（为什么）、HOW（怎么样）、HOW MANY（多少个）、HOW MUCH（多大程度）。

通过"6W3H"提问处理后，"聚焦宣传目标"分解出来的具体动作（DO）就被清晰定义成如下形式，我们称之为"TO DO"。图3.7展示了"DO"和"TO DO"之间的差异。

DO	TO DO
获取现有宣传目标清单	由李四今日向市场部小C获取现有宣传目标清单
提出目标聚焦的筛选条件初稿	由李四两天内提出目标聚焦的筛选条件（三个以上）初稿
组织讨论筛选条件并形成汇报稿	由李四在周三前组织小C和广告公司支撑人员讨论筛选条件（使得聚焦的目标清单客户不多于5000家）并形成汇报稿
向领导汇报并确认筛选条件	由李四在周四前向部门分管领导王副总汇报并确认筛选条件
筛选出聚焦目标清单	由李四在周五前筛选出聚焦宣传的目标清单方案（两个以上）
将聚焦目标清单提交领导审核确认	由李四在下周二前将聚焦目标清单方案提交王副总审核确认
将确认后的宣传目标清单提交给广告公司	由李四在下周三前将确认后的宣传目标清单提交给广告公司支撑人员
将确认后的宣传目标清单发给市场部备案	在提交给广告公司的当天，由李四将宣传目标清单发给小C备案

图3.7 "DO"和"TO DO"的差异示例

经过处理，以上所列的"TO DO"动作全部清晰地界定了执行者需要做的动作是什么、和谁一起做、做到什么程度、什么时间完成等信息，相关人员看到即可操作，简单、直接、易行。

通常情况下，从 WBS 的末级行动转化为"DO"，再从"DO"转化为"TO DO"都是由执行末级行动的责任人来完成处理的。在此过程中，责任人可以和项目经理和相关干系人进行充分沟通，以使这些动作更符合实际，更具有可操作性。

3.3.2 坚持要事优先

在一个项目中，当每一个末级行动都被分解为若干具体动作后，责任人就可以着手去做了。然而，现实的情况是，大多数人每天除了要完成自己参与的项目性工作之外，手头还会有大量其他的事情要做。

从根本上来说，一个人想要做的越多，他最终能完成的就会越少。我们每个人一天的时间都只有固定的 24 小时，如果你习惯了同时做多件事情，那一定是以牺牲在主要事务上的专注上换来的。因此，与其"眉毛胡子一把抓"，不如聚精会神抓重点，这就要求我们在执行任务时做好时间管理，在周而复始的日常事务之外，集中精力去完成 2~3 件最重要的事情，即坚持要事优先。

什么是要事呢？要事一般是指那些对个人或组织能带来很大变化的、影响时间很长的或波及范围很广的事，而不是指那些容易做的、非做不可的或立竿见影的事。比如你现阶段参与了一个重要项目，该项目对你所在的组织具有重大影响和极高价值，那么该项目的 WBS 中由你负责或配合完成的工作基本上都是要事。

3.3.2.1 时间管理矩阵

坚持要事优先，关键是做好对各类工作的时间管理，其首要方法是运用时间管理矩阵（如图 3.8 所示）。

在时间管理矩阵中，我们把所有工作按照重要度和紧急度这两个维度划分为四个象限，第一、二象限中的工作为要事，而其中又以第二象限尤为重要，是最需要优先开展的工作，下面逐一进行分析。

第 3 章　行动力决定生产力

	不紧急	紧急
重要	II • 制订计划 • 明确新的发展机会 • 建立关系 • 制定预防性措施	I • 完成在限定时间必须完成的工作 • 处理迫切问题 • 处理危机
不重要	III • 处理琐碎的杂事 • 处理无用信息或邮件 • 进行消磨时间的游戏 • 参加娱乐活动	IV • 接待访客或一般电话 • 参加应急会议 • 处理迫切事务性工作 • 参加公共活动

图 3.8　时间管理矩阵

（1）第一象限：重要且紧急的工作。

第一象限的工作内容：完成在限定时间必须完成的工作（如向领导汇报方案、获取今天需要的宣传清单、准备明天的演讲材料）、处理迫切问题（如接待重要客户）以及处理危机（如应对突发公关事件）等。

处于该象限的工作都需要立即处理，因为其中包含了大量的问题甚至危机。有些人在这一象限的事务上消耗掉大部分的时间和精力，因为他们整天像救火员一样，忙于应对危机、问题和急迫事件，没时间去未雨绸缪，结果导致该象限的范围越变越大，形成恶性循环，最终占据掉其全部的时间和精力。

（2）第二象限：重要但不紧急的工作。

第二象限的工作内容：制订计划（如制订项目计划、编写计划汇报方案）、明确新的发展机会（如参加专业培训、学习演讲技能、教导和培养下属）、建立关系（如拜访领域专家）和制定预防性措施（如制定项目风险防控方案）等。

处于该象限的工作大部分属于未雨绸缪类型，立足当下而面向未来。只要把这些工作做好了，当你在未来的某个时间实际需要应对时就会游刃有余、事半功倍。例如，你已知下周五要向领导汇报项目方案，这就是一件重要但不紧急的工作，此刻你把它当成要事放在优先位置，在本周内或下周三之前就准备好方案，那么到下周五的时候只要简单复习一下即可从容应对，不会让它演变成一件重要且紧急的事而匆忙应付。

因此，真正的高效能人士一般会把更多的时间放在这个象限的事务上，以此来减少第一象限事务的数量。这就是我们特别强调要将第二象限的工作优先处理的原因。

（3）第三象限：不重要且不紧急的工作。

第三象限的工作内容：处理琐碎的杂事（如上网看新闻、发微信朋友圈）、处理无用信息或邮件（如回复微信、处理垃圾邮件）、进行消磨时间的游戏（如玩"吃鸡"游戏）和参加娱乐活动（如和朋友出去喝酒）等。

处于该象限的工作大都无关痛痒，可做可不做，但现实中偏偏有些人把许多大好时光浪费在上面，看似忙忙碌碌，事实上却是浑浑噩噩，毫无收获。还有另外一些人，他们每天花费大量时间处理第一象限的问题、危机或急迫事件，往往会把余下的小部分时间放在第三象限的事务上，借此来逃避现实，他们看起来每天也异常忙碌，实际上却过得紧张而糊涂。

（4）第四象限：紧急但不重要的工作。

第四象限的工作内容：接待访客或一般电话（如接待领导的亲属、听前辈在电话里发牢骚）、参加应急会议（如出席形式化的会议、听与专业无关的报告）、处理迫切事务性工作（如完成上司随意委派的杂务）和参加公共活动（如参加普通同事亲戚的婚礼）等。

处于该象限的工作由于都比较紧急，需要立即处理，容易给人一种非常重要的错觉，因此有不少人喜欢将大量精力花在这些事务上，却自以为在致力于第一象限的工作。他们整天忙于应付那些自认为十分重要的紧急事件，殊不知它们之所以紧急，往往是因为对那些事件的发起者很重要，对做事的人却是未必。你即便火急火燎处理完了，对你而言毫无价值。

通过上述分析可知，我们在运用时间管理矩阵对每一天的工作进行分类后，对每一象限的工作要采取不同的应对策略，核心原则就是坚持要事优先，即优先处理第一、二象限的要事，尤其要把第二象限的工作放在第一优先位，并以此方式尽量减少第一象限的工作；对于第三象限的工作，我们要尝试尽量舍弃，而第四象限的工作则可以采取延迟、委托他人等方式进行处理，但要争取获得对方的理解。

3.3.2.2 时间管理手段

当我们完成时间管理矩阵后，为了坚持要事优先，通常可以采取三种时间管理手段：割舍、替换和压缩，即割舍掉不太重要或没有必要的事务，压缩用于处理简单重复性工作的时间，替换上从长远来看重要的事情。

（1）割舍。坚持要事优先，首先要从割舍时间管理矩阵中第三象限的事务开始，因为我们列入该象限的事情一般都是既不重要，也不紧急的，比如看电视、刷抖音、浏览新闻或明星八卦、发微博或朋友圈、打游戏、聚会喝酒、与人闲聊等等。

如果对自己一周的时间分配做一个盘点，看看每天都把时间花在哪些事情上去了，或许你会惊讶地发现，过去的一周自己竟然花了20~30个小时在聊微信、刷朋友圈、刷抖音或玩吃鸡游戏上，还有10多个小时花在一些没有营养的聚会和闲聊上！更令人沮丧的是，你虽然在这些事情上花费了大量时间，却一无所获！

所以，做好时间管理的首要任务就是大胆地割舍掉第三象限的大部分事情，把省下来的时间用在其他更有价值的事情上去。

当然，笔者说割舍掉第三象限的"大部分"工作，就是因为我并非推崇完全的禁欲主义，紧张的工作之余进行适度的放松，假期和家人或朋友一起出游，空闲时发展一些个人爱好，这些都是生活中不可缺少的东西，只要把握一定的度即可。

（2）替换。当我们割舍掉不必要的社交、没营养的娱乐和各种消磨时间的琐事后，第三象限的内容变少了，可利用的时间就变多了。

然而，即便如此，有些人还是从早到晚忙个不停，不断要处理很多火烧眉毛的紧急事件，比如中午加班准备下午的会议材料、临时接待一位重要客户、处置项目突发的风险、参加紧急会议、处理老板交代的私事等。

以上这些基本上都是紧急的事情，位于第一或第四象限，有重要的，也有不重要的。因为紧急，我们理所当然地把主要精力都放在上面，但实际上却是放错了重点。我们真正要做的是，把每天忙于处理的紧急事件替换成真正重要的工作，也就是说，将第二象限中"重要但不紧急"的工作强行纳入"紧急区域"，并把更多的时间和精力放在这些事情上。

例如：当我们一周前把今天下午的会议材料准备好，就不会导致中午加班赶材料。在一周之前准备会议材料是一件重要但不紧急的事，但如果当时没被纳入"紧急区域"，现在就变成了重要且紧急的事。

可见，如果我们经常用重要但不紧急的事替换重要且紧急的事，那么重要且紧急的事就会逐渐变少，我们也就会变得更从容，做事的效果也会变得更好。因此，我们要像史蒂夫·乔布斯所说的那样去做，"当你决定了什么事情对你来说最为优先时，你必须有勇气——愉悦地、带着微笑地、无须辩解地对其他事情说'不'，因为当你说'不'的时候，内心里熊熊燃烧着更大的'是'的决心。"

（3）压缩。除了上面所说的替换手段之外，在时间管理矩阵里，还存在这样一些重要但不紧急的事，它们没必要随时被摆放到"紧急区域"中去。比如，很多人习惯于每隔一小时看一下OA桌面有没有新文件，每隔半小时查看一下邮箱里有没有新邮件，每隔一刻钟看一下微信群有没有新消息。这时我们会发现，这样做的结果就是时间被人为地碎片化了，我们的注意力和精力被不时地被分散，很难聚焦于重要的事情上。

如果我们对自己一天的时间进行盘点，就会发现有很多时间花费在这些不断重复的事情上。显然，这些每天重复做多次同样事情的时间是可以压缩的，比如，我们可以在上午和下午即将下班的时候，抽几分钟或半小时来浏览文件、收发邮件或查阅消息等，这样既能避免时间被分散，还可以完成得更加高效。

总之，割舍掉那些不太重要或没有意义的事，我们就会腾出更多时间做重要的事；把一些重要且紧急的事替换为重要但不紧急的事，我们就会更加淡定从容，游刃有余；把那些需要重复做的事压缩在固定的时间段里去做，我们就会大大提高做事的效率。这就是时间管理手段在我们坚持要事优先时带给我们的收益。

3.3.3　关注引领指标

当我们明晰了具体动作，在要事优先原则指引下开始执行任务后，还需要保持对所执行任务的有效管控，以期更加高效地完成任务，达成目标。为此，我们必须在执行任务的过程中持续关注引领指标。

3.3.3.1　为何关注引领指标

在讲述为何要关注引领指标之前，我们先来认识和区分一下引领指标和滞后指标这两个概念。

引领指标是指那些对达成最终目标关系最为密切，起着重要和关键作用的事情或行为，其作用是教会你怎样去实现最终目标。当我们在引领指标上投入最大精力和资源时，就能为实现滞后指标乃至最终目标提供最有力的支撑。比如，你的团队最终目标是实现年销售额提升20%，而"每天给5个目标客户打电话""每天拜访3个潜在客户""每天积累2个商机"就可以作为团队成员的引领指标，因为根据数据测算和历史经验，只要这些指标完成了，年销售额提升 20% 的目标也就基本能达成。

引领指标分为两类：一类是阶段成果指标，指执行任务的各个阶段希望达成的成果，它能给执行人或执行团队以自由选择具体做法的空间，比如对一名学生来说，假设其最终目标是学习成绩从班级倒数第十名上升到正数前十名，那么"每次月考总分提高 10~20 分"就可作为一个阶段成果指标；另一类是重要行为指标，是跟踪执行人行为习惯的指标，此时执行人主要对其行为习惯负责，而不必关注"结果"，比如"每天记英语单词 20 个""每周背诵课文 2 篇"等就可作为重要行为指标。

滞后指标是为了达成最终目标而设置的跟踪性指标，其作用是告诉你是否完成了目标。比如，你的团队最终目标是实现年销售额提升 20%，而月度累计销售额提升率可作为一个滞后指标。它可以让我们每月跟踪销售额提升的状况，但在发生之前，我们对它无法进行控制。可见，滞后指标是一种结果，它有明显的滞后性，当你得到这个数据时，就说明已经有了结果。也就是说，滞后指标一旦发生，便无法更改，是不可控的。

通过以上比较可以发现，引领指标可以教会你怎样去做才能完成目标，它是一些具体的行为和动作，可以通过执行者自身的力量对其进行有效影响，促使它们发生变化，因此是可控的。同时，一旦引领指标发生了某种变化，你还可以据此推断出滞后指标和最终目标将会如何变化，具有明显的预见性。

在我们平常的工作中，大部分人（包括很多领导者）都习惯于把关注点放在那些不可控的滞后指标上，但当他们实际看到滞后指标时，哪怕你对它们分析来，研究去，一切皆已无法更改，为时已晚。因此，作为执行者甚至团队管理者，只有把关注点放在可控的引领指标上，才能有效地推动团队成员做出关键的行为。只要将引领指标做到极致，实现滞后指标和最终目标就是水到渠成的事。

3.3.3.2 如何关注引领指标

无论我们设定的目标和执行的任务是什么，要做到对引领指标的关注，就要清楚引领指标的来源，找到引领指标，并清晰地定义它们。

（1）引领指标来源。

引领指标的来源通常有三个：源于数据、源于影响和源于分类。

所谓源于数据，就是看指标的数据表现，通过对标优秀、对标平均水平，发现自身的问题和行为上的差距。比如要实现销售额提升20%的目标，可以先找到销售额提升指标数据最好的团队和平均水平的团队，询问他们做得好的主要行为动作有哪些，从中获得初始的引领指标信息。

所谓源于影响，就是大家熟知的"二八定律"，又称帕累托法则（Pareto's Principle），即找到决定80%结果的那20%的行为。比如某电信公司开展全渠道春节促销活动，直销、实体和电子三大渠道的业务套餐销售量均为10万，但直销渠道销售套餐的平均ARPU值（每用户平均收入，Average Revenue Per User）是500元，而其他两个渠道销售套餐的平均ARPU值仅为120元，经财务核算后，此次促销活动的利润85%来自于直销渠道，因此可以考虑将直销渠道开展促销活动作为备选的引领指标。

所谓源于分类，就是把执行任务的目标进行分类，各自寻找其适合的引领指标。比如你的目标是提升英语和数学这两门功课的成绩，按照科目分类后，由于它们的学习方法不同，在寻找各自的引领指标时，英语可能要重点关注记单词、朗读课文、背诵等动作，而数学则可能要重点关注记公式、剖析例题、做习题等动作，这就是分类后带来的引领指标差异。

（2）确定引领指标。

我们在前面说过，只要将引领指标做到极致，实现滞后指标和最终目标就是水到渠成的事，这是建立在抓住了关键性引领指标基础之上的结果。

如何才能找到并确定这样的关键性引领指标呢？我们通常采取以下四个步

骤来进行：

第一步，考虑各种可能的指标。

组织召开一场头脑风暴会（这是领导力工具的一种，具体操作方法见第四章），所有团队成员有备而来，围绕如何达成最终目标提出各种可能的引领指标。开会的过程要让参与者尽量发散思考，不要过早作决定。大家经过头脑风暴后拿出的主意越多，后面制定引领指标的质量就越高。

在召开头脑风暴会之前，组织者可以让大家各自进行发散思考，还可以基于数据、影响和分类等指标来源，分头寻找一些可能的主意带到会议上来。

在头脑风暴会上，为了激发参与者的思考，还可以准备一些适当的问题，例如：

- 可以做哪些以前没做过的事来帮助我们达成最终目标？
- 我们团队的哪些力量能够对最终目标产生杠杆作用？
- 我们有哪些局部优势？
- 我们和标杆对象存在哪些差距？
- 哪些问题和不足限制了最终目标的达成？
- 为了达成最终目标，我们最应该坚持做哪些事情？

在头脑风暴会后，组织者还要将会议产生的各种主意进行筛选、评估，然后进行分类整理。例如：某实体门店今年的最终目标是"实现销售总额增长10%"，店长组织所有店员开展头脑风暴后，分类整理出如下备选的引领指标：

创新行为方面：

- 轮流担任引导员，帮助顾客选择适合的产品。
- 高峰期时段派人在门口迎客。
- 准备好纸质和电子版的商品目录供客人参阅。
- 每月开展一次炒店活动。

局部优势方面：

- 每月举办主题展销会。

☞ 将抽样的顾客满意度测评推广到所有顾客。

☞ 每季度与品牌供应商联合开展促销专场活动。

固化行为方面：

☞ 每周发 1 次新品促销微信推送。

☞ 每周行销不少于 15 个潜在客户。

☞ 每天电话外呼 10 个目标客户。

☞ 在任何时候顾客排队时长不超过 10 分钟。

一般来说，为了鼓励参与者积极贡献，头脑风暴会出现一些看似与目标无关的主意，组织者在整理汇总时要围绕最终目标进行筛选和评估，去除杂质后再给出备选的引领指标清单。

第二步，按影响力排序。

将备选清单中的所有引领指标按照对最终目标的影响力进行排序，从而找到杠杆作用最大的指标，这些指标最好是少而精，小而美。

排序方法可以采取集体投票形式，必要时可以对不同的投票人进行适当的加权处理，目的是让专家和权威人士拥有更多的话语权，使排序结果更趋近于真实。

第三步，测试最好的几个主意。

一旦确定了几个最具杠杆作用的备选指标，我们就可以参照以下标准对它们进行测试。我们认为，真正高质量的引领指标需要全部符合这些标准，否则应该予以淘汰。

测试标准 1：这个指标是否对最终目标具有预见性？这是一条最关键的标准，如果不符合，必须果断放弃。注意，是"必须"，而不是"建议"。

测试标准 2：这个指标是否具有可控性？如果不符合，同样"必须"果断放弃。

测试标准 3：这是一个长期指标，还是一次性的？虽然一次性指标可能带来临时的巨大成效（如大幅提升资源配置水平），但我们要培养一个团队形成持续的行为和习惯，甚至演变为一种文化，需要的是长期的指标。

测试标准 4：这是一个领导的比赛，还是整个团队的比赛？我们需要的测试结果是后者。

测试标准 5：这个指标是否可衡量？需要的测试结果是"Yes"。

测试标准 6：这个指标是否值得衡量？此为投入产出比问题，需要的测试结果是"Yes"。

经过以上测试，最终确定的引领指标建议不超过 3 个，以 1~2 个为最佳。

第四步，定义引领指标。

为了使引领指标在执行任务时发挥跟踪、管控作用，必须给它们进行清晰的定义，通常采取人员、时间、数量、程度和动作等五大策略进行描述，具体如下：

- 人员：由谁来跟踪团队成员的表现？
- 时间：每周还是每天跟踪一次指标（至少每周更新）？
- 数量：指标的数量标准是什么（一般要比当前的水平高）？
- 程度：指标的质量标准是什么（做到什么境界）？
- 动作：核心词汇为动词，表述是否简洁？

例如：某实体门店今年的最终目标是"实现销售总额增长 10%"，如果选定"每周行销潜在客户""每天电话外呼目标客户"作为引领指标，参照上述策略，定义如下：

引领指标 1：每位店员每周上门拜访 15 个潜在客户，每次拜访必须微信加对方好友，并拍下客户单位门口图片，相关结果上传给店长，由店长跟踪各位店员的表现。

引领指标 2：每位店员每天电话外呼 10 个目标客户，每次通话必须收集 3 个固定问题信息，相关记录汇总给店长，由店长跟踪各位店员的表现。

以上引领指标的定义策略运用情况如图 3.9 所示。

策略	引领指标 1	引领指标 2
人员	由店长跟踪各位店员的表现	由店长跟踪各位店员的表现
时间	每位店员每周	每位店员每天
数量	15 个潜在客户	10 个目标客户
程度	每次拜访加对方好友，拍下客户单位门口图片，相关结果上传给店长	每次通话必须收集 3 个固定问题信息，相关记录汇总给店长
动作	上门拜访	电话外呼

图 3.9　引领指标的定义策略运用情况示例

随着上述定义的完成，意味着引领指标就此确定，接下来就要在执行任务的过程中对这些引领指标进行持续关注，确保团队成员按预定的目标方向前进。

关于如何通过对引领指标的关注来跟踪、检查和管控任务执行的过程，我们将在下一节继续探讨。

3.4　管事：检查调整

我们知道，明确目标、制订计划、执行任务是行动力方法的前三个步骤，当一个项目走到执行任务这一步时，就意味着已经全面开工，进入实操阶段了。

古人云："行百里者半九十。"开工和实操并不代表从此万事大吉，可以静候结果了。

事实上，我们在上一节讲到，执行任务的三大要点是明晰具体动作、坚持要事优先和关注引领指标。那么，在关注引领指标之后，我们还应该做些什么，才能促使任务沿着正确的轨道高效地执行呢？这就需要我们继续推进行动力方法的第四步——检查调整，即管事。

所谓检查调整，就是在执行任务的过程中，定期对引领指标、滞后指标进行跟踪，对计划、任务和行动进行检查，对目标和子目标进行监控，发现偏差时采取必要的措施进行影响或调整,以此推动的任务有效执行,使团队达成既定的目标。

关于检查调整,常用的手段主要有三个:建立激励看板、开展例行督查和实施分级调整,下面分别进行探讨。

3.4.1 建立激励看板

当你投身于一项持续的任务时,如果你既不知道自己做得好不好,也不知道处于相同角色的其他人做得怎么样,就会慢慢地对这项任务失去兴趣。相反,如果你每天一睁眼就能看到自己做得好不好,还能看到周围的人谁比你做得更好,你就会激情燃烧,加倍投入。有时候,哪怕这项任务只有你一个人去完成,如果每天能看到进展,清楚你离目标越来越近,同样会激发你的斗志,坚持把任务完成下去。

为了达到以上效果,团队(甚至个人)在执行任务时,首推的手段就是建立激励看板,因为当人们看到自己的表现和想要达成目标之间的关系时,其表现会比平时好很多,从而极大提升士气和信心。

3.4.1.1 激励看板的定义和作用

所谓激励看板,就是将我们需要完成的引领指标和滞后指标全部转换为看得见、摸得着的量化业绩,用最直观的方式呈现出来,以此来激励任务执行人员的士气,为他们灌输成功的信念,这本身也是一种检查任务执行进展的方式。

激励看板的形式多种多样,其主要作用表现在以下四个方面:

(1)帮助团队聚焦目标,并为最终目标的实现设置可见的期限。

(2)通过在看板上展示引领指标,给团队成员赋予达到最终目标的杠杆力量,这就好比大家在引领指标上下了赌注。

（3）时刻提醒团队成员不要让时间和精力被烦琐的日常事务所吞没，从而更好地执行时间管理，持续关注对达成目标具有关键性作用的引领指标上，并激励所有人全情投入。

（4）激励看板不但可以拉动业绩，还可以通过看得见的点滴进步，让团队成员保持正在迈向成功的积极心态。

3.4.1.2 如何建立和运用激励看板

在执行任务的过程中，激励看板是为整个团队所用的，通常以一个简单明了的图表形式展示给团队成员，以此来告诉大家应该做成什么样、现在做得怎么样，让大家几秒钟之内就能看出自己是超前了还是落后了。

那么，我们应该如何建立和运用激励看板呢？这项工作比较简单一般分为如下四步：

（1）选定主题。选定主题就是选择并确定在激励看板上展示的指标，可同时包括引领指标和滞后指标，但要尽量少而精。其中，引领指标是团队可以影响和控制的，滞后指标是大家希望达到的，与最终目标紧密相关。

我们以最终目标"年销售额提升20%"的销售团队为例，在建立激励看板前，可选定用来展示的引领指标为"每人每天拜访客户数5个""每人每天收集商机数2个"，可选定的滞后指标为"月度销售额累计同比提升率"。

（2）设计看板。设计看板就是选择一个简单易懂、符合个人或者团队喜好，能标识引领指标和滞后指标的图形。比如篮球比赛中的记分牌，仅显示当下比分和总比分，实际上就是一种激励看板；再比如有人要减肥，在日历牌上直接标注每天跑步的公里数，也是一种简易的激励看板。

为了便于团队成员从看板上一眼就看出自己的工作进展以及与队友的对比状况，设计看板建议遵守"5秒钟定律"，也就是让大家5秒之内读懂所有信息。

我们仍以上面销售团队的例子来进行说明，假设时间点为6月10日。我们可以针对引领指标"每人每天拜访客户数5个"和"每人每天收集商机数2个"

以及滞后指标"月度销售额累计同比提升率"分别设计对应的激励看板（如图 3.10、图 3.11、图 3.12 所示）。

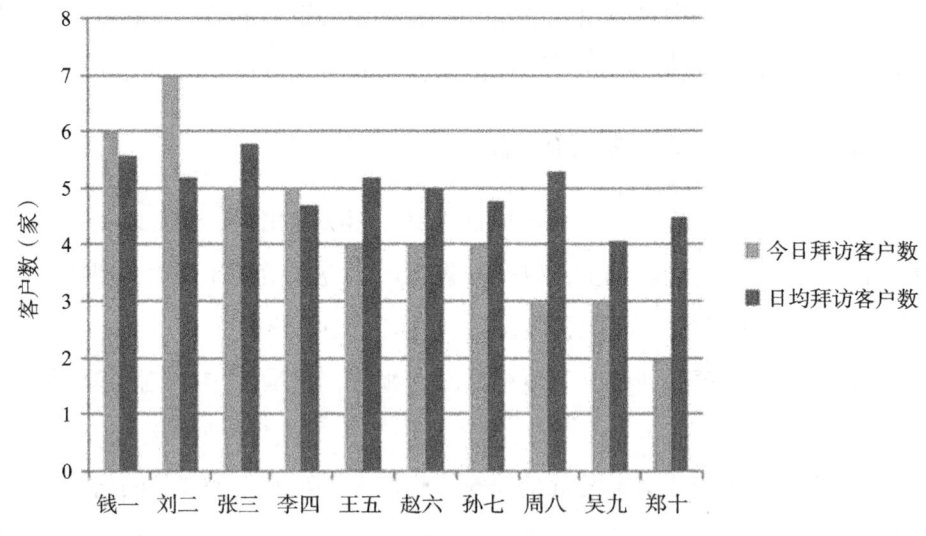

图 3.10 客户拜访量看板

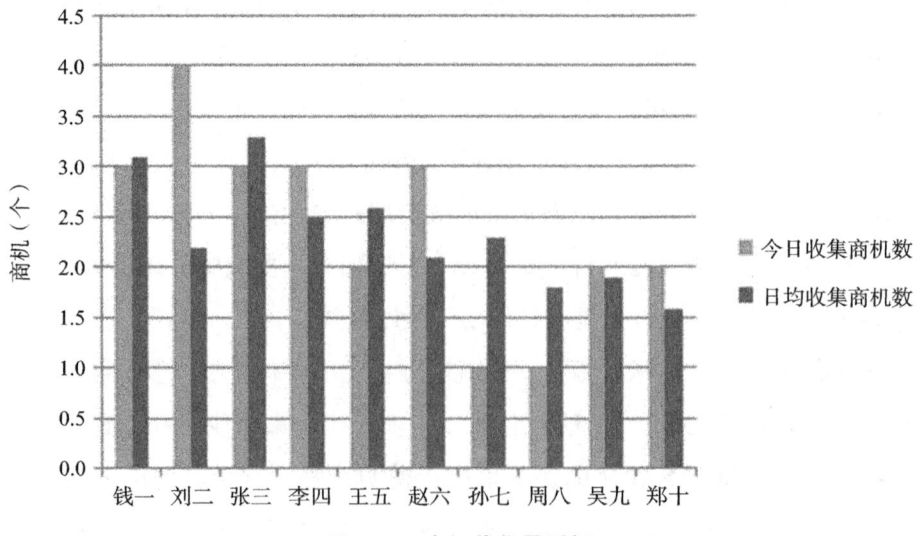

图 3.11 商机收集量看板

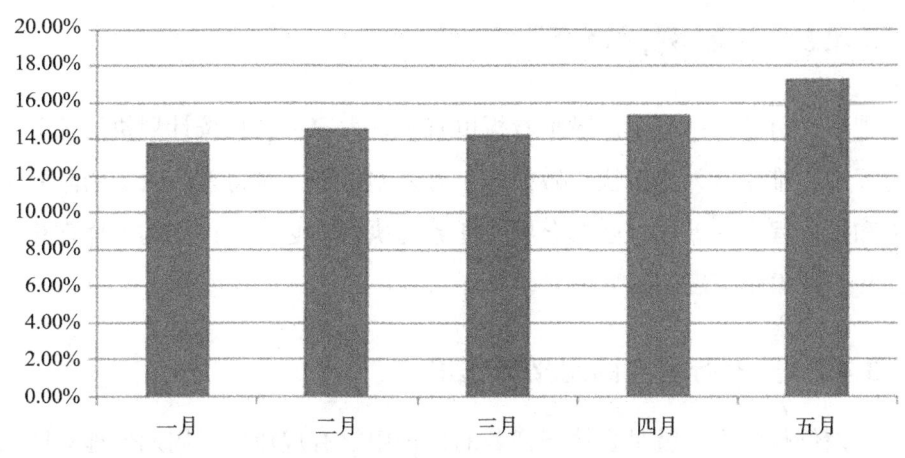

图 3.12　月度销售额累计同比提升率看板

需要说明的是，以上仅为一个激励看板的设计示例，我们实际工作中的设计形式可以不拘一格，如表格式、板报式、漫画式等；对激励看板的称谓也可以见仁见智，比如有人称之为"龙虎榜""琅琊榜"，有人称之为"英雄帖""点将台"，这些都未尝不可，只要能让人一目了然，起到激励团队的作用，就是货真价实的好看板。

另外，在这个示例中，我们选择的引领指标都是重要行为指标，在现实的激励看板设计中，也可以适当选择 1~2 个阶段成果指标进行展示，让团队成员看到更多由自身行为带来的成效，可能会产生更好的激励效果。

（3）公示告知。公示告知就是向团队成员发布激励看板，必须让所有成员在刷新数据后第一时间就看到，因此发布的渠道必须是显而易见的，比如在办公室的文化墙张贴，通过微信工作群或团队公众号发布等。

（4）及时更新。及时更新就是指定专人对指标进行跟踪，每天、每周、每月对指标数据进行更新，并以激励看板的形式展示出来。

3.4.2 开展例行督查

现在,引领指标有了,激励看板也有了,大家都各自按计划执行任务。在此过程中,难免有人跑得快,做得好;有人跑得慢,做得差。由于团队中个体能力和投入程度的差异,必然会导致任务的执行未必会像计划的那样理想。这时,我们就需要开展例行督查了。

3.4.2.1 例行督查的定义和作用

所谓例行督查,就是在执行任务的过程中,有规律地、周期性地对团队全体成员的过去表现和未来行为计划进行检查,及时发现问题和障碍,开展组内互助,督促相关成员纠偏、弥补或改进。

通常情况下,开展例行督查必须聚焦于推进团队最终目标的达成,一般以周例会的形式进行,其主要作用如下:

(1)帮助团队锁定目标,无论发生什么事情,都不偏离轨道,让每个人的时间都免受日常事务的吞噬。

(2)例行督查要让个人对团队做出计划,推动引领指标不断进步,当作纪律一样遵守到底。

(3)例行督查使得所有关键成员每周都至少被关注一次,让每个人都可以清楚地看到自己的工作怎样推动引领指标的进步,还可以从他人的进展中获得启发和成长。

(4)每次例行督查都向所有成员释放明确信号,即在执行关于最终目标的任务上,如果你没有完成上周例会上做出的计划保证,其他任何事务上的成就都是不能补偿的。

(5)例行督查为团队提供了庆祝进展的机会,对成员具有激励作用。

3.4.2.2 例行督查的形式和内容

和激励看板类似的是，例行督查也是整个团队全体参与的，它不是管理者对某个成员的行为，也不是某几个成员单独完成的工作。团队中每个成员都要做出计划，向团队领导或项目经理负责，并且每个人都要对其计划负责到底。

开展例行督查的形式一般是定期召开对标例会，其目的只有一个，就是让全体成员的注意力焦点从日常事务中转移到团队共同目标上来，保持每人为团队负责，带动引领指标进步，达成最终目标。

对标例会通常每周召开一次，每次30分钟之内完成，每周在同一时间召开，以形成固定的督查节奏，让每个成员养成习惯。

为保证例行督查的高效开展，对标例会中所有成员只讲和最终目标及引领指标相关的事情，绝不谈日常事务，如果确有需要，另外再开一场。

对标例会的内容由三部分组成：回顾、汇报和互助。

（1）回顾：由团队领导者或指定专人带领所有成员共同回顾团队目标，提请大家保持聚焦，并公布最新的激励看板，寻找亮点和不足。

（2）汇报：所有成员逐一汇报上周计划的完成情况和下周计划，其中，在汇报上周计划的完成情况时，要说明自己为完成计划做了哪些重要的事情，有哪些不足、问题和障碍，希望得到什么帮助；在汇报下周计划时，计划内容中必须包含一个特定的结果，并能够影响引领指标的进步。汇报过程中，团队成员可借此机会互相学习如何推动引领指标，思考从哪些方面帮助他人。

（3）互助：以组内互动研讨的形式，让有能力的成员为有需要的成员提供意见和建议，帮助他们对工作计划进行纠偏、弥补或改进。同时，获得帮助的成员在清除问题和障碍后，要及时对计划做出修改和完善。

总之，开展例行督查能让全体成员聚焦最终目标，提升引领指标，是执行任务过程中必不可少的环节，也是另一种形式的激励和鞭策。

3.4.3 实施分级调整

在上述两种检查调整手段中,激励看板是为了激发团队成员的内生动力,例行督查是通过有规律的外力作用促使大家不忘初心,在完成引领指标的行动中,把自己的工作负责到底。这两种手段都是在目标不变、计划不变、任务不变的前提下,为整个团队按部就班地执行任务提供动力和保障。

但是,如果我们跳出既定的目标、计划和任务框架来看,在执行任务的过程中,有没有可能出现目标无法实现、计划偏离实际、任务成效欠佳的情况呢?经验证明,这些情况在很多项目和活动中都是存在的,这就像贾岛诗中所云:"只在此山中,云深不知处。"

因此,我们在执行任务的过程中,一方面要坚持按计划推进工作,另一方面还要善于发现执行中存在的问题,并在必要的时候做出适当的调整,以确保任务和行动健康有序地推进。这是对任务执行过程实施的一种干预手段,我们称之为"分级调整"。

所谓分级调整,就是在进入执行任务阶段后,不能仅仅为了执行而执行,还要跳出任务之外,站高一层看到执行的动作和效果,根据看到的实际状况,在项目的不同层级上做出调整和改进。

实施分级调整一般分两步进行:信息监控和分级调整。

3.4.3.1 信息监控

我们之所以有时要对项目进行调整,是因为在执行任务的过程中,有可能会发生一些不可预料的问题或异常情况。在实施分级调整前,我们必须掌握这些情况,因此要选择恰当的时机对某些关键信息进行监控。这就如同医生看病时要对病人进行听诊、量体温、做心电图一样,只有通过这些手段掌握了病情,才有可能对症下药,施以有效的治疗。

信息监控一般是在执行任务的过程中进行,由下到上、由微观到宏观分为以下三个层级：

（1）执行级监控：即监控引领指标和滞后指标的进展情况。这是项目团队每周都要做的工作，通常由项目经理（或委托专人）监控并掌握相关信息，并在激励看板和例行督查中实时与全体成员分享。

（2）计划级监控：即监控子行动、行动和任务的完成情况。这是项目团队每月都要做的工作，通常由项目经理或各任务责任人（或委托专人）监控并掌握相关信息，并在必要时向相关上级汇报。

（3）目标级监控：即监控子目标和目标的完成情况。这是项目团队每季度都要做的工作（如果项目周期短，也可以缩短为每月监控一次），通常由项目经理或各子目标负责人（或委托专人）监控并掌握相关信息，并在必要时向上级汇报。

3.4.3.2 分级调整

在分级进行信息监控时，如果从信息中发现了不可预料的问题或异常情况，且这些问题和情况会影响到任务的执行、计划的完成或目标的达成，就要对项目进行分级调整。

与信息监控相对应，这种分级调整由下到上、由微观到宏观分为以下三个层级：

（1）执行级调整。

一般来说，通过执行级监控，可能获得以下四种信息。我们要针对不同的情形对项目实施不同的调整策略。

情形一：引领指标成功、滞后指标成功。这说明行动和结果都在控制之中，无须调整。

情形二：引领指标成功、滞后指标失败。这说明行动对结果影响不大，需找到新的引领指标，对现有引领指标进行替换或添加。

情形三：引领指标失败、滞后指标成功。这同样说明行动对结果未产生影响，需要对引领指标进行替换，但要同时考虑对滞后指标的调整。

情形四：引领指标失败、滞后指标失败。这说明具体动作执行不到位可能是导致滞后指标失败的直接原因，需要对团队成员加强例行督查，在引领指标获得成功后再进一步监控。

（2）计划级调整。

我们在第二节已经了解，子行动、行动和任务都是归属于某个子目标之下的具体工作，只是由于分类方法的不同导致了颗粒度的不同，但每两层之间的上下包含关系是一致的，因此我们在此仅按"任务—行动"两层来进行讨论，若存在更多的层级，以此类推。

在进行计划级监控时，我们获得的是对行动和任务完成情况的信息，且任务与行动通常是一对多的关系。假设"成功"代表可以按时完成，"失败"代表不能按时完成，那么计划级监控可能获得以下三种信息，我们要针对不同的情形对项目实施不同的调整策略。

情形一：行动成功、任务成功。这说明计划合理，行动责任人工作得力，无须调整。

情形二：行动失败、任务成功。这说明失败的行动是在可接受范围内的延时，并不影响任务的完成，无须调整。

情形三：行动失败、任务失败。这说明失败的行动超出了可接受的范围，需要进行调整，可选策略如下：

- 赶工：在监测到行动将要失败时，敦促行动责任人加班赶工；
- 增员：为行动的执行增配人员，以加快进程；
- 分担：将行动的部分具体动作调配给其他人员来完成，以确保行动的进度；
- 增加资源：若因资源不足导致行动失败，可以考虑此策略。

这里我们没有给出"行动成功、任务失败"的情形，因为我们在进行任务分解时已经遵循了MECE原则，只要一项任务所包含的所有行动都成功了，任务就自然成功了，所以这种情形是不存在的，自然也无须赘述。

（3）目标级调整。

通过目标级监控，我们获得的是对子目标和目标能否达成的信息，且目标与子目标也是一对多的关系。与计划级监控类似，目标级监控可能获得以下三种信息，我们要针对不同的情形对项目实施不同的调整策略。

情形一：子目标成功、目标成功。这说明目标分解合理，子目标责任人工作得力，无须调整。

情形二：子目标失败、目标成功。这说明失败的子目标造成的损失能够由其他成功的子目标进行弥补，此时可选的策略有两种：

- 不调整：让其他成功的子目标责任人扛起大任，帮助整个团队完成目标。
- 调整：重新分配各子目标之间的比例关系，让每个子目标责任人量力而行。

情形三：子目标失败、目标失败。这说明某些子目标的失败直接影响到目标的达成，必须进行调整，可选策略如下：

- 变更：通过变更子目标和目标的范围或达成对象，抑或是延长目标的达成期限，直接调整目标，实际上就是降低对项目目标的期望值。
- 追加：这种策略适用于三种不同情形。第一，如果子目标和目标的失败是因资源投入不足造成的，可考虑适当追加资源来推动目标的成功；第二，如果子目标和目标的失败是因为任务执行过程中遇到了不可预料的问题，可考虑将此作为一个独立课题，追加组建一个新团队来应对新挑战，从而为整个项目扫除障碍；第三，如果子目标和目标的失败是因为目标分解还有其他机会空间未挖掘出来，可考虑对目标追加进行更多维度的细分，从而分解出更多的子目标，或更多的任务和行动，为目标达成提供更多的手段和途径。
- 终止：通过对整个项目执行情况的全面分析，团队领导或项目经理认为项目已无继续下去的价值，或对其失去信心，或认为无法挽救，不得不放弃目标，终止项目。

总之，为了使任务执行沿着正确的轨道高效地推进，我们通过建立激励看板、开展例行督查和实施分级调整等三种手段，对任务执行过程进行检查调整，促使团队达成既定的目标，或在无法达成目标时修订目标或终止行动，以免造成资源的浪费或其他不良后果。

3.5 成事：复盘优化

一般来说，在行动力方法中，只要把握好明确目标、制订计划、执行任务和检查调整这四个环节，你所做的任何一件事基本上都能达到较为理想的状态，并从明事、谋事、做事、管事，走向最终的成事。

然而，作为一个有追求、有抱负、有进取精神的成熟个体，仅有这些还不足够。一个人要在职场和人生之中不断取得进步，就不能每次做事都在同一水平上重复，而要从中学到新知识，获得新智慧。

子曰："温故而知新，可以为师矣。"我认为，这里所说的"温故"并不仅指书本知识，更应该包括实践知识，即所谓"实践出真知"。对于做事而言，"温故而知新"的有效方法就是复盘优化，这是行动力方法的第五步，也是最后一步，做到这一步才算是真正的成事。

近几年来，很多不同领域的成功人士对"一万小时定律"推崇备至，以至于有些人将其简单地理解为"勤能补拙"的普遍规律。事实上，单纯重复的实践活动并不能让人成为专家和工匠，只有在实践中不断复盘优化，做到"干中学，学中干"，才能让每一次实践都迈上新台阶，取得新进步，无论对个人或团队，皆是如此。

3.5.1 复盘优化的定义、作用和原则

"复盘"原是一个围棋术语,指棋手在对局完毕后,复演棋盘的记录,看看哪里下得好,哪里下得不好,对下得好的和不好的,都要进行分析和推演,以检查对局中招法的优劣、得失的关键。棋手可以用这种方法进行自学,也可以相互切磋,不断提升棋艺水平。通过复盘,棋手在遇到某种熟悉、类似的局面时,就知道如何更好地应对。

3.5.1.1 复盘优化的定义

行动力方法中的"复盘优化",就是对做过的事情或项目进行重新推演,包括对团队及其成员在目标、计划、执行和检查等各阶段中的行为和结果进行回顾和反思,把一些有价值的、零散的知识和经验进行系统化、条理化的整理和归纳,使团队成员在今后面对同样或类似的场景时,能够快速应用成功方法和经验,避免失误和风险,起到举一反三的改进效果,同时还能提升个人和团队的学习能力、解决问题能力和工作绩效。

古人云:"吃一堑,长一智。"成人学习有一个"7-2-1"法则,即70%来自实践,20%来自和他人的交流,还有10%来自教育和培训。进入职场之后,大部分人不再接受学校的系统化教育,但恰恰是这样的工作实践使我们有条件在实干中学习和精进。从这个意义上讲,复盘优化其实是一种最有效的从工作实践中学习的途径。

3.5.1.2 复盘优化的应用场景和主要作用

我们知道,任何人对事物的记忆都会随着时间的延长而逐渐衰减。对于我们做过的事情或项目,无论是成功经验,还是失败教训,如果不在事后及时地进行复盘优化,就会被我们渐渐地遗忘,今后再遇到同样的情况,可能还要"尝二遍苦,吃二遍亏",因此,复盘优化对个人和团队的学习和成长都至关重要。

那么，我们是否需要对做过的所有事情都进行复盘优化呢？不一定，但我们建议对以下五种情况不要错过：

（1）新的事情或项目：因为第一次做，通过复盘优化可以寻找规律，为以后遇到类似情况做经验储备。

（2）有学习价值的事情或项目：复盘优化的目的是为了学习方法和经验，提升解决问题的能力。

（3）重要的事情或项目：因为重要，所以需要特别谨慎，为以后提高做重要事情的成功率进行能力准备。

（4）复杂的事情或项目：由于复杂，复盘优化更显重要，而且要多层次进行，包括项目过程中对关键任务和环节进行专题研讨，阶段结束时进行阶段性回顾和展望，项目结束后进行系统性总结和经验萃取。

（5）失败的事情或项目：当事情未达预期时，要探究到底是什么原因所致，有哪些不足和问题需要改进，正所谓"前事不忘，后事之师"。

基于复盘优化的各种应用场景，我们认为它对我们的工作和学习具有下列作用：

（1）洞悉问题本质：通过复盘优化，对关键任务、重要环节做到知其然，且知其所以然。

（2）预防可见风险："失败是成功之母"，通过复盘优化，使同样的错误在今后的工作中不再重犯。

（3）固化业务流程：提炼方法，形成标准化流程或制度，固化在工作之中，使工作变得简单。

（4）化经验为能力：经验被提炼和萃取出来后，既可以转化为个体能力，又可以通过分享和传承，沉淀为团队能力。

（5）助力团队协同：在大型项目实施过程之中，开展复盘优化能促进团队成员之间的相互了解和学习，由互动带来的和谐氛围有助于协同作战。

3.5.1.3 复盘优化的典型特征和操作原则

有人认为，复盘优化就是做工作总结，其实不然。复盘优化比一般的工作总结更复杂，更具系统性，有一套成熟的方法和程序，且具有如下三个典型特征：

（1）结构化方法：复盘优化不是天马行空的畅谈，也不是漫无目的的讨论，需要遵循一定的框架、流程和步骤。

（2）学习化导向：复盘优化的目的是学习经验，吸取教训，改进提升，因此应以陈述客观事实为基础，不表扬，不批评，不攻击。

（3）团队化形式：虽然个人也可以对自己的工作进行复盘优化，但我们更主张以团队学习和组织学习的形式来开展，所有成员敞开心扉，坦诚相待，共同挖掘知识和经验，激发集体智慧，促进全体成员的能力提升和整个团队的绩效改善。

为了达到团队学习和能力提升的效果，我们在复盘优化时要遵循以下四个操作原则：

（1）开放心态：不区分上下级，所有成员都平等表达意见，不能打压，批评，追究责任和过失，也不能只看到自己，看不到他人。

（2）坦承表达：以事实为基础，不做过多演绎，实事求是地表达所思所想，所见所闻，所作所为。

（3）深度思考：每个人对任务执行的过程进行深度的自我反思，不浮于表面，不流于形式，力求挖掘、萃取出有价值的知识和经验。

（4）集思广益：发挥群众力量，充分讨论，不要过早下结论，以免错过有价值的观点和发现。

3.5.2 复盘优化的方法和步骤

我们所说的复盘优化主要是指由团队成员针对所做的事情或项目共同开展

的，但其中每一位成员也可以针对自己所负责的工作内容进行个人的单独复盘，以此来促进自我成长。

对此，联想集团创始人柳传志曾说过一段这样的话："复盘很重要。想想做成一件事有哪些是偶然因素，别以为是自己的本事。尤其是失败后，要血淋淋地解剖自己，不留任何情面地总结自己的不足。这样，你的能力自然会不断提高。"

复盘优化的主要方法有两种：一是情景再现法，就是通过对场景的回顾，把做过的事情或项目是如何一步步发展的再推演一遍；二是关键点法，又称里程碑法，主要是针对复杂的事情或项目，只针对其关键点或里程碑进行推演，以降低复盘优化的难度，提升工作效率。

那么，事情或项目结束后，我们应该如何进行复盘优化呢？对此，邱昭良的《复盘+：把经验转化为能力》和陈中的《复盘：对过去的事情做思维演练》分别从不同角度进行了详细的论述。本书基于他们的理论成果，结合联想集团的复盘方法，将复盘优化的过程归纳为五大步骤（如图 3.13 所示），下面分别进行探讨。

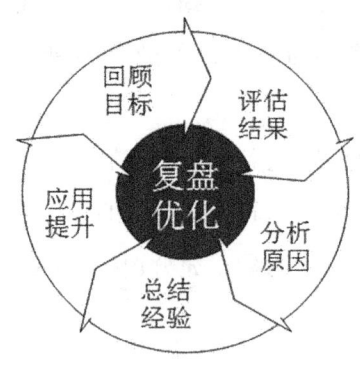

图 3.13　复盘优化的五大步骤

3.5.2.1　回顾目标

我们对一件事情或一个项目进行复盘优化，首先要评估它是好是坏，是成功还是失败,而评估的基准是它的目标,因此对目标的回顾是复盘优化的起点。

回顾目标就是回溯当时做这件事的目的和初衷、预期要达到的结果以及预定的计划等。这一环节重点要做以下三件事:

(1)列明目标。即把目标清晰明确地写出来,防止参与的人员中途偏离目标,保证方向的正确性。需要列明的内容包括:

- 当初做这件事情或项目的意图是什么?
- 最初想要达到的目标是什么?
- 预先制订的计划是什么?
- 事先设想要发生的事情是什么?

如果事前没有制定目标,此时就要回想当时的状况,尽可能客观地提炼出目标。

不管是大家当初共同制定的目标,还是通过回忆提炼出来的目标,只要是列明的内容,必须是团队成员达成共识的,否则后面的过程就难以建立在一个共同的基础之上,不容易达到学习进步的效果。

(2)列明结果。即把实际发生的结果清晰明确地写出来,在大家共同认可的基础上,保证结果的客观性。需要列明的内容包括:

- 最终达成的结果有哪些?
- 在所有的结果中,哪些是计划内的,哪些是计划外的?
- 实现了哪些预期的目的或意图?
- 发生了哪些重要的事情?

以上内容由团队全体成员一起罗列出来,要求尽量翔实,作为下一步的输入。

(3)对比目标与结果的差异。即把上述两步所列明的内容进行对比,目的是发现差距和问题。通过对比,一般有四种可能的情况:

- 结果和目标一致,完成预期目标;
- 结果超越目标,完成情况超越预期;

☞ 结果不如目标，完成情况低于预期；

☞ 在做事的过程中添加了初期未设定的目标。

将实际结果与目标对比之后，我们就会看到结果和预期之间有没有差距，是否存在问题，然后进入下一步。

为了便于整理各阶段的成果，我们在此给出一个用于记录复盘优化过程中相关输出的模板，简称"复盘优化画布"（Replay Optimization Canvas，简称ROC，如图3.14所示）。关于画布技术的内容，我们在第四章中有专门的论述。

项目名称：				
项目概述：				
时间：		地点：		
参加人：				
回顾目标	评估结果	分析原因	总结经验	应用提升
最初目标： 实际结果： 结果对比：	亮点： 不足：	成功原因： ·主观： ·客观： 失败原因： ·主观： ·客观：	继续做： 开始做： 停止做：	应用领域： 提升要点：

图3.14 复盘优化画布

3.5.2.2 评估结果

评估结果就是基于预期目标，回顾工作过程，评估实际结果，找出全程的亮点和不足。这一环节重点要做以下三件事：

（1）叙述过程。即对所做的事情或项目进行过程叙述，让所有参与人员都知道完整的过程,以此构成共同讨论的基础,防止由于信息不对称导致的理解偏差或争论。

过程的叙述一般由项目经理或熟悉项目全程的团队成员来完成。在叙述过程时,主要回答的问题包括:

- 实际发生了什么事?
- 是在什么情况下,怎么发生的?
- 与目标相比,哪些地方做得好?哪些未能达到预期?

通过这样的叙述,我们可以初步收集达到或超出预期目标的亮点和未达预期的不足之处。

(2)自我反思。即团队中的每个人进行自我反思,既要说成绩,也要谈缺陷,作为对上述亮点和不足的补充,此外还要试着去找出原因,发现规律,作为后续步骤的输入。

团队成员进行自我反思时,必须做到尊重事实,对自己不留情面,目的是分辨事情的可控因素,搞清楚到底是因为自己掌控的部分出了问题,还是别的部分出了问题。为了达到这样的效果,领导者要主动进行自我反思,不遮掩,不护短,为他人树立榜样。

在自我反思的时候,参与人要按照一定的逻辑进行阶段划分,比如按照时间节点、业务流程节点或业绩节点;在划分了阶段之后,再对每个阶段的具体工作按照可控性程度进行划分。

可控性程度可分为可控、半可控和不可控三类。其中,所谓可控就是事情完全可以按照自己的意愿进行,包括时间和质量;半可控是指事情只能部分由自己掌握,可能是时间不能完全由自己确定,或者质量无法由自己完全把握;不可控是指事情的完成质量和完成时间都由他人确定,自己最多可以进行联系、沟通或协调。

每个人对于不同可控程度的事情,自我反思时的评估标准应该有所不同:

- 对于可控的事情:是否尽量做到了最好?是否至少不低于计划的

目标？

- 对于半可控的事情：是否自己掌控的部分做到了最好？是否为他人完成的部分留出了空间，提供了尽可能的帮助？
- 对于不可控的事情：是否提前和他人进行了联系和沟通？有没有随时了解事情的进展，并在必要时进行督促？是否可能部分参与支持？

经过这样的自我反思，每个人都会理清两个方面的认识：一是自己没有尽力的事情是哪些；二是不可控的事情或不可控的部分工作中，自己出过力的地方是什么，无法着力的是什么。这些认识都可以成为亮点和不足的补充内容。

随后，团队成员针对大家以上的认识进行探讨，会对任务的执行过程有一个接近本质和规律的看法，这些就是未来能力的组成部分，是个人和团队成长的关键所在。

（3）归纳亮点和不足。把上述两步中发现的亮点和不足分别罗列出来，按照一定的逻辑进行分类、归并和整理，形成亮点和不足清单。

3.5.2.3 分析原因

分析原因就是针对目标的达成情况以及存在的亮点和不足，找出导致成功的关键因素和导致失败的根本原因。这一环节重点要做以下三件事：

（1）原因识别。即分析事情或项目成功和失败的关键所在，尤其对于重要的时间节点、业务流程节点和里程碑，要细致分析并识别出成败的原因。这一步要回答的问题包括：

- 实际结果与预期目标有无差异？主要差异表现是什么？
- 如果实际结果达到或超出了预期目标，成功的关键因素是什么？
- 如果实际结果未达到预期目标，为什么会出现这些差异？是由哪些因素造成的？根本原因是什么？
- 哪些亮点可视为成功之处？成功的关键因素是什么？
- 哪些不足应当作失败之处？失败的根本原因是什么？

通过回答上述问题，我们可以把成功和失败的关键因素和根本原因找出来。在此过程中，如果面对的是复杂事情或项目，要确保主要的利益相关者都到场，大家充分沟通和讨论，防止片面化、碎片化看待问题和"盲人摸象"情况的发生。

（2）众人设问。即通过众人的视角来设问，以此来突破个人认识的局限，探索多种可能性及其边界。

到目前为止，上面所有的工作都是在事情本身的圈子里打转，难免出现"只在此山中，云深不知处"的状况，而众人设问则能突破这种个人见识的局限，通过众人的智力叠加，得到更全面、更可靠的认识，这是因为，每个人天生就会关注不同的信息，有自己区别于他人的角度。

众人设问的具体做法是，针对上一步找到的成败原因，每个人从自己的视角提出问题，列出问题清单后，再进一步探索其他可能的原因，力争挖掘出深层次的根本原因。众人设问的出发点就是要多方面探索可能性，考察每一种可能性的条件及其边界。当众人设问的各个问题被探讨清楚后，各种成败的原因也就一清二楚了。

在通过众人设问深挖原因时，为了找到真正的关键所在，建议运用系统性思考工具，找到关键影响因素及其相互之间的关系，同时使用"What…If…"工具，推演各种可能性。

在进行众人设问时，领导者要带头，让所有团队成员以理性的态度参与其中，在明确各自责任的同时，多从自身查找原因，并以学习为导向，坚持"对事不对人"，以免陷入争吵，引发冲突，忘记了复盘优化的初衷。

（3）归纳成败原因。即把上述两步中找到的成败原因分别罗列出来，评估后删除不合理的看法和观点，再区分出客观原因和主观原因两种类型，并按照一定的逻辑进行归并和整理，形成原因分析清单。

3.5.2.4　总结经验

总结经验就是把复盘优化过程中所学到的知识和经验提炼出来，供今后遇到类似情况时吸收和参考，其重点是萃取成功的方法，总结失败的教训。这一步主要回答以下问题：

- 我们从任务执行过程中学到了什么新东西？
- 如果有人执行同样的任务，我会给他什么建议？
- 接下来我们该做什么？哪些是可以直接行动的？哪些是其他层级才能处理的？哪些是需要向上级呈报的？
- 在那些失败的目标和任务中，隐藏着哪些值得改进的规则或政策？
- 本项目的任务执行过程中是否犯过与类似项目同样的错误？如果有，它们之间有什么共性的问题和根因？应该如何彻底解决？

总结经验是复盘优化中最重要的步骤，可以说前面所有的工作都是为了得出这样一些规律性的认识，以便用来指导我们今后的工作，提升工作业绩和做事的成功率，但这些认识必须是经过验证，符合事物本质的东西，而不是轻易得出的结论。

在总结经验时一定要注意的是，只有符合因果关系的逻辑规律才具有解释和指导的功能，并因此而具备普遍一致性和稳定性。我们要切忌过快或过于草率地给出结论，以免将事物的相关关系当作因果关系来处理，因为相关关系并不具有解释作用，只有因果关系才能说明前后事物之间真正的逻辑。

为了防止总结出来的经验只是建立在相关关系而非因果关系之上，一个可行的办法就是运用系统性思考的"剥洋葱图"方法，连续追问几个"为什么"，找寻问题背后的问题、逻辑背后的逻辑。

当然，总结经验的目的是着眼于对未来行动的指导，因此本步骤的输出重点包括三个方面的内容：

（1）继续做：经过总结后发现，项目中有些成效不错的做法和经验，将来还要继续做下去。

（2）开始做：经过总结后发现，某些做法由于在项目中没有执行而导致了任务失败或一定程度的损失，将来要把它们纳入行动之中。

（3）停止做：经过总结后发现，某些做法导致了项目任务的失败或一定程度的损失，将来要停止这样的做法。

3.5.2.5 应用提升

应用提升就是把总结出来的经验应用到本项目的后续阶段或其他类似项目之中，从而实现对工作的改进和优化，以及个人和团队能力的提升，这也是复盘优化的根本目的和核心价值所在。这一步主要回答以下问题：

- 本次总结出来的经验中，有哪些具备推广应用价值？
- 在这些可推广应用的经验中，其应用价值体现在什么方面？可分别应用于什么领域？
- 本次总结出来的经验中，有哪些可以进一步提升优化的？
- 在这些可提升优化的经验中，其提升优化点是什么？优化后有什么作用和价值？

一般来说，人们对做事的时候所犯过的错误会记忆深刻，改正起来也相对比较容易，所谓"一朝被蛇咬，十年怕井绳"，这也是人之常情，可以理解，但复盘优化的核心价值既包含改正错误，也包含巩固成功，如果只盯着错误或不足看，就有失偏颇了。因此，在应用提升环节中，我们要找出那些真正奏效的关键成功因素和值得坚持的优秀做法，并列明它们的应用领域，以备今后调用和参照。只有这样，才能一步一步夯实成功的基础，强化我们做事的能力。

另外，即便是我们认定的关键成功因素或优秀做法，在未来的应用之中也可能存在某些不适应性，比如由于应用的时间、环境、人员和资源条件等有差异，可能会造成应用场景不尽相同，我们就要提前考虑针对性的提升要点，对今后应用这些经验起到提示的作用。这是因为，从实践中总结出来的经验如果遇到新情况，往往是最初参与实践的人更清楚发生了什么变化，应该如何去调整和适应。

总之，为了将提炼出来的经验应用到未来的行动中去，应用提升环节的输出包括两个方面的内容：

（1）应用领域：指出那些具备应用推广价值的关键成功因素和优秀做法，列明其应用领域，供后续实践调用和参照。

（2）提升要点：全面考虑时间、环境、人员和资源条件等差异，对某些关键成功因素或优秀做法列出提升要点，供实际应用时参考。

当我们完成了回顾目标、评估结果、分析原因、总结经验和应用提升等五大步骤时，一次完整的复盘优化过程就结束了，与此同时，复盘优化画布也宣告完成。接下来要做的就是，在更广的人群中分享，在更多的实践中应用，并不断迭代，再复盘、再优化。

关于行动力方法论，我认为它既适用于个人，也适用于团队，但归根结底是由无数的个人通过实践活动来体现其作用的。只要掌握了明确目标、制订计划、执行任务、检查调整和复盘优化这五大步骤，不管面对什么事情，我们都能有目标、有章法、有效率地把事情做好，做出结果，做出成效。当我们具备这样的能力时，就不会再为了做事而做事，而会把明事、谋事、做事、管事和成事有机地结合起来，从而对所做的事情进行全面的把控。

第4章 领导力决定影响力

在我们所处的社会环境中，每个人都要经常和身边其他的人打交道、互动，或者合作，但我们不难发现：同样是组织团队开展一项工作，有些人安排得井然有序，所有成员同舟共济，出色地完成任务，而有些人则可能总是处于忙乱之中，甚至内部成员不和，疲于协调各种无谓的扯皮、推诿甚至争斗；同样是协调一件跨部门的事情，有些人做得波澜不惊，云淡风轻，三言两语就解决了问题，而有些人却总是遭遇沟通不畅，甚至吵架或不欢而散；同样是负责一个项目，有些人可以把所有相关的人员发动起来，大家全情投入，分工合作，互相帮助，又快又好地达成预期的目标，而有些人却总是指挥不动项目组成员，于是所有问题都自己扛，最后不但工作成效不被上级认可，自己付出的辛劳也不被人理解和同情。

凡此种种，原因为何？说白了就是缺乏领导力所致。

或许你会说，我又不是领导，不担当领导岗位，为何需要领导力？然而，你可曾发现：平日里小区里玩耍的"小屁孩"，玩着玩着就出现了"孩子王"？广场上跳舞的大妈们，跳着跳着就产生了领队？培训班上各小组的学员，无须交流就能心照不宣地选出小组长？这些被选出来的临时组织者、召集人，他们都没有传统意义上的领导职位，但却成了一个群体心目中"无冕"的领袖,何故？

这就是领导力产生的作用。

因此，领导力并不是处于领导岗位的人才具备或需要具备的能力，而是每个人都需要具备的一种能力，无论是工作上，还是生活中，都不可或缺。它是一种与人协作的能力，凡是有人的地方，就有协作；有协作的地方，就需要领导力。当下很多大型企业和机构在人才招聘时，经常使用"无领导小组讨论"的形式对求职者进行测试，实际上就是借鉴了大学MBA入学面试的经验，其真实目的就是考察候选人的领导力。

詹姆斯·库泽斯和巴里·波斯纳两位大师在《领导力》一书中指出："领导力就是动员大家为共同愿景努力奋斗的艺术，是有目标地去动员他人的一系列行为的组合。"

《商业评论》总策划兼首任主编忻榕博士认为："领导力分为两种，正式的领导力和非正式的领导力，前者是通过建立制度和塑造企业文化形成的，后者则是在非正式情况下对他人的影响。"由于非正式情况越来越多，普通人对他人的影响也越来越多，使得领导力成为一种专业才能和个人魅力，不再是职位称呼的专属名词。

美国领导力研究中心创始人保罗·赫塞则直截了当地指出："领导力就是影响力。任何人都可以使用领导力，只要是你影响了他人的行为，你就是在使用领导力。"

著名的领导力大师沃伦·本尼斯说："对领导力最危险的假设是鼓吹领导者是天生的，就像是给领导力打上了基因的标签；事实上，真相恰恰与此相反，没有人是天生的领袖。领导力和其他技能一样，都可以通过学习来获得。"

基于对以上观点的总结，本书所探讨的领导力就是指影响和动员他人共同解决问题的能力，是所有人都需要具备，并能够通过学习和修炼来获得和提升的一种能力。

通过对沃伦·本尼斯、约翰·麦克斯韦尔、克里斯蒂娜·奥斯本、詹姆斯·库泽斯和巴里·波斯纳等人经典著作的研究，我认为：作为普通人职场必备的基础能力，领导力主要由塑造自我、建立关系、带领他人和共创方案等四个层次构成（如图4.1所示），我将它们称为领导力发展的"起、承、转、合"四阶段。这是我们修炼领导力的四门主要功课。

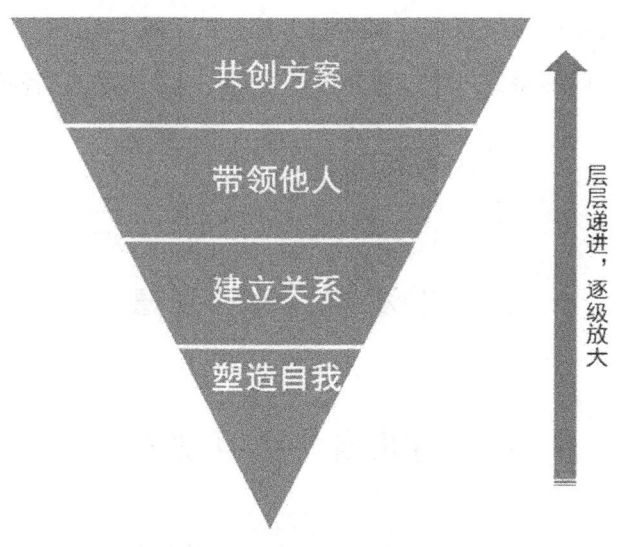

图4.1 领导力的构成与层次

在上述四个组成部分中，塑造自我处于最底层，是领导力的基础，以此为前提，我们通过建立各种关系来形成个人影响力，继而带领他人一起协同工作，最终实现共创方案、解决问题的目的。因此，领导力的四个组成部分是相互依存、层层递进的，它们对个人影响力的提升作用从下往上逐级放大。

下面分别阐述这四个层次的主要内涵、模型工具及修炼方法。

4.1 起：塑造自我

人们常说"榜样的力量是无穷的""要立人，先立己"。既然领导力就是影响力，那么在建立个人影响力之前，首先任务就是要塑造自我，做一个让别人信任和尊敬、愿意追随的人。这是领导力形成的基础条件和基本功课，必须通过长期的努力来塑造和积累。

我们在日常的工作生活中，要将身心投入到身边的人和所做的事上面，这就是塑造自我的主要领域所在。如果把"人、事"和"身、心"分别标明在横、纵两个坐标上，就能得到一个二维矩阵图（如图4.2所示），各象限的主要含义如下：

图4.2 塑造自我的四个关键维度

第一象限：将"心"投入到"事"上，意为实事求是、德行端正，谓之"正德"。

第二象限：将"心"投入到"人"上，意为尊重信任、关心包容，谓之"爱人"。

第三象限：将"身"投入到"人"上，意为以身作则、承担责任，谓之"担当"。

第四象限：将"身"投入到"事"上，意为竭尽全力、坚毅前行，谓之"敬业"。

下面分别进行阐述。

4.1.1　正德

所谓"正德",即实事求是、德行端正。这里说的"德"是指事物的属性,"正德"为使动用法,意为使事物的属性平正,不偏斜。

实事求是的本质就是以事实为依据,不偏不倚,从而抱持公平公正、表里如一和真诚守信的态度。

"正德"的修炼可从以下方面入手。

4.1.1.1　正直坦诚地披露信息

"正德"的基础是正直坦诚。如果你想要具备领导力,首先要尽可能及时、准确、全面地和你所希望影响的人去交流和分享信息。

无论何时,无论何地,你所知道的信息和你所希望影响的人掌握的信息总是不对称的。如果你有信息没有披露,而这个信息又是人家有权知道的,那么就有可能被认为是欺骗;如果你披露了却没有说全,或者推迟一些时间才披露,都有可能被认为不够正直和坦诚。

正直和坦诚地披露信息,会给人以率真的印象,激发别人对你的信任。只有获得信任,才会有人肯追随你,受你的影响,从而让你慢慢获得领导力。那些当面一套背后一套、阳奉阴违的人,是不可能获得别人信任的。

4.1.1.2　言行一致地履行承诺

"正德"的含义是把"心"投入到"事"上,即口要对心,心要对事,言行一致,履行承诺。这是因为,人的言行是由自己的内心所支配的,如果你说的和做的完全一样,就证明你是一个负责任的人、值得信赖的人。

历史上有大量案例和事实证明了信守承诺对领导力的重要作用。战国时期,商鞅在颁布变法的法令之前,因担心老百姓不相信自己,就在国都集市的南门外竖起一根三丈高的木头,并贴出告示:"有谁能把这根木条搬到集市北门,就赏他十金。"百姓们起初感到奇怪,没有人敢来搬动。商鞅又贴出布告说:"有能搬动木条的,赏他五十金。"有个人壮着胆子把木头搬到了集市北门,商鞅立刻命令给他五十金,以表明他说到做到。这件事很快在百姓口中传播开来,人们自此都知道商鞅是一个言行一致、信守承诺的人。接着商鞅下令变法,新法很快在全国推行。

除了信守承诺,言行一致的另一个表现是做表率和示范,即希望别人做到的事,自己先要做到。曾担任东芝公司总裁的土光敏夫领导企业的经验就是这样:他每天都是第一个到公司的人,所有员工到公司上班时第一个见到的人都是总裁、总经理,大家信服于他的品格和魅力,都会自觉地遵守考勤纪律。

我们见过不少领导者,他们要求员工上班穿工装、按时打卡,自己却不遵守这样的规则,"只许州官放火,不许百姓点灯",员工表面上的顺从都是迫于被处罚的风险,而不是心甘情愿的,与领导力无关。

4.1.1.3 德行端正地带领他人

清代魏源在《默觚·学篇一》云:"身无道德,虽吐词为经,不可以信。"意思是说:自身缺少德行,虽然说话时引经据典,但人们并不会因此而信服。这里所说的"德行",即人的道德和品行。

"正德"的根本是德行端正。如果你想要拥有领导力,必须修德自持,磨砺品行。唯其如此,你身边的人才会觉得你可亲可敬,值得尊重,愿意追随。

人的社会性要求我们在权利与义务、索取与奉献、利己与利他方面有合于民众的价值取向。孔子说:"其身正,不令则行;其身不正,虽令不从。"这就是"正德"对于领导力的重要作用。

诺贝尔和平奖获得者特蕾莎修女没有领导职务,但她在全球被认为具备非凡的领导力,是因为她以正德博爱的精神、诚恳服务的行动,把一切都献给了穷人、病人、孤儿、孤独者、无家可归者和垂死临终者,为通往社会正义、世界和平开辟了一条新的道路。

感动中国人物获奖者杨善洲是立德为公的优秀领导力典范,他曾立下过这样的门规:"白天不关门,为群众敞开;夜晚不开门,严格自律;平时勤串门,与群众亲密接触。"晚上的门就是他为自己廉洁奉公设置的一道关卡,门开了,就逐渐走上腐败,违背初心;门关着,就守住了道德的底线、法纪的红线。

而当今有些所谓的"精英",拥有某些资源和权力却"德不配位",给社会造成的危害比那些普通意义上的坏人、恶人更大。稻盛和夫曾说:"违规违法的精英们,他们都具备出色的才干,也有热情和使命感,付出的努力也在常人之上。但关键是'思维方式'出了问题,很可惜,他们的能力和努力无法用于正道。他们的错误不仅危害社会,也给自己套上了绞索。"

4.1.2 爱人

所谓"爱人",就是对身边的人以及希望影响的人给予尊重和信任、关心和包容。"爱人"的修炼可从以下方面入手。

4.1.2.1 尊重:把人当人看,人人都有尊严

尊重他人是获得领导力的必备品质,主要指对他人人格的尊重。一个人只有懂得尊重别人,养成尊重别人的习惯,才能赢得别人的尊重,营造属于自己的良好"环境"。

尊重他人的人格能赋予对方强大的力量,从而收获被人尊重的强大反馈。我以前在研究机构工作的时候,我们的老总在这方面就做得非常到位。他每次和陌生员工或合作伙伴见面时,总会耐心地请教对方的姓名、工作领域、个人兴趣等情况,时间允许的话还会详细了解他(她)的一些看法和见解,当他下一次再见到他(她)时,就能准确地叫出姓名,并说出对方的一些特有信息,由是表现出强烈的亲和力。因此,凡是认识他的人都觉得他给了自己足够的面子,有一种被尊重、被认同的感觉,并心甘情愿地追随他。

尊重他人不仅仅是一种态度，也是一种美德，它需要设身处地为他人着想，维护他人的尊严，而不是像某些当惯了"老爷"的所谓领导，动辄就对人呼来喝去，骂起人来既不顾自己的斯文，更不顾别人的感受。这样的人虽然看起来有领导岗位，但完全不具备领导力，只是依靠其手中掌握的职位权力来呼风唤雨，甚至翻云覆雨，因此不可能具有真正的影响力。当他们失去原有的职位时，也将同时失去别人的尊重。

其实，抛开某些人自以为是的优越感，单纯从做人的角度来看，我们只要牢记"人人生而平等，人人都有尊严"，就很容易做到尊重他人。海底捞从一个不知名的小火锅店起步，发展成为今天拥有近2万名员工的连锁企业，其创始人张勇说过一句话："把员工当人看，把客户服务好，这就是我成功的秘诀。"事实上，海底捞的员工主要是"80后"或"90后"，他们普遍在农村长大，家境不好，读书不多，见识不广，背井离乡，在海底捞工作的收入待遇并不高，但劳动强度却很大。张勇就是贯彻了"尊重员工"的理念，通过营造一种"家庭感"的文化，让员工在公司找到自尊，实现自我管理，从而最大限度地激发他们主动、愉悦地为客人服务。

尊重他人的核心要诀是"将心比心，换位思考"，把握"己所不欲，勿施于人"的原则至关重要。在日常行为方面，关键要做到从态度、礼仪、心理、语言和情感上尊重他人：

（1）从态度上尊重他人。比如在他人发言、谈话时要注意倾听，在做集体决策前，要吸收他人意见，集思广益。

（2）从礼仪上尊重他人。比如在与他人谈话时要真诚地和对方目光交流，与他人约好的会面要准时赴约。

（3）从心理上尊重他人。比如时刻牢记"每个人在人格上都是平等的"，不要因自己职位、学历、收入等高于别人就自倨自傲或轻视他人。

（4）从语言上尊重他人。比如在与人交流时，要根据对方的年龄、身份、语言习惯等调整自己的表达方式，假如对方是年长者，在称呼上要礼貌，在语气上要委婉，在语速上要舒缓。

（5）从情感上尊重他人。比如与人交谈时不触及对方不愿讲的话题，不揭对方的伤疤，不要不顾别人的感受对他人进行指责、批评，更不要用尖刻的语言去伤害和取笑他人。

4.1.2.2 信任：用人不疑，疑人不用

"信任"一词可拆分理解为"相信"和"委任"。信任他人是获得领导力的一种必要方式，其主要目的是营造一个让他人受到支持的环境和氛围。

当我们需要带领或协调其他人一起完成工作任务时，信任他人，放手让他人做事，往往能够让对方产生强烈的责任感和自信心，焕发出积极性、主动性、创造性和无穷的动力。从这个角度看，信任本身就是一种有力的激励手段。

汉高祖刘邦曾说自己有"三不如"：谋划不如张良，打仗不如韩信，后勤不如萧何。但他的厉害之处在于知人善用，并在用人的过程之中信任他们，发挥他们各自的长处。与刘邦形成鲜明对比的就是项羽，他手下只有范增一人可用，还对其缺乏信任，百般猜忌，这是导致他兵败自刎的重要原因之一。

我几年前认识一家公司的老板，他创业不久后收罗了好几个业内高手担任区域总监，生意做得风生水起，但随后一段时间却每况愈下，直至公司关门。后来我得知那几位区域总监都出来各自开了公司，并且经营得不错。有一次我和其中一位聊天，他谈起自己过去的老板说："我很感激他，因为他是一个专业能力特别强的人，我从他身上学到了很多，对我个人的成长帮助特别大。我之所以离开他，主要由于他对我极不信任，工作中经常猜忌和怀疑我，这让我非常痛苦。我们几个骨干最后都走了，整个公司也分崩离析，最大的原因就是得不到应有的信任吧。"

人在受到信任的时候，一般都会产生快乐和满足感，进而诱发出全力以赴的心情。一个真正具有领导力的人，总是能给身边的人带来被信任的感受，从而产生投桃报李的想法，回馈信任和支持。

信任他人的核心要诀是"用人不疑，疑人不用"，其方式多种多样，要在实践中灵活运用，具体可从以下方面入手。

（1）制造信任的氛围。比如：在公开场合有意制造隆重的气氛，将某项困难而重要的工作交给某人，使他觉得"被人看得起"；在讨论问题时，先听取他人的意见和看法，并对那些高明的思路予以肯定和表扬，即便他人的意见没有可取之处，也要肯定它在某些方面具有参考价值，然后再详尽地说出自己的看法；在团队协作过程中，让他人根据自己的个性和特点来安排工作，不必拘泥于细节。

（2）将信任落实到具体行动上。比如：在制订计划、执行、检查和总结等过程中，尽量吸收相关人员参与并充分发表意见；有意"免检"某人从事的某项工作，甚至宽容一些人在工作中偶尔出现的小过失，只要他本人知错能改，不再重犯，就不予深究。

（3）排除不信任因素的干扰。比如：在听到有人对自己的队友进行不公正的非议时，要当即旗帜鲜明地予以驳斥，并且一如既往地对待他；当队友遭遇挫折，工作进展不大时，决不能因此而抹杀其过去的业绩或怀疑他固有的才能，而是要及时提供必要的支持和帮助，恢复他战胜困难的信心和勇气；对团队中勇挑重担而犯错的人给予精神上的支持和纠错的机会，不可轻易动摇对他们的信任，更不要在背后议论其以往的过错。

4.1.2.3　关心：士为知己者死

关心他人是构建和谐人际关系，获得他人尊敬和追随的重要方式，也是衡量领导力的一个关键因素。

吴起是战国初期著名的军事家。他的军队几乎每战必胜，立下了辉煌的战功。在一次行军途中，他手下的一个士兵生了脓疮，吴起就亲自用嘴为他吸脓。这个士兵的母亲知道这件事后就大哭起来，为此她的邻居不解地问："就拿吴将军给您儿子吸脓这件事来说，他的确称得上是一个爱兵如子的好人，但您也不至于感动成这样啊！"这位母亲回答说："我并不是因为感动而哭。以前我丈夫在吴将军手下当兵时，吴将军就曾经为他吸过脓，所以我丈夫打仗时非常拼命，后来就战死了。现在吴将军又给我儿子吸脓，我担心他也活不久了啊！"

从这个案例可以看出，吴起在军中的领导力是毋庸置疑的，而真诚地关心属下就是他所带领的队伍所向披靡、无坚不摧的法宝。

关心他人的核心思想是换位思考，察觉并满足他人的需求。关心他人的方法很多，每个人都可以根据实际情况来灵活运用，具体可从以下方面入手。

（1）设身处地地为别人着想，先了解对方的心理状态及其渴望什么、需要什么，然后想办法给予心理上的抚慰。我记得自己最初担任项目组长的时候，由于组员不多，先就从人力资源部拿到所有组员的个人简历，然后不管谁过生日，都会定制一个个性化的电子贺卡，发邮件祝贺生日，并表达我的感谢和祝福。虽然这件事不花一分钱，但每个组员都感觉很温暖，因为他们事后告诉我，以前哪个领导都不曾记得他们的生日，更不曾这样表达过对他们的关心。

（2）选择恰当的方式表达真心实意的关心，做到具体情况具体分析，因人而异、因地制宜、对症下药。同样是送生日贺卡，某大公司的老总也想表达对员工的关心，于是要求人力部开发了一个计算机程序，不管哪位员工生日，邮件系统都会自动发送一个格式化的电子贺卡给员工。但是，每个员工在生日那天收到的贺卡图案、文字内容以及老总签名都是一模一样的，给人一种冷冰冰的感觉，完全感受不到真诚的关心。对这种不用"心"的所谓关心，有不如没有。

（3）关心他人不仅要立足于当下，还要立足于未来。给他人学习、成长和发展的机会是最好的关心方式。这就要求我们在工作过程中不但要关注组织目标的实现，而且要促进组织成员的发展和进步，将组织的发展与成员能力的提升结合起来，必要的时候还可以帮助他们获得学习培训、岗位晋升甚至外调升迁（立足于对方的个人发展）等机会。

4.1.2.4 包容：君子和而不同，小人同而不和

包容他人可以展现一个人宽广的胸怀，是领导力的一个重要方面。通过包容他人，我们可以团结一切可以团结的人，让不同性格、不同特点、不同见解的人在同一个团队里协同工作。

世上万物都有其不足的一面，包容的目的就是体察、容忍他人的不足。法国诗人雨果曾用诗的语言描绘出包容他人的最高境界："世界上最宽广的是海洋，比海洋更宽广的是天空，而比天空更宽广的，是人的胸怀。"

历史上关于包容他人的事例不胜枚举。以拿破仑来说，在征服意大利的一次战斗中，他带领的士兵异常辛苦。拿破仑夜间巡岗查哨时发现一名巡岗士兵倚着大树睡着了。他没有喊醒士兵，而是拿起枪替他站起了岗。哨兵醒来后认出了自己的最高统帅，十分惶恐。拿破仑把枪还给他，和蔼地说："朋友，这是你的枪，你们艰苦作战，又走了那么长的路，打瞌睡是可以谅解的，但是目前，一时的疏忽就可能让全军丧命。我正好不困，就替你站了一会儿岗，下次请一定小心。"可以想象，拿破仑宽容士兵在疲劳时瞌睡的表现，远比大声的批评和训斥更能让士兵尊敬和追随。

包容他人的关键是"容"，所谓"海纳百川，有容乃大""水至清则无鱼，人至察则无徒"均是此意。包容他人的做法有很多，荀子主张的"君子贤而能容罢，知而能容愚，博而能容浅，粹而能容杂"讲得比较全面，具体可从以下方面入手。

（1）包容他人的不足。每个人的家庭背景、求学经历、生活环境等都有不同程度的差别，自然会形成不同的优点和缺点。这就要求我们用人所长，容人所短，减少批评指责，避免吹毛求疵，并尽量帮助他人成长。我以前有一位业务能力很强的队友，性格比较张扬，因此经常得罪人，每次绩效考核时总是受人诟病，但我始终坚持以他的实际表现来客观评价，不因他某些弱点而贬低他，这使得他一直保持良好的工作状态，为团队冲锋陷阵，一往无前，创造了骄人的业绩。

（2）包容他人的强项。领导力强的人一般都有容人的雅量，能带领某些方面比自己能力更强的人，为他们尽力提供支持条件和发展空间，从而最大限度地发挥出团队的合力。人们常说"是金子总要发光的"，真正的人才终将掩不住自己的光芒。有些人因为嫉贤妒能或担心下属"功高震主"而雪藏、排斥真正的人才，结果导致人才流失，不但影响了事业，也丢失了人心。

（3）包容他人的过错。每个人都可能在工作中出现差错，领导力强的人善于理解和包容他人的过错，并在指出问题的同时给出建设性的意见。这是一种对他人的激励、关怀和爱护，目的是让对方更好地改过，而不是对他的放纵。那种对待错误一味地迁就、放任的做法，并不是真正的包容，而是对包容的一种玷污和歪曲。

（4）包容他人的反对。子曰："君子和而不同，小人同而不和。"包容不同的声音和不同的行为也是具备领导力的表现之一。有些强有力的领导者为了体现包容的人格，甚至会专门鼓励和扶持那些唱反调的人和提意见的人，比如唐太宗之于魏徵就是一个典型的例子。

4.1.3 担当

所谓"担当"，即以身作则、承担责任。上文讲过，领导力是影响和动员他人共同解决问题的能力。很显然，要做到影响和动员他人，首先就要自己站出来承担责任，这是领导力的第一条黄金法则。关于"担当"的修炼，我们可从以下方面入手。

4.1.3.1 面对问题和任务，主动担负责任

领导力是与责任联系在一起的，责任越大，越需要领导力。社会心理学有一个"旁观者效应"，也叫"责任扩散效应"，是指在面对一个问题或任务时，人越多越是没有人愿意承担责任。这时，具有领导力的人会挺身而出，主动承

担责任。

北京大学汇丰商学院教授、领导力专家刘澜总结出领导力的第一条口诀叫作"我来"。我来做什么呢？我来影响他人，动员他人，与他人一起共同解决问题，完成任务。这个"我来"的口诀，一是指遇到问题时说"让我来"，二是指带领他人时说"跟我来"。

1972年，一架飞机坠毁在安第斯山脉的雪山上。飞机上有45人，坠毁时幸存32人，最后生还16人。当时他们在4000米的雪山上，不仅荒无人烟，连动物甚至野草都没有。在飞机上仅有的食物吃完后，大家甚至开始吃死去同伴的尸体。两个月以后，他们中有个叫南多的人站了出来。他没有陷在和同伴一起等死的绝望中，也没有被别人劝说的"无用"所吓倒，而是说"让我来"。他带了一名同伴，走了十多天，最终走出了雪山，叫来了救援队伍，南多和同伴以区区2人的力量拯救了剩下的16人。在危险面前，大多数人选择的是最没有希望的坐以待毙，而那些面对集体难题，挺身而出，敢于说"让我来"的人，便成了"救世主"，成了最有领导力的人。

1993年，顺丰速运的掌舵人王卫刚刚创业，他拿着向父亲借来的10万元钱，在顺德注册了一家只有6人的公司，在香港租了几十平方米的店面，专门替港企运送信件到珠三角。当时王卫经常和员工们说的就是"跟我来"，然后带着大家早出晚归用背包和拉杆箱运货，被人称为"水货佬"。直到现在，作为老板的王卫依然保持着身先士卒的习惯，每年"双十一"过后，快递暴增，他都会亲临一线，带领快递员开展投递工作。他的担当精神受到员工的尊敬和信任，也鼓舞、激励着员工们勤奋工作，并推动顺丰成为快递行业的标杆。

4.1.3.2 面对功劳和荣誉，优先归因队友

在谈论那些具有很强领导力的人物时，我们经常会说他们总是"见困难就上，见荣誉就让"。是的，在面对功劳和荣誉时，能否首先将其归因于队友的努力，是一个人具备领导力的标志之一。

原子核物理学之父卢瑟福是一个品德高尚的人，他总是主动把荣誉让给别人，具有很强的领导力。卢瑟福从不掠人之美，他总是怀着无限感激的心情来记述那些曾经帮助过他的朋友和团体。例如1932年，他在《麦克吉尔新闻报》上发表的一篇文章中强调："关于原子转变第一个确切证明的荣誉是属于麦克吉尔大学的。"他还进一步指出，1902年至1904年间所积累的实验证据是索迪和他本人一起取得的。他在一次演讲中详细论述了玻尔的原子结构学说，并且指出，从19世纪末算起共有三个基本发现，那就是1895年的X射线、1896年的放射性和1897年为汤姆生所证实的电子，后来的一切科学研究都来源于这三大发现。他所列举的三个重大发现，竟然没有一个是属于他本人的。

遗憾的是，在我们的现实世界中，具有这种情怀的人似乎越来越少了。我们屡见不鲜的情况是，员工有发明创造或科研成果，领导者优先署名，一些实际贡献者反而是敬陪末位；评先评优时，有些人将他人的业绩据为己有，厚颜无耻地把自己包装成先进人物；更有甚至，某些企业高管一边口口声声倡导企业家精神，但在荣誉面前立刻暴露出丑陋的嘴脸，哪怕自己与相关专业毫无瓜葛，也要把荣誉揽到自己名下，还辩称是自己领导有方的理所应得。这些人虽获得了一时之名利，但留下的却是长久的骂名，毫无半点领导者的模样。

4.1.3.3　面对失误和过错，敢于承认接受

在讨论"责任担当"这一话题时，有领导力的另一个表现是：不但要做到"推功"，还要学会"揽过"。在一个团队中共事，善于推功，敢于揽过，展示的是一种雅量和胸怀，体现的是一种厚德载物的境界，传递的是一种肝胆相照的鼓励。

一个在工作中能够推功揽过的人，虽然表面上看起来迂腐，但实际上却是一种大智若愚的处世艺术。在我个人的职业生涯中，曾经有一位中层女经理，她每次带我们去向高层领导汇报方案时，如果遇到批评，就会很主动地站出来说："这都是我考虑不周造成的，小伙伴们都已经很尽力了，回去我再带着大

家一起修改完善。"而我经历的另外一位男经理则不同，每次出现这样的情况，他就会立刻沉下脸来呵斥道："事前跟你们说过的意见都没有听进去吗？把方案做成这个样子，让老板怎么做决策？"明明拿出来汇报的方案是按照他的意见写的，却摆出一副犯错与他无关的样子，令人极其反感。把这两人对待错误的态度放在一起比较，以此衡量其领导力，高下立判。

类似的例子在一些企业的高层也不鲜见。我在研究机构工作时曾亲历过一件事，有位普通员工因工作失误造成比较大的损失，按规定应该予以处罚。当时老总召集相关人员开会，亲自宣布对该员工扣除三个月奖金的处罚，但同时也宣布这件事与他本人的领导和教育有直接关系，因此决定对自己实行扣除三个月奖金 50% 的连带处罚。这件事让很多员工一直记忆犹新，对他的领导力和人格魅力心存敬佩。不幸的是，我们也见过其他一些所谓的领导，明明是因自己缺乏系统思考和指挥失误造成了大量的问题，却总是随时随地对下属指责呵斥，仿佛企业经营的好坏是由员工而非领导决定的，让人觉得可笑、可憎、可悲、可怜。这样的人只是空有领导岗位而已，毫无领导力可言，很难获得他人的尊敬和信服。

4.1.4　敬业

所谓"敬业"，即竭尽全力、坚毅前行，其中包括勇往直前的动力、勤勉务实的功力和百折不挠的毅力。

4.1.4.1　勇往直前的动力

一个有领导力的人一定要有勇往直前的动力。虽然大部分人的心里都有懦弱的一面，但在实际工作和生活中，如果遇事习惯于退缩，不但与领导力相距甚远，甚至无法实现自己想要的生活。

杜鲁门是 20 世纪唯一没有上过大学的美国总统。在他的成长过程中，不管是他自己还是别人，都从来没把他看作一个领导者。中学毕业后，由于家庭遇到困难，他留在了农场工作。33 岁的时候，他入伍参加了第一次世界大战。在法国战场上，他带领一个炮兵连，第一次经历生死考验。在一个雨夜，在孚日山脉，德国人发射的炮弹倾泻而至。士兵们担心被毒气伤害，惊慌逃窜。杜鲁门的战马摔倒在他身上，差点把他压碎。他爬起来，看着周围的人乱跑，稳稳站住，用各种各样他曾经听到的脏话开骂，羞辱他们，让他们回来做应该做的事情……他们重新组队，度过了那个夜晚，许多人最终都安全回家。这些人余生都忠诚于杜鲁门——在自己的巨大恐惧中仍然拒绝后退的领导者。

要保持勇往直前的动力，需要做到以下几点：

（1）要明确目标。在目标激励下，人就会逐渐变得坚强。

（2）要战胜恐惧。只要不害怕失败，不害怕别人的评价和批评，一切责任由自己承担，人就会逐渐变得坚强和勇敢。

（3）要适度完美。如果凡事总想完美，不愿意有任何遗憾，会使我们畏首畏尾。只要想着做事不是为了表演给别人看，不用处处要求完美来得到别人的认可，人就会逐渐变得勇敢。

（4）要付诸行动。不光要下决心，关键是要行动，只有行动才说明你是勇敢的。任务和问题来了，要敢于接受，而不是往后退。心里想一千遍也不如往前迈一步重要。

4.1.4.2 勤勉务实的功力

一个有领导力的人一定要有勤勉务实的功力。古人云："业精于勤，荒于嬉；行成于思，毁于随。"今人说："空谈误国，实干兴邦。"带领他人成就事业，要靠一步一个脚印，扎扎实实做出来，而不是靠拼凑数据和做表面文章吹出来。因此，勤勉务实是领导力的基本表现之一。

微软创始人比尔·盖茨读哈佛大学时，在计算机方面的才能几乎无人可以匹敌，但他真正强大的特点是非常勤勉敬业。在阿尔布开克创业时期，除了谈生意、出差，盖茨就是在公司里通宵达旦地工作。有时，秘书会发现他竟然在办公室的地板上鼾声大作。为了能休息一下，盖茨和他的合伙人艾伦经常光顾晚间电影院，但他们看完电影后又回去接着工作。

华为创始人任正非几乎从不与媒体打交道，被人称为"中国最神秘的企业家"。有一次他在评价自己时说："我不认为自己像外界传说的那样有影响力，但是很敬业、无私，能团结人。"在1994年华为刚刚建立的时候，工厂的环境和设备相当简陋，但是产品已进入到了量产阶段，很多员工吃睡都在厂房里解决，吃饭也是由食堂的师傅送过去。有一天，工人们都在加班赶工的时候，有一个像是食堂师傅一样的人带着几个厨子和餐车突然出现在车间里，当时很多人都不知道这就是任正非。到了第二天，工人们准备休息的时候，发现昨天那个送餐师傅也和他们睡在同一个地方。直到后来，华为开新员工座谈会的时候，任正非一改之前朴实模样，换上西装走到台前，大家才真正认识到了任正非这个人。低调简单、勤勉务实，这就是任正非的形象和功力，他带领着整个华为公司以务实求真的作风在全球通信市场坚毅前行。

在谈到勤勉务实的功力时，我想要特别强调的是，勤勉务实不是一种形式，而是在注重工作效率的基础上开展工作。在过去的若干年里，我看到过一些人平时上班并不十分勤勉，但为了在他人面前表现出勤勉的样子，于是经常在朋友圈里"晒"加班的照片，还有一些人甚至设定闹钟，半夜爬起来群发邮件以示勤勉。这样的陋习也许和管理者过于看重"加班"的形式有关，与真正的领导力是背道而驰的。

4.1.4.3 百折不挠的毅力

一个有领导力的人一定要有百折不挠的毅力。如果一遇到挫折就妥协，很难成就大事，也很难有人愿意追随。

春秋时期，越国被吴国打败，越王勾践被吴王夫差俘虏。后来，吴王夫差释放了勾践，让他回到了越国国都会稽。勾践在坐卧的地方吊了个苦胆，夜里躺在柴草上，面对苦胆。每天吃饭时都要尝尝苦胆，并提醒自己："你忘了会稽大败之辱吗？"就这样，勾践历经十年发展生产，积聚力量，又历经十年练兵，终于在公元前473年打败夫差，灭掉了吴国。后来，蒲松龄在一幅自勉联中写道："苦心人，天不负，卧薪尝胆，三千越甲可吞吴。"这就是百折不挠的毅力给勾践带来的回报，也是他练就了卓越领导力的标志。

稻盛和夫在回忆京瓷创业时谈道："我们在近乎绝境的状况下开始创业之路。当时我们下定决心，即使到一贫如洗的地步也要坚持到底。"他说："每当我听到企业经营者抱怨自己的汽车被拿去做了高利贷的抵押品，企业负债累累，员工也走得所剩无几，企业已没有救了的时候，我就会想，没有汽车，你可以骑自行车啊。如果连买自行车的钱都没有的话，那街上不是有很多别人遗弃的旧自行车吗？去捡一辆来骑就是了。"稻盛和夫认为，如果要创业，就算一分钱都没有，同样可以白手起家，努力拼搏。如果能够有这种气概，不管遭遇多大的困难，都能拿出勇气激励自己："就算负债累累，但还有一条命在，还有双手双脚可以去奋斗。"

要培养出百折不挠的毅力，首先要制订切实可行的目标和计划，把实施计划的过程中遇到的困难当成一种历练，从小事做起，在实践中锻炼毅力品质。虽然有时候艰苦的劳动、险恶的环境能磨炼人的意志，但是平凡的生活也一样能磨炼人的毅力，比如遵守规章制度，做事有始有终，坚持锻炼身体，待人始终如一等。

当然，百折不挠的毅力不代表固执己见和刚愎自用。我们在解决实际问题的过程中，一方面要把握好正确的方向，另一方面还要学会倾听他人的意见，根据具体情况对战术和动作进行适时的调整和修正，才能确保达成最终目标。

4.2 承：建立关系

领导力的第二个层次是建立关系，通常是指与有助于或可能有助于完成工作相关目标的人，建立或维持友善、和谐、融洽的关系，当然，也包括与工作、生活中其他的所有人建立必要的联系网络。

建立关系的目的是让他人了解自己、理解自己和信任自己，并在执行任务或解决问题时愿意支持自己、追随自己。

人际关系包括不同的层次，比如非正式接触、社交关系、团队互动、个人友谊等。建立关系的主要途径是了解他人和让他人了解自己（即展示自己），使用的方法主要是沟通技巧，包括表达、倾听和提问（如图 4.3 所示）。

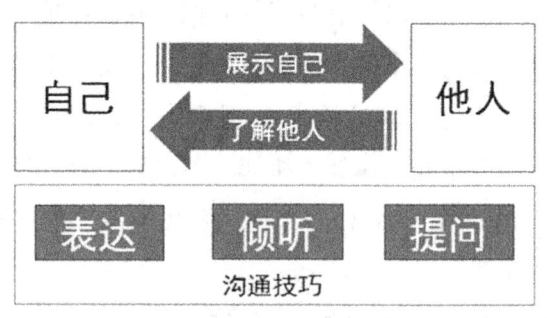

图 4.3 建立关系的核心机理

在以上建立关系的核心机理图中，建立关系的主体分别是自己和他人，二者是相对的、互动的，各自有不同的目的、手段、个人风格和沟通特点。一个人领导力的高低取决于他在建立关系时展示自己和了解他人这两方面做得如何，更取决于沟通技巧的运用是否得当和熟练。下面对这些领域常用的方法和工具进行探讨。

4.2.1 展示自己

上文说过，领导力就是影响力。为了形成对他人的影响力，在建立关系时，我们有必要让他人了解自己，从而产生信任和尊重，相互之间变得更加亲密。

在展示自己时，我们经常会用到一个技术和工具——"乔哈里视窗"，也称为"自我意识的发现——反馈模型"。这个模型最初是由乔瑟夫（Joseph）和哈里（Harry）在 20 世纪 50 年代提出来的，它将个人信息比作一个窗子，分为 4 个区域象限，分别为公开象限、盲点象限、潜力象限和隐私象限（如图 4.4 所示）。

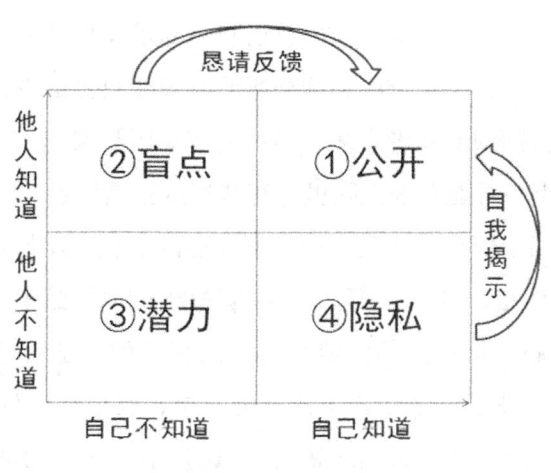

图 4.4　乔哈理视窗

乔哈理视窗根据"自己知道—自己不知道"和"他人知道—他人不知道"这两个维度，把个人信息划分为 4 个象限。

（1）公开象限：即自己知道、他人也知道的信息，比如你的姓名、性别、外貌、身高、体重、职位、爱好、部分经历和性格特征等。当然，公开象限具有一定的相对性，有些事情对于某人来说是公开的信息，而对于另一些人可能会是隐私。在现实的人际交往中，你的公开象限越大，沟通起来就越便利，越不易产生误会。公众人物的公开象限比普通人的大得多，他们在受到更多人尊敬和信任的同时，也会受到很多干扰，进而妨碍正常生活。以影视明星刘德华为例，他从结婚起就不敢跟他老婆一起逛街，本来他打保龄球是全亚洲的冠军，但是当他申请参加曼谷亚运会时却被拒绝了，理由是他粉丝过多，会带来混乱而影响正常比赛的进行。

（2）盲点象限：即自己不知道、他人知道的信息，比如性格上的弱点、坏的习惯、某些处事方式以及别人对你的一些感受等。要认识自己的弱点和不足，缩小盲点象限，中国古人所说的"闻过则喜，闻过则拜"是很好的修炼方法。《孟子》有云："子路，人告之以有过，则喜。禹闻善言，则拜。"子路是闻过则喜，大禹是闻过则拜。先贤面对别人指出自己盲点时的态度和做法很值得敬佩。然而，现实生活中一些位高权重的人却很难听到关于自己的真话，因为胸怀不够博大和开放，使得阿谀奉承者众多，最后盲点象限越来越大。当然，盲点象限中也未必都是缺点，可能在别人眼里，有些盲点就是优点，值得发扬光大。

（3）隐私象限：即自己知道、他人不知道的信息，比如你的某些经历、内心愿望、阴谋、秘密以及好恶等。一个真诚的人也需要有一定的隐私，完全没有隐私的人是心智不成熟的，但有时候向特定的人适度打开隐私象限是提升互动关系的一条捷径。隐私象限共分为三层，其中最深处的是"Deep Dark Secrets（DDS）"，即"又深又黑的秘密"，这是不可告人的部分，太多的 DDS 会给人带来压力和焦虑，所以尽量不要给自己带来太多的 DDS，同时也不要随便打听别人的 DDS；在 DDS 之上，是程度较轻的秘密，比如对同事的不满这样的不好意思开口的信息；再向上，还有一种秘密是忘了说的秘密，也称"知识的诅咒"，一般是那些你自己非常了解和熟悉、想当然地觉得他人也了解，但实际上他人并不了解的信息。比如你参加了一个全体员工大会，会上传达了一项决议，你以为所有人都知道了，但某位同事因出差在外或中途有事恰好离开了会场，就可能不了解这个信息。

（4）潜力象限：即自己和他人都不知道的信息，比如某人自己身上隐藏的疾病。潜力象限是尚待挖掘的黑洞，也许通过某些偶然或必然的机会，得到了别人较为深入的了解，自己对自我的认识也不断地深入，人的某些潜力就会得到较好的发挥。

通常而言，人与人之间的信任来自于足够大的公开象限。如果一个人的信息自己知道，别人也知道，会给人一种易于交往、亲切随和的印象，这样的人更容易赢得他人的信任。因此，从领导力角度看构建领导力的过程，就是不断展示自己、扩大公开象限的过程。

扩大公开象限主要通过两个途径来实现：一是自我揭示，缩小隐私象限；二是恳请反馈，缩小盲点象限。

（1）自我揭示，通过缩小隐私象限来展示自己。

一个人如果隐私象限大，会给人一种内心封闭或神秘的感觉。这样的人容易让人产生防范心理，因此不易获得他人的信任。造成隐私象限大的原因一般是问得多，说得少。

为了增加他人的信任，我们需要采取自我揭示的方法来缩小隐私象限，扩大公开象限。例如：为了揭示忘了说、不好意思说的信息，在安排任务时可借鉴日本人的"布置工作说5遍"的方法（参考第一章中的介绍），与他人保持认知同频，解决"知识的诅咒"问题。另外，对于别人希望了解的隐私象限内的事情，要尽量与其正面沟通，避免误解。有时候，我们有选择性地展示自己的弱点，也可以消除和他人的距离感，获得更多的信任和影响力。

创办"罗辑思维"的罗振宇是一个很善于通过自我揭示来提升领导力的人。他发起的"得到"App现在很多人在用，就是由于他在不断扩大他和公司的公开象限，就连公司开管理会议都会在App上直播，让大众感受到这是一家真诚、靠谱但不完美的公司。

（2）恳请反馈，通过缩小盲点象限来展示自己。

一个人如果盲点象限大，很可能具有不拘小节、夸夸其谈的特点，他的不足之处，别人看得见，自己却看不见。造成盲点象限大的原因一般是说得多，问得少。

为了增强自知之明，获得更多信任，我们需要采取恳请反馈的方法来缩小盲点象限，扩大公开象限。具体做法是，不仅要多说还要多问，通过获取反馈，看到自身的局限，避免盲点象限过大情况的发生。

至于潜力象限，因为它是未知区域，一般只有通过自主思考、创新实践来激发，或在和他人的沟通中才会逐渐显现出其中的一部分。所以，一个人要想提升领导力，就要尽可能缩小自己的未知区域，主动告诉别人自己能够做什么，主动询问别人来了解自己是否有更多的其他技能，以此来挖掘自身的潜力。

4.2.2　了解他人

为了形成对他人的影响力，在建立关系时，我们除了要让他人了解自己，还要特别重视了解他人，做到"知彼解己"，才能构建更加和谐的人际关系，得到他人的信任和尊重。

在了解他人时，我们经常会用到另一个技术和工具——"DISC 模型"（如图 4.5 所示），它是一种"人类行为语言"，其基础为美国心理学家、发明家和漫画家威廉·莫尔顿·马斯顿博士在 1928 年出版的著作《常人之情绪》。该书研究了人类正常的由内而外的情绪反应，可以用于沟通时针对不同特征类型的人采取不同的策略和方法（当然，也可以用来剖析自己）。

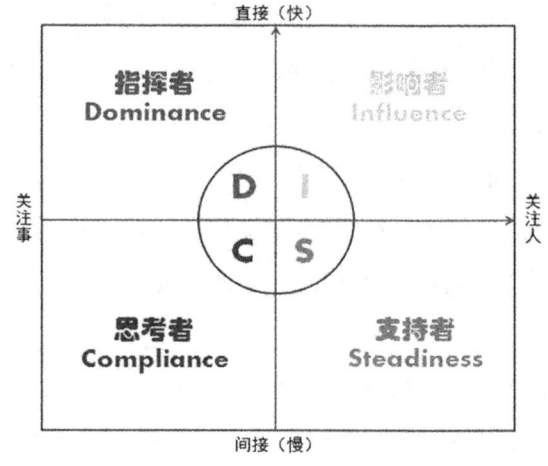

图 4.5　DISC 模型

DISC 模型从"关注人还是关注事""直接还是间接"这两个维度将人的行为倾向分为四个象限,代表四种不同的行为模式,它们的名称和特点分别如下:

(1)指挥者(Dominance):行为模式为支配型(D型),其核心特点是统治、主导和支配他人,典型角色类型是"霸道总裁",与其对应的动物隐喻是老虎。

D型人目标明确,直接独断;雷厉风行,使命必达;勇敢正直,爱憎分明;希望掌控一切,不喜欢被别人利用;面对压力时不屈不挠。

D型人有时表现得过于敏感,太自信(甚至一定程度的自负),太好强(可能有时会导致人际关系紧张),太生硬(缺乏一些丰润、弹性和回旋的余地)。

(2)影响者(Influence):行为模式为活泼型(I型),其核心特点是影响、感化和改变他人,典型角色类型是"快乐精灵",与其对应的动物隐喻是孔雀。

I型人乐观开朗,活力四射;喜欢表达,与人为善;表里如一,引人注目;兴趣广泛,崇尚浪漫;不斤斤计较,是人群中的开心果。

I型人做事快,不注重细节,经常丢三落四;耐心不够,缺乏坚持,常常有头无尾。

(3)支持者(Steadiness):行为模式为和平型(S型),其核心特点是稳定、忠实和迁就他人,典型角色类型是"佛系天使",与其对应的动物隐喻是考拉。

S型人崇尚和平,待人友善,温柔而富有爱心,总是替他人着想;忠诚度和耐性高;不喜欢冲突,总是委婉地表达情绪。

S型人更加关注别人的看法,不太愿意主动表达自己的观点;不会拒绝别人,经常忍气吞声;害怕改变,遇到改革时会焦虑和排斥。

(4)思考者(Compliance):行为模式为分析型(C型),其核心特点是遵守、符合和顺从他人,典型角色类型是"完美学霸",与其对应的动物隐喻是猫头鹰。

C型人遵守秩序,善于思考和逻辑;追求完美,注意细节;严格自律,责任心强;谦虚谨慎,善始善终;衣着简洁,形象专业。

C型人喜欢较真,做决定慢,凡事三思而后行;注重程序和规则,过于严肃;

关注事，以任务为导向，不太关注别人的感受。

需要指出的是，上述四种行为模式既非优点，也非缺点，只是特点。也可以说，在这些特点中，用好了就是优点，用过了就是缺点。每种模式都各有优势，D 为我们带来希望，I 为我们带来欢乐，S 为我们带来和平，C 为我们带来智慧。在我们使用 DISC 模型识别和了解他人时，必须清楚每个人身上都有这四种风格，只是比例和程度不同，而且是可以调适和改变的。

在领导力理论中，了解他人是影响他人的基础和关键。DISC 模型给我们提供了一套快速了解他人的方法，并指导我们如何更好地与他人相处。使用 DISC 模型了解他人的途径主要有两个：一是观察判断，二是专业测评。

（1）通过观察判断了解他人。

首先，基于对他人的日常观察，对照 DISC 模型图，先判断上下象限，也就是判断是 DI 类型，还是 SC 类型。判断依据是"活跃"或"深思"。若是活跃，属于 DI 类型；若为深思，则属于 SC 类型。所谓活跃，其表现特征是：好动、手势、动作、表情丰富、喜欢与外界产生联系、思维开放、想象丰富、爱好劲爆、激情等；所谓深思，其表现特征：喜欢安静、轻音乐、喜欢思考、喜欢观察周围、注重细节等。

其次，再判断左右象限，也就是判断是 DC 类型，还是 IS 类型。判断依据是"好问"或"认同"。若是好问，属于 DC 类型；若为认同，则属于 IS 类型。所谓好问，其表现特征：提出质疑、客观、偏理性、注重事实本身等；所谓认同，其表现特征：喜欢认同、肯定事物的优点、赞赏、友好、偏感性等。

最后，综合以上两步的判断，得出最终结论。

（2）通过专业测评了解他人。

一般来说，参加过 DISC 相关培训的人都有过进行 DISC 类型测试的经历。简易的 DISC 测试通常使用 40 道题，而专业的测试问卷可能有上百道题。目前，此类测试题目有很多网站可以提供，通过搜索引擎立即可以获取，本书不做赘述。如果你带领一个小团队工作，除了日常观察之外，偶尔做一次全体成员的

DISC 测试来增进相互之间的了解，作为一种团建活动，也是一个不错的选择。

不管是通过观察判断还是专业测评来获知他人的行为模式类型，其最终目的都是为了更好地与其沟通和相处。虽说每个人身上都不同程度地具有 DISC 四种风格，但大部分人都以其中一种类型为主一，其他三种为辅。因此，我们在识别出他人的主要特征类型后，在与其相处时可以针对性地采取相应的策略。

如果你和 D 型人共事，一定要注意反应迅速，讲究效率，汇报工作要先讲结果，再说过程。和 D 型人说话时，可以考虑调整一下表达方式，因为他们想听的是"产能""功能""期限"和"成本"等。如果遇到 D 型的领导，你一定要注意时效性，不能拖拉或者说不，要让他看到你做事的痕迹，拿出成果和方案让他作选择。

如果你和 I 型人相处，一定要注意用热情来赢得其好感，尽量给予鼓励、赞美和夸奖，包括关注其朋友圈并经常为其点赞，因为他喜欢被人关注和追捧的感觉。另外，多给他说话和表现的机会，"能见面就别打电话,能拥抱就别握手"是 I 型人的形象体现。

如果你身边有一个 S 型人，一定要好好珍惜，多给他一些关爱，让他感受到你的温暖，他会给你十倍的回报。和 S 型人交往，一定要鼓励他，促进他。在他做出改变之前，先给他重新思考的时间和空间。如果遇到 S 型的领导，由于他们害怕被批评，作为下属要尽量准备充分，让他感觉没有压力。

如果你和 C 型人在一起，沟通时一定要注意尽量用词准确，有理有据，做事严谨，因为讲原则是他的驱动力。如果想和 C 型人交往，一定要先打动他，但是不要进攻,要一点一点地建立信任和感情。C 型人一旦认同你后,会很忠诚、忠心。

当然，DISC 模型不仅可以用来了解他人，也可以用来认识自我，调适自己的行为风格。因此，学习 DISC 模型的目的是要了解自己，理解他人。努力去调适自己的特质，与他人更好地相处。

4.2.3 沟通技巧

我们认为，世界上任何问题的存在都是因为需要未得到满足。有人的地方就会有问题，有问题的时候肯定是因为某个人或某些人的需要未得到满足，而解决问题的首要方法就是沟通。

本章所探讨的沟通技巧以口头沟通为主，其基本工具是语言。领导力强的人在沟通方面的表现是情商高、会说话，但在现实生活中，很多人却常常被不懂得好好说话所困扰，有时是因为说话仅凭直觉或条件反射，有时是因为内心充满戾气或被愤怒的情绪控制，最后把话说错了，说死了，把对话的氛围破坏了，使交流陷入僵局或对峙。

马歇尔·卢森堡博士在《非暴力沟通》一书中谈道："也许我们并不认为自己的谈话方式是暴力的，但我们的语言确实常常引发自己和他人的痛苦。"因此，他提出和开发了一套极具启发性和影响力的"非暴力沟通"原则和方法，用来指导人们谈话和聆听，其核心思想是避免条件反射式的反应，通过阐明自己的观察、感受和期望以及有意识地使用恰当的语言，既诚实又清晰地表达自己，又在尊重他人的过程中减少误解，从而使人们情谊相通，和谐相处。这种沟通方式可以运用在亲密关系、家庭、组织机构和心理疗法之中，有时甚至可以用在地区冲突中。

本书所倡导的沟通技巧将以非暴力沟通为基础，结合经典的人际沟通理论和成功经验来展开讨论。

4.2.3.1 表达

既然世界上任何问题的存在都是因为需要未得到满足，那么解决问题的根本手段就是表达，其目的就是友好、有效地向他人传递自己的需要。

有效的表达一般包括事实、感受、需要和请求等四个要素，简称为"八字方针"，具体步骤：①客观地说出观察到的事实；②说出这些观察给自己带来的感受,让对方和自己的内心连接;③说出自己的什么需要导致了这种感受;④提出为了满足这些需要的具体请求。

在上述四个要素中,③和④即表达者未得到满足的需要,①和②即需求未满足时的现状和感受。

举个例子,一位妻子对她的丈夫说:"亲爱的,这一周你有 5 天晚上都是 10 点过后才回家(事实),我不太开心(感受),因为我希望能和你共进晚餐(需要),你是否愿意每周至少有 3 天在 7 点前回家跟我一起吃晚餐(请求)?"这位妻子运用了表达方式的四个要素,向丈夫清楚地传递了自己未被满足的需要。

显然,以上表达方式比起如下语句更容易被对方理解,而且更加有力量:

- "你每天总是这么晚回来,这个家你还要不要了?"(真的是"每天"吗?他的心里真的是"不想要这个家"吗?这些评论与现实不符,对方会因此觉得委屈,甚至引起反感。)
- "你这人一点家庭观念都没有,太让我伤心了!"(真的是"没有家庭观念"吗?这种评论与现实不符,对方会觉得委屈和反感。)
- "我希望你不要再这样对家庭不负责任!"(真的是"对家庭不负责任"吗?这种评论与现实不符,对方会觉得委屈和反感。)
- "你对我一点也不关心!"(真的是"一点也不关心"吗?具体要怎样才算关心呢?)
- "我对你太失望了!"(为什么说"你太失望了"?那你究竟希望怎样?)
- ……

通过以上对比,很容易发现,表达方式的四个要素相对于我们日常的表达更规范、更有效,更易于被沟通对象所接受。下面对它们分别进行阐述。

(1)描述事实:观察所见,但不评价。

印度哲学家克里希那穆提曾经说过:"不带评论的观察是人类智力的最高形式。"从上面这个例子也不难发现,人们沟通中存在的一些问题,恰恰是先入为主,没有把观察到的事实说清楚,而是对此产生评价,甚至把自己的评价强加给他人。这就是为什么在日常沟通中,问题常常得不到有效解决,甚至弄得更加复杂的症结所在。

再举个例子,在职场上,你发现下属没完成工作,很可能会说:"给了你这么多时间,你都完成不了这项工作,你是不是太拖拉了?"这句话将观察和评论混为一谈,听者关注到的是批评的语言,因而很容易产生逆反心理。

为什么开始一段对话的时候,首先我们要观察事实,描述事实?因为事实是最不会引起争议的内容,也是最不会令人反感的内容,但是我们往往会混淆事实与评价。

因此,我们在职场中表达需求时,要尽量避免一些伤人的经典句式,例如:

- "你太……"
- "你就应该……"
- "你居然没做……"
- "你是不是……"
- "你经常……"
- "你怎么总是……"
- "你每次都……"
- ……

实际上,评价是一种给他人贴标签的行为,是我们在沟通中应当极力避免的。为了真实、客观地描述自己观察到的、已发生的事实和现象,上面的例子可以表达为:"小吴,这项工作要求完成的时间是 8 月 22 日,今天已经是 8 月 26 日了,你还没有完成。"

(2)表达感受:促进连接,改善情境。

心理学家罗洛·梅认为:"成熟的人十分敏锐,就像听交响乐的不同乐章,不论是热情奔放,还是柔和舒缓,他都能体察到细微的起伏。"

在完成对事实的客观描述后,下一步就是表达自己内心的感受。不过,在表达感受时，我们要特别注意感受和想法的区别。例如，"我觉得我的写作能力有点弱"，这是想法；"作为办公室主任，我有些焦虑"，这是感受。

大多数情况下，当使用"我觉得""我认为"进行描述的时候，我们经常是在描述想法、观点、判断或评价，而不一定是感受。例如，"我觉得你一点都不关心我"，这是在表达想法和判断；如果改为"昨天我不舒服，没有得到你的问候，我感到很难过"，这是在真切地表达感受。

为了准确地表达自己的感受，我们需要使用更丰富的词汇、更具体的语言去描述，使得沟通更加顺畅和富有情感。这是因为，我们的情绪经常是多样化的，单一的表达无法准确传达你的意思，而词汇表可以帮助我们表达需要未得到满足时的感受。

多数情况下，当我们为解决问题而进行沟通时，为了表达需要未得到满足的感受，相关的词汇表包括：害怕、担心、焦虑、忧虑、着急、紧张、心神不宁、心烦意乱、忧伤、沮丧、灰心、气馁、泄气、绝望、伤感、凄凉、悲伤、恼怒、愤怒、烦恼、苦恼、生气、厌烦、不满、不快、不耐烦、震惊、失望、困惑、茫然、寂寞、孤独、郁闷、难过、悲观、沉重、麻木、筋疲力尽、萎靡不振、疲惫不堪、昏昏欲睡、尴尬、惭愧、内疚、嫉妒、遗憾、不舒服、无精打采、不高兴……此外，在表达需要未满足的感受时，合乎时宜的示弱更加有助于解决冲突，以上词汇大部分都有示弱的情绪。

在上文的例子中，领导向员工描述事实，表达感受时，可以这样说："小吴，这项工作要求完成的时间是 8 月 22 日，今天已经是 8 月 26 日了，你还没有完成（事实）。对此，我有些担心和焦虑（感受）"。

另一方面，当我们的需要得到满足时，也有必要适时地表达正面的、积极的感受，包括：兴奋、喜悦、欣喜、甜蜜、精力充沛、兴高采烈、感动、感激、乐观、自信、振作、振奋、开心、高兴、快乐、愉快、幸福、陶醉、满足、欣慰、心旷神怡、喜出望外……

培养准确地表达感受的能力，对一个组织或家庭来说都是非常重要的。养成这种习惯的方法是,当你准备与他人沟通时,需要静下心来,慢下来,问问自己,我马上要说的这句话是一个想法,还是内心的一种感受?

(3)说出需要:直言不讳,充满爱意。

前文已经说过,沟通的目的是为了解决问题,问题的存在是因为有需要尚未被满足,而未被满足的需要恰恰是感受的根源所在。因此,当我们表达感受时,其实是在传达那些没有被满足的需要,如果不说出自己的需要,只有猜测和指责,那你的需要永远得不到积极的回应。

我们所处的社会文化不鼓励表达个人需要,有时还将其视为一种弱者的行为,但是,长期忽略个人需要,只会给我们的内心带来痛苦,而且对解决问题毫无益处。

事实上,每个人都有一些基本的需要。马斯洛的需要层次论将人类的需要从低到高分为五个层次,分别是:生理需要、安全需要、社交需要、尊重需要和自我实现需要。我们在沟通中提倡直接说出这些需要,以此来代替批评和指责,能达到更好的沟通效果,并使得沟通过程充满爱意。

比如有人对一个不记得他生日的朋友说:"你不记得我的生日,太让我失望了。"这种指责式的表达并不能让对方知道你真正的需要,反而可能令其产生厌烦和隔阂。如果换一种方式表达:"你不记得我的生日,我有点失落,因为我很看重我们之间的友谊。"这样对方才知道,你真正的需要是希望朋友和你一样重视这段友情。

只有当人们开始谈论需要时,大家才会开始想办法来满足这些需要。日常沟通中,如果你直言不讳地表达自己合理的需要,会让对方更加理解你。

我们在沟通中说出自己的需要,实际上与第二要素——表达感受——是紧密相连的,是对内心感受的进一步说明。为此,说出需要有一个万能句式为:"我感到……因为我……"这个句式可以清晰地表达感受与自身需要的关系。

前文举了一个丈夫经常很晚回家的例子,如果妻子指责丈夫每天总是加班,但并不说出希望丈夫早点回家陪伴她的需要,那么丈夫有可能减少加班,但改为跑出去外面玩,还是没能早点回家,妻子的需要依然没有得到满足。而如果妻子能够明确地告诉丈夫:"亲爱的,这一周你有 5 天晚上都是 10 点过后才回家,我感到不太开心,因为我希望你每周能有 3 天晚上能和我共进晚餐,饭后再聊聊一天发生的事情。"此时,丈夫即使觉得时间不合理,也会愿意和妻子一起讨论制定每天的作息计划。

类似地,在那个领导和员工对话的例子中,领导可以这样说出自己的需要:"小吴,这项工作要求完成的时间是 8 月 22 日,今天已经是 8 月 26 日了,你还没有完成(事实)。说实话,我有些担心和焦虑(感受),因为我希望你能和所有同事一样完成进度任务,确保项目按计划推进(需要)。"

(4)提出请求:清晰描述,但非命令。

表达的第四个要素是提出请求,目的是告知对方满足你需要的具体做法或动作。提出请求时需要做到以下四点:

首先,用具体、清晰的语言描述希望对方做什么。比如就餐时,你不能说自己不想吃饭,而要说"我想吃面条""我想吃饺子"等;比如生活中,你不能说"希望你有空经常读读书"(过于含糊),而要说"希望你每个月能读三本书";比如家庭里,妻子不要对丈夫说"你能不能对我好一点",而要说:"你希望让你出发上班前能够亲吻我,下班回到家再抱抱我,可以吗?"

其次,要用"希望你……""能否请你……"和"你能否……"来提出请求,而不是用"希望你不要……"或"不希望你……"等否定句式来表述。比如工作中,你不能跟同事说:"我不希望你下次什么都没做,就直接把资料发给我。"而应该说:"我希望今后你把资料整理好之后再发给我。"这是因为,"不希望做什么"很难让听者明白具体"要做什么",而且很容易引起其反感。

再次,在提出请求后,应让对方给予反馈,因为我们需要知道对方此时的反应、对方正在想什么以及对方是否接受我们的请求。

最后,不能把请求变成命令,比如说"你马上给我……""你必须……""你应该赶紧……"等诸如此类的话,否则,对方的反抗是必然的,因为任何一个人都不喜欢被逼着去做事，而喜欢自愿或协作去做事。如果把请求表达为"你可不可以……"或者"你能否和我一起……"那么达到的效果就会大不一样。另外，如果请求没有得到满足时，提出请求的人马上批评和指责，那就是命令，比如妈妈请求孩子考进班级前五名，但孩子实际考试成绩没达到，因而被妈妈责骂，那么，妈妈此前的请求就被视为命令。还有一种情况，如果提出请求的人想利用对方的内疚来达到目的，也是命令，比如说："我以前帮了你那么多忙，今天就请你帮这一次，可以吗？"

我们仍以前文中领导对员工的对话为例，一个完整、有效的表达是："小吴，这项工作要求的完成时间是 8 月 22 日，今天已经是 8 月 26 日了，你还没有完成（事实）。说实话，我有些担心和焦虑（感受），因为我希望能你能和所有同事一样按进度完成任务，确保项目按计划推进（需要）。你能否在后续的工作中按时完成工作计划呢（请求）？"这位领导运用了表达框架的四个要素，清楚地描述了自己的需求。

总之，沟通中表达框架的四个要素是：事实，感受，需要和请求。按照这四个步骤来表达，更容易让他人理解你，形成良好的人际沟通氛围，你也可以提升自己的领导力。从 DISC 模型理论来分析，这套模板之所以奏效，可能因为四个要素分别对应了一种行为模式——C 型人喜欢事实，I 型人喜欢感受，S 型人喜欢原因，D 型人喜欢直接的请求。当然，这四个要素并不是一个固定的公式，我们可以根据对话的具体内容和环境进行灵活调整和裁剪。

4.2.3.2 倾听

除了有效表达需要之外，沟通中另一项重要和关键的技能是倾听，即全身心投入地去倾听他人的表达，并理解对方。无论是他人主动向我们诉说，还是在我们使用四个要素完成需要表达后寻求反馈，都离不开倾听技能的运用。

真正有效的倾听需要我们把观察、感情和思想的输入综合起来，寻求对他人表达的含义和情绪的理解，让我们参与倾听的器官不仅有耳朵，还有眼睛、大脑和心灵。从这个意义上讲，中国古人的"聽"字更接近倾听的真相。

在倾听他人的表达时，懂得和理解比爱更重要。事实上，倾听与你是否同意他人的讲话是毫无关系的，因为理解并不意味着接受。倾听的实质就是接收到他人所讲的一切，并理解他人的想法。

比如当有朋友遭遇不幸的时候，我们可能会急于安慰他，不停地给他提建议，希望能够帮助他，但是这种做法往往是无效的，朋友感受不到安慰，也没法走出困境。为什么呢？因为我们急于表达自己的观点，实际上等同于忽视他人的需要，并没有全身心地投入到倾听和理解之中，他人感受到的不是帮助而是被忽视。一旦这种情况发生，再想要对方开口表达自己就更难了。

有效的倾听可以帮助我们真正地理解他人，让对方感受到自己不是只有他一个人，他才会真正地平静下来，敞开心扉向你表达。接着，作为倾听者，我们需要进一步引导对方思考自己内心真正的需要，从而找到情绪的根源，实现良好的互动，并推动问题的解决。

有效的倾听也包括四个要素，分别是态度、情境、回应和理解。与表达四要素不同的是，有效倾听的四个要素并不是按顺序排列的逻辑步骤，而是在倾听过程中随时需要保持的状态。下面对它们分别进行阐述。

（1）态度积极，集中精力。

在倾听他人表达时，态度积极是首要的一点。为此，我们要集中精力，排除干扰，抱着友善和体谅他人的心情进行倾听，放下自己固有的想法，克服惯性思维，随时准备接收不同的观点和意见。

为了鼓励对方表达，正确的肢体语言包括：身体前倾，稍微侧身面向对方；视线集中在对方上半身，保持目光接触；展现赞许性的点头和恰当的面部表情；若处于商务洽谈或工作中，可拿出笔记本，适当进行记录；禁止东张西望，切忌双手抱胸，不可打断对方，避免分心举动。

为了给对方传递积极的信号，倾听时需要采取开放式的姿态，控制偏见和情绪。常用的做法例如：

☞ 肯定或认可对方，及时予以鼓励，比如："你说得太好了""你讲的意见很有价值""你的观点非常有见地""请继续"；

☞ 适时复述对方的观点，表示你正在积极地理解他表达的信息和思想；

☞ 再三明确本次沟通要解决的问题，并表示你对对方的意见很重视，比如"你讲得很中肯""你说的这些很有代表性"；

☞ 积极预期，或作转换性表述，比如："你的意思是不是……""这是否意味着……"但不能自以为是，比如："我认为是……""我觉得应该是……"；

☞ ……

（2）进入情境，设身处地。

我们在讨论表达技巧时多次说到，表达的目的是为了传递表达者未满足的需要，推动问题的解决。那么，当我们倾听他人表达时，目的同样是为了帮助对方解决问题或推动解决共同的问题。因此，为了找到问题的症结所在，充分了解和掌握他人的需要，倾听者必须进入到对方所表达的情境之中，设身处地体会其感受和需要，只有这样才能让对方敞开心扉向你诉说，从而获得更加全面和准确的信息。

基于这种情形，当我们在复述对方的感受和需要时，可以套用适应于对方的表达模板："你……，是因为你需要……，对吗？"比如"你不高兴，是因为你需要得到他人的认可，对吗？"

更有甚者，有时为了表示你真的站在对方的立场和角度，还可以基于对方的表述内容进一步给出你的态度。比如当一位顾客抱怨通信公司提供的账单数据混乱，无法看懂费用明细时，业务代表可以这样说："您说的这种情况的确是事实，我非常理解您的感受，为此我真诚地向您表示歉意！说实话，同样作为消费者，我和您的想法是一样的，就是希望明明白白消费，自己的每一笔支出都看得清清楚楚。为此，我们公司近期计划专门对账单格式做一次优化，能请您说说目前的账单有哪些问题需要改进吗？"

显然，倾听时要进入对方的情境，我们还要不时地自觉转换听者与说者的角色,通过适当的回应和反馈来达到更好的沟通效果(下一个要素还将重点讨论)。比如财务部经理说:"我认为这个简化报销流程的方案行不通,因为这样无法监督费用的使用情况,有些人可能会借此乱花钱,而且存在审计风险。"此时销售部经理说:"财务部经理讲得有一定道理(肯定对方)。他负责销售费用的使用管理,如果存在审计风险,也要承担一些相应的责任。"

然而,如果倾听时对方正处于生气、悲伤或痛苦的情绪中,要切忌使用"不过,你……""可是,……"这类带有转折语气的句子,哪怕前半部分你在安慰或者努力说服对方,当他人听到转折词语时,便会认为你前面说的只是铺垫,你根本没有尊重他们的建议。

(3)适时反馈,合理回应。

作为倾听者,要进入对方的情境、设身处地理解其感受和需要,必须适时地予以反馈和回应,以此来激发对方的表达意愿,并帮助对方整理表达思路,引出更多话题和信息。

常规的反馈主要用来激发他人的表达意愿,向对方传递同理共情、积极倾听的信号,比如,"噢,是这样吗?""真的吗?""没错!""那太糟糕了!""还有吗?""真不错!""你接着说!"等。

除此之外,还有一种非常有效的回应方式就是向对方发问,目的是帮助对方整理思路,获取更多信息,或引出其他相关话题。此类回应包括如下形式:

- 开放式回应:比如,"从哪里开始的?""为什么会发生呢?""还有其他原因吗?"
- 追踪式回应:比如,"当时的具体情况是怎样的?""能举两个例子吗?""能说得更具体一点吗?"
- 征询式回应:比如,"你当时是怎么想的?""你觉得怎么样?"
- 清单式回应:比如,"你认为造成……的主要原因是……,……,还是……?"
- 假设式回应:比如,"假设事先考虑了这个问题,结果会怎么样?"

"如果……，你希望能……"

- 激励式回应：比如，"你说的……太有意思了，当时你是……""这太令人激动了……您可不可以再谈谈……"
- 封闭性回应：比如，"过去是否发生过类似的情况？""其他部门有同类问题吗？"

（4）澄清疑惑，理解真义。

倾听的目的是为了获得他人真实的感受、想法、观点和意见，但沟通中有时会出现一些疑惑的情况，有可能是对方未表达清楚，也有可能是听者没有听明白，或对某些话语的理解没有把握，此时需要通过发问来进行澄清，以便准确、完整地理解对方表达的思想和情感。

澄清疑惑的问句形式比较简单，比如，"你说的是……，对吗？""你是不是想……""你谈到的想法是……吗？""你刚才说的是……吗？""你的意见是……，对吗？""总结一下，我理解你的意思是……，是这样吗？"等等。

为了理解他人表达的真义，在倾听过程中除了要澄清疑惑，还要做到听清对方的全部信息，听出对方的感情色彩，有时还要根据对方的身体语言和语气语调，捕捉对方不便直说的言外之意。此外，倾听之中适时整理关键点和重要细节，加以回顾并让对方确认，也是一种澄清信息的有效方式。

4.2.3.3 提问

除表达和倾听之外，提问是人际沟通中的另一项关键技巧。

一般情况下，提问的目的是为了获取未知的信息，但在领导力理论中，提问经常是作为一种教练技术来使用的，目的是激发他人的思考和行动，帮助我们解决团队共同面临的问题。

爱因斯坦曾说："提出问题比解决问题更为重要。"在解决问题之前，我们先要学会提问。麻省理工学院领导力中心执行主任哈尔·格雷格森说："未来最重要的领导技能就是提问，提出正确的问题。"谷歌CEO施密特也曾说："我管理公司是靠提问，而不是靠回答。问答会启动对话，对话会刺激创新。"

因此，当你带领他人共同面对某个问题或难题时，最好的方式就是向你的队友提问："你有没有想过为什么会这样？""今后遇到同样的问题你该怎么办？""你是怎么看待这个问题的？""这个问题还有什么其他解决办法？"在问答双方共同商讨和研究对策的过程中，答案将随之显现出来，团队成员通过思考和学习获得了共同成长。

《学会提问》的作者粟津恭一郎认为，人是被提问支配的，只是很多人不自知而已。人们在采取有意识的行动之前，一般是先向自己提问，在获得回答后再做出决定。比如，当生活迷茫没有方向时，你会问自己："如果不考虑薪水，我会去做什么事情？我真正热爱的理想职业是什么？"也许，通过思考和回答这样的提问，你会找到新的发展方向，或是坚定走现在的职业道路。可见，人们会采取怎样的行动，都是由提问的内容决定的。

作为人际沟通和运用领导力的一种手段，根据被问者的回答意愿和回答过程中能否发现新的信息，我们把提问分为四种，分别为：轻松提问、劣质提问、沉重提问和优质提问（如图4.6所示）。

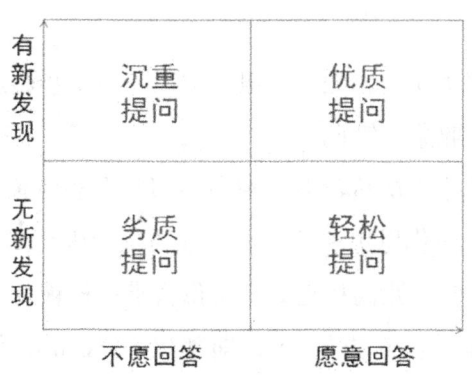

图4.6　四种提问类型的划分

轻松提问是指能够改善与对方关系的提问。只要是对方容易回答、乐意谈论或惯于探讨的话题都能成为轻松提问的内容。

劣质提问是指会导致提问者与被问者关系恶化，令被问者感到不快、悲伤、萎靡的提问。

沉重提问是指被问者不愿回答，但可能会有新发现的提问。这种提问虽然难听，但却往往是被问者取得进步不可或缺的。这与中国人常说的"忠言逆耳"类似，只不过是以提问的形式出现而已。

优质提问就是能够让被问者乐意回答，并且能够为问答双方带来新发现、新启示，甚至新想法、新行动的提问。这样的提问可以使得人际沟通愉快而顺畅，同时又富有成果，能帮助我们找到问题的解决方案，让谈话双方从中受益，正是我们追求的理想提问方式。

优质提问通常包含以下三个特征：一是对事物的前提、定义等本质性内容的提问，经常使用"5W1H"作为疑问词，它们分别是 Why（为什么）、When（什么时间）、Where（什么地点）、Who（什么人）、What（什么对象）和 How（怎么样）这 6 个疑问词；二是关于"未来"怎么样，而不是"过去"怎么样的提问；三是开放性，而不是封闭性的提问，即不以"是"或"不是"为答案的提问。

那么，如何提出优质问题呢？一般采取以下三个步骤进行：

（1）确定主题并收集关键词。

现实生活中，每个人的价值观、愿景、目标和思维模式各不相同，这就导致每个人有不一样的内化思想和关键词。优质提问围绕对方的内化思想和关键词展开，首先寻找到与之距离相近，却又像盲点一样被忽略的主题。

具体来说，就是关注对方的 3V，即理想（Vision）、价值（Value）和常用语（Vocabulary）。这些反映对方 3V 的关键词可以在与其交谈和日常往来中获得，也可以通过询问与其熟悉的人，阅读其发表的文章或社交媒体推送等方式整理出来。当然，如果谈话对象是自己的同事或身边熟悉的人，这项工作会容易得多。

第4章 领导力决定影响力

3V关键词可以进一步按名词、动词、形容词、副词分类,以适当增大关键词的收集范围。比如与你谈话的对象是一位职业培训师,你通过访问他以往的学员和阅读他发表的文章找到以下关键词:

名词:演讲、技能、舞台、勇气、故事、计划、频率、阴影、目标、成就;

动词:登台、亮相、演讲、练习、收获、擅长、成长;

形容词:紧张的、惊人的、理想的、完美的;

副词:反复地、理直气壮地、默默地。

这些准备好的关键词作为一种输入,是后续创建优质提问的备用素材。

(2)将关键词和疑问词进行组合。

优质提问往往要深入挖掘5W1H,即人物(Who)、时间(When)、地点(Where)、原因(Why)、对象(What)和方法(How)等基本要素。

将3V关键词和上述疑问词进行组合,就可以快速创建优质提问(如图4.7所示)。具体方法有两种:一是将不常用的疑问词与3V关键词组合;二是使用两个以上的3V关键词,从而创造新的组合。

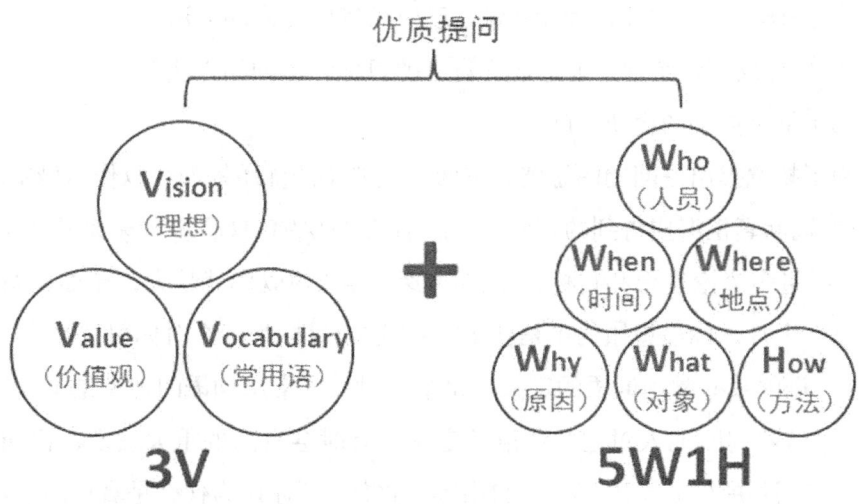

图 4.7　优质提问的构成

5W1H 的提问可以分为两类：

一类是询问人物、时间、地点的提问，它能使对方更清楚地认识到自己一直忽视的因素，从而制订稳妥的行动计划，使目标具体化。比如以下组合就是这种类型的提问：

- 谁会对你提高演讲的技能有帮助呢？（询问人物）
- 你打算什么时间，以多大的频率练习演讲？（询问时间）
- 对于你来讲，哪里是你演讲的舞台？（询问地点）

另一类是询问原因、对象、方法的提问，它能使对方深入思考行动的目的，以及采取该行动会带来怎样的后续发展，从而对于行动结果将给自己带来的喜悦产生清晰的意象。比如以下组合就是这种类型的提问：

- 你自己真正想收获的是什么？（询问对象）
- 什么是完美的演讲？（询问对象）
- 你在演讲时理想的表现是什么样的？（询问对象）
- 为什么你想学习演讲？（询问原因）
- 为什么你曾经对登台亮相有阴影？（询问原因）
- 怎样才能做到理直气壮地说自己有勇气？（询问方法）
- 怎样反复地练习才能达成你自己的目标？（询问方法）

（3）借鉴典型的优质提问。

为了拓宽提出好问题的思路，下面这些典型的优质提问可以作为借鉴。

- 询问真正渴望得到的东西。从眼前的"HAVE TO"变成未来的"WANT TO"，尽量多谈论理想和目标，谈得越多，实现的概率就越大，比如"如果生命只剩3个月，你最想做的事是什么？""这个目标为什么对你很重要？"
- 询问某些常用词语的定义。每个人对一些常用词语的理解是不一样的，试着询问他人对这些词语的定义，有时会有新的重大发现，比如"对于演讲（或幸福、人生、自由等）这件事，你认为什么是真正的成功？"
- 询问相反的概念。对于想做的或喜欢的事，人们普遍会因选项过多而无法明确，与之相反，对于不想做的事则很容易就能想出来，比如提问："如果未能达成目标，你的心情会怎样（或会发生什么）？"对方就会从异于以往的角度去思考目标，从而进一步强化完成目标的积极性。
- 质疑假设或基于假设进行提问。人的盲点之一就是想当然地对某项假设深信不疑，因此发现并质疑那些隐藏的假设，往往会引起新的思考，而假设某种场景或前提条件，并基于此进行提问，则往往会促使对方在全新的条件下展开思考。
- 尝试改变立场。站在别人的角度去思考，可以突破自己习以为常的思维模式，比如："如果你是大学校长，你会怎么做？"

通过以上方法向他人提问（甚至自问），很容易明确真正的问题所在，同时便于明确未来的目标和计划。同时，优质提问以及由此引发的思考和行动方案，会内化为团队和个人的思想引擎，驱动着团队和个人朝着解决问题，达成目标的方向前进。

4.3 转：带领他人

前文讲过，领导力是影响和动员他人共同解决问题的能力。为了实现对他人的影响，构建领导力通常是从塑造自我、建立关系开始的，在此基础上才能带领他人解决问题。因此，带领他人是领导力的第三个层次。

"带领"一词有引导、率领、动员、指挥之义。作为领导力的一部分，带领他人的目的是凝聚团队的力量，引领团队成员共同谋事和成事。为此，带领他人通常包含愿景引领、因才施用、赋能予人、统一规则和激励反馈等五项能力要求（如图4.8所示），下面逐一进行探讨。

图 4.8 带领他人的五项能力要求

4.3.1 愿景引领

谢尔登·所罗门、杰夫·格林伯格和汤姆·匹茨辛斯基是三位社会心理学家，他们运用现代科学的实证方法探索了一个人类几千年来苦苦追求而不得答案的终极话题，并合作完成了一部重要著作，名为《怕死：人类行为的驱动力》。该书认为，对死亡的恐惧是人类行为的主要驱动力之一。

从根本上分析，人类行为的初衷的确有可能源于最原始的求生欲。但是，在当下未受到死亡的威胁时，大部分人的行为动机是"离苦得乐"。有些人甚至认为，快乐是人生的核心意义，是人类存在的终极目标。

然而，自从弗雷德里克·温斯洛·泰勒推出科学管理理论以来，现代企业纷纷效仿其科学管理方法，但很多企业的领导者却忽略了其中对人性的关怀，近年来人们把从 MBA 课堂上学到的 KPI 考核方法广泛应用于企业，更是让企业中大量员工感受到压力、紧张和痛苦，而不是责任、使命和快乐。虽然有很多企业经营者号称这样做能给企业带来高增长和高收益，但这些并不是真正具有领导力的表现！

对于绝大多数人来说，"离苦得乐"是与生俱来的本能，那么，当你要带领他人去解决某个问题或达成某项使命时，压迫和威吓有时可以让人肾上腺素飙升，变得敏锐，甚至发挥超常，但是也容易让人屈服于恐惧，并使之像传染病一样蔓延和扩散，最终使得整个团队陷入困境，甚至瘫痪。因此，作为行为的驱动力，几乎所有人都偏向于获得希望，而非恐惧。

著名的领导力专家沃伦·本尼斯认为，领导力只涉及三样东西——领导者、追随者以及一个共同的愿景。

所谓愿景，简单来说就是希望看到的情景，比如万科的愿景"成为中国房地产行业领跑者"、麦当劳的愿景"控制全球食品服务业"都能让人看到一幅未来的情景。愿景的深层含义是指一种对组织及个人未来发展预期达成意象的描绘，包括预期目标和价值观。

当你需要带领他人行动时，驱动其行动的关键因素是希望，这种希望就是团队成员共同的愿景。它具有引导和激发团队成员个人潜能，提升团队战斗力的作用，因此我们将带领他人的第一项能力称为"愿景引领"。

显而易见，愿景引领的作用是把你要带领他人做的事，变成他自己要做的事。团队不分大小，都可以有自己的共同愿景，只不过小团队的愿景要适应更大的团队愿景，同时还要满足本团队成员的期望。

愿景引领的关键动作主要有两个：一是共同制定，共享愿景；二是持续灌输，适时调整。

4.3.1.1 共同制定，共享愿景

作为带领他人共同前进的一面旗帜，愿景应该是由团队领导者与其他成员共同制定，共同认可，共同享有的。尤其是在不确定和不稳定的环境中，提出一个方向性的长远愿景，可以把团队活动聚焦于一个核心目标，使团队成员在面对混沌状态时能够持续遵循明确方向与路径前进。为此，共享愿景需要符合以下几个条件。

（1）共享愿景必须得到团队成员的共同认可与支持。

要制定共享的愿景，必须在团队中鼓励所有成员发表不同意见，而不是仅

由带领团队的那个人凭借自己所谓的"远见卓识"给大家"画饼",按照彼得·圣吉的说法就是"共享的愿景不是将愿景共享"。

沃伦·本尼斯认为,一个共享的愿景是人们感觉自己在做至关重要的事情,大家感觉自己将在宇宙中留下印记,在做一些可能是改变生命,甚至是改变世界的事情。在这些团队中,领导者的角色在很大程度上是创造一个舞台,不管舞台是大还是小,团队成员都可以在上面做他们的事情。

所有杰出的组织都离不开共同的愿景,但如果愿景未能成为大家真心认同、齐心共筑的未来景象,反而会成为一个更大的问题。例如,一位研发部门的负责人与两位项目经理发生了争执,项目经理的说法是:"你有你的理念,我有我的理念,每个人都有自己的理念。"显然,如果愿景只是存在于少数人心里的想法,大家不认可,不接受,就谈不上通过执行来达成愿景的路径。

出现这种情况的原因有很多,比如领导者与团队成员利益思考的差异;只有宏大目标,没有可信的分解过程;成员缺乏对团队的归属感与信任等,这又会涉及下面的其他几个条件。

(2)共享愿景必须描绘出一幅清晰的未来景象。

目标宏大、需要长期坚持奋进是愿景的两大基本特征,但也正因如此,愿景如果规划不当,往往会变成好高骛远的口号。为此,研究如何建立成功企业的加里·胡佛在其《愿景》一书中,将清晰与持久作为企业愿景的两大重要条件。当然,比企业更小的团队同样可以制定属于自己的共享愿景,只不过持久性会相对弱一些罢了,但如果考虑团队成员的个人成长等因素,也未必短暂。

共享愿景应该如图像或画卷一样可描绘,可想象,可感知,同时还应该做到可分解,可支撑,可实现,这样才会让团队成员觉得可相信,可执行,可期待。比如解放战争时期,"打倒蒋介石,解放全中国"的愿景,就是一幅清晰的、可想象和感知的画面,此时已经历了一年多的战略防御,解放军转入战略反攻阶段,并取得了节节胜利,全国人民看到这一愿景是可以实现的,因此它具有广泛的号召力，有效地激发了全体军民的斗志。

（3）共享愿景必须让团队成员看到可获得的好处。

既然愿景是团队成员的行为驱动力，就必然要让大家看到可获得的好处，比如"离苦得乐"。

有些企业的领导者经常向员工宣扬一些高大上的所谓愿景，比如"成为行业老大""做世界500强""业务收入和利润增长翻番""一年起步，两年爆发，三年上市"等，但如果忽略了员工的获得感，这样的愿景只会让老板沦为"一个人战斗"的笑话。随着中国社会经济的发展，越来越多追求自我的"90后""00后"新员工进入职场，如何让愿景成为团队成员共同认可的奋斗目标，就更具有挑战性。

要做到这一点，关键就是要找到团队发展与个人发展之间的利益一致性，让大家看到在实现团队愿景的同时给自己带来的利益和价值，包括显性的收益（如收入增长、职位升迁）和隐性的价值（如能力提升、人脉扩展），也包括"马斯洛需要层次论"中的五个层次（满足个人需要的层次越高，为其带来的信念影响力越强、越持久）。比如土地革命时期，"打土豪、分田地"的斗争愿景，让苏区农民看到了在"打土豪"的过程中能获得"分田地"的实惠，从而大大激发了投身土地革命的热情。

（4）共享愿景必须基于实际情况进行合理的分解。

共享愿景是一个团队对未来的共同憧憬和期望，因此不可能是一蹴而就的，必须基于实际情况进行合理的分解，让愿景的实现变得具有操作性和说服力。

在对愿景进行分解时，至少需要关注以下几点：

第一，兼顾不同角色、不同层次成员的利益，力求找到尽可能多的契合点，按时下的说法就是争取求得"最大公约数"。

第二，为愿景的实现划分不同的阶段目标，使得每一个小目标看起来更容易达成，让团队成员时时看到希望。

第三，设计构成愿景的若干细节支撑点，使愿景变得具体化。如海尔以

"员工心情舒畅、充满活力地为用户创造价值，同时体现自身价值"为愿景，其细节支撑点有：创新的核心价值观、追求卓越的精神、"赛马而不相马"的人才理念、"用户永远是对的"服务准则等。

4.3.1.2 持续灌输，适时调整

一般来说，每一个带领他人共同工作的人，他的脑海里都会有一个关于团队未来的美好愿景，而且有些人也的确是号召团队成员共同制定愿景的。但是，现实中我们听得更多的是："好好干，相信公司是不会亏待你的！""你们的表现我都看在眼里，大家放心，我心中有数！"久而久之，团队初期的共同愿景就被淡忘了。一段时间之后，大家心中的愿景逐渐变得模糊甚至消失，凝聚力也慢慢溃散。

因此，愿景要得以实现，就必须让它牢牢地根植于团队成员的心里。这就要求我们在带领他人的过程中不断地宣讲，持续地灌输，让愿景被大家正确地理解，并沿着正确的方向和道路前进。

愿景的持续灌输有很多方法和途径，包括日常邮件、会议、谈话、培训、团建活动等。卓越的领导者总是充分利用一切可能的时机宣讲他所带领团队的愿景，借此强化愿景的引领作用，同时巩固与团队成员的心灵互通和联结关系。这一点与传销式的洗脑有着天然的不同，因为团队成员共同参与制定的愿景是被大家认同和信任的，领导者也是身体力行的。

灌输愿景最高级的方法是讲故事，而不是讲道理。这是因为，要改变人们的行动，打动情感比打动理智更为有效，而讲故事就是打动情感的最佳途径。

当然，打动情感的故事是要满足一定条件的。哈佛大学发展心理学家霍华德·加德纳说："领导力故事中要有一面镜子，要让听众照到自己。"因此，愿景宣贯时所讲的故事要让听众从中找到自己，让故事与团队成员产生联系，引发共鸣，才能打动他们的情感，激励他们的行动。

下面重点探讨与愿景相关的故事有哪些类型，包含哪些关键要素，适合采

用什么样的讲述方法。

（1）关于愿景的故事类型。

北京大学汇丰商学院刘澜教授认为，领导力的故事主要有四种类型，而所谓领导力的故事，大部分都是关于愿景的故事。

第一类，"我是谁"的故事：即团队领导者自己的故事，主要是用自己的亲身经历来传达一种价值观（愿景的一部分），让他人认识你，了解你，从而认可你，赞同你的价值观，更好地追随你。

第二类，"我们是谁"的故事：即团队领导者讲述团队成员的亲身经历，向他人传达一种组织的价值观（愿景的一部分），让他人对照自己，起到感染和引导他人向着这种价值观学习、行动的作用。

第三类，"我们向何处去"的故事：直接向他人讲述团队的共同愿景，传达一种希望，让听众可以从"镜子"中看到现在的自己，看到未来的自己，看到实现愿望之后的自己。

第四类，"我们为什么要变革"的故事：用实际的行动故事来告诉他人，我们需要创新，需要革命（愿景的一部分），从而给人带来一种真切的体验，让他人深刻理解变革的重要性。

（2）关于愿景的故事要素。

给团队讲关于愿景的故事，其核心目的是打动情感，重点覆盖两大要素——形象和距离。

第一要素是形象，即要有画面感，或通过突出某些细节达到情境化的效果，越形象、生动的故事越能引发他人真切的情感。比如，当我们给小孩讲述远古时代恐龙的故事时，如果同步播放一个恐龙动画片，小孩就很容易被打动；当我们讲述乡村留守儿童失学的故事时，配上那张希望工程"大眼睛女孩"照片，听众也很容易被打动。

第二要素是距离，包括物理上的距离和心理上的距离，而且后者更为重要。比如，非洲也有类似希望工程这样的项目，但让你给非洲的希望工程捐款，就不如给中国的希望工程捐款更容易接受，因为无论是物理距离还是心理距离都与你更接近；又如，当你向一个中小商户的老板销售产品时，如果你向他讲一个世界 500 强企业使用该产品的故事，他会觉得很遥远，和他毫无关系，但如果你讲的是隔壁商铺的王老板因为使用了该产品而大大提高了利润，一定能让他倍感兴趣。

实际上，形象和距离不仅能帮助你打动情感，而且能帮助你打动理智。越形象的故事，讲的道理也越具体、越生动。离听众距离越近的故事，讲的道理也越具有说服力。

（3）关于愿景的故事讲述方法。

自古以来，故事都是用嘴来讲，它注重的是倾听。然而，现在我们还有一些更高明的讲述方法，它们更加注重目睹、体验和参与，具体包括以下几种形式：

形式一，用道具讲故事，显得更加形象，听众可以亲眼看见，拉近了距离，更容易被打动。例如，当我们讲述童年的故事时，拿出曾经玩过的滚铁环、弹弓和读过小人书，肯定能勾起许多同龄人的回忆，引起他们的情感共鸣。

形式二，用仪式讲故事，让大家有一种深刻的体验感，对情感更有冲击力。比如当新员工入职时，为他们一对一配备师傅，并举办隆重的拜师仪式，让新员工现场体验"师带徒"的企业文化，同时也感受到公司对他们的能力培养非常重视，从而提升凝聚力和忠诚度。

形式三，用行动讲故事，就是领导者亲自加入到行动之中，给团队成员更加震撼的参与感。比如华为公司创始人任正非对员工说过："我鼓励你们奋斗，我自己会践行。"创业三十多年来，他一直坚守奋斗在一线。当人们看到年逾古稀的他独自一人在机场排队等候出租车、批量式密集走访客户等照片时，即便不是华为员工，作为中国人的一员，很多人都会油然而生敬意，并更加坚定拼搏奋斗的决心。

讲故事比讲道理更有说服力。关于愿景的故事要在团队内外经常讲，以此来提醒大家不忘初心，激励和督促团队成员通过不懈的行动来实现大家共同的愿景。

当然，对于一个组织而言，愿景都是有阶段性的，它会随着组织使命和外部环境的变化而变化。这就要求我们与时俱进，在不同的阶段制定有所差异的愿景，以此来适应组织与个人发展的需要。

4.3.2　因才施用

当我们通过共同制定、共享愿景凝聚团队之后，接下来的重要工作就是要合理用人，即因才施用。

顾名思义，"因才施用"的意思就是根据团队中每个人拥有的不同才能来分配工作，使得大家各自都能发挥自己的特长和才干，为达成团队愿景贡献自己的力量。

通用电气董事长兼CEO、著名的领导力专家杰克·韦尔奇说："让合适的人做合适的事，远比开发一项新战略更重要。"人各有所长，亦各有所短，只要能扬长避短，天下便无不可用之人。这也是我经常批评那种动不动就拿"木桶原理"来说事，大谈"补齐短板"策略的原因。

对于因才施用，保罗·赫塞和肯·布兰查德共同提出的情境领导模型（又称"赫—布模型"）是一套通俗易懂且易于操作的方法论，在组织行为学中占据了重要的地位。

赫—布模型同样采用了常见的矩阵法，把团队成员按照能力和意愿这两个维度（又称"任务成熟度"）进行分类，将团队成员划分为四种类型，再根据这个分类采用不同的用人方式（或称"领导风格"）（如图4.9所示）。

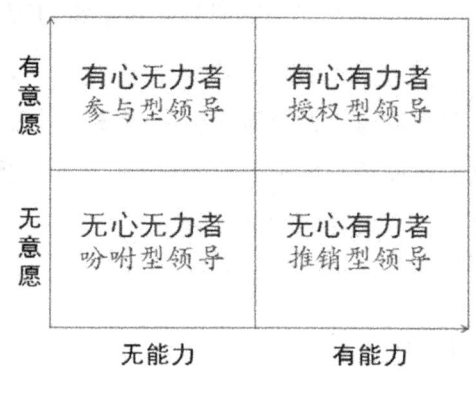

图 4.9 因才施用的"赫—布"模型

（1）有心有力者：授权型领导。

有心有力者是那些既有能力又有工作意愿和热情的成员，适合的用人方式是授权型的，对他们给予信任、支持和资源，就可以取得好的领导效果。

对于有心有力者，带领他们的人要尽可能地放手，让他们按照自己的方式来工作。通常来说，这类成员有能力，有热情，也可能有性格，有脾气，因此有时对他们需要"睁一只眼，闭一只眼"，适当包容他们的弱点更容易让他们获得信任感，从而发挥出更大的才能。

当我们带领团队时，最忌讳的做法就是嫉贤妒能，容不下比自己能力强的人。真正有格局的团队领导者，往往都敢于使用牛人，比如马云在创业之初，就敢于招募从美国留学归来、有丰富金融经验的蔡崇信；滴滴的飞速发展，离不开程维毫不忌讳地任用柳青担任总裁。事实上，只有敢于任用比自己更牛的人，这样的团队才能不断发展和进步，同时也使得带领团队的人拥有更广阔的发展舞台。

（2）有心无力者：参与型领导。

有心无力者是那些有热情但是能力不足的成员，适合的用人方式是参与型的，领导者可以和这些员工一起努力，帮助其解决问题并提升他们的能力。

在和有心无力者一起工作时，领导者可以要求这类成员按月、按周、按日制定工作计划，记录工作结果，并要求他们定期或不定期地提交工作汇报，对做得不满意的方面随时进行指导，纠偏，还可以对他们的汇报进行评论、点赞、打赏，激发其工作热情。

（3）无心有力者：推销型领导。

无心有力者是那些工作热情不高但是非常有能力的成员，适合的用人方式是推销型的，重点是通过不断的沟通，向他们推销团队的愿景和理念，提升他们对团队的认同感，从而让他们主动发挥自己的能力。

在向无心有力者推销团队的愿景和理念时，除了前面说的讲故事方法之外，重点要做好团队建设，让大家共同分享工作领悟、生活感受，打造更有爱的团队，同时还可以利用团队公告、专题社群、企业公众号、生日关怀等手段进行全方位的推销。

（4）无心无力者：吩咐型领导。

无心无力者是那些既无工作热情又能力不足的成员，适合的用人方式是吩咐型的，带领这类成员要像家长一样，不断地跟踪，包括每一个细节的安排和规定都要清晰地指引，传帮带结合，让这些成员也能发挥作用并尽快地成长起来。

无心无力者常常会在两种人群中产生，一种是新员工，一种是老员工。新员工能力和意愿不足，是因其尚未熟悉新进入团队的业务或技术，同时也还未对团队的理念和愿景达成共识；而老员工能力和意愿不足，往往是因为知识技能老化，跟不上时代发展的步伐，加上资历比较老，在不知不觉中消磨掉了激情。

同样是无心无力者，对于新员工，在宣贯愿景，激发热情的同时，更需要侧重于培养他们的能力；对于老员工，在适当赋能的同时，更需要侧重于唤起他们的工作热情。

在对无心无力者安排工作的同时，可以适当用一些移动互联网手段来跟踪和督导，例如使用手机签到软件来掌握他们的考勤和工作状态，当发现有未及时完成的工作时,可通过短信、电话、微信等方式进行提醒,或由系统自动督办,发现问题时也可以及时进行指导。

要针对不同类型的成员采取不同的用人方式,团队领导者首先要相信每个成员都是人格完整的,他们的行为背后都有一个积极正向的意图,比如某位成员看起来像一只刺猬,事事都喜欢与人争执,但他实际上可能拥有追求完美的品格,如果安排得当,在某些岗位或专项工作中(如产品测试、品质管理等)往往能发挥特别的作用。因此,好的团队领导者往往愿意接纳每一位成员,相信他们每个人都有自己独特的资源,并希望在做出承诺之后竭尽全力地将承诺变为现实。因才施用的领导者充分尊重和相信团队中的每一位成员,不断鼓励和支持他们探索资源,发挥优势,达成目标。

总之,不管是什么类型的成员,其工作绩效取决于带领团队的人是否能做到因才施用,而不是成员的水平。团队成员可以有不同的状态,甚至是无心无力的,但如果领导者采取了适合的用人方式和领导风格,即使是无心无力者也能取得较好的工作绩效。

北京大学国家发展研究院陈春花教授认为:"没有不好的士兵,只有不好的将军。"如果结果不好,你不能怪士兵有问题,肯定是将军的用人水平不够。这是因为,在一个团队中,真正发挥关键作用的是领导者,并不是团队成员。只不过现实生活中,我们经常见到这样的情景,当一个企业或团队经营业绩差的时候,领导者往往是拼命批判自己的下属和员工,而不是反思自己的用人水平和领导力。

4.3.3 赋能予人

我们生活在一个充满了无数未知的智能时代,几乎所有行业都处在巨大的变革之中,人们面临的最大挑战是如何创造自己独特的价值,让机器无法替代和超越。

第4章 领导力决定影响力

当人类的个体在思考自我发展的路径时，很多组织也在思考和规划他们的未来。为了顺应快速变化的市场环境，稻盛和夫提出"阿米巴经营模式"，主张把组织划分成一个个小团体，各自独立核算，同时在组织内部培养具备经营者意识的领导人，让其自行制订经营计划，并依靠全体成员的智慧和努力来完成目标。目前有些本土企业通过借鉴、改造而形成的"三人小组""划小承包"等模式都与此类似。

阿米巴经营模式的主要目的是克服传统企业中部门林立的"深井病"。什么是深井？就是指组织的规模变大以后，处于里面的每个人都好像生活在一个个不同的深井里边，相互之间很少联络，见了面总是吵架，争资源。这些人的眼睛都只盯着井上边的领导，只有他们能够指挥深井里的人。

因此，想要突破深井，就要提升团队的灵活性，打造阿米巴式的网状组织，即由N个灵活的小团队构成的灵活大团队。这正是美军在伊拉克战场中经历与恐怖分子的大量实战而进化出来的一种组织形态，也是斯坦利·麦克里斯特尔等人所著《赋能：打造应对不确定性的敏捷团队》一书讲述的核心内容。

显然，要把一个患有"深井病"的组织转化为一个富有灵活性的网状组织，关键是要做到"赋能予人"，也就是赋予团队成员以能力，让正确的人做正确的事。这是团队领导者在因才施用基础上要做的另一件重要的事情。

从领导者的角度看，赋能予人就是相信团队成员，赋予他们更多额外的权利，同时为他们提供工作需要的资源，进而锻炼他们的能力，完善组织架构，尽量避免多层级式的发号施令。用任正非的话来说，就是"让听得见炮声的人来做决策"。

赋能予人不是领导者自己做得如何好，而是团队成员因赋能之后而做得更好。很多带团队的人抵制不住控制、指挥他人的诱惑，又不舍得把自己掌握的知识、方法、技能和经验分享给他人，于是什么事都自己干，最后把自己累个半死，还得不到好的结果。因此，优秀的团队领导者一定要懂得赋能予人，像教练、园丁一样，缔造一个学习型的组织环境和氛围，而不是像英雄一样自己去冲锋陷阵。

那么，如何做到赋能予人呢？主要包括三个方面的工作。

4.3.3.1 团队互信，信息共享

团队是实现个人价值的平台。作为团队的领导者，只有最大限度地发挥所有成员的力量，才能使团队的整体绩效有上佳表现。为了促进团队成员之间深度了解，紧密协作，最重要的一点是消除隔阂，建立互信，可使用的手段包括：

（1）开放物理空间，打破实物阻隔，让大家在一个更开放的办公室里工作。

（2）可视化、去中心化，摒弃官僚主义和资历主义，让团队成员放松心态，平等、和睦共处，激发团队的活力和创造力。

（3）鼓励大家自由协作，互帮互助，必要时可配置一定的资源给每一位团队成员，让他们相互之间点赞、打赏，激励那些热情为他人提供帮助的成员。

在充分互信的基础上，为了使团队整体行动更加高效、一致，还需要建立良好的信息共享机制，可使用的方法包括：

（1）在团队内部形成灵活、多向的沟通型关系，鼓励信息及时共享，强化团队协作。

（2）授予权限的人要加强信息监控，帮助防范授权风险；获得权限的人要主动提升视野和知识，在此基础上做出正确的行动。

（3）虽然团队内部每个人都要有自己的专业能力，以便发挥自己的专长，但为了加强相互了解，帮助别人多方面理解组织任务和流程，成员之间可定期或不定期开展学习分享活动，让每个人在帮助别人的同时成就自己。

（4）利用移动互联网工具，通过建立微信群（甚至微信群矩阵）等方式，让团队成员在实践中获得的经验和案例在内部快速传递。

4.3.3.2 打破壁垒，互相嵌入

为了克服深井病，每一个阿米巴式的小团队之间也需要相互学习，就如同

每个小团队内部成员之间的信息共享一样，可以让小团队之间更容易理解彼此的行为模式，还能互相借鉴经验。为此，小团队之间必须有适合的途径来打破壁垒，实现互相嵌入，可使用的方法包括：

（1）建立交流平台：包括网络交流平台，也包括常态化的联席会议、定期分享会、通报会等形式。交流平台的建立可以由上级领导发起，也可以由任一个小团队的领导者发起。

（2）成立虚拟团队：为了完成某些特定的项目或任务，与此相关的小团队各自派出适合的人选参与到虚拟团队之中，日常通过电话、邮件、网络来进行沟通和协调，必要时可以集中开会或办公。这是一种新型的组织形态，没有固定的实体，但兼顾了实体组织的部分功能，成员之间又可以实现能力和优势互补，具有一些优于传统团队的特征。

（3）实施嵌入计划：类似于传统的"借调"模式，团队之间可互派联络员，他们以外来者的身份加入到对方团队，既可以激发原有团队的活力，也方便不同团队之间的沟通，打破壁垒。

4.3.3.3 充当老师，放手松绑

在带领他人的过程中，赋能予人的含义还有很重要的一点，就是要充当老师的角色，而不是发号施令。作为老师，为了接受现实挑战和提升团队竞争力，一方面要相信团队成员，放手让他们去做，另一方面还要锻炼他们的能力，让他们在实践中学习和纠错，逐渐形成凝聚力和战斗力。因此，做好老师的要诀是："尊重队友，眼睛盯紧，双手放开！"

当我们面向团队成员充当老师时，为了做到放手松绑，要尽量克服管教和说教，多采用身教、请教和传教等教学方式。

（1）身教：就是"我做给你看"，即先给他人做示范，然后让他自己做，再在实践中进行辅导、提高，直至他完全掌握所教的方法、技能。这种实战辅导方式对于有心无力者和无心无力者较为适用。有人将其提炼总结为以下步骤：

①我做给你看；②你做给我看；③我点评反馈；④我再做给你看；⑤你再做给我看；⑥我再点评反馈；⑦你再做！

（2）请教：就是询问"你说怎么做"，即把团队成员放到主角的位置，先让他自主思考问题的原因和解决办法，然后反过来告诉你怎么做。这种方式对于有心有力者和无心有力者都是适用的，体现了对成员的尊重，有利于集思广益，发挥成员的主动积极性和个人特长。

（3）传教：就是询问"你为什么做"，即教练扮演传教士的角色，向团队成员请教做事的意义和目标，而不仅仅是做事的具体方法。从这个意义上说，传教的方式关注于人的成长，而非单纯为了完成任务，传教是"布道"，而不是"练术"。

总之，赋能予人是带领他人的必修功课，团队领导者不光要自己成长，还要让整个团队共同成长。

4.3.4 统一规则

古人云："没有规矩，不成方圆。"在解决愿景、用人、赋能问题之后，为确保团队有序、高效地运行，建立和实施一套清晰和统一的游戏规则非常重要。

在传统的组织机构中，员工主要是对上司负责，工作进度和成果向上司汇报，不可避免地会出现人为的效率与公平的损失。以员工的评价体系为例，有些企业中员工表现的好坏并不完全取决于他在工作上的成就，更关键的还要看他与团队领导者关系的好坏。正因如此，我们看到职场中普遍存在所谓"办公室生存技能"，大家热衷于在团队领导者面前表现自己，以期树立良好的个人印象，博得领导者的青睐和好评。

在阿米巴经营模式的团队中，团队成员主要对游戏规则负责，不用刻意去讨好团队领导者，从而使工作效率大大提升，团队成员之间的关系也会更加和谐。

统一规则能给团队带来良好的秩序，是高效工作、高效执行的重要条件。缺乏统一规则的团队，无论是对个人还是对集体，都会引发低效和混乱，甚至猜忌和对立，最终给整个团队造成巨大的损失。

张瑞敏刚接管海尔的时候，海尔内部一片混乱，毫无规则和秩序可言，说是 8 点上班，但 9 点也不见工人的影子。一位老员工开玩笑地说："哪怕 10 点在海尔的生产车间丢一颗手榴弹也炸不到人。"当时的海尔由于缺乏规则，管理混乱，生产效率低下，产品品质拙劣，市场销量极差，连工人的工资都发不出来。张瑞敏接管后的第一件事就是制定和执行严格的规则和制度，使海尔迅速扭转了局面，步入高速发展的快车道。

善于设计游戏规则的团队领导者能让所有人快乐地参与"玩游戏"的过程，并让这个规则为包括自己在内的所有人服务。下面介绍团队统一规则应该如何制定和执行。

4.3.4.1 统一规则的制定

在制定团队统一的游戏规则时，通常涉及三个层面：通用性规则、工作性规则和指导性规则。

（1）通用型规则。这是面向团队全体成员的、通用的行为规则，具有调节成员关系，宣示团队性质的特点，包括对以下内容的设计和规定：

- 团队管理、分配等规则的明细，以及它们的适用条件、范围和变通前提。
- 团队行为准则和成员的行为规范，要一清二楚地细化到各个关键领域的各个环节。
- 对违反和破坏规则的惩罚措施，要明确、清晰、具体地描述出来。

（2）工作性规则。有了通用性规则后，团队成员就知道自己应该做什么、不做什么了，但流程上如何操作并不包含在通用性规则中，此时就需要另一套规则来告诉大家该怎么做，这就是工作性规则。

工作性规则是对工作流程和规范的具体描述，团队成员在完成相应的任务或遇到相应的场景时，只要遵照规则执行即可，不必每次都设计一套流程。工作性规则包括对以下内容的设计和规定：

- 对常规任务以及工作中可能出现的问题进行预防和处理。比如售后服务的实施流程和服务态度、客户投诉的处理步骤和沟通方法等。
- 对工作的监督规定。比如检查某种类型的项目进度需要涉及哪些检查项、每一个检查项包含哪些具体标准等。
- 对工作效率的保证。比如优化调整业务流程、缩减环节、理顺进程，从而提高工作效率。

（3）指导性规则。这是团队所有游戏规则的纲领性文件，类似于团队的"宪法"，主要用于对团队游戏进行定性，从而让通用性规则和工作性规则的执行有一个基础的原则性依据。

如果一个团队领导者只是向大家发布工作任务，缺乏指示性的精神作引导，那么团队成员就会失去灵魂，在执行任务时很难投入，大家会各自按照自己理解的精神来执行，可能根本无法达到预期的结果。

指导性规则有时候看起来并不是那么具体，但却有很强的实际指导价值。例如"遇到任何问题，随时基于事实开展积极、坦诚和开放的沟通"，目的是为了防止因问题而导致工作阻滞和人际冲突，在维持和谐关系的同时推动问题的快速解决；又如"关注自己的改善机会，而不是别人的不足"，目的是让所有成员在工作中随时发现自己的改进空间，从自身开始改变，而不是给别人挑刺，制造矛盾。

一般而言，所有团队都要建立属于自己的通用性规则、工作性规则和指导性规则，但有时也可以灵活处理，比如将指导性规则中的内容分解到其他两类规则中表述。

4.3.4.2 统一规则的执行

制定统一规则的目的是让所有成员遵循规则"玩游戏"，因此规则制定后最关键的还是执行，没有执行的规则不如无规则。

那么，如何能执行好统一规则呢？关键要抓好以下三点：

（1）规则执行要保持刚性，有效期内不可更改。

在统一规则的执行过程中，团队领导者必须清醒意识到，无论出现什么特殊情况，规则都不可打破，否则难以取信于人。

英特尔公司从创立之日起，一直重视规则的执行。比如公司规定每天8：00 开始上班，如果谁8：05 分才报到，那就要上"英雄榜"，背负迟到的"罪名"。有人可能会说："我昨晚加班了，我为公司辛苦熬夜，第二天迟到情有可原！"然而，现实并非如此。在英特尔，即使你前天晚上加班到半夜，第二天仍然要8：00 准时上班，除非你休假或请假。这就是规则执行的刚性。

也许你会说这样也太不人性化了。的确，规则一旦颁布，就不能对各种特殊原因予以照顾，除非是人命关天或涉及家国天下的大事。

当然，规则执行的刚性并不影响人文关怀的温情。如果团队中真的有成员出现特殊情况被规则处罚的情况，而作为带领团队的你又确实认为他有些"冤枉"，那么你完全可以在规则之外进行补偿，让他被处罚得心服口服，群众又不会对规则的执行产生动摇。

另外，随着时间的推移和环境的变化，当规则确实不适应新的形势时，团队领导者可以带领大家共同对规则进行调整优化，但在未改变规则之前，必须按现有规则严格执行。

（2）规则面前人人平等，领导者也必须遵守。

统一规则是团队的天条律令，只要身处团队之中，谁都不能触犯，领导也不例外。规则不是形式，不能走过场。只有坚持规则面前人人平等，统一规则才能有效推行和发挥作用。

春秋时期的著名军事家孙武有一次去拜见吴王阖闾。吴王问他能不能训练女兵，孙武说："可以。"于是吴王拨了一百多位宫女给他训练。孙武把宫女编成两队，任命吴王最宠爱的两个妃子作为队长，然后教给她们一些基本动作，并告诫她们要遵守军令,违者将军法处置。不料孙武开始发令时,宫女们觉得好玩,都一个个笑了起来。此时孙武认为是自己没有把话说清楚,为了避免不教而诛,便严肃认真地重复了一遍规则。等第二次再发令时,宫女们还是只顾嬉笑。这次孙武下令把队长拖去斩首,以儆效尤。吴王听说要斩他的爱妃,急忙向他求情,但是孙武说:"君王既然已经把她们交给我来训练,我就必须依照军队的规则来执行,任何人违犯了军令都该接受处分,没有例外。"于是孙武干脆利落地把队长给杀了。宫女们见他说到做到,都吓得脸色发白。等到再次发令时,没有一个人敢再开玩笑了,生生把一群宫女成功训练成了士兵。

联想集团曾经制定过一个规则:凡是20人以上参加的会议,迟到者要罚站1分钟。这条规则出台不久,一位柳传志原来的老领导开会迟到了,但柳传志依然按照规则让老领导罚站了1分钟。而且,柳传志自己也迟到过,照样罚站。

(3) 将规则转化为流程,将流程固化为系统。

为了强化规则的执行,最直接有效的方法是将其转化为团队运作的一套标准化流程,并将其固化到计算机系统平台中,所有成员只要涉及这一规则,就必须按照系统化、标准化的流程来操作,否则根本无法进行下去。

以优步、滴滴等网约车公司为例,他们的订单分配规则由系统平台通过自动流程来操控,司机能不能接到单子,完全取决于司机当时所处的位置及其在平台中获得的用户评价。系统平台有一套标准化的算法,表现好的司机接到的订单越来越多,表现差的司机接到的订单越来越少。这种固化的规则必然促使司机改善服务质量,而乘客则通过互动参与获得更好的服务,最终实现司机与乘客的共赢。

又比如"韩都衣舍"这个服装品牌,其老板赵迎光并非服装行业出身,他花了6年时间,年销售额从130万元做到15亿元,成为"互联网快时尚"第一品牌。究竟是什么秘诀让他把衣服卖得风生水起呢?个中缘由就是规则执行的流程化、系统化。创业之初,赵迎光一口气拿到了韩国200多家小众品牌的代理权，但他当时并没有推广这么多品牌的资金实力。为了节省开支，他就去学校招聘了一批"创业者"，将他们分成美工、客服和商务3人一组，每组开一个小型网店。赵迎光为每个网店提供10万元启动资金，网店可以在他代理的服装品牌里挑选几个来销售，利润则与韩都衣舍按比例结算——10万元本金产生的利润中，不管多少，30%归公司，剩下的70%归创业3人小组。所有小组每日、每周、每月进行销售排名，排名状态向所有成员公开，并以季度排名进行末位淘汰，形成激烈的内部竞争局面。最后，整个规则的运行由互联网系统平台来计算和支撑，确保了规则执行的一致性、公平性和透明性，使韩都衣舍的销售量像滚雪球一样扩张。

4.3.5 激励反馈

除了愿景引领、因才施用、赋能予人和统一规则外，要真正带领好一个团队，还要让团队成员保持良好的工作状态，并适时给予他们必要的反馈，在把握正确方向的前提下让整个团队运作更加高效。这就涉及激励和反馈这两项重要工作，具体来说就是遵循需要层次进行恰当激励和根据工作结果进行正负反馈。

4.3.5.1 遵循需要层次进行恰当激励

要想使自己带领的团队保持奋斗的激情，拥有旺盛的战斗力，需要调动每一个成员的工作积极性，激励手段必不可少。

在运用激励手段之前，团队领导者有必要先了解和掌握马斯洛的需要层次理论，然后根据不同的情景，遵循团队成员的不同需要层次进行激励，方能起到良好的激励效果。

马斯洛的需要层次理论将人类的需要划分为五个层次，分别为生理需要、安全需要、社交需要、尊重需要和自我实现需要，它们之间存在以下关系：

（1）这五种需要像阶梯一样从低到高排列，低一层次的需要满足后就会向高一层次的需要发展。只有在较低层次的需要得到满足之后，较高层次的需要才会有足够的活力驱动行为。已经满足的需要，不再是激励因素。

（2）每个人在同一时期内可能同时存在多种需要，但一般会有一种需要占支配地位。

（3）这五种需要不是每个人都能满足的，越是靠近顶部的成长型需要，满足的比例越低。

（4）满足较高层次需要的途径多于满足较低层次需要的途径。

（5）高层次的需要比低层次的需要具有更大的激励价值，因此满足人的最高需要（即自我实现）能最有效、完整地激发潜力，使人获得巅峰体验。

马斯洛理论认为，激励的过程是动态的、逐步的、有因果关系的。在这一过程中，一套重要度不断变化的需要控制着人们的行为，其排列顺序因人、因时、因地而异。

根据以上理论，在识别团队成员的需要层次后，根据每个成员的需要差异进行恰当的激励最为关键。以下是针对不同层次的个人需要进行激励的差别化方法：

（1）处于生理需要层次时的激励方法。

生理需要是级别最低、最急迫的需要，包括衣、食、住、行等最基本的需要。当这些需要未满足时，人只想着让自己活下去，思考力、道德观、甚至安全意识都会明显变弱。比如人们在战乱时会为抢夺一块面包而打架，和平时会为获得更多的薪水而做坏事，贫穷时会为挣钱养家糊口而不顾健康和人身安全。

当团队成员的生理需要旺盛时，最合适的激励手段有：增加工资，改善劳动条件，给予更多的业余时间和空间休息，提高福利待遇等。

（2）处于安全需要层次时的激励方法。

安全需要也是较低层的需要，包括对人身安全、身体健康、生活稳定、免遭痛苦和疾病的威胁、拥有家庭和自己的财产等。当这些需要未满足时，人会觉得这世界是不公平、危险的，或认为身边的事物是"恶"的。比如孩子在学校被欺负或受到不公的待遇时会变得不敢表现自己，不敢和别人交往，成人工作不顺、薪水微薄时会变得自暴自弃，甚至借酒浇愁来寻找短暂的慰藉。

当团队成员的安全需要旺盛时，最合适的激励手段有强调规章制度、职业保障、福利待遇，提供医疗保险、失业保险和退休福利，避免多重工作任务、繁重考核指标等。

（3）处于社交需要层次时的激励方法。

社交需要属于较高层次的需要，包括伙伴、友谊、爱情和集体归属感等。当这些需要未满足时，人会认为自己活在世上没有存在感、价值感，影响精神状态，导致缺勤、生产率低下、对工作不满和情绪低落等。比如缺乏父母关爱的青少年会在社会上寻找同类，甚至无视道德观结交朋友，为了融入社交圈帮别人做牛做马，吸烟、吸毒、搞恶作剧、聚众斗殴等。

当团队成员的社交需要旺盛时，最合适的激励手段有提供同事间社交往来的机会，支持团队成员寻找和建立和谐温馨的人际关系，组织体育比赛、唱歌、聚餐、旅游等团建活动。

（4）处于尊重需要层次时的激励方法。

尊重需要属于较高层的需要，包括自尊（如个人实力、胜任力、信心、独立自主、成就等）和外部尊重（如地位、威信、受到尊重、信赖、高评价、名声、地位和晋升机会等）。当这些需要未满足时，人会变得很爱面子、虚荣，或是积极地用行动来让别人认同自己。比如购买假的奢侈品冒充"大款"，为了博得别人的关注而炫富，使用暴力证明自己的强悍，努力读书考名校证明自己的实力等。

当团队成员的社交需要旺盛时，最合适的激励手段有公开表扬，强调工作任务的艰巨性和成功所需的高超技巧，召开大会颁发奖励和荣誉，在公司内网或内刊上发文表彰，在光荣榜上公布照片等。

（5）处于自我实现需要层次时的激励方法。

自我实现需要是最高层次的需要，是前四层需要都满足之后的一种衍生需要,包括实现个人理想和抱负,最大程度发挥个人潜能,完成与自己能力相称的一切事情,目的是使自己趋于完美,感受到人生最大的快乐。当这些需要未满足时,人会觉得生活空虚,认为价值观、道德观胜过金钱、爱人、尊重和社会偏见。比如慈善家匿名捐款只为帮助他人而获得内心的满足,企业家专心经营只为给社会带来价值。

当团队成员的自我实现需要旺盛时,最合适的激励手段有鼓励优秀成员参与决策,提出创新意见,给有特长的人委派特别任务,为技术精、水平高、能力强的人安排有挑战性的岗位,在设计工作和执行计划时为成员留有发挥余地等。

显然,同一时期内团队中不同成员的需要层次重点是有差异的,同一个人在不同时期的需要层次重点也是有差异的,因此,团队领导者要经常通过日常的沟通交流及时了解他们的需要关注点,从而为每个人制定最适合的激励方案。

由于一个团队往往由多名成员构成,有时会出现几个人同属一个需要层次,或一个人同时跨几个需要层次的情况,此时团队领导者可以将同一个激励方法用在几个人身上,也可以让同一个人接受几种不同的激励,只要抓住每个人的重点需要层次即可。

4.3.5.2 根据工作结果进行正负反馈

对团队成员的工作结果予以及时反馈,是带领团队时非常重要的一项职责,也是团队保持良好工作状态的重要保障。

团队领导者对各成员给予及时反馈,既是对其个人和以往工作的肯定,还能为其下一步的工作指明方向,并让对方尊重你、信任你。团队成员如果无法获得及时的反馈,会觉得自己不受重视,从而迷失努力的方向。长此以往,团队成员的工作热情就会慢慢消失,影响团队士气和工作绩效。

对团队成员的反馈分为正面反馈和负面反馈两种形式,具体做法如下:

(1)正面反馈使用 FFC 模型。

带领团队的人在面对成员做对事的时候,一般有三种反馈形式,分别是零级反馈、一级反馈和二级反馈。

零级反馈是指当团队成员做对事的时候，团队领导者视若无睹，啥也不说，没有任何反馈，只是把自己的评价和想法放在心里。长期的零级反馈会让团队成员产生倦怠感，反正做好与做不好都是一样的，于是工作热情就渐渐消磨掉了。

一级反馈就是单纯的赞美，如，"你真棒！""挺不错的！""做得好，继续努力！"……这种程式化的赞美其实并没有太大的作用，它会让被赞美的人出现审美疲劳，同时为了避免失去这种轻易获得的成就感，还会继续维持现状，止步不前。

二级反馈是肯定对方的行为和动机，并说明原因。二级反馈通过不断地肯定团队成员做得正确的地方，让其感觉工作很有意义，拥有持续的动力去做正确的事，不但在下次做同样的事情时会做得更好，还会想在别的地方做得更好，从而塑造其良好的行为模式。例如：某成员出色地完成了一份计划书，团队领导者反馈说："你做的这份计划书非常好，看得出来你很用心，做得详细、清晰而有条理，感谢你细致认真的工作！"

在给团队成员进行正面反馈时，只有二级反馈才是正确、有效的反馈方式。为了做好二级反馈，团队领导者可以参考 FFC 模型（即 Feeling 感受、Facts 事实、Compare 对比）来进行沟通。

使用 FFC 模型时，先坦诚地讲自己的感受和心情（Feeling），让对方知道他帮助了你或团队；再讲客观事实（Facts），证明你所讲的不是空口无凭的客套话，而是仔细观察到的结果；最后讲对比（Compare），赞美对方如此优秀，是很稀有的、独特的表现。比如上面那个例子还可以这样说："衷心感谢你为团队付出的心血！这份计划书做得非常详细、清晰而有条理，对后续的工作开展具有很强的指导作用。看得出来你很用心，做事严谨细致，值得大家信赖！"

当然，FFC 模型只是进行二级反馈时的一个参考，不必完全照搬，只要能做到肯定他人的行为、动机和结果，并指出原因，就是一个好的二级反馈。

毫无疑问，在团队成员做对事时，如果能运用二级反馈给予正面的意见，总能激发其积极性、创造性，相处也会更加融洽。为此，进行二级反馈时还要注意以下几点：

- 善于多发现他人的优点。这是一项需要刻意练习的技能，因为我们最容易做的事就是挑毛病，而不是找优点。
- 二级反馈后忍住说"但是"。团队成员听完表扬后都很开心，如果随后又加一句"但是"，前面的表扬就化成了泡影。
- 要及时反馈，即时反馈。表扬要注意时效性，看到工作结果第一时间就去表扬，否则，时过境迁就再也不会有那种被认可和赞美的兴奋和心境了。

总之，当成员做对事情的时候，就是你运用二级反馈去塑造其行为的最好时机。用好二级反馈，将给你的团队带来更多的激情和创造力。

（2）负面反馈使用 BIC 模型。

带领团队的人在面对成员做错事的时候，需要进行负面反馈，目的是避免一错再错而对团队及其个人产生不利影响。

负面反馈的原则是对事不对人，反馈过程需要用到非暴力沟通的基本原理和方法，具体可使用 BIC 模型（即 Behavior 行为、Impact 影响、Consequence 结果）来进行沟通。

BIC 模型的具体用法：先谈及对方的行为（Behavior），要说事实而不是说观点，比如你不能说"你经常迟到"（这是观点，容易引发辩论），而要说"上周你迟到了三次"（这是事实，无可辩驳）；再谈及影响（Impact），主要是短期的、局部的影响，如员工拖延导致团队要一起加班；最后谈及结果（Consequence），主要是指比影响更为深远的长期性后果，不能只谈对团队的深远影响，而要尽量与团队成员本人的长期发展挂钩，让对方清楚其错误关系到他自身的利益，从而引起其内心的震动，引发其改进的愿望与动力。

例如："今天全员参加销售培训，你上午和下午都迟到了十多分钟，中间还接听了两次电话（事实），这样会分散老师的注意力，影响上课的节奏，你也少听了很多内容(短期局部的负面效果),我担心以后组织集体活动时大家会纪律涣散,而且这样对你在咱们团队中的形象也有不利影响(长期的负面效果)。"通过这样的负面反馈,既指出了对该成员本人的长期影响,又让对方感受到你是在帮他而不是指责他,容易让其接受和改正。

在带领团队时,有些人为了尽量避免冲突,经常使用"三明治沟通法"进行负面反馈,其通用模型是"表扬(面包)、批评(肉)、相信(面包)",这不是恰当的反馈方法。比如"你在咱们团队工作一年多了,一直干得挺不错的(面包),不过你最近这状态可不行啊(肉),我相信只要你愿意改正,一定没问题的(面包)。"我们不推荐"三明治"的原因是:一般人都会选择性接受信息,而且尽量听好的,不听坏的,于是把两片面包吃了,肉却扔了。另外,这样的沟通方式不痛不痒,让对方抓不住重点,还觉得你不真诚。

在向团队成员进行负面反馈时,有时对方可能会出现比较激烈的情绪反应,此时要特别注意运用非暴力沟通的鼓励、倾听技巧。例如在 BIC 之后说:"其实你一直以来表现都挺好,我就是对你有信心才来找你谈的。你如果把这事儿解决的话,我相信你可以再上一个台阶!"我们虽然说过在正面反馈之后要避免加"但是",但如果在负面反馈之后加一句"但是",效果则会非常不错。此时,对方以往的工作得到认可,激烈情绪得到安抚,你再运用倾听技巧,不仅使对话得以继续,还能拉近彼此的关系。

对成员进行负面反馈的目的是希望对方能够改变,因此,在完成 BIC 之后还有一个重要环节就是商讨如何改变,通常的做法是开放式提问。比如,"你下一步有什么打算?""接下来咱们该怎么办?""你觉得我们还能做些什么?"这时,如果对方说"我真的不知道怎么办",你不能说"那你回去好好想想吧"(一耽搁这事儿就凉了),也不能自己提几点建议给对方,而是给他一个思考的空间,默默地陪着他一起想,激发一下他的潜能,尽量让他自己想出改变的办法来,等到实在进行不下去了,再通过试探性的询问来商讨,比如,"咱们能不能试试……这样试一下,好吗?"总之,负面反馈后的改进办法要尽量由对方想出来,至少是双方共同探讨的结果（相当于他做出了承诺），这样才容易让对方接受，并产生实质性的改变。

4.4 合：共创方案

我们知道，领导力是影响和动员他人共同解决问题的能力。前文所述的塑造自我、建立关系和带领他人都是构成领导力的重要组成部分，但领导力修炼的根本目的是为了找到解决方案，最终推动问题的解决，因此，领导力的最高层次是带领团队共创方案。

在共创方案时，我们经常要用到"团队共创法"。它最初由 ICA（Institute of Cultural Affairs，简称 ICA）提出，是有关率领团队成员共同参与，形成方案，达成共识的领导方法和促动技术，其主要作用是在问题讨论的过程中求同存异，缩小差距，扩大共识，实现共创共赢。

共创方案的目的是将团队中各成员的个体智慧进行有效连接，从而在团队中形成创新的、可行的决策和计划，最终上升为集体智慧与共识，其实施过程包括聚焦主题、使用共创工具、分类排列、提取中心词和图示化赋予含义等五个步骤（如图 4.10 所示）。

图 4.10　共创方案的五个步骤示意图

（1）聚焦主题：确定焦点问题是什么，包括希望通过共创而形成的可视化成果有哪些，团队成员需要一起体验什么，通过什么途径进行体验等。

（2）使用共创工具：在明确主题之后，需要使用共创工具，激发团队成员积极思考，提出各自的想法和意见，达到集思广益的目的。共创工具有多种，包括教练技术、头脑风暴法、六项思考帽和画布技术等，团队领导者可根据实际情况选择使用其中一种或几种，从而产生多种多样的想法和意见。除了下面将要探讨的共创工具之外，第二章介绍的创造性思考工具也可作为共创工具来使用，此处不再赘述。

（3）分类排列：主要用来梳理散乱的想法，以新视角发现不同想法之间的联系，并将汇集后的所有备选方案进行分类。为了便于记忆和思考，一般将各种想法归并为3~7类。太少属于过度合并，会影响下一个步骤；太多又过于分散，不利于记忆。在分类的过程中，团队领导者要带领全体成员共同工作，力争找出那些原来不曾看见的数据与问题之间的关系，并用这种方法给数据和信息赋予新的意义。

（4）提取中心词：从一堆分类好的意见中提取出一个完整的新想法。在这个环节中，团队领导者要带领各成员去发现每一类想法共同表达的是什么，隐藏在不同想法背后的真正含义是什么。由于所提取的中心词是在所有想法基础上产生的新想法，所以不能简单地从该类想法里找出一个能够涵盖其他想法的卡片作为中心词。

（5）图示化赋予含义：将分类后的所有新想法进行结构化展示，即通过创造一个合适的图像来反映新想法之间的关系，以及不同想法对解决问题所起到的不同作用。图示化赋予含义是一项难度较大的工作，需要综合运用形象思维和抽象思维能力，在共创方案的过程中属于可选步骤，可根据实际应用场景按需选用。

我们平常在共创方案时，参与的成员若陷入争论或辩护，往往容易忘记开会的目的是为了找出解决方案，都忙着维护自己的面子而不断表达自己的观点。上述五个步骤使参与者能够说出个人的想法，并综合所有的观点和见解形成新的想法。它让参与者尊重并理解彼此的观点和体验，看到自己的观点和别人的观点之间的关系。与此同时，它打开并拓宽了各自的见识，使每个人都获得了对现实的不同看法，让团体成员之间彼此倾听，从而汇聚各自的智慧，以做出决策和计划。

共创方案是产生团队共识的解决方案的有效方法，可以在简单的主题上运用，也可以在复杂的主题上运用。它首先将主题表述为明确的焦点问题，然后通过团队成员的脑力激荡、小组分享、意见组合、共同讨论等方式，一步步将不同的想法汇聚成为共识。整个实施过程不但能让团队成员有机会做多元思考，还能筛选出有价值的想法。

在上述五个步骤的流程中,聚焦主题（第一步）可以使用第二章介绍的"选择和定义问题焦点"作为思考工具，分类排列（第三步）和提取中心词（第四步）可以使用"MECE 法则"和"归纳法"作为思考工具,图示化赋予含义（第五步）则主要依靠想象力和娴熟的语义表达来实现，而使用共创工具（第二步）则是本章的重点，包括教练技术、头脑风暴法、六顶思考帽和画布技术等，下面逐一进行探讨。

4.4.1　教练技术

教练技术是为了召唤领导力发展起来的一门新兴的个人和组织潜能开发技术,它聚焦于行为改变和绩效提升,帮助团队成员释放潜能,实现最大化的产出。

作为一种共创工具，教练技术适合于对少数几个人（甚至是一个人）进行引导式激发，以此来获得尽可能多的想法和意见。相较而言，教练技术更多的是关注人而不是事，即更加关注人的心态和信念。

4.4.1.1　教练技术的基本原则

使用教练技术的基本出发点源自米尔顿·埃里克森提出的"五星原则"，即关于人性的 5 条假设：

(1) 每个人都是 OK 的。

和《三字经》里的"人之初，性本善"道理一样，每个人都是"合理"的。使用教练技术时，要相信每个人的内心世界都是自洽的，他们的先天条件、教育背景和人生经验造就了其独一无二的反应模式和思维习惯，你首先要尊重和理解团队成员的行为和价值观，在遇到需要解决的问题时，第一时间想到的是信任对方，让对方自己提出想法，这样既可以避免冲突，又有机会发现更多、更合适的解决办法。反之，如果遇到问题时你直接给建议、下指令，对方会觉得自己受到了指责或不尊重，慢慢就会习惯于不再自主思考，而是等待指令。

(2) 每个人都拥有所需的一切资源。

现实世界中的每一个人，无论其目标是什么，无论其对成功和幸福的定义是什么，他们都拥有实现自己的目标、过上幸福生活的多种资源。俗话说"会哭的孩子有奶吃"，即便是一个刚出生的孩子，饿了都会通过哭声来引起大人的关注，从而解决饥饿问题。对于成年人来说，不管他定了什么目标，遇到了什么问题，一定有他自己解决问题的资源，只不过每个人的资源各不相同而已。因此，使用教练技术时，要相信世界上不存在无能的人，团队中的任何人都是富有创造性的存在，拥有自主解决问题的丰富资源。

(3) 每个人的行为背后都有一个正向意图。

如果不评判个人行为带来的结果是好还是坏、是善还是恶，那么每个人的行为动机都应该是积极正向的，都是为了实现其合理的意愿和诉求。日常生活中，大多数人习惯于对别人的行为做评价，为自己的行为做解释。比如老师对学生说"不管什么理由，你打人就是不对"，家长对孩子说"都是为了你好，我才对你这么严格"。这显然是从自我和本位主义出发的表现。因此，使用教练技术时，首先要记得放下评判，充分理解他人的正向意图和动机，从而让团队成员积极表述，并让自己心情开阔，增强自知之明和自我修养。这和克里希那穆所说的"不带评论的观察是人类智力的最高形式"有异曲同工之妙。

（4）每个人当下做出的行为都是最优选择。

一个人不管是偏重于感性还是理性，其当下的行为都是遵循身体、大脑和本能做出的最优选择，没有对错。每个人选择做某件事或不做某件事，其背后总会有其自己的理由和考量。因此，使用教练技术时，要相信团队成员在每一个当下都会做到：在其能力范围内，根据所处的环境和形势，结合自己的人生经验做出最好的选择。

（5）改变是可能的和不可避免的。

"江山易改，本性难移"是一个欺骗了很多人很久的伪命题。事实上，只要愿意，每个人都有能力去寻求改变，没有什么是不可能改变的；只要坚信，每个人都一定可以实现某些改变。因此，使用教练技术时，要在以身作则的前提下，引导团队成员以更加积极的心态去拥抱改变，从而为整个团队带来更多的创新和进步。

4.4.1.2 教练技术的核心思想

古人云："授人以鱼不如授人以渔。"教练技术不是给他人直接提供建议和答案，而是充当一面镜子，让其通过镜子看到自己，从而自己获得问题的答案。

因此，教练技术的核心思想是通过发人深省和富有想象力和创造力的对话（提问和倾听），最大限度地激发团队成员的天赋潜能和职业潜力，帮助其自行找到解决问题的方案，实现行为的改变和绩效的提升。

通常情况下，当人们陷入大量烦琐的工作或习惯于听从上级的指令时，其自身正常的觉察力（观察和感知能力）和责任感（自我选择意识）会逐渐降低。教练技术本质上可以提升被教练者的觉察力和责任感，而且二者均有其内在的心理学根源。

（1）觉察力提升的心理学根源。

觉察力是收集并清晰地感知有关的事实和信息，以及确定事物之间关联的能力，包括对事物和人之间的理解以及对自我的认知。通俗地说，觉察力就是知道你周围发生了什么，自我觉察力就是知道你正在经历什么。

在使用教练技术时，两个方面的觉察力很重要：一是教练的自我觉察力，它能使教练保持中立，不掉入事件，以尊重和好奇的姿态帮助被教练者找到答案；二是被教练者的自我觉察力，它能帮助被教练者发现自身的限制性信念，看到自己内心对未来的憧憬，促进创造性思维的产生。

我们知道，人类心理活动的模式是"输入—处理—输出"。要想有高品质的输出，就需要有高品质的相关输入，这也是高品质觉察力的关键。

在教练技术的使用中，我们强调被教练者自我产生的输入才是高品质的。例如，当教练说"花圃中的花是红色的"时，被教练者接收到的信息很少；当教练问"花圃中的花是什么颜色"时，被教练者会亲自去观察并发现花是红色的，获得的图像信息就丰富得多。此时若教练再问："它们是哪一种色调或色系的红色？"被教练者在这一特定时刻观察到的是栩栩如生、无数细分的红色。

显然，被教练者一旦得到高品质的输入，相应的改变随之而来，无须强求。这些高品质的输入都是被教练者自我产生的，这就是觉察力得以提升的根源。

（2）责任感提升的心理学根源。

强烈的责任感是每一个行动者获得高绩效的关键因素，也是使用教练技术的重要目标之一。

作为教练，倘若你直接给被教练者以建议，当他行动失败时，很自然会归咎于给他提供建议的人，认为责任是在教练而不是他自己。这是因为：错误建议是教练给的，他缺乏应有的选择权力。

例如，教练说："麻烦你去拿个梯子过来，在棚子里有一个。"被教练者去棚子里走了一趟，回来说："那儿没有梯子。"显然，这是教练指挥错误所致，被教练者认为与他无关。但是，如果教练说："我们需要一个梯子，棚子里可能会有，谁愿意去取？"被教练者说："我愿意。"即使他在棚子里没找到梯子，也会去其他地方找，因为他觉得教练给了他选择的权力，他就有责任去完成这一任务。

因此，使用教练技术首先要从心态上对自己进行调整，你的自我定位不应是一个下命令的指挥官，而是通过给予他人自主选择权，激发其责任感去完成任务的真正的教练。

4.4.1.3 教练技术的行动要点

通过以上分析不难发现，要做好一个真正的教练，不但需要具有耐心、细心和公正等良好品质，以及很强的理解力、觉察力和记忆力，还要善于倾听，时刻对新想法、新观点和新主意保持兴趣，并对被教练者予以支持和鼓励。

为了尽量达到上述要求和标准，在使用教练技术时，要注意以下行动要点：

（1）提出有效的开放式问题。

一般而言，封闭式问题要求对方给出准确答案，被教练者就不需要思考。只有提出开放式问题，要求对方给出描述性答案，才能促进对方思考，提升被教练者的觉察力。对教练来说，开放式问题的答案都显得较为次要，教练只需要知道被教练者自己掌握了必要的信息就足够了。

提出开放式问题通常以寻求量化或收集事实的词语开始，比如"什么""何时""谁""多少"等。所谓有效的开放式问题，关键的一点是能够激发被教练者展开自主思考，自发地寻找问题的解决方案，举例如下：

- ☞ 这个问题之所以难，难在什么地方？
- ☞ 你认为这个难题要解决，有哪些方式呢？
- ☞ 根据目前现状，你觉得最适合的解决方式是什么？
- ☞ 如果你知道答案，它会是什么？
- ☞ 如果你的朋友面临你现在的处境，你会给他什么建议？
- ☞ 想象你正在和你认识或者想象中最有智慧的人对话，你认为他会告诉你怎么做？
- ☞ 我不知道下一步该怎么办，如果是你，你会怎么办？
- ☞ 对你来说，这件事情最具挑战的是什么方面？

第 4 章 领导力决定影响力

- 如果有人对你做了这些，你会有怎样的感受和想法？
- 它对你或其他人造成的影响是什么？
- 你如果这么做，将让你得到或者失去什么？
- 除了刚才说的这些，还有什么？
- ……

然而，同为开放式提问，我们不建议使用"为什么"，因为这个疑问词意味着批评，可能引起防御心态。比如，"你到底为什么要这样做？"就暗含指责，会让被教练者认为你不希望他继续维持现在的方式。又如，"为什么不去想办法呢？"也有责怪的意味，容易激起对方的自我防御。

另外，我们也不建议使用"如何"，因为它会引发分析性思考，可能会适得其反。分析性思考和觉察力是不同的心理模式，不能同时应用并同时达到最佳状态。

当你要问"为什么"时，最好表达成"是什么原因"，例如，"是什么让你这样做的呢？""是什么原因让你没有尝试新的办法？"当你要问"如何"时，最好表达成："做这件事情的步骤是……"

（2）不要使用引导性问题。

在使用教练技术时，提问内容要从宽泛逐渐过渡到细节，且兴趣范围要跟随被教练者进行调整，而不是跟随教练自身，这就要求教练尽量不使用引导性问题进行提问。

当被教练者有条件探索自己感兴趣的话题时，他就会更加关注并聚焦于任何可能的解决方法。反之，如果教练倾向于引导提问的方向，会削弱被教练者的责任感，因为那不是对方自己的选择。如果被教练者对某个问题感兴趣，但教练却不允许他进一步探索，这个问题就会始终吸引他的注意力，导致工作的扭曲或误入歧途。

（3）关注答案。

使用教练技术时，要将提问当作是一个自然的过程，教练必须充分关注被教练者对问题给出的答案,这样才会知道下一个最好的问题是什么,并让被教练者时刻保持信任。

在被教练者回答当前的问题时,教练如果想着下一个问题该问什么,对方会觉察到自己没有被倾听,从而认为教练是在敷衍或糊弄他,并失去对教练的信任。

此外,教练在关注答案的同时,要让被教练者尽量把问题回答全面,依然要使用开放式的提问来引发更多的思考,比如"还有其他什么问题吗",而不是"还有没有其他问题",因为后者通常会导致被教练者回答"没有",不利于挖掘更多的信息。

(4)给出积极的身体语言信号。

如果教练嘴里说的是一回事,而肢体看起来在说另一回事,身体语言更接近于真实的想法。因此,我们强调在使用教练技术时,身体语言要给出积极的信号,以此来鼓励被教练者自由表达。

通常来说,积极的身体语言指的是开放的姿势,表示随时希望接受来自对方的信息,比如上身前倾、目光对视、肯定地点头、随时反馈听到的要点、表达理解、适当记录等。教练说话时,切忌双臂交叉于胸前,这经常表示拒绝或防御,不是一个开放的姿势。

4.4.1.4 教练技术的操作流程

关于教练技术的操作流程,约翰·惠特默博士所著《高绩效教练》一书介绍的 GROW 教练模型最为适用。

所谓 GROW 教练模型,指的是对被教练者进行目标(Goal)、现状(Reality)、选择(Option)和意愿(Will)这四个维度的提问,以此来帮助对方建立觉察感、目标和自信,实现从提高自我认知(觉察力)到建立自我责任(责任感)的转变,实际上就是通过提问辅导为其赋能,使其从根本上获得解决问题的能力。

GROW 教练模型的设计逻辑如图 4.11 所示,下面对四个维度的提问目的和内容进行简要说明。

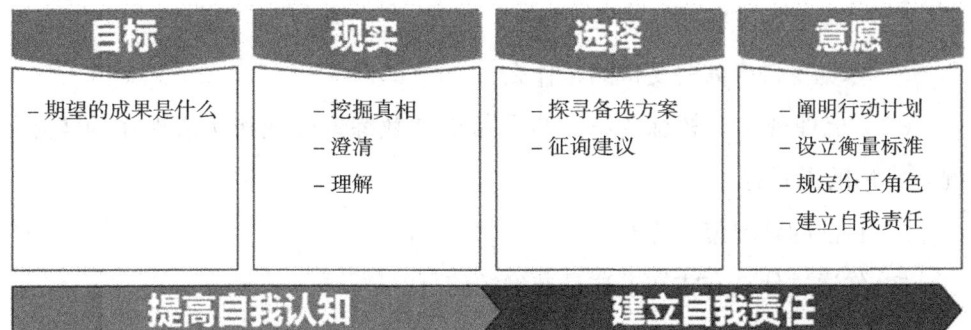

图 4.11　GROW 教练模型的设计逻辑

（1）明确目标。教练流程的第一步是让被教练者明确自己期望的成果是什么。常用的提问有：

☞ 你想要实现的目标是什么？

☞ 如果可能的话，你想要实现怎样的目标？

☞ 你想成为一个怎样的人？

☞ 你真正想要的是什么？

☞ 你的目标具体包括哪些方面？

☞ 如果你知道答案的话，那会是什么？

☞ 实现目标的标志是什么？

☞ 你如何就能肯定地知道已经得到了你想要的？

☞ 你想做的事情会为你带来什么？

☞ 是什么让你这么渴望实现这个目标？

☞ 10 年、20 年之后，你会如何看待这件事情的成功？

☞ 实现这些成果，对你有什么重要意义？

☞ 如果这个目标实现了，你的生活/事业会怎样？

☞ 你希望什么时候实现目标？

☞ 如果需要量化的话，用什么来量化你的目标比较合适？

- 你需要我支持的是什么？
- 你觉得自己需要支持的是什么？

（2）梳理现实。教练的第二步是帮助被教练者梳理和认清现在的实际情况。常用的提问有：

- 目前的状况怎么样？
- 你通过什么方式知道这是准确的信息？
- 这是什么时候发生的？
- 这种情况发生的频率如何？
- 你做了什么（没有做什么），所以导致目前的状况？
- 你考虑过那些方法？它们是不是你想到的全部？
- 这些行动可以确保实现你的目标吗？
- 你觉得你在做这个行动与你想达成的目标的关系是怎样的？
- 还有哪些人与此相关？
- 他们分别是什么态度？
- 你目前拥有哪些资源？
- 是什么原因阻止你实现目标？还有吗？真的吗？
- 哪些原因是和你有关的？
- 如果目标不能实现，你会有什么感觉？
- 其他相关的因素有哪些？
- 有谁可以成为你的支持者、帮助者？
- 你尝试过采取哪些行动？
- 是什么令你选择这个时间完成？

（3）选择方案。教练的第三步是让被教练者积极寻找解决方案，并思考、评估各种方案的可行性和难易程度，并做出最终选择。常用的提问有：

- 为改变目前的状况，你能做哪些工作？
- 可供选择的方法有哪些？

- 你曾经见过或听说过别人有哪些做法？
- 这些做法各有哪些优缺点？
- 你认为哪种方法是最有可能成功的？
- 你认为按这些方案采取行动的可能性有多大？
- 能否对这些方案分别进行评估打分？
- 你觉得调整哪个指标可以提高行动的可能性？

需要特别说明的是，当教练技术执行到这一步以后，相当于包含了共创方案的第2~5步，但为了保证叙述的完整性，我们到此并不会立即终止讨论。请读者理解其中存在的包含与交叉关系，在实践中对有关步骤按需取舍。

（4）行动意愿。教练的最后一步是阐明行动计划，设立衡量标准，规定分工角色，建立自我责任。常用的提问有：

- 下一步是做什么？
- 你打算如何迈出第一步？
- 你认为采取下一步行动的最好时机是什么时间？
- 你打算在什么时间实现目标？
- 要达成这个目标，还缺些什么？还有什么需要考虑？
- 可能遇到的障碍是什么？哪个最难排除？哪个最易排除？
- 你现在有些什么资源可以帮助你达成目标？
- 你需要得到什么支持？
- 哪些人能对行动提供帮助？
- 你什么时候需要支持？
- 你打算怎么来获得支持？

在使用GROW模型进行教练辅导时，要注意避免自己介入到被教练者的问题之中，因为教练自身一旦介入，会让对方停止对自我现状的思考，也不会去考虑他自己应该怎么做。因此，一个真正的好教练在提问的过程中会轻松，他只需按照GROW模型的框架来提问，只有被教练者才需要绞尽脑汁地思考问题，承担起自我责任。也只有这样，教练的辅导才算得上成功有效。

总之，使用教练技术的主要职责是提问和倾听，并在此过程中理清事实与演绎，及时做出合理回应，让被教练者了解自己的心态、固有信念和处事模式。它需要的不是你会什么，而是你怎样去激发他人，让他人按照自己的意图采取行动，实现目标。

4.4.2 头脑风暴法

头脑风暴法（Brain Storming）又称智力激励法、自由思考法，是由亚历克斯·奥斯本于1939年首次提出，1953年正式发表的一种激发思维的方法，它最早是精神病理学上的用语，指的是精神病患者的精神错乱状态，现在转而为无限制的自由联想和讨论，目的是产生新观念，激发新设想，因此在团队进行方案共创时应用较为普遍。

头脑风暴法采用集体讨论方式，引导每个参加讨论的成员围绕某个议题广开言路，全面分析，大家畅所欲言，毫无顾忌地发表独立见解，通过互相启发来激发灵感，在每个成员头脑中掀起一场思想风暴，产生集体创造性思考，找到可能解决问题的方法或潜在的改进机会。

4.4.2.1 头脑风暴法的应用原则

使用头脑风暴法共创方案时，要集中团队成员召开专题会议，主持者以明确的方式向所有与会者阐明问题和会议规则，尽力创造融洽轻松的气氛，鼓励大家自由发表想法和观点。

为了尽量激发与会人员进行思考和碰撞，运用头脑风暴法时应遵守如下原则：

（1）自由畅想：创造自由、活跃的气氛，要求与会者尽可能解放思想，无拘无束地思考问题并畅所欲言，不必顾虑自己的想法或意见是否"离经叛道"

或"荒唐可笑"。

（2）以量求质：意见越多，产生好意见的可能性就越大，鼓励与会者尽可能多而广地提出设想，以大量的设想来保证获得质量较高的设想。

（3）延迟评判：对各种意见、方案的评判必须放到最后阶段，不管是否适当和可行，自由发表期间不能对别人的意见提出任何批评和评价，比如不要发表"这主意好极了""这想法太离谱了"之类的"捧杀句"或"扼杀句"。

（4）综合改善：鼓励与会者积极进行智力互补，在自己提出设想的同时，注意思考如何对他人已经提出的想法进行补充、改进和综合，强调相互启发、相互补充和相互完善。

头脑风暴法可以排除折中方案，对所讨论的问题通过客观、连续的分析，找到一组切实可行的方案，因而在各类团队共创中得到了广泛应用。

4.4.2.2 头脑风暴法的应用流程

头脑风暴法是一种有目的、有方法、有规则地进行脑力激荡的会议形式，在应用这种方法进行方案共创时，通常按照准备、产生、澄清和筛选等四个阶段展开。

（1）准备阶段。

本阶段的主要工作是：确定课题、确定主持人、确定记录人（可以由主持人兼任）、确定会议时间、选择参加人员、确定会议地点、培训会议规则（即上述应用4原则）、公布课题并告知参会人员进行会前准备。

使用头脑风暴法的首要任务就是确定课题，即会议讨论的目标，要做到具体化和颗粒化。课题不能过于庞大，因为太大的目标难以在短时间内达成一致，也很容易让整个讨论偏题。

在选择会议地点时，要充分考虑能否构建一个良好的交流环境。为此，我们建议在会议室里提前准备好一个大白板，或选择可悬挂大张A0纸的房间；为确保会议期间不受别人干扰，也不干扰别人，开会的房间建议相对封闭。

在选择参加人员时，人员的岗位或角色要尽可能多元化，因为不同岗位和角色的人具有不同的背景和经验，看问题的角度不同，才容易碰撞出更多不同的火花。同时，为了避免讨论过于发散而导致效率低下，应适当控制人数，通常 5~8 人为一个小组的上限。若需要参会的人员实在太多，建议拆分成 2~3 个小组进行分组讨论。

（2）产生阶段。

本阶段的主要工作是：组织会议、热身活动、明确问题、介绍背景和现状、各组员依次发表观点、互相激发思维、补充观点、确认是否还有新的观点。

会议开始时安排热身活动是头脑风暴会的惯用方法，目的是为了形成热烈和轻松的气氛，使与会者的思维活跃起来。热身活动可以是讲幽默故事、玩智力游戏或做一些破冰游戏等。

主持人在向与会人员明确所要解决的问题时，要做到力求简单、明了、具体，对一般性的问题要分解成几个具体的问题来介绍，并简明扼要地说明讨论的背景和现状，避免走不必要的弯路。考虑到有些组员可能存在疑惑，在进入正式讨论之前，主持人可以花 10~15 分钟来解答大家的提问。

在自由畅谈期间，为保证会议有序进行，各组员要依次发表观点，在互相激发之后，也要依次补充观点。每个组员发言时，一次只能分享一个想法，以便大家都听得清楚、明白，也便于记录员进行记录。在此环节，主持人要坚持原则，严禁吹捧、批评和评判，对违反原则的与会者要及时制止，如有坚持不改者可及时劝退。

需要注意的一点是，召开头脑风暴会要适当控制节奏，中间要安排必要的休息或切换话题，不宜强度过高（如持续闭关 1 天 1 夜甚至更久），因为人的精力是有限的，一旦大脑进入疲惫状态，就难以达到激发思维的效果。

为了有效控制节奏，讨论期间可以给每个主题设置时间限制（如 15~20 分钟，具体取决于相关的主题数量），还可以给每个主题设置一个想法数量目标（如 20 分钟内提出 100 个想法）。为此，讨论时使用计时器是一个不错的方式，这样可以让每个人看到时间的流逝,肾上腺素随之增加,从而提高头脑风暴的产出效率。

另外,记录员要对与会者提出的每个设想进行记录或现场录音。另一个替代传统记录的方法是,让参与者都用即时贴和记号笔写下自己的想法,在他们口头分享之后,把这些想法贴在白板上或悬挂的大张 A0 纸上。无论采用哪种方式,重要的是要可视化,这样才有助于想法的整理和分类。

(3)澄清阶段。

本阶段的主要工作:筛选观点、确认是否需要开发新观点、重述筛选后的观点。

在筛选观点时,我们可能会发现,平凡型的观点普遍可用,但效果不明显,幻想型的观点效果明显,但可能条件不具备,因此我们要将平凡型和幻想型的观点转化为实用型观点。另外,在确认是否需要进一步开发新观点时,重点是开发幻想型的新观点,但对原有的幻想型观点不要随便舍去。

(4)筛选阶段。

本阶段的主要工作:整理观点、评估与筛选观点。

为了做好观点的整理,主持人在讨论过程中要把控并引导讨论的方向,使与会者的发言紧扣主题,并在记录员记录观点时及时帮助其进行归纳总结。

当所有观点整理完毕后,主持人要组织与会人员或专家小组对头脑风暴会上产生的观点进行评估和筛选,此时应注意谨慎行事,即使是不严肃的、不现实的或者荒诞无稽的观点也要予以认真对待,要让参与者从多个维度进行评估,通过综合各方意见筛选出最终方案。

头脑风暴法是一种极易操作,并具有很强实用价值的方案共创工具,它非常具体地体现了集思广益的思想和团队合作的智慧,能在最短的时间内有效开拓思路,激发灵感。

当你带领一个团队时,只要熟练掌握这一方法,不管遇到任何难题,都不必再独自一人冥思苦想,而是可以借助团队的力量共同寻找解决方案,并可以借此营造良好的沟通氛围，锻炼团队成员的创造力，增强整个团队的责任感、凝聚力和协作精神。因此，头脑风暴法是带领团队时值得经常使用的一种方案共创工具。

4.4.3 六顶思考帽

传统的头脑风暴法在产生想法或观点时一般是随机的、无序的，它虽然通过四项原则规避了小组成员之间对不同意见的评判和批评，但由此产生的观点难免会天马行空，难以聚焦。作为共创方案的工具之一，"六顶思考帽"有效地解决了这些问题。

六顶思考帽是由爱德华·德·博诺博士开发的"水平思考"工具之一，目的是实现对问题的全面思考，强调"能够成为什么"，而非"本身是什么"，目的是寻求一条向前发展的路，而不是争论谁对谁错。

运用六顶思考帽，能使混乱的思考变得更加清晰，帮助团队成员从不同角度创造性地思考同一个问题，更全面、客观地认识事物，做出判断，在提出建设性观点的同时，充分聆听他人的意见，从而产出高效能的解决方案。

4.4.3.1 不同思考帽的含义和作用

人的大脑喜欢简单、结构化的东西，复杂化的事物容易使大脑变得混乱。在使用六顶思考帽进行方案共创时，白、绿、黄、黑、红、蓝这六种不同颜色的帽子分别代表六种不同的思维模式，团队成员每次只戴一顶思考帽，即一次处理一件事情，从而把复杂的问题简单化。这六顶思考帽的含义和作用如下：

（1）白色思考帽。白帽代表客观、中立。

戴上白帽时，思考的是关于现实世界的信息，强调的是数据和事实，关注的是我们知道什么、还需要知道什么、如何得到这些信息、谁能提供这些信息、事实的可靠性如何，等等。

白帽思考要尽量从实际出发，确保信息适用而准确，比如面对互联网上的海量信息时要思考：这是真的吗？有科学依据吗？

（2）绿色思考帽。绿帽代表创新、创意。

戴上绿帽时，寓意创造力和想象力，思考的是提出哪些新想法，摆脱哪些旧观念，激发哪些新灵感。

绿帽思考是一种创新思考模式，它提倡有主见，不按常规出牌，甚至逆向思考，可结合第二章的创造性思考工具一起使用。比如在广告文案创作时，如何选择新角度，提出有创意的思路和主意，是非常重要的工作能力。

（3）黄色思考帽。黄帽代表积极、乐观。

戴上黄帽时，需要从正面进行积极的思考，聚焦关注事物的优点，表达乐观的、充满希望的、建设性的观点，但必须给出理由。

黄帽思考注重价值和肯定，寓意开朗，热爱生活，拥有梦想。例如贝多芬耳朵聋了，但他相信自己的音乐能力和对音乐事业的热爱，依然坚持克服困难，继续音乐创造。

（4）黑色思考帽。黑帽代表谨慎、悲观。

戴上黑帽时，需要运用否定、怀疑、质疑的方法展开合乎逻辑的批判，在事前思考困难、挑战、问题和风险，尽情发表负面的意见，找出逻辑上的错误和问题。

黑帽思考是批判性思考的基础，但要避免过度使用而导致无法创新和进步。黑帽思考较多的人一般不敢冒险，比如不愿参与股票交易等有风险的事，也不太适合创业。

（5）红色思考帽。红帽代表感性、直觉。

戴上红帽时，思考者可以表现自己的情绪，还可以表达直觉、感受、预感等方面的看法。

红帽思考关注一个人的第一感觉、第一印象，比如男女之间的一见钟情，面对家人时讲述自己的真实感受，缓解工作压力。

（6）蓝色思考帽。蓝帽代表理性、程序。

戴上蓝帽时，需要控制和调节思考过程，包括控制各种思考帽的使用顺序，规划和管理整个思考过程，观察和监控思考者遵守游戏规则，并负责做出结论。

蓝帽思考就像乐队的指挥，统领整个大脑，要聚焦方向，提出问题，列出思考任务。

4.4.3.2 六顶思考帽的使用方式

以上六顶思考帽都有各自的优点和局限性。它们可以单独使用，也可以组合使用，具体要根据方案共创的需要进行选择。

当你只需要获取现实的数据和事实时，用白帽思考即可；当你想获得针对某个问题的创意思路时，用绿帽思考即可；当你只想发现可能的问题和风险时，用黑帽思考即可。其他思考帽也与此类似。

在团队成员共创方案时，可以通过思考帽的更换来转变思考聚焦的重点，比如从感性的红色转变到理性的蓝色，从积极的黄色转变到谨慎的黑色，从客观的白色转变到创新的绿色。显然，任何一顶思考帽都无法解决所有的事情，掌握思考帽越多，解决问题的方式就越多，处理问题也会更高效。

大多数情况下，为了找到复杂问题的解决方案，我们通常会组合使用三种以上的思考帽序列来进行团队共创，通常的流程如下：

（1）序列的开始：每个复杂问题的讨论均以蓝帽开始，然后根据不同的情景决定随后使用哪种思考帽，比如需要收集信息时用白帽，议题有强烈意见或情绪时用红帽，对议题都比较了解时用黄帽，但黑帽和绿帽都不建议在序列开始后立即使用。

（2）序列的中间：不存在固定的思考帽使用顺序，六帽中的任何一顶都可置于中间，且可多次使用或不使用。

（3）序列的结尾：一般以红、绿或蓝帽作为序列的结尾，黑帽一般不使用，除非是议题暂时性中止，需要后续接着讨论时。

第4章 领导力决定影响力

下面通过几个典型场景案例来说明组合使用思考帽序列进行团队共创的具体流程。

场景一，对某个具体问题探索初步创意，可以使用"蓝—白—绿"序列，作用分别如下：

蓝帽：陈述问题焦点；

白帽：思考相关数据和信息；

绿帽：思考初步的构想和创意。

场景二，讨论某项特定过程的改进方法，可以使用"蓝—白—黄—黑—绿—红—蓝"序列，作用分别如下：

蓝帽：陈述问题焦点"如何改进特定过程"；

白帽：回顾目前的过程，调研其他人对过程的评价；

黄帽：思考并表述过程中那些环节值得肯定；

黑帽：思考并表述过程中的缺陷和可提升空间；

绿帽：思考并表述目前的缺陷可能有哪些改进办法；

红帽：凭直觉从所有想法中选择一个最合适的；

蓝帽：决定下一个步骤。

场景三，对某个项目开展绩效评审，可以使用"蓝—红—白—黄—黑—绿—红—蓝"序列，作用分别如下：

蓝帽：确立绩效评审目标；

红帽：分享对项目进展状况的感觉；

白帽：评审工作描述，包括角色和责任；

黄帽：思考并陈述项目中哪些方面的工作进展不错；

黑帽：思考并陈述执行绩效的挑战和缺陷有哪些；

绿帽：思考并提出克服缺陷、改善绩效的新方法；

红帽：用一句话简要表达对下一步工作的感觉；

蓝帽：为提升绩效达成共识，确认行动的负责人和完成时间。

总之，六项思考帽是一个经过了反复验证，操作简单，灵活实用的方案共创方法和思考工具，值得我们在带领团队时经常使用。

4.4.4 画布

在组织团队开展方案共创时，我们经常希望输出的结果既要有逻辑性，又要体现发散性思考；既要进行结构化呈现，又要有创新性内容；既要实用，还要美观……无论是在会议研讨、产品创新还是问题解决当中，我们时常面临的两难困境是，讨论要聚焦主题，但又不能限制团队成员的思考，该怎么办好呢？此时可以用到一个新的方法和工具——画布（Canvas）！

这里所说的画布并不是油画家用来创作的画布，而是一个形象的比喻，指的是一种基于全脑思考的、高效的方案共创、分析和输出表达方法，其核心思想是充分调动左右脑各自的优势，用生动的方式来表达晦涩的内容，用严谨的逻辑来支撑随机的创意。通俗地讲，使用画布作为工具来共创方案，目的是让团队成员在此过程中既扮演严谨的科学家，又充当创意的艺术家。

画布方法的产生最早源于著名的商业模式创新作家亚历山大·奥斯特瓦德2008年提出的商业模式画布（Business Model Canvas，简称BMC）概念。基于商业模式画布的思路和方法，人们在不同的领域又创造出了很多不同的画布模型，如产品画布、团队管理画布、行动学习画布、设计画布、问题分析画布等。

为了达到"窥一斑而知全豹"的效果，下面我们对商业模式画布进行详细探讨，并对其他几种画布技术做一个简要介绍。

4.4.4.1 商业模式画布

商业模式画布简称商业画布，是指一种能够帮助创业/创新者梳理思路，产生创意，定位目标客户/用户，寻找市场切入点，构建合适商业模式的团队共创工具，它不仅能够提供灵活多变的计划，还可以将商业模式中的关键元素进行标准化输出,并展示出元素之间的相互关系和作用。

商业画布的形式可以有多种,但关键元素都大同小异,我们以一个典型商业画布(如图4.12所示)为例进行说明。

关键合作伙伴 识别出要实现价值主张所需要的外部合作伙伴,如投资方、供应商、利益相关部门、上下游产品团队等	关键业务活动 识别该商业模式下所需要的关键商业活动和业务流程,如宣传、促销、生产、配送等	价值主张 针对每类客户/用户,我们希望解决什么问题,创造什么价值/愿景	客户关系 期望与每类客户/用户建立什么关系,如共创、粘性、自助等,在我们的生态体系产生什么影响	客户细分 识别该产品所服务的不同客户/用户群,不同的群体会有不同的诉求,区分其中哪些是核心用户,哪些较为次要
	关键资源 要使该产品成功,识别出需要哪些资源,如人才、资金、设备、知识产权、信息/数据、原材料等		渠道 识别有哪些渠道或方式可以将产品或服务交付到用户手中,什么样的渠道最快速、高效	
成本结构 分析产品在采购、设计、开发、推广、运营中的成本结构,包括人力、设备、差旅好原材料等方面的成本及比例			收入来源 分析产品创造的主要收益来源,包括销售产品的收入,流程改进、效率提升所省的成本,以及合规所避免的惩罚等	

图 4.12 商业模式画布

在这个画布中,与商业模式密切相关的9个关键要素以图形化、逻辑化的形式展示出来,为团队共创方案提供了一个既可条理性表达,又可创造性思考的工具模板。这9个关键要素包括:

(1)客户细分:解决的问题是"我们正在为谁创造价值?谁是我们最重要的客户?"

(2)价值主张:解决的问题是"我们向客户传递什么样的价值?我们帮助客户解决哪些难题?我们满足哪些客户需求?"

（3）渠道：这是公司联系和接触客户，传递价值主张的通路，解决的问题是"我们的渠道如何整合？哪些渠道最有效？哪些渠道成本效益最好？如何把我们的渠道与客户的例行程序进行整合？"

（4）客户关系：描述公司与特定客户细分群体建立的关系类型，解决的问题是"我们希望和每个客户细分群体建立和保持何种关系？这些关系成本如何？如何把它们与商业模式的其余部分进行整合？"

（5）收入来源：是商业模式的心脏，解决的问题是"什么样的价值能让客户愿意付费？他们更愿意如何支付费用？每个收入来源占总收入的比例是多少？"

（6）关键资源：帮助公司创造和提供价值主张，接触市场，与客户细分群体建立关系并赚取收入，包括实体资产、金融资产、知识资产或人力资源。

（7）关键业务活动：是创造和提供价值主张，接触市场，维系客户关系并获取收入的基础，可分为制造产品、组织销售、解决问题、建立平台、提供服务等。

（8）关键合作伙伴：是帮助公司实现价值主张的外部合作伙伴，包括投资方、供应商、利益相关部门、上下游产品团队等，很多公司甚至通过创建联盟来优化其商业模式，降低风险或获取资源。

（9）成本结构：是运营一个商业模式的所有成本，分为成本驱动和价值驱动两种类型，很多商业模式的成本结构介于这二者之间。

迄今为止，商业画布为很多企业和创业者提供了非常有价值的参考，它能够准确地告诉参与团队共创的成员，只要思考完这9个方面的问题，你得到的商业模式就一定是理性的、全面的。

4.4.4.2 产品画布

在商业模式画布的基础上，人们通过对产品属性、内外部资源、相关利益者关系等方面的分析，强化从市场到产品的思考逻辑，从而建立了另一个画布模型，即产品画布（Product Canvas，简称PC，如图4.13所示）。

客户/用户群细分 谁是我们的目标客户？谁是我们的目标用户？	解决的问题 我们要解决的最重要的3个问题是什么？	我们的价值 我们是如何解决或满足用户需求的？简单描述客户为什么会向我们付费	竞争壁垒 无法被竞争对手轻易复制或买去的竞争优势	内部资源 关键的内部资源有哪些？
种子用户 谁是我们产品的种子用户？	当前的情况 现在的竞品是怎么做的？	渠道通路 我们如何拉新、留存、促活、转化？	利益相关者 谁是我们主要的利益相关者？谁是影响项目的领导？	外部资源 关键的外部资源有哪些？
收入/业务价值 产品之所以能带来收入，其业务价值体现在哪些方面？			成本结构 产品在采购、设计、开发、推广、运营中的成本结构，包括人力、设备、差旅好原材料等方面的成本及比例	

图 4.13 产品画布

产品画布合计有 12 个关键要素，除了覆盖商业画布的大部分要素之外，还增加了竞争壁垒、种子用户、当前的情况、外部资源等内容，使之更贴近产品设计与创造的内涵，在此不再一一赘述。

4.4.4.3 团队管理画布

团队管理是一个系统性问题，初阶的团队管理者如果独立思考管理团队的方法，往往会出现"只见树木、不见森林"的情况。此时如果有一张团队管理的导览图作为指引，将起到事半功倍的效果。这就是团队管理画布的主要作用。

团队管理画布（Team Management Canvas，简称 TMC）可以通过一张图来展现团队管理的核心要素，帮助我们用全局视野来思考、梳理和输出令管理者头痛的关键性问题和解决方案（如图 4.14 所示）。

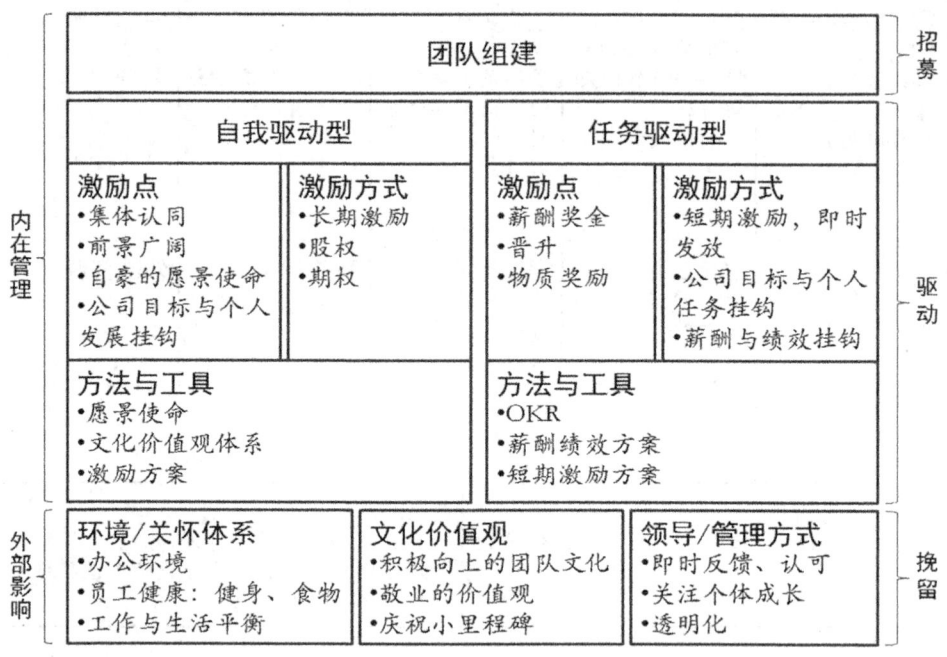

图 4.14　团队管理画布

作为团队管理的导览，团队管理画布能够让我们清晰地认知到团队管理过程中需要关注的重点问题和模块有哪些，以及每个模块出了问题时需要用什么方法去解决，从而掌握整个布局的全面信息。

4.4.4.4　行动学习画布

行动学习画布（Action Learning Canvas，简称 ALC）是一款可视化的行动学习团队共创工具，它将行动学习的全部流程呈现在一张画布上（如图 4.15 所示）。

提出难题	澄清难题	重构难题	创新方案	采取行动	学习反思
说明难题	澄清提问	重构共识	创新提问	行动计划	收获反思
说明难题	团队回顾	设定目标	经历分享	个人支持	欣赏赋能

图 4.15 行动学习画布

行动学习画布中融入了中国行动学习协会（China Society for Action Learning，简称 CSAL）关于行动学习的六大步骤、12 个子步骤。团队共创的参与者可以按照画布上的流程进行对话，把发言要点记录在卡片上，把卡片张贴在画布上。研讨结束时，对话过程和要点就能清晰地呈现在画布上。

行动学习画布所包含的 CSAL 行动学习六步法以提问为中心，按照提出难题、澄清难题、重构难题、创新方案、采取行动和学习反思的流程开展研讨，有助于形成"团队脑"，层层深入地帮助团队成员发现难题背后的问题，制订可行的解决方案和行动计划，促成团队成员心智模式和思维方式的转变。

4.4.4.5 设计画布

这里说的设计画布，指的是 Token 经济设计专家叶开提出的 Token 经济模式设计画布（Token Economic Model Design Canvas，简称 TEMDC，如图 4.16 所示）。

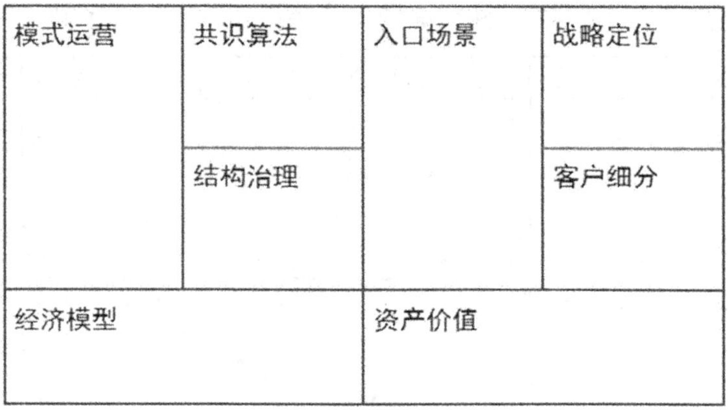

模式运营	共识算法	入口场景	战略定位
	结构治理		客户细分
经济模型		资产价值	

图 4.16 Token 经济模式设计画布

Token 经济模式设计画布通过 8 个核心模块对 Token 模式进行了简单明了的描述和分析，它们涵盖了 Token 模式设计的主要维度，可以映射出传统产业的业务需求和 Token 的设计逻辑。

对于区块链经济而言，Token 模式就像是一个设计蓝图，可以通过链、币和社区、治理来实现。我们可以把 Token 设计画布形象地总结为"八个一"，即一句话（概括企业战略定位）、一个人（定位细分客户）、一幅画（描绘入口场景）、一个数（定义资产价值）、一个共识（算法）、一套治理（结构治理）、一个模型（经济模型）和一套运营（模式蓝图）。

4.4.4.6 问题画布

我们在解决常规问题时，也可以使用画布工具来进行思路梳理和团队共创，这就是问题画布（Problem Canvas，简称 PC，如图 4.17 所示）。

问题画布将我们日常分析问题的关键流程按照一定的逻辑进行结构化呈现，主要包括主题或课题（即对问题的定义）、相关利益者、关键信息描述、现状或背景分析、目标和价值定义、差距与原因分析、应对策略和方案、风险分析以及行动计划等 9 大模块。

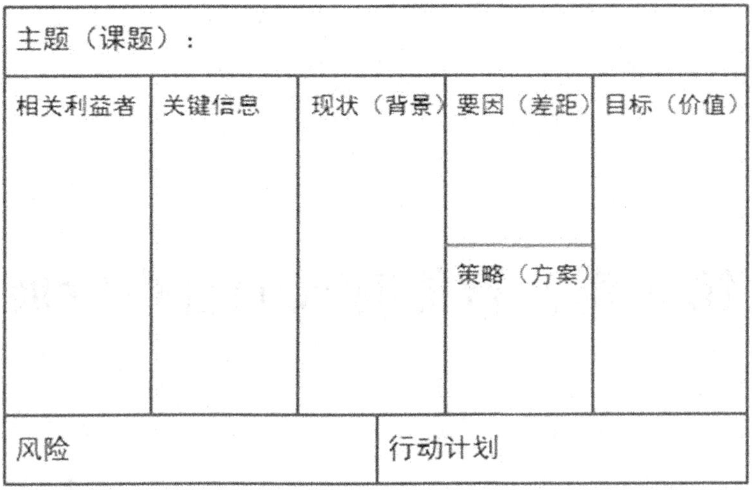

图 4.17 问题画布

如果说行动力主要用于对事的管理,那么领导力则主要用于对人的影响。本章介绍了领导力四个层次的修炼方法,并对每个模块中的适用工具进行了详细介绍,目的是帮助读者建立一个完整的领导力框架,并为每一个应用场景提供简明、有效的应用工具。

第 5 章　智能时代的自由发展

到目前为止，我们通过前面三章对思考力、行动力和领导力这三大基础能力进行了详细探讨，给出了一些适用的模型、方法和工具，可供读者在工作和生活中进行自主修炼，灵活调用。

然而，无数的事实告诉我们，一个人要想取得某些方面的成功，仅有基础能力是不够的，还必须在意愿、态度和行为等方面有较好的表现。

我们前面所讲的思考力、行动力和领导力从来不是独立存在的东西，这三大基础能力在每个人身上都是相互关联、相互作用的。笔者通过研究发现，人们对客观世界的认知（即基础能力）会影响和决定他们对待世界的态度。因此，恰恰是这些基础能力之间的相互交叉，构成了人生发展的三大基本素质——积极主动、知行合一、使众人行。

显然，积极主动是一种意愿倾向，知行合一是一种态度表现，使众人行是一种行为模式，但综合起来看，它们根本上描述的都是个人对待事物、环境、他人以及思维、认知、实践的一种态度。我们知道，当一个人具备足够的能力，又有良好的态度时，往往能爆发出强大的力量，助其实现自由发展，走向成功巅峰。

那么，这三大基本素质对我们的工作和生活能产生什么样的影响？我们应

第 5 章 智能时代的自由发展

该如何培养这些素质呢？本章将围绕"为什么""是什么"和"做什么"这三个问题对它们展开讨论。

5.1 意愿：积极主动

在第一章的职业发展胜任力模型中，我们用青色与红色的叠加——蓝色来代表积极主动，因为它是思考力与领导力共同作用所产生的一种意愿，含义是"积极思考、主动担当"。

事实上，当思考力与领导力在不同层次叠加时，所形成的意愿是不同的，比如弱思考力与强领导力叠加，形成的是缺乏思考的担当意愿；强思考力与弱领导力叠加，形成的是缺乏担当的思考意愿，这些都不是我们所倡导的，只有思考力和领导力都处于较高水平时，二者叠加才会形成"积极主动"的意愿倾向，才是我们面对工作和生活应有的态度（如图 5.1 所示）。

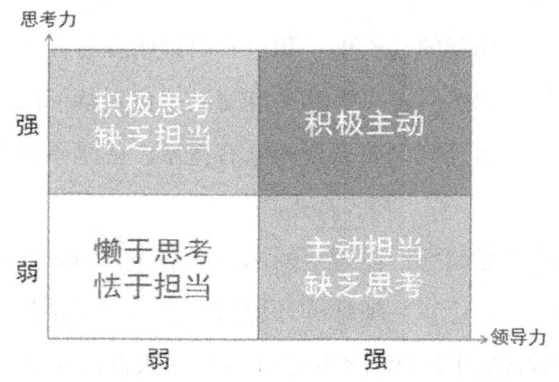

图 5.1　积极主动源于思考力与领导力两强叠加

在《高效能人士的七个习惯》一书中，积极主动被定义为个人成功的第一要素，是高效能人士首先要培养的一种习惯，是一种对自己负责的态度。下面我们就来回答"为什么要积极主动""什么是积极主动"和"如何做到积极主动"这三个问题。

5.1.1　为什么要积极主动

我大学毕业的第一份工作是国家统一分配的，在一家大型国有企业的车间里做工艺员。当时公司的效益不太好，大部分车间都是人浮于事，员工收入不高，工作倒是清闲，过的是"一杯茶，一根烟，一张报纸看半天"的日子。

我在车间里待了不到一个月，发现每天朝九晚五上班之余，大部分人都沉浸在麻将牌桌上，一边打牌一边咒骂那该死的公司，不是骂工资收入低，就是骂住房待遇差；不是骂领导昏庸无能，就是骂裙带关系无耻。总之，很多人都是在这种无聊、无奈、无所事事的抱怨中度日。在我认识的人当中，我亲眼见识到一些大学毕业生就这样在愤懑、怨怼之中荒废了大好的青春，连续多年既无工作上的建树，又无能力上的提升，只不过把麻将技术操练得炉火纯青。

但是，在那些不如意的日子里，我也不时地听到有人考研进修去了，有人跳槽下海去了的消息，然后再听听那些麻将高手们对他们的评论，要么说人家天分高，要么说人家运气好，要么说人家有关系，就是不说人家背后付出了多少努力和汗水。

如今，每当我回忆起那一段短暂而困苦、清闲且清贫的时光，还是会感恩命运给予我的馈赠，它让我在那样的环境里依然看到了希望的光亮，而这些光亮就来自于那些不满足于现状，不屈服于大势的人做出来的榜样。

生活中总有那么一些人，他们喜欢把种种不如意的事情归罪于遗传、背景、星座、血型或运气，并由此变得自怨自艾，不是怪罪命运不公，就是抱怨环境不适，不是指责他人不好，就是批判风气不正，从而陷入消极被动的恶性循环而难以自拔，于人于己都毫无益处。

第 5 章 智能时代的自由发展

这些人之所以会有如此表现，多半和社会上流传的某些"决定论"有一定的关联，比如"基因决定论"认为人的本性源于遗传基因的差异，"心理决定论"认为人的本性受制于原生家庭的影响，"环境决定论"认为人的本性受到外部环境的控制。这种思想与巴甫洛夫"刺激—反应"模型如出一辙，意思是面对同样的刺激时，人的反应都是固定的、同样的或相似的，我们别无选择。

然而，事实果真如此吗？如果答案为"是"，为何在那些曾经身陷囹圄的"右派"当中，有人一蹶不振，困苦终老，有人出狱后却取得了非凡的学术成就呢？如果答案为"是"，为何在"文化大革命"时期"上山下乡"的知青当中，有人就此消沉于乡野，有人却在后来通过高考或经商改变了自己的命运呢？如果答案为"是"，为何在我曾经工作的那个企业里，有人沦为了麻将高手，有人却成功考研或下海了呢？

可见，一样的环境，一样的起点，可以造就完全不一样的人。

如果说巴甫洛夫"刺激—反应"模型是一个经过了验证的科学规律的话，那么这个规律只适用于一般的动物，不适用于人类。这是因为，作为万物灵长的人类和动物有着本质的差别，人是有自我意识的，能够认识到他人与自己的不同，认识到社会与自己的不同，而且可以通过自身的努力来改变自己，甚至改变社会。

世界知名心理学家维克多·弗兰克尔是一位犹太人，其父母、妻子、兄弟都在第二次世界大战中死于纳粹的魔掌，他自己也曾被关押在集中营饱受凌辱，随时都有丧命的可能。然而，在这样的生存环境下，他却产生了一种全新的人生体验，被称为"人类的终极自由"。他意识到，虽然纳粹控制着他的生存环境，但是他的自我意识是独立的，他能够自己选择回应的方式，而不是受环境所控制。后来，他在《活出生命的意义》一书中描述集中营里的生活时写道："人所拥有的东西都可以被剥夺，唯独人性最后的自由——也就是在任何境遇中选择自己的态度和生活方式的自由——不能被剥夺。"

维克多·弗兰克尔所说的"人性最后的自由"就是自我意识，它决定了人们在面对各种不同环境时选择何种反应和态度，从而决定了最终的出路和结局。因此，无论面对什么样的外部环境，积极主动的人总是会积极思考改良之策，主动迅速付诸实践，从而让自己变得更好，让周围的环境变得更好，让我们的社会变得更好。这就是积极主动带来的优势和价值，和消极被动形成鲜明的对比。这也是我们倡导积极主动的意义所在。

古人云"与其临渊羡鱼，不如退而结网"，又说"天行健，君子以自强不息"。这两句话表达的都是积极主动的思想，说明古人对于自我意识的领悟已经达到了很高的境界。如果身处智能时代的我们还在消极被动的等待和抱怨中度日，那就真的要被时代抛弃和淘汰了。

因此，既然上天给了人类自我意识和自由选择的权利，那我们就要充分发挥它的作用，做一个积极主动的人，让自己的意识选择美好，选择进步，选择优秀，实现个人的自由发展。

5.1.2　什么是积极主动

如上文所述，人类不仅处在一个客观世界里，同时还有一个主观世界。在外界环境变化的刺激下，我们除了和其他动物一样会做出应激反应，还有另外一种独特的"选择的自由"。这种选择自由是基于人类特有的四大天赋，即思考自己思维过程的"自我意识"、超越当前现实而在头脑中进行创造的"想象力"、明辨是非的"良知"以及不受外力影响而自行其是的"独立意志"。

正是以上这四种天赋，使人类区别于其他动物，实现了一次又一次的飞跃和发展，而导致这种飞跃和发展的东西就是人类应对外界刺激的不同反应模式——积极主动。

积极主动在"选择的自由"上有两层含义：一是选择发挥天赋应有的作用，二是选择聚焦可掌控的事情。

5.1.2.1 选择发挥天赋应有的作用

积极主动的人会让其与生俱来的四大天赋各自发挥应有的作用：

（1）自我意识：时刻或经常进行自我检讨，借此发现有待改进的地方、有待发挥的潜力和有待克服的缺点。

（2）良知：不被外界环境所控制，有自己明确的是非观和价值观；不在意他人的评价，坚持自己内心的善念和想法；面对困难不抱怨，而是想办法克服；坦承自己所犯的错误，改正并吸取教训，从中获得进步。

（3）想象力：不拘泥于眼前的形势，不满足于现有的状况，不局限于固有的思维，对未来大胆地设想，设立可行的目标，并想尽一切办法促使事情完成。

（4）独立意志：根据自己秉持的价值观做出抉择和承诺，从自己做起，自觉地担当责任，不因外界环境的变化而随时改变自己，化阻力为助力，致力于目标的达成。

5.1.2.2 选择聚焦可掌控的事情

积极主动的人会专心做好自己能做的事，通过不断扩大影响圈来提升自我价值。

在我们日常所关注的事物中，那些可以被掌控的事情属于我们的影响圈，而无法掌控的事情只属于关注圈。

积极主动的人一般专注于做好自己可掌控的事情，不断地寻找机会，扩大自己的影响圈，从而实现自我价值的提升。相反，消极被动的人总是把自己的注意力放在那些自己无法掌控的事情上，"这山望着那山高"，导致影响圈不断缩小，最终一事无成。

综上，积极主动意味着面对任何条件或环境，我们都有选择如何回应的自由。有人说："生活就像一面镜子，你对它笑它就笑，你对它哭它就哭。"既然个人行为取决于自身的选择，而非外在的环境，那么积极主动就不仅仅是指一种行事的态度，还意味着我们必须对自己的人生负责，因为你自己不负责，没有任何其他人会对你负责。

5.1.3 如何做到积极主动

和完成具体工作或任务不一样的是，积极主动是一种态度，是主观意识层面的东西，看不见，摸不着，那如何才能做到呢？通过对相关理论和实践的研究，我们认为需要从心法和技法两大方面来修炼，包括以下五个要点。

5.1.3.1 调整心态，循序渐进

我们知道，积极主动来源于自我意识的觉醒，它让我们无论面对什么样的外部刺激，都不会被动地选择回应方式，让自己的情绪失控。也就是说，积极主动的人面对困难不抱怨，面对错误不掩饰，面对挑战不躲避。因此，要做到积极主动，首先就要从调整心态开始，可以分以下几步来进行。

（1）反省是否表达过消极想法。

通常情况下，语言会真实地反映出一个人对环境的态度，并下意识地引导他的思想。一个消极被动的人，言语中就会流露出推卸责任的个性。

积极主动的第一步是了解自己有没有消极的言行。为了做到这一点，我们可以每天坚持在一个固定的时间（比如晚上睡觉前）花十几分钟回顾当天遇到或处理过的事情，反思自己有没有在口头上或内心里表达过如下想法：

- 他把我气疯了。（情绪被外力控制）
- 他使我怒不可遏！（情绪被外力控制）
- 我没有足够的时间。（外力使我没有选择的机会）
- 我只能这样做。（迫于环境或外力而被动服从）
- 我不得不这样做。（迫于环境或外力而被动服从）
- 我已无能为力。（迫于环境或外力而被动服从）

☞ 我就是这样的人。(表示无法改进或提高自己)

☞ 我改不了。(表示无法改进或提高自己)

☞ 人家不会答应的。(被动选择受制于外力作用)

☞ 要是……就好了。(被动选择受制于外力作用)

如果我们在反省中发现自己说过上述语言,就说明目前还处于消极被动状态,此时可以将它们一一记录下来,每天对照检查是不是逐渐变少了,直到有一天不再说类似的话为止。

(2)随时提醒自己"擦除"消极言行。

每天开始做事之前提醒自己"擦除"消极言行,早上、下午、晚上各提醒一遍。

据说,《成功规律》《人人都能成功》《思考致富》的作者、著名的成功学大师拿破仑·希尔的孩童时期,有一位老师常常在黑板上写两个大字:"不能",然后转过头来问全班同学:"我们该怎么办?"学生们就会高高兴兴地回答:"把'不'字去掉!"于是,老师拿起黑板擦把'不'字擦掉,"不能"就变成了"能"。

如果我们坚持随时提醒自己"擦除"掉消极言行,坚持一段时间后就会形成一种习惯,从而让积极主动的思想在心中扎根,将我们的事业引向成功。

(3)用积极的语言宣示自己即将采取的行动。

除了反省和"擦除"消极言行,形成积极主动的心态最关键的一点是用积极的语言来宣示自己即将的行动,以此形成积极的心理暗示和自我激励。当我们在遇到需要处理的事情时,可以用下面这样的语句来表达自己将要采取的行动:

☞ 我可以控制自己的情绪。

☞ 我能选择恰当的回应方式。

☞ 我来试试有没有其他可能。

☞ 我可以换个思路。

☞ 我可以选择不同的做法。

☞ 我可以想出有效的处理办法。

- 我的感觉是……
- 我情愿……
- 我更愿意……
- 我选择……
- 我打算……
- 我要……
- 我决定……

当我们发现自己能够经常使用上述以"我能""我可以""我要""我决定"等开头的句式时,就说明已经稳固了积极主动的心态,逐渐成为工作和生活中对外部事物和环境的主宰者、控制者或改变者。

5.1.3.2 设立目标,实施计划

虽然我们总是强调遇事要有积极主动的态度,但世事纷繁复杂,无穷无尽,我们根本无法做到对任何事情都积极主动,做到尽善尽美。既然如此,在积极主动处事之前,我们就要分清哪些是必须做的,哪些是可以做的,哪些是不用做的,根据事情的轻重缓急进行时间和精力的分配,力争做到"抓大放小"。只有这样,在我们根据自我意识选择对外界事物的反应方式时,才不会迷茫和混乱。

举例来说,假设你每天要从10件事里选择3件最重要的,然后积极主动地完成它们。如果你瞎选,或最后选错了,你虽然积极主动地完成了,但对你的意义也并不大,甚至还可能得不偿失。

因此,对哪些事情采取积极主动的行为,必须先有一个选择标准,这个标准就是你做事的目标。也就是说,为了在做出选择之前不至于迷乱,做到真正的积极主动,我们必须事前设立目标,制订计划,然后根据目标和计划来选择积极主动的行为。这里所说的目标,一方面是你自己的人生阶段目标,另一方面是你工作中的阶段目标。一般情况下,前者应该包含后者。

关于人生目标和工作目标的制定方法，我们在第二章关于个人使命宣言和第三章关于明确工作目标的内容中进行过详细探讨，在此不再赘述。需要补充的是，若非在目标和计划的指引下，就不会有真正的积极主动。当你有了明确的目标和计划后，建议你把近3~6个月内需要着力完成的事情全部列出来，按重要程度排序，贴在你随时可见的地方，或牢记在心里，作为你选择积极主动行为的标准。

5.1.3.3 自主选择，聚焦可控

作为读者的你，不知道有没有过和我曾经一样的困惑。在我很小的时候，心里总是盼望着长大，至于长大后做什么，我当时没有想；读小学的时候，父母让我考初中，我就考上了初中，其他什么都没有想；接着父母又让我考高中，考大学，我就考上了高中，考上了大学，其他的还是什么都没有想。大学毕业后，要找工作了，我不知道应该找什么样的工作，也不知道用什么技能来找工作。

在我的印象中，大多数和我同龄的人都是这样过来的，从小到大没有自己的理想和目标，几乎都是在父母的安排下、惯例的推动下和生活的裹挟下一步步往前走。现在想想，人生在世几十年，大部分过的都是不由自主的生活，难免让人觉得有些悲哀。

以我自己来说，直到过了不惑之年，我才慢慢意识到这样被动的生活方式不是我真正想要的。也就是从那时起，我才开始积极主动地做一些选择，在完成工作目标的同时，自主选择那些符合我自己人生目标的事情去做！

因此，在设立目标和制订计划后，我们就要据此自主选择行动了。例如：有一位即将毕业的大学生申请了两份工作，其中第一份是他的理想目标，但竞争很激烈；第二份虽然不太符合他的理想，但录取的可能性很大。这位毕业生表示，投完简历后他就开始了漫长的等待，如果第一家公司不录取他，就准备去第二家。显然，他其实已经有了自己的目标，但在行动上却没有进行任何自

主的选择,只是被动地等待罢了。事实上,当他把第一份工作设定为理想目标后,积极主动的做法就是主动出击去争取机会,而不是被动等待通知。比如,他可以提前向人力部门沟通,了解如何才能获得面试机会、面试范围是什么、面试官来自哪里;当获得这些信息后,就可以有针对性地准备面试内容,甚至想方设法直接联系面试官或熟悉面试官风格的人,打听面试可能遇到的难题等,从而为顺利通过面试创造条件。

当我们开始自主选择行动后,可能又会出现一个新的问题:符合目标和计划的事情可能会有很多,是否都要一一去做呢?

这就到我们做出进一步选择的时候了。我们在讨论"什么是积极主动"这个话题时说过,"选择的自由"有两层含义,一是选择发挥四大天赋的作用,二是选择聚焦于可控的事情,也就是扩大自己的影响圈。

为了聚焦去做那些可控的事情,我们先要把手头所有的事情分为三类:可直接改变的事、不可直接改变的事和不能改变的事,然后分别选择不同的应对策略。

(1)可直接改变的事:说明问题与自身行为有关,可以通过不断学习来提升自我,通过培养正确的行为方式来促进改变,比如英语口语能力差,就去参加培训班、英语角、辩论会来提升口语能力。

(2)不可直接改变的事:说明问题与他人行为有关,需要通过某种正确的方式来影响他人,以达到解决问题的效果,比如带领团队时,需要学会授权、有效沟通、分工协作等技能。

(3)不能改变的事:即自己无能为力的事情,比如台风带来的停水停电会影响正常生活,但我们只能调整心态,淡然面对。

总结起来,聚焦于可控的事情就是要做到"有勇气改变可以改变的事情,有胸怀接受不可改变的事情,有智慧来分辨两者的不同"。

最后还要提及的一点:每个人在面对不同环境时都有选择的自由,也会有自己力所能及的事,一旦我们做出自主的选择,就要承担和接受相应的后果,

第 5 章 智能时代的自由发展

因为这也是我们选择的一部分,不管好坏,都要乐意为之负责,这本身也是对自己负责的态度。

5.1.3.4 积极思考,大胆设想

当我们在目标和计划的指引下做出了自主选择后,在所选择的行动过程中,不可避免地会遇到一些未知的难题,此时就要进行积极思考和大胆设想了。实际上本章开头导出"积极主动"这一基本素质时,该词的第一个含义也是"积极思考"。

积极思考与自主选择、发挥想象力密切相关,因为我们只有在自主选择下,才能对自己的行为负责;只有在发挥想象力时,才可能寻找到问题的解决之道。

对于一个积极主动的人来说,既然你的行为是自主选择的,在遇到困难时,就不能找借口逃避,而应该多想一想:有没有别的解决方案?能不能将问题分解开来,一步一步地解决?是否需要先提高自己某方面的能力,然后再回头来处理这个难题?当你充分发挥想象力,积极思考成功的方法时,你就会不断寻找并发现更多的东西。这就是人们常说的:"只要思想不滑坡,办法总比困难多。"

关于积极思考,我听过这样一个故事:一个 14 岁的男孩在报纸上看到一则招聘启事,觉得这份工作很适合他,于是准时去招聘地点应聘,但到达之后发现,排队应聘的队伍里已经有 20 个男孩了。此时,男孩意识到,如果轮到他进去应聘时,这份工作可能已经被前面的人拿走了,但他并没有因此而打退堂鼓,而是积极思考如何在不违反规则的前提下抢到这个工作机会。他转动脑筋后,产生了一个绝妙的办法——他拿出一张纸,在上面写了几行字,然后递给负责招聘的女秘书,很有礼貌地说:"小姐姐,麻烦你把这张便条交给老板,这件事非常重要。谢谢你!"鉴于小男孩真诚的态度,秘书愉快地把便条转交给了老板。便条上面是这样写的:"尊敬的先生,我是排在第 21 号的男孩,请不要在见到我之前做出任何决定。"最终,男孩得到了这份工作。这就是积极

思考的力量!

在当今这个智能时代,我们每天面对是变化不定的世界,无论做什么事情,困难总会层出不穷,永远不存在某种固定的方法可以解决一切问题,只有尽力发挥大脑积极思考的作用,才能抓住问题的核心,并通过大胆设想,寻找到可能的解决方案,从而突破困境,有所建树。

中国人历来具有积极思考的精神和乐观态度,所谓"逢山开路,遇水架桥","兵来将挡,水来土掩",体现的都是这样的态度。当我们习惯于在困境、甚至绝境中寻找出路时,就能从中不断积累经验,汲取智慧,进而提升我们解决问题的能力。

5.1.3.5 抓住机遇,主动担当

除了积极思考,积极主动的另一层重要含义就是"主动担当",因此要成为一个积极主动的人,必须学会抓住机遇,主动担当。这里所说的机遇实际上就是指实践的机会,只有通过实践才能获得真知,走向成功。

那么,我们怎样才能抓住实践的机遇,做到主动担当呢?关键有以下几点。

(1)面对挫折不气馁。生命之中随处是机遇,而且很多机遇就藏在一个又一个挫折之中。正如上文所言,积极主动的人会在挫折中思考和寻找解决办法,不纠结不放弃,往往能另辟蹊径,获得新的机遇,但你如果气馁了,就容易与自己的机遇擦肩而过。发明家爱迪生一生发明无数,他的成功秘诀就是面对挫折不气馁。他在发明灯泡的时候,分类实验了1600种耐热材料,经历无数次的失败,终于在1879年10月21日点燃了世界上第一盏有实用价值的电灯。

(2)积极尝试新事物。瞬息万变的时代不断造就大量的新岗位、新工作,而且其中很多都是未曾有人做过的。当我们面前出现这样的机会时,只要存在成功的可能性,一定要积极争取去尝试,不要担心失败。据说有一项对美国公司CEO的调查发现,他们最欣赏的就是那些主动要求承担新工作的员工,因为无论结果好坏,他们至少比那些只会被动接受工作的人更有勇气,更积极上

进,更善于学习,因此也更令人欣赏。除此之外,积极尝试新事物对个人还有更大的益处就是,无论成功还是失败,你都可以获得第一手的新知识,成为最早掌握该领域经验或教训的人,成长速度也将比别人更快。

(3)努力创造新机遇。积极主动的最高境界是创造机遇。拿破仑曾经说过:"什么是机遇?机遇是人创造的。"一个人要取得事业的成功,有时看起来机遇比实力更重要,但究其根本,只有能够创造机遇的人,才称得上具有真正强大的实力。现代派绘画巨匠毕加索年轻时就已技艺精湛,可他的画却一张也卖不出去,原因是画店只卖名人大家的作品。这个悲催的现实使得才华横溢的毕加索离成功看似仅一步之遥,却又咫尺天涯。不过,没多久以后,一件有趣的事发生了:很多画店的老板不时地被一些年轻的顾客询问有没有毕加索的画,但是他们却拿不出来,只能眼睁睁地看着顾客遗憾地离开却挣不到这份钱。就这样不到一个月的时间,毕加索的名字就传遍了巴黎大大小小的画店。于是,画店老板们千方百计找到了毕加索,并把他的画抢购一空。实际上这些"顾客"是毕加索让他的朋友们来"扮演"的。而这,就是毕加索巧妙创造新机遇的杰作。

总之,做到积极主动需掌握的五大要点:调整心态,循序渐进;设立目标,实施计划;自主选择,聚焦可控;积极思考,大胆设想;抓住机遇,主动担当。你若想成为一个积极主动的人,就要像苹果公司前总裁乔布斯说的那样:在生命中有限的时间里,不要浪费时间活在别人的生活里;不要被信条所惑——盲从信条就是活在别人的生活里;不要让任何人的意见淹没了你内在的心声;最重要的是,拥有跟随内心和直觉的勇气,因为只有你的内心与直觉知道你真正想成为什么样的人,任何其他事物都是次要的。

5.2 态度:知行合一

在第一章的职业发展胜任力模型中,我们用青色与黄色的叠加——绿色来代表知行合一，因为它是思考力与行动力共同作用所产生的一种态度，含义是"思行致知、以知践行"。

事实上，当思考力与行动力在不同层次叠加时，所形成的态度是不同的，比如弱思考力与强行动力叠加，形成的是缺乏思考的行动，表现为简单机械的执行；强思考力与弱行动力叠加，形成的是缺乏行动的思考，表现为"思考的巨人、行动的矮子"，这些都不是我们倡导的，只有思考力和行动力都处于较高水平时，二者叠加才会形成"知行合一"的表现，才是我们面对工作和生活应有的态度（如图 5.2 所示）。

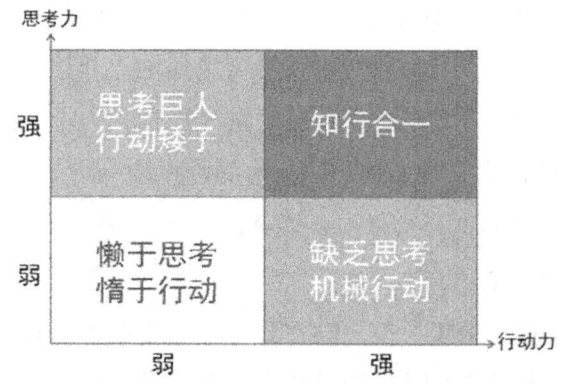

图 5.2　知行合一源于思考力与行动力两强叠加

下面我们就来回答"为什么要知行合一""什么是知行合一"和"如何做到知行合一"这三个问题。

5.2.1　为什么要知行合一

很多人都可能有过这样的痛苦经历：刚从学校步入社会的时候，满怀抱负想要大展拳脚，去"干翻这个世界"，经历一番风雨之后，却发现自己被这个

第 5 章　智能时代的自由发展

世界干得服服帖帖的。尤其那些品学兼优的学霸们,从小到大接受的都是正能量的教育,心心念念要做有理想、有道德、有文化、有纪律的"四有"新人,但是到社会上却发现有另外一套规则在主宰和影响着我们的职业发展道路。面对残酷的现实,我们是坚持理想抱负,继续走一条理想正义之路而备受排挤打压,还是任由社会的大染缸浸淫,在凡尘俗世中随波逐流呢?

看起来这似乎是一个两难的问题:你若要追求理想道德,效法圣人先贤,保持书生意气,就可能被周围的人说你是在"装",难以融入主流社会,逐渐被边缘化,更别说要做一番大事了;你若要和周围的人打成一片,被社会广泛接纳,又觉得违背了自己的信仰和原则,不光是行动上做不到,内心里也不乐意,甚至排斥。

那么,有没有一种两全其美的办法,既坚持理想和正义,又能成就大事呢?有,这个办法叫"知行合一"。

知行合一思想由明朝著名的哲学家、政治家和军事家王守仁提出。它不但为王守仁本人带来了事业上巨大的成就,而且对后世产生了广泛而深远的影响。关于运用知行合一带来的收益,有很多经典的案例可资证明,其中首推王守仁自己的成功故事。

王守仁当上都察院左佥都御史后,奉命巡抚土匪盛行的江西南部。面对土匪,王守仁不会空谈理论和哲学,而是开展武装斗争,因为他知道土匪不会因理论教化而放下手中的刀(认识到这一点才是真知)。在剿匪的过程中,他从不和敌人正面交锋,经常是声东击西,玩"阴招",搞得对方晕头转向。生活中正直忠厚的王巡抚,战场上表现得比最奸的奸商还奸,比最恶的恶霸还恶,这就是他践行知行合一思想的实际表现。

继王守仁之后,他的学生徐阶延续运用知行合一的思想,制伏了矿霸,斗倒了严嵩。在此过程中,徐阶领悟到政治斗争的最终秘诀是:当伦理道德起不到教化作用的时候,对付流氓,要用流氓的方法;对付奸诈的贪官,要比贪官更奸诈。这才是践行真知应有的作为!徐阶的学生张居正,也是借助知行合一这个法宝，建立了不世功勋，名留千古。

我国近代著名教育家陶文浚，因崇尚知行合一思想而改名为陶行知。在该思想的启发下，他为教育现代化做出了开创性贡献，提出了"生活即教育，社会即学校，教学做合一"的理念。他一生致力于推行和运用知行合一思想，把自己塑造成为一个外表朴素而内心高贵、胸怀天下而波澜不惊的人。他的身上既有时代烙印的理想抱负，又有一脉相承的文人书卷气，还有建立在东西方文明交融基础之上的"格物致知"的亲身实践。

我们如今处于科技高度发达的智能时代，社会分工越来越细，靠传统的单打独斗，谁都难成气候，而秉持知行合一的态度，更能适应规模化发展的社会。与此同时，知行合一还能给我们带来事业的成功和生活的幸福。

5.2.1.1　知行合一带来事业的成功

知行合一的"知"是指"良知"，比如说孝敬父母、真诚待人、努力进取、勤勉务实等。当你在良知的指引下为人处事，才会慢慢积累人脉、学识和智慧，取得事业上的进步。

我们常说"知易行难"，当你秉持知行合一的态度时，就很容易理解行动的重要性，才会凭着自己掌握的知勇敢地去行，从而占领先机，获得事业上更大的成功率。

作为改革开放的总设计师，邓小平先生是知行合一的典型代表，他所倡导的"实践是检验真理的唯一标准""不争论""摸着石头过河"等，正是这一思想的精髓所在。中国几十年改革开放的成功实践证明，"空谈误国，实干兴邦"是坚持知行合一的最好注释，也是一个国家得以发展和强大的重要保证。

在改革开放的进程中，全国各地涌现出一大批著名的民营企业家，他们中的很多人并不具备渊博的知识，但都通过"干中学，学中干"的实干方式取得了巨大的成就。因此，一个人知识水平不高时，可以通过实践中的各种变通来取得事业的成功；一个人的资源占有不足时，可以通过海纳百川，吸引各路朋友相助来取得事业的成功。可见,知行合一不是坐而论道,远离尘世的空洞学问,而是良知和行动紧密结合的一种态度,它要求我们不仅自己要去知,去行,还要根据实际情况优化行动的方法,找到适合自己成功的道路。

5.2.1.2 知行合一带来生活的幸福

人生在世,谁都希望过得幸福。什么是幸福呢?幸福是指一个人自我价值得到满足而产生的喜悦,并希望一直保持这种喜悦的心理情绪,它是一种主观感受,包含满足、快乐、投入和意义四个维度。

知行合一给人带来的第一个感受就是满足。当你抱持知行合一的态度时,你会认识到自然和宇宙的规律就是循序渐进,因而认可自己的持续成长和变化,并从中得到满足。此时,你既不会重复过去,也不会虚幻未来,时刻以一种刷新自我的状态进入当下,积极面对工作和生活,随外界的变化而不断地调适好自己的心情和状态,通过不断的学习和实践来提升自己的思维,从而获得更大的满足。

知行合一给人带来的第二个感受是快乐。当你抱持知行合一的态度时,你每一天学习的知识和每一天采取的行动都能让你体会到进步与收获,这就是快乐的源泉。同时,在良知的指引下,你每天所行之事都是顺应天理和自然的,内心坦荡,心安理得,自然会感到快乐。

知行合一给人带来的第三个感受是投入。当你抱持知行合一的态度时,你有所想就会有所行,你所行之事就是你所想之事,为此你必会投入其中,乐此不疲。比如一个作家构思好了一部小说,制定了写作目标和计划,如果他做得到知行合一,就会每天按时完成当日的写作计划,心无旁骛地坚持下去,这种投入的状态本身就是一种幸福。

知行合一给人带来的第四个感受是意义。当你抱持知行合一的态度时,你会觉得生活中的一切事物都有了意义。你的项目迎来巨大的挑战,那是你将要获得更强大能力的前奏;你的工作受到了挫折,那是上天要磨砺你的心性,让你变得百折不挠；你的家里被顽皮的孩子弄得一团糟，那是你和另一半爱情的结晶，是你美好生活的一部分……

可见，知行合一能给人带来满足、快乐、投入和意义，这便是生活幸福的源泉。

5.2.2　什么是知行合一

知行合一最早是由明朝"心学"代表人物王守仁提出来的，意即认识事物的道理与在现实中运用此道理是密不可分的。其中，"知"是指良知，是在实践之中学习和思考所得的理论知识，包括道德意识、思想观念和正确有效的做事方法等；"行"是指人的实践，是在良知指导下采取的行动。可见，知行合一是中国古代哲学中关于认识论和实践论的命题。

遵循知行合一的思想和态度，我们需强调通过有效思考获得实践中所需的知识，然后将其迅速地在实践中加以应用，尽最大努力去实现既定的目标，并在此过程中对理论知识进行检验、优化和完善，从而让知和行（即理论和实践）同步实现螺旋式上升和完美统一，达到"止于至善"的效果。

自王守仁提出知行合一思想以来，许多能人志士对之推崇备至，并通过实践的检验不断深化其思想内涵。经过对比研究，结合时代特征，笔者认为知行合一包含以下三层意思和境界：

5.2.2.1　知是良知、真知；行是立行、真行

首先，知行合一中的知，是指导我们实践的思想和方法，必须建立在追寻大道——良知的基础上，而不能作为不择手段达到某种目的的理由。比如有些人在工作中为了获得好看的业绩，就想尽办法谎报数据或制造数据，甚至鼓励团队成员一起作假，以博得上级的欢心或表扬，为自己加官晋爵谋取筹码。表面上看这样的人也有"知"，而且这种"知"在实际工作中还可能非常实用有效，

但这不是良知，最终会成为坑害组织良性发展的毒药。

我们在讲到积极主动的时候也说过，良知是人类与生俱来的、区别于其他动物的一种天赋和本能，是发自内心的第一直觉，是"知善恶"的德行和"明是非"的智慧。当你在做一件事的时候，你的良知会在第一时间告诉你该不该去做，这么做是对的还是错的。比如你看到有个老人摔倒在马路上受伤了，你的良知告诉你应该去扶起他（她），送他（她）上医院，所以你义无反顾地去做了，这就是良知驱动下的知行合一；相反，如果你顾虑很多，疑心遇到"碰瓷"，担心被家属讹上，忧心后患无穷，这些就不是良知，你如果在这些心理的驱使下选择袖手旁观，就不是知行合一的表现。

知行合一中的知必须是真知，是建立在对实践的思考之上，并可以立即付诸实践的知识。当你说"这个道理我知道，只是没有去做而已"时，就表明你所谓的知还没有达到真知的程度，因为真知必有真行，浅知必有浅行，伪知必有伪行。比如很多人都知道"业精于勤"的道理，有些人甚至认为自己对此理解得很清晰、很透彻，但是实际的表现却是每天花费大量的时间刷手机，玩游戏，而重要的事情却一拖再拖，给人口是心非、言行不一的印象。这就说明他们的知只是浮在表面上，没有进入内心深处，不是真知。这也是王守仁同时提出"心即理"的根源所在，即言语体现出来的知并非真知，只有在心里形成了行动暗示的知才是真知。认识到这一点，我们就不会轻易为自己的错误找一些冠冕堂皇的借口，因为你所有的行为表现，都是内心深处个人思想的真实反映，只有回到"心"上才能找到问题真正的根源，这也是"心学"的本质所在。

一方面，和知相对应，知行合一中的行是立行，即当你知道了某个道理时，就要立即去践行，而不是找各种理由来搪塞、拖延，最后演变成"纸上谈兵"。比如我在做企业内训师的时候，有些老师学习和认证了好多门课程，但当你问他为什么不走上讲台去上课的时候，他就会说："我觉得自己学得还不够，等我多学几遍，多听几堂其他老师的课后再来给学员上课。"实际情况是，当你每次都这样拖延时，每次都会觉得自己还没准备好，那就永远都难以成为真正的实践者了，而总不用你的知去指导行，就很难成其为行。

另一方面，知行合一中的"行"是真行，在遵循良知的基础上，有多大的知，就行多大的事，即实事求是的"行"。这里说的真行有两层意思：其一，遵循良知的行，必须是善行，是彻底克服不善念头的行为，终极目标是达到至善；其二，实事求是的行，必须与知相匹配，防止好高骛远、好大喜功。王守仁曾经批评这种人说："不知自己是桀纣心地，动辄要做尧舜事业，如何做得？"也就是说，要做尧舜的事业，就要有尧舜之心方能成就。当你的知还在桀纣的层面时，却要强行去做尧舜的事，这就是一份大大的"贪"，而不是实事求是的"行"。

5.2.2.2　以知为行，知决定行；以行为知，行中得知

在厘清了知和行各自的内涵之后，我们再来探究二者之间的相互关系。

一方面，人的行为是在思想意识的指引下发生的。这就是说，知是行的开始，也为行提供了主意，会让人深知则深行，浅知则浅行，偏知则偏行，盲知则盲行。由此可见，知是原因，行是结果，有怎样的知，就会有怎样的行。

知的本质是学习和掌握做事方法、处世哲理和人生奥秘，让自己心明眼亮而目标坚定。我们不断地提升知的层次，让其内化于心，必然就会外化于形，同步提升行的层次。就以我自己做老师的经历为例，初期走上讲台的时候，我能消化掉所有的知识点，并完整地把一堂课讲给学生听就不错了；后来我觉得一站上讲台就要能抓住学生的注意力，于是学习用故事、用道具、用提问等多种方法来开场，并把这些知识用于实际的课堂上，果然提升了讲课的水平；再后来我通过学习，又掌握了提问计分、组间互动、小组竞赛等多种教学方法，再把这些知识用于课堂，果然又进一步提升了讲课水平。我们工作和生活中类似的例子不胜枚举，这就是"以知为行，知决定行"的明证。

另一方面，人的思想意识又可以在行为过程中通过思考、领悟而获得升

华。这就是说，行的过程，也是知的过程，正如王守仁所言："行之明觉精察处，即是知。"可以说，只要愿意思考，你所有的行都可以为你带来更多、更好或更深的知。仍以老师给学生上课为例，当你学到一个新的教学方法并用之于课堂之上时，通过观察、体会和思考，你会知道它在什么情景下使用效果最好、什么情景下不适合使用，你会知道它对哪些类型的学生管用、对哪些类型的学生不管用，你还会知道它哪些地方值得深入应用、哪些地方需要修改完善……所有这些都是你通过实实在在的行而获得的知，没有这样的行就不会有这样的知。我们工作和生活中类似的例子不胜枚举，这便是"以行为知，行中得知"的明证。

由此可见，当你以行为知时，行得越多，知得越多；行得越广，知得越广；行得越深，知得越深。人生万不可掉入知易行难的窠臼，因为那些没有付诸行动的知并不是真知。你也许懂得很多道理，但如若不通过践行去领会，而是"把性格寄予星座，把努力交给鸡汤，把情绪归于水逆，把运势托付锦鲤"，道理知道得再多，你也依然过不好这一生。

5.2.2.3 知即行，行即知，知行本一

知行合一做到极致就是知与行的完全一致，以至于看不出二者有何分别，即达到知行本一的境界。这种境界是上述两个层次叠加和深化后形成的，其内涵包括以下两个方面：

其一，知和行是密不可分的。

没有行动的知就不是真知。只有去实践了，你才拥有了这个知；不去实践，无论你看多少书，学多少理论，也无法真正获得这个知。比如大部分人都知道礼义廉耻，但有些人因为私利就是不遵守。知而不行，本质上就是不知，如果是真的懂了，认可了，就肯定会去行。

不遵循良知的行就不是真行。王守仁晚年将自己的"心学"理论总结为四句话："无善无恶心之体，有善有恶意之动。知善知恶是良知，为善去恶是格物。"

这里说的"格物"就是在良知的指引下通过实践来规范、完善自己的行为,唯有这样才是与良知紧密结合的真行。

因此,真正的知行合一就是:知即行,行即知。有怎样的知,就有怎样的行;有怎样的行,就意味着有怎样的知。二者息息相通,密不可分。

其二,知和行可以看作同一个东西。

前面我们说到知和行是密不可分的,还说到"知是行之始,行是知之成"。既如此,若你知道勤奋的模样,必是曾经勤奋用功,并非只是说些勤劳奋斗的话而已;若你知道疼痛的感觉,必是自己曾经体验过疼痛,并非只是听人说起而感受到;若你知道饥饿的滋味,必是自己曾经挨过饿,并非想象饥饿的样子那么简单。这就是说,当我们说知时,其实已经包含了行;当我们说行时,其实也已经包含了知。因此,知和行可以看作同一个东西。

也许有人会问,既然已经存在知和行这两种说法,为什么又可以把它们看作同一个东西呢?这是因为,如果把二者看作两个不同的东西,容易导致人们以为要先知后行,或知得不够真切而迟迟不肯去行,结果可能导致终身知得不真切而终身不行。将知和行看作同一个东西,就和将心和理看作同一个东西是一样的道理。

我们要做到知行合一,就要"求理于吾心",而不是"外心以求理",还要将获得的知"在事上磨",而不是"徒知静养"。正所谓"知也是行,行也是知,知行本一"是也。

5.2.3 如何做到知行合一

关于如何才能做到知行合一,"心学"大师王守仁将其归结为一点——按照良知去做人做事即可。这句话看似简单,实则寓意深刻,主要可以从以下四个方面来修炼。

5.2.3.1 秉持良知,坚守本心

古人云:"人之初,性本善。"生而为人,我们的内心天生就具备良知,它是一种本能和天赋,无须从外面去学习。你只要秉持良知去做事,始终坚守自己的本心,自然可以功成名就。

当今世界,很多人一边抱怨物欲横流,一边自己也沉溺于心为物役的状态。他们竭尽全力攫取财富,却对自己的生活越来越迷茫和纠结,充满着挫折和焦虑。终于,人们普遍发现,生活的幸福并不会与房子、车子、票子的增长而同步增长,有时甚至还会背道而驰。之所以会出现这样的局面,恰如纪伯伦在《先知》一诗中所说:"我们已经走得太远,以至于忘记了为什么而出发。"

对此,最好的解决之道就是回归本心,经常追问自己最初的目标是什么,最根本的期望是什么。只有找回了本心,在良知的指引下坚持做自己,我们才不会在物质和名利之中迷失。

儒家经典《大学》中说:"知止而后有定,定而后能静,静而后能安,安而后能虑,虑而后能得。"当我们找回了本心,清楚地知道自己最初的目标之后,就要静下心来,专注于自己的目标,不管遇到什么困难都不能退缩,不管外界有什么诱惑都不能轻言放弃,而是踏踏实实,一步一个脚印地走下去,围绕最初的目标努力解决途中遇到的各种问题。如此下去,只要你坚持不懈地努力,一年、两年、五年、十年,成功是自然而然、水到渠成的事。

其实,对于秉持良知和坚守本心,王守仁一生的行为与成就也证明了它的可行性和有效性。他在朱子理学一统天下的时代提出知行合一思想,给当时的社会带来了巨大的冲击,也受到了无数的非难、指责甚至陷害。然而,对于王守仁来说,"世事惊涛骇浪,心是定海神针",面对各种凶险和困苦,他始终坚信自己的学说正确而明澈,坚持遵循自己的良知,做真实的自己,最终修得正果,成就一番伟业。

另外,我们既要秉持良知,就须客观地看待自己。当你对所做之事心有余

而力不足的时候，应该像"闻过则喜"一样，欣喜地认识到这正是你在某个领域开始学习、提升自我的机会，而不是对自己求全责备，认为自己什么都做不好，甚至于对自己失去信心，对世界产生不满、厌恶或恐惧，反而让行动更加受阻。

当你秉持良知，客观地看待自己时，你就会在快乐的情绪中学习和行动，并借此收获更多的快乐。当你以这样的情绪去对待身边的事物时，你就会享受、感恩和深爱生命中的每一刻，让自己坦然、乐观地面对一切，行动力也会变得越来越强。

综上所述，当我们秉持良知和坚守本心时，无论是面对外部世界的影响，还是自身能力的局限，我们都能气定神闲地做事，淡定从容地生活。这也是王守仁"心学"所倡导的要义之一：心若不动，万事从容。

5.2.3.2 格物致知，外察内省

所谓格物致知，就是思考和探究事物背后的原理，从中获得知识，感悟智慧，发现自己的良知；所谓外察内省，就是要对外界事物的本质进行洞察，不要被其蒙蔽了思想，同时要对自己天赋的良知时刻进行内省，不要让其隐藏于触及不到的角落而遭到遗弃。

每个人都有私欲和物欲，包括金钱、名誉、利益、权势和地位等。当你放任它们自由发酵、膨胀时，就可能会在内心不断蚕食和挤占良知应有的位置，导致良知无法正常发挥作用。因此，我们需要格物致知，通过不断的学习来加强对事物的洞察力，从而理性、客观、全面地认识外界事物对个人作用的局限性，不为私欲与物欲所动，避免感性凌驾于理智之上，并让自己的意念归位于本能的良知。

中国有个成语叫"欲壑难填"，就是说人的欲望是永远不可能满足的。我们在有限的生命里，必须学会控制私欲，才能让自己有所成就。王守仁说："人须有为己之心,方能克己;能克己,方能成己。"这里的"为己之心"并不是指"人不为己，天诛地灭"的极端私欲，这里的"克己"也不是说一定要做清心寡欲的苦行僧，那种装腔作势的清贫并不是我们内心真实的良知。人的私欲本就有

两面性，我们修炼的关键是要通过不断的内省，让良知凸显，将私欲引至可控的范围，这才是遵从内心良知的表现。

5.2.3.3 循序渐进，淡定笃行

当你做到秉持良知、外察内省之后，良知就能发挥其应有的作用，然后指引你遵循良知去实践。这种实践，不是一蹴而就实现你心中所想，也不是付诸行动便一定能够成功，而是在循序渐进和淡定笃行之中从容地达成你的目标。为此，我们至少要掌握以下几个要点。

（1）立即行动。王守仁说："夫学、问、思、辨，皆所以为学，未有学而不行者也。"我们学习某一件事，目的是为了掌握它，要做到掌握，光是学习而不行动是不够的，学习之后不但要行动，而且要立即行动。这就是所谓的"看到不等于知道，知道不等于做到"。

中国人爱说"凡事要三思而后行"。做事之前先思考没有错，但如果你总以"三思"为借口而犹豫不决，迟迟没有行动，那就不会有成功的机会。因此，考虑一千次，不如行动一次，想而不做的思考就是自己骗自己。

陆放翁诗云："纸上得来终觉浅，绝知此事要躬行。"学习之后，只有立即行动起来，你才会发现很多问题都是在行动中呈现出来的。做了之后，你才能发现问题，边行动，边思考，边解决，在解决问题之中加深对所学知识的理解，甚至创造新的知识与经验，把知行合一不断推向前进。

（2）循序渐进。我们虽说要秉持良知去行动，但每个人在不同时期对良知的掌握和领悟程度是不同的，这就要求我们在每一个"当下"依据自己的能力所及，循序渐进地去行动。

古人云："欲速则不达。""不积跬步，无以至千里;不积小流，无以成江海。"虽说人的潜能是无限的，但做事还得脚踏实地，一步一个脚印。只有专心致志地做一件事，才会让我们在做事的过程中不断有新的感悟和收获，同时让我们的良知不断扩展和进步。

要做到循序渐进，必须以耐心为基础。众所周知，你要成就一件事，就需要投入时间和精力，过程中还可能会遇到问题和障碍，需要额外花时间去处理，或绕开障碍，走个弯路，甚至先回退，再前进。所有这些，都是造成事情无法一蹴而就的影响因素，但只要你有足够的耐心，愿意开动脑筋去想办法，总归会趟出一条路来。

（3）在工作中修行。据说王守仁有个做官的弟子，想学习知行合一的学问，又担心公务繁忙学不好，于是问王守仁如何取舍。王守仁回答说，我的学问是实践的学问，只有将它与工作结合起来，才是它最好的归宿。

因此，知行合一的关键是要在工作中修行，不努力工作，就是最大的无良。如果抛开工作去修行，反而会找不到下手的地方，不得学问之真义。著名的企业家和哲学家稻盛和夫认为，工作中修行是帮助我们提升心性、培养人格的最重要、最有效的方法。

在工作中修行要特别注意的一点是，"人忙而心不能盲"。现代社会中，人们的工作和生活变得越来越忙，以至于容易迷失自我，经常处于焦虑与浮躁之中而无所适从。究其原因，还是内心的欲望膨胀使然。此时，我们需要再次外察内省，回归本心，让自己的行动回到良知主宰的轨道上来。

（4）在笃行中成功。当我们在良知的指引下围绕着目标展开行动时，接下来最要紧的就是持续不断地用功，在笃行中达成目标，取得成功。

俗话说："熟能生巧，巧能生化。"不管做什么事，要想达到炉火纯青的境界，就要付出不懈的努力。传说孔子跟随襄子学习《文王操》，苦练一段时间之后，襄子说"可以了"，孔子说："我已经掌握了这个曲子的弹法，但未得其数"；又练了很多日子，襄子又说"可以了"，孔子说"我已得其数，但未得其志"；接着又练了很长时间，襄子又说"可以了"，可孔子认为自己仍然没有弹好。于是，再次反复钻研，体会琴曲的内涵，直到他看到文王的形象在乐曲中表现出来才罢休。

我们真正要做好一件事，不能光从表面上下功夫，而是要通过笃行来不断学习、体验和琢磨，直到将做事的规律和原理内化于心，外化于形，做起来自然就能得心应手。

5.2.3.4 顺势而为，变通而行

前面说过，知行合一就是按照良知去做人做事。但是，当你在现实之中真的按照良知去做时，有可能会发现很难成事。这时，我们是坚持既定的方针路线，还是根据实际情况做出相应的调整呢？答案是后者，即行动之中要具备顺应形势的变通能力，即所谓"顺势而为，变通而行"，不可墨守成规，一意孤行。

所谓顺势和变通，就是无论你秉持多么正直的良知，掌握多么强大的理论，当你要借此来实现你的理想和目标时，都必须顺应当时、当地的形势，制定和执行切合实际的行动方案，主动积极去争取获得成功。

要做到顺势而为，就要有敏锐的观察形势、捕捉机会的能力。比如你所在的公司有中层干部离职或晋升了，这就意味着下面的人有了新的升职机会。如果你自认为有资格、有能力担任这一职位，但却总是想，只要努力工作，干出业绩，上级肯定会提拔的，那你可能永远都得不到提升。顺势而为的做法是，积极主动去争取该职位，尽力展现你的才能和胜任力，这才是对公司和对自己都负责任的一种态度。

与顺势而为相对应的另一种态度叫随遇而安。持有这种态度的人，工作和生活中通常没有自己的目标和想法，因此也没有行动计划，都是按照上级或他人的指令来行事，当然也不会在行动中自己去解决任何困难，自然也不会有任何进步。

另外，要做到变通而行，就要维持"入世"之心，避免固执和迂腐，深入理解和掌握理论联系实际的应用方法。我们要知道，哪怕像孔夫子这样的圣人，他本来崇奉直道而行，按说理应坐在家里等着各路诸侯的聘书就行了，可他也曾厚着脸皮四处奔走求售，委曲求全。

过去传统的价值观一度让我们误以为，社会上的人非好即坏，社会上的事非黑即白，没有中间地带。现在看来，社会上既没有绝对的好人，也鲜有绝对

的坏人。我们必须改变这种简单的"二元论"观念,尽力融入主流社会之中,既要参与竞争,更要与他人合作,在尊重他人的前提下,尽可能赢得更广泛的支持,才有机会获得成功,实现自己的理想和抱负。

总之,做到知行合一要把握的四个要点:秉持良知,坚守本心;格物致知,外察内省;循序渐进,淡定笃行;顺势而为,变通而行。

5.3 模式:使众人行

在第一章的职业发展胜任力模型中,我们用黄色与红色的叠加——橙色来代表"使众人行",因为它是领导力与行动力共同作用所产生的一种行为模式,含义是"激励他人、共同行动"。

事实上,当领导力与行动力在不同层次叠加时,所形成的行为模式是不同的,比如强领导力与弱行动力叠加,催生的是缺乏自我行动意识的"瞎忽悠"和光说不练的"假把式";弱领导力与强行动力叠加,催生的是缺乏集体行动意识的"独行侠"和光练不说的"傻把式",这些都不是我们倡导的,只有领导力和行动力都处于较高水平时,二者叠加才会形成"使众人行"的行为模式,才是我们面对工作和生活应有的态度(如图5.3所示)。

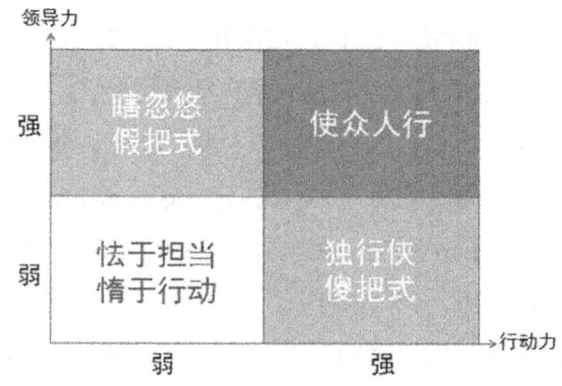

图 5.3 使众人行源于领导力与行动力两强叠加

下面我们就来回答"为什么要使众人行""什么是使众人行"和"如何做到使众人行"这三个问题。

5.3.1 为什么要使众人行

我们知道，人类的生存模式最早是以自给自足为主的，经过几千年的发展之后，社会分工愈来愈细，各种各样的行业与职业相继涌现。如今我们进入了智能时代，人与人、组织与组织、国家与国家之间的联系越来越密切，相互的依存度越来越高。

作为社会中的一员，每个人都难免要和他人建立联系，甚或发生某些关系。这就要求我们不仅要做好自己该做的事，还要有能力影响他人，让他人和自己一起做事，也就是要使众人行。

5.3.1.1 一个人的战斗再努力也不可能成事

由于社会分工的日益细致，现代组织最大的特点之一就是强调团队合作。不管组织内的工作切分出多少个小团队，只要你处于任何一个团队之中，就必须和其他人一起为共同的目标而努力，因此相互协作不可避免。

我们之所以说一个人战斗再努力也不可能成事，最根本的原因是每个人都各自拥有不同的资源，而你所做的每一件有价值的事情，几乎都需要从他人之手获得一定的资源支持。比如：不管你供职于哪个组织，想要升职加薪，就要获得上司和老板的权力支持；不管你提供什么产品和服务，想要创业赚钱，就要获得客户的购买支持；不管你在组织中担任哪一级岗位，想要在所属团队完成一个项目，就要获得同事的行动支持；不管你是男是女，想要生儿育女，就要获得另一半的配合支持；哪怕你想要做一个自媒体，也要获得互联网平台的能力支持和众多粉丝的关注支持。

美国 NBA 著名球星詹姆斯曾四次入选《时代》杂志发布的全球 100 位最

具影响力人物榜单。他在谈到个人成功的秘诀时说:"我身边有一支强大的团队,他们可以帮助我实现所有我想实现的事情。就算是我想去竞选美国总统,我的团队也有可能帮助我拿下来,只要我开口决定,我的团队就能让我最大化地依靠着。"

可见,世界上任何人的成功都不是一个人战斗的结果,都必须有使众人行的意识和能力。

5.3.1.2 付出信任和赋能予人让我们成长

要做到使众人行,必须让"众人"主观上有"行"的意愿,客观上还有"行"的能力,这就要求我们既要对他人付出信任,又要赋能给他人,这两种行为都能让我们获得成长。

当我们对他人付出信任时,会与对方分享你的信息和知识,关心对方的需求和利益,接受对方的意见和建议,正确使用对方的才智和技能,放手让对方去做事。这样一来,在他人帮我们分担任务后,我们自己的负担减轻了,可以获得更多自由支配的时间去做其他重要的事情,个人能力自然就得到了提升。再者,当我们对他人付出信任后,有些自己不擅长的事可以由他人来帮助完成,反而会提高做事的质量和效率,并让我们更加清楚哪些事情由哪些人来完成会取得更好的效果,这本身就是能力的一部分。

当我们赋能给他人时,被赋能者做事的能力得以提升,自然会将所托之事做得更好,而且会因此加深对我们的认可与信任,形成更加和谐的合作关系。另一方面,我们要赋能给他人,自己必然要深谙所赋之能的精髓,因此必会深入钻研,尽力做到游刃有余,从而获得进步和成长。

5.3.1.3 获得他人信任和支持让我们成功

通过付出信任和赋能予人,我们通常能获得他人更多的信任和支持,这往往会使我们在工作领域更容易获得成功,这是因为,人与人之间的彼此信任会让工作变得更加高效，有时甚至会获得意想不到的收获。

除了《高效能人士的七个习惯》之外，史蒂芬·柯维还写过一本书叫《信任的速度》。他在该书中表明，信任其实是一个可测量的成效加速器，当你和他人之间的信任上升时，你们共同做事的效率会随之上升，同时成本也会随之下降，人与人之间的信任关系能给彼此带来鼓励和满足，并带来更好的经济效益。

曾经有一则新闻报道过一个暖心的故事：有一位卖报纸的老太太，每当午餐时间或有事离开报摊的时候，她就会放一个零钱盒在摊位上，让顾客自己投币，自己找零，自己取走报纸。她用一个简单的零钱盒，给那些未曾谋面的顾客付出了信任，相应也得到了顾客回馈的信任与支持，不但回头客越来越多了，她自己看守报摊的成本也降低了，经济效益自然也就提高了。

很多人或许都有过这样的人际体验：当你获得他人的高度信任时，如果和对方沟通过程中不小心说错了话，对方一样能明白你真正要表达的是什么。反之，当他人对你的信任度较低时，哪怕你非常注意遣词造句，小心翼翼地表达自己的意思，对方还是有可能误解你，从而使沟通既低效又不友好。

当你付出信任和赋能予人之后，获得他人的信任和支持就是顺理成章的事。此时，那些被你托付信任和被你赋能的人会被你充分激活，主动并富有创造性地帮你分担工作和责任，和你一起共同完成一些任务和使命，帮助你走向成功。

5.3.2 什么是使众人行

克里斯蒂娜·奥斯本在《领导力》一书中把"使众人行"定义为领导力的五种行为之一，目的是实现两个方面的使命：一是通过强调共同目标和建立信任来促进合作；二是通过分享权利和自主权来增强他人的实力。

本书所定义的"使众人行"不但包含了个人的行动能力，更包含了个人带领、教导、推动和激励他人共同行动的能力，需要通过建立相互信任，增进成员关系来促进自己与他人、他人与他人之间的协作，通过帮助团队成员增强自主意识和发展能力,让整个团队的人员协同开展工作,在提升整体实力的同时推动团队完成特定的任务。

基于以上定义,使众人行一般具有下面三层含义。

5.3.2.1　广泛建立和他人的信任与合作关系

上文说过,使众人行的首要条件是让他人主观上有为你而行的意愿,因此你先要广泛建立起和他人的信任与合作关系。

当今世界,几乎所有工作都是通过人与人、组织与组织之间的合作来完成的,而组织与组织之间的合作最终都表现为人与人的合作。为了达到和谐顺畅的合作目的,彼此之间的信任是基础。没有信任,人们相互的沟通就会变得困难,甚至无法交流;有了信任,很多错误都能得到原谅,甚至忘记。

和他人的信任与合作关系不仅包括我们自己所在团队的成员,还包括上下级对口部门、同级相关部门的领导和同事;不仅包括公司内部的人,还包括供应商、客户与商业伙伴;不仅包括正式的商务关系,还包括非正式的朋友关系。总之,所有与你自己及你所在组织的愿景、目标和使命有利害关系的人,都要尽力与之建立信任与合作。

5.3.2.2　支持和帮助他人更好地完成工作

除主观意愿外,使众人行的第二个重要条件是他人客观上有为你而行的能力,为此,你有必要支持和帮助那些暂时不具备足够能力的人更好地完成工作,从而为下一步让他们独立承担相关任务奠定基础。

无论你是团队的领导者,还是普通成员,都难免会有一些工作需要借助他人来帮你完成,因为谁都不是万能的。为了在需要的时候能实现这一点,我们平时不能单靠行政职权或上级指令来行事,更多时候还是要尽量通过增强他人的能力来实现。

增强他人能力的手段有很多,比如让他人拥有选择权并自主做出决策,为他人设计可供选择的工作或服务方式,为他人提供数据与信息支撑以了解组织的运行规则,促使他人为其自己的行动承担责任和义务,启发和引导他人把自己的知识与技能付诸实践,鼓励和支持他人通过积极思考来寻求更多或更好的结果,向他人传授为人处事的方法让其成为更好的自己……这些都是帮助他人更好地完成工作的途径。

5.3.2.3 让他人与自己共同行动并达成目标

当他人既有意愿又有能力为你而行时,接下来就是真正让他人付诸行动,和你一起推动目标达成的时候了。这是使众人行最关键、最核心的一环,也是其根本目的和意义所在。

让他人与自己共同行动并达成目标,一般要通过心理上的引导和行为上的示范来实现。

心理引导的目的是让他人尽量感受到自己具备足够的工作能力和独立自主性,并感受到来自你的亲近、信任与认可,从而心甘情愿贡献出自己全部的力量,和你一起推动目标的实现。

行为示范的目的是让他人尽量感受到你始终和他站在一起,共同行动,而不是他自己一个人在战斗,同时还要让他感受到你们拥有共同的伟大梦想、精诚团结的氛围以及彼此通力合作的态度。在此基础上,行为示范还可以努力倡导互惠互利的准则,每个人付出都有回报,即便这种回报不一定与付出完全对等或及时,但与你合作的每个人都能看到这样的准则得以贯彻,并相信未来会继续如此。

5.3.3 如何做到使众人行

关于如何才能做到使众人行,通过对其定义与内涵的分析可以找到答案,具体来说应从以下四个方面进行修炼。

5.3.3.1 付出信任

俗话说："种瓜得瓜，种豆得豆。"没有耕耘，就不会有收获。既然使众人行的前提是要建立与他人的信任关系，那么我们首先就要付出信任，并坚信所有的付出都能得到回报，只不过回报的时间不同、程度不同而已。我们这里所说的付出信任包括两层含义：

（1）先行付出信任。先行付出信任就是指，不管他人是不是信任你，你都要先信任对方，而且千万不要想着一付出马上就有回报。要做到这一点，最好的办法是抱着"只问耕耘，不问收获"的态度，然后淡定地"静待花开"。

先行付出信任的做法有很多，比如，在不侵犯个人隐私的前提下，花时间去了解他人的经历、家庭状况、兴趣爱好等，让对方感觉你很了解他，感知到你的关注；在他人过生日、办喜事或其他特殊的时间送去你的问候（是否需要送礼物视情况而定），让对方感受到你的关心；日常多倾听他人的问题、想法、建议和期望，让对方知道你很在意他，时刻感知到你对他的重视与关切，等等。

人们常说："疑人不用，用人不疑。"先行付出信任最忌讳的做法是，虽然你表面上先做出了信任他人的姿态，但在实际的相处中却并没有做到真正的信任对方。比如，我曾经见过这样的销售总监，他在带领团队的初期告诉所有成员，由于大家所做的工作都是以销售业绩来决定薪水和晋升的，而且跑外勤的时间多、不固定，因此除每周一次的例会外，所有人采取弹性方式办公。显然，这是先行付出信任的举动，能得到他人的积极响应和衷心拥护，但在后续的工作中，这位销售总监经常电话抽查大家的去向，还时不时让大家微信定位打卡，让人有一种时刻被监视的感觉，非常不爽，因而导致信任感越来越差。

（2）营造信任氛围。除了先行付出信任之外，平时努力营造一个相互信任的氛围也非常重要。

营造信任氛围最有效的方法是开展坦诚的交流。在我们的日常沟通中，大部分热都愿意和说话坦诚的人打交道，因为他们说话真实，即使有人不同意他们的观点，也不会认为他们是在欺骗别人。因此，诚恳而直率的沟通能让他人看到你的良好品格和信用，从而形成长期的可靠感。当然，如果遇到可能会因你的直言不讳造成冲突的情况，恰当的沉默比被动的撒谎更加明智，这并不影响你给人带来的坦诚印象，毕竟每个人都不可能掌握信息的全部。

营造信任氛围的另一个有效做法是尽量使信息公开透明，就是把你所掌握的信息告知你身边所有需要的人。信息的公开透明不仅可以让人们增强相互之间的信任，还会使沟通变得更加顺畅，提高团队工作效率，减少信息不对称造成的沟通误差和人际误解。

营造信任氛围是一项长期的工作，必须每日坚持，久久为功，在互惠原则的指导下，鼓励经常进行面对面的互动，并极力避免在日常交流中表现出对他人的不信任。

5.3.3.2 以身作则

所谓以身作则，就是担当精神，在需要有人为团队承担责任的时候勇于站出来，并首先付出行动。

在一个团队中，榜样的力量是无穷的。要做到使众人行，自己必须要先行一步，给他人做出表率。世界上没有什么人是万能的，这里说的先行一步，并不是要求你什么事情都做得很专业，关键是你先要把责任担在肩上，然后号召、带领、组织他人一起行动。

真正的以身作则要求你在团队面前先行一步，不是指专业行，而是思路行、计划行、组织行，既不是一个人单干的"独行侠"和"傻把式"，也不是光游说别人去干的"瞎忽悠"和"假把式"。你不但自己要担当有为，还要让人感觉跟着你一起干有奔头，对你的工作安排和个人能力感觉靠谱和信服。

因此，以身作则并不是你有勇气站出来就可以了，还要有独立思考和判断能力，既能自我管理，严格自律，还能带领他人共同谋划和设计，把承担的职责和任务推向前进。

5.3.3.3 赋能予人

赋能予人是"使众人行"的必要条件之一，目的是使他人具备与你一起行动的能力。

赋能予人的方式有很多种，包括通过信息共享来增进人际互信与协作，通过共同决策来提升团队成员的参与意识和智力贡献，通过给予他人审慎决策的权力来增强其自主能力和责任感，通过教练技术来帮助他人自己寻找答案，通过创造合适的工作条件来帮助他人提升能力和自信心，等等。

要做到赋能予人，首先要克服保守思想，以开放的心态将你的知识技能传授给他人。在信息科技高度发达的今天，几乎没有什么知识和技能是只能从一个人那里学到的，只不过学习效率有所差异罢了。当你和他人一起完成工作时，让他们掌握的知识技能越多、越有效，你们的整体效率就会得到提升，你自己也会因此变得更加轻松，而且会获得他人更多的信任，为以后的协作奠定更好的基础。

除了普通意义上的知识传授，赋能予人的更高境界是徒弟超过师傅，即所谓的"青出于蓝而胜于蓝"。阿里巴巴创始人马云在谈到"师带徒"时说："老师总是带着理想主义，总是希望学生超过自己。"阿里巴巴的多位创始人都是老师，他们让公司形成了良好的"传帮带"人才培养机制。

赋能予人还有另一层意思是给予他人自主思考，做决定和试错的机会，让其拥有足够的空间自己掌控工作，并相信对方会把事情做好。这样做的好处是，既能让他人感觉获得了充分的信任和授权，提升责任感、自信心和行动力，又能让你自己获得他人的信任回报和行动回报，团队氛围也会更加和谐。

5.3.3.4 促进合作

赋能予人的作用是让团队中的个体获得或提升行动的能力，但仅做到这一点还不足够。要真正达到使众人行，还要实施一个关键动作，那就是促进合作，通过团队中个体之间的互动与协作来推动使命与目标的达成。

第5章　智能时代的自由发展

促进合作的首先任务是使你的团队认识到，个体的成功源于彼此之间的相互依存，这种依存关系建立在拥有共同的目标和明确的职责分工基础之上。为此，你必须通过美好愿景的引领让大家建立起对集体目标的认知和相互之间的理解、支持和帮助，通过建立并执行互惠互利的规则让大家各司其职，运作有序，通过组织团队建设活动让大家增进相互之间的了解和信任，通过推行合理的激励机制让大家专注于行动，并通过树立集体的榜样让大家见贤思齐，追求卓越。

为了更好地促进合作，当你带领他人一起执行某项任务时，为团队成员创造一个相互合作与信任的环境也非常重要。当你鼓励团队成员积极出主意，提建议时，个体的思想得以激发，各种信息就能够自由流动，大家遇到问题可以拥有自己的解决方案，有机会通过试错来提升解决问题的能力，并在此过程中形成相互信任、理解、包容和鼓励的良好氛围。

与促进合作背道而驰的做法是，你和每个团队成员之间保持单线联系，无论是布置工作，制定方案还是报告工作进展，每个人都是独自和你沟通，形成"多点对一点"的汇报关系。这样的做法会让团队成员对你形成依赖关系，逐步丧失责任感和自主性，不仅无法发挥每个成员自有的特长和优势，更无法通过交流和碰撞带来有创意的解决方案，最后必然导致大家的合作意愿逐渐涣散和消失。

在我们的现实生活中，很多人都见过这样一类夸张的管理者，他们总是习惯性地认为下属普遍能力不足，而自己则无所不能，于是他们的办公室门口就像医院里的"专家门诊"一样繁忙，每天都有一大群人排着队等候汇报工作，得到"旨意"后再去执行下一步行动。这就是管理学上典型的"猴子"现象：上司把问题（被比喻为"猴子"）都扛在肩上，把自己累得半死；下属把问题都抛给领导，没有机会促成合作，也没有机会获得成长。

总之，做到使众人行要把握的四大要点：付出信任，以身作则，赋能予人，促进合作。

积极主动、知行合一和使众人行，是帮助我们职业发展必备的三大基本素质，是思考力、行动力和领导力这三大基础能力相互关联、相互作用的结果，也是我们认知世界和对待人、事、物的一种态度。

如果说三大基础能力决定了一个人能飞多高，三大基本素质就决定了一个人能走多远，它们对职业和人生的发展都起着至关重要的作用，因此我们要在工作和生活中不断修炼和提升。

第6章　智能时代的持续精进

在职业发展胜任力模型中，我们用三原色表示三大基础能力，用三间色表示三大基本素质，而由三原色和三间色共同叠加和交织所形成的黑色，则用来表示一种理念、精神、心态和能力，意即持续学习、持续精进。

随着移动互联网的全民普及，现代人的生活时空逐渐被各种碎片化的信息所充斥，很多人一边抱怨知识更新太快而导致知识焦虑，一边把人生中有限的时间大部分用来处理无用的信息，而不是聚焦目标去学习那些有助于自己成长的知识。真正对自己负责任的人并不会这样做，当他们亲眼看到、亲身体验到海量信息和知识的快速更迭后，会希望构筑一种安身立命的核心竞争力，寻找到自己唯一不被替代的价值所在。

管理学大师彼得·圣吉说："未来唯一持久的优势，是有能力比你的竞争对手学习得更快。"哈佛大学第26任校长鲁登斯坦说："从来没有一个时代，像今天这样需要不断地、随时随地地、快速高效地学习。那种依靠在学校时学到的知识就可以应付一切的时代，已经一去不复返了。"因此，当今时代，只要你有比别人更强的学习力，就能在竞争中取得先机，这就是你唯一不能被替代的核心竞争力。

稻盛和夫曾提出过一个著名的"人生成功方程式"，它是这样表述的："成功＝能力 × 态度 × 努力"。笔者认为，其中的"能力"包含了思考力、行动力和领导力这三大基础能力，"态度"包含了积极主动、知行合一与使众人行这三大基本素质，而"努力"则包含了努力学习，也就是能使我们持续精进的学习力。

所谓学习力，是指一个人获取知识、分享知识、使用知识和创造知识的能力，是学习动力、学习毅力和学习能力三要素的综合体现（如图6.1所示），是衡量个人综合素质、生存和发展能力水平的重要尺度，它是所有能力的"元能力（Meta-Competency）"，因此在职业发展胜任力模型中占据最核心位置。

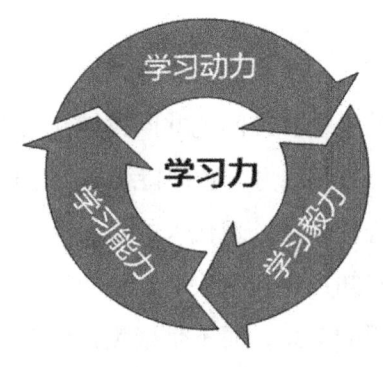

图6.1 学习力的三要素模型

学习力的三要素不是孤立存在的，它们是相互影响，相互促进，相互联系的有机整体。其中，学习动力体现了学习的意愿和目标，是自觉学习的内在驱动力，它对学习毅力有正相关影响；学习毅力反映了学习的意志，是自觉按照目标持续付诸行动的状态，它对学习能力有正相关影响；学习能力反映了学习和应用知识的水平，是接受和运用知识和信息来分析和解决问题的能力，它对学习动力有正相关影响。

另外，学习力这个概念其实具有深刻的内涵。学习不只有"学"，还必须有"习"，即练习，它不是"学"或"习"之一，而是"学"与"习"之和。

比如你上了一门关于思维导图的课,知道了思维导图的各种画法,线条有粗细,有分支,有连续,字要在线上等,课堂上你也学会了怎么画,但出了课堂之后再也没画过一副完整的思维导图,慢慢就忘记了。这是学习吗?不是!因为没有在实践中练习,并没有真正掌握这个能力。

由此可见,学是接收的过程,习是实践和消化的过程,二者在学习中缺一不可。学习不是学了就完了,而是学了、习了,然后再学、再习,是一种"学中习,习中学"的状态,是学和习的不断循环往复,以此来达到行为的改变、能力的提升。

基于以上分析,学习力是持续进行自我提升的动力、毅力和能力的总和。一个学习力强的人,时时处处都在学习,可以让自己2年的经验抵过别人的10年。这就是为什么很多人大学毕业时能力相当,但毕业3年、5年、10年后差距巨大的根源。那些坚持通过学习来提升能力的人,总是不断地更新自己的知识体系,在某些领域里持续精进,渐渐地就把很多人甩到了身后。对此,爱因斯坦有一句名言描述了这种差异:"持续不断地用同样的方法做同一件事,却期望得到不同的结果,这就是荒谬。"

所以,我们倡导持续学习、持续精进,就是要让大家尤其是年轻人意识到,学习力是要一辈子坚持修炼的能力,它是我们安身立命的根本,也是促进个人进步、社会发展的最有力武器。

前面的章节对职业发展胜任力模型中的三大基础能力和三大基本素质进行了详细阐述。本章将围绕学习动力、学习毅力和学习能力这三大要素,重点探讨提升个人学习力的方法,帮助读者找到持续精进的路径,构筑自己生存与发展的核心竞争力。

6.1 引擎:学习动力

学习动力是自觉学习的内在驱动引擎,主要包括学习需要、学习兴趣和学习情感。其中，学习需要是个人对学习的渴望和追求，学习兴趣是内心对某些知识的喜爱和偏好，学习情感是在自我激励或受到他人影响、外力作用时对某些知识所产生的喜欢、厌恶或无感等情绪。

学习动力是决定个人学习力强弱的首要因素，学习动力不足，就不会产生良好的学习行为，自然就很难获得强大的学习力。因此，培养和激发学习动力是提升学习力的首要任务。

既然学习动力主要包括学习需要、学习兴趣和学习情感，那么培养和激发学习动力就要从这三个方面入手。

6.1.1　明确学习需要

学习需要是个人对学习的渴望和追求，是学习动力的重要来源之一。每个人都有学习需要，只是需要的方向、领域和程度不同而已。

学习需要通常由个人对社会的认知程度和主体希望实现的目标所决定。我们对社会的认知程度以及希望实现的目标越高，学习需要就会越强，学习动力也就会越足。

6.1.1.1　为获得生存发展而产生学习需要

当今人们的普遍认知是，全球经济与社会的发展日新月异，几乎所有人都在面临工作方式、生活方式的各种新变化，每时每刻都在接受各种新信息、新知识的冲击，世界上唯一不变的就是变化。因此，谁对变化的反应更快，谁就掌握先机；谁对变化的把握更全面，谁就掌握竞争的主动权。

从人类社会知识总量的变化速度看，过去知识总量翻番的周期需要100年，后来变成50年、20年、5年、3年，未来这个周期还会进一步缩短。据统计，人类历史绵延到20世纪末的知识积累只占到目前知识总量的5%，也就是说，人类社会近20年之内所产生的知识量，达到了过去几千年积累的20倍。

由此可见，我们已经进入了知识爆炸式发展和更新的时代，每个人掌握的知识都在加速过时和老化，如果不能持续补充新知识，则很容易被这个时代淘汰出局。从这个意义上说，即便是为了更好地生存，每个人都应该有学习需要。

人们通过学习来获得更有利的谋生手段，与原始丛林里动物的谋生方式是类似的。比如生活在非洲草原上的雄狮，一出生就知道自己必须拼命奔跑，至少要比跑得最慢的斑马快一些才不至于挨饿；而同样生活在此地的斑马也必须拼命奔跑，至少要比跑得最慢的同伴快一些，才有可能逃脱被吃掉的厄运。

生物进化系统揭示了一种被称为"红后效应"的现象：每当捕猎动物的速度变得更快时，它的猎物会设法取得更好的伪装；然后捕猎动物发展出了更敏锐的嗅觉，它的猎物又开始学会了爬树……如此循环不止，不管是捕猎动物还是它的猎物，都在不断学习和进化中维护自己的生存手段。如果你想要在激烈的竞争中生存和获胜，就必须比竞争对手学习得更快、更好。

作为万物灵长的人类，向来比其他动物更懂得学习，于是才站在了自然界中食物链的顶端。如今，随着知识更新趋势的急剧加速，"活到老，学到老"已不再是少数人自勉的警句，而是所有人必须直面的现实。我们对社会形势的变化和对终身学习的趋势认识越到位，学习需要就会越强烈。

6.1.1.2　为实现个人目标而产生学习需要

虽然对社会形势的认知是驱动学习需要的一个重要方面，但这并不是根本的因素。有些人即便认清了形势，依然不思进取，浑浑噩噩，甚至标榜自己过得"佛系"。

然而，红尘俗世之中，大多数人毕竟很难做到无欲无求，与其在焦虑中假装"佛系"地生活，不如把自己希望实现的目标理清楚，矢志不渝地去追求和实现它们，这便是学习需要的最根本驱动因素。

其实，每一个正常人都会有自己的奋斗目标，只不过有些人的目标很清晰，有些人的目标比较模糊。真正能激发学习需要的目标必须是清晰、明确的，它就像远方的灯塔之于汪洋中航行的船只,指引着我们学习的方向。

当我们在学校读书的时候,我们的学习需要大多是以考试成绩为目标的,这导致我们的学习动力是以知识为中心,而不是以自我发展为中心的,仿佛考试一旦结束,我们的目标也就消失了。这是教育的误区,也是学习的误区,是职场人士必须规避的。

因此,为了激发学习需要,我们的目标应该是发自内心、自主设定的,是自己真实的愿望,而不是被强迫接受的。比如,你若自己强烈希望成为一名律师,就会激发你对法律知识的学习需要,并清楚地知道通过学习能取得什么样的收获;你若只是为了应付考试或满足父母、老师的期待,这种被动的目标很难激发你持久、稳定的学习需要。

此外,为了让自己时刻保持学习需要,我们内心的目标必须是分阶段的、与时俱进的,要随着一个个小目标的逐步实现以及个人能力的成长变化而进行调整,以保证目标的可实现性和学习需要的新鲜感。

6.1.2 培养学习兴趣

学习兴趣是一个人倾向于认识、研究、获得某种知识的心理特征,是内心对这些知识的喜爱和偏好,是学习力中最充沛、最快乐、最轻松、最美好、最活泼的品质,它能够推动人们积极求知,是学习动力的另一个重要来源。

兴趣是最好的老师,是有效学习的必要条件,它往往可以把外人看来非常枯燥的知识内容变成活泼、有趣的东西。学习兴趣与学习成果之间表现为正反馈关系,高度的学习兴趣可以促进学习成果的产生,而良好的学习成果又会促进学习兴趣的提高,形成一种良性循环。

每个人的学习兴趣虽然各不相同,但都是可以通过努力进行培养的,主要有以下三个途径:

6.1.2.1 维持好奇本能

学习兴趣其实是与生俱来的，首要表现就是人类的好奇本能。

我们从小最爱说的话就是"为什么"，喜欢打破砂锅问到底，甚至经常问得家长和老师心生厌烦。这是好奇本能的具体表现，它让我们逐渐学会了说话、认字、唱歌、跳舞、做人、做事……

然而，伴随着个人的成长和成熟，我们被灌输的知识越来越多，被指导、批评、告诫得越来越多，问出的"为什么"越来越少了，这是因为我们变得更被动了，更不敢犯错了。结果是，我们所犯的错的确变少了，但相应的思考、质疑和体验也变少了。这是好奇本能衰退的表现，是很多人都在面临的问题。

为了培养学习兴趣，我们需要尽力维持自己的好奇本能，最直接有效的方法就是"遇事先思考，常问为什么"。虽说我们现在获取信息和数据很容易了，但如果只是单纯地接受信息和指令，就会让我们忽略事物深层次的真相，以及我们的上司、队友、亲朋们真正的期望，以至于无法获得真正需要的知识。

维持好奇本能的诀窍是"虚心若愚"，即时刻怀着谦虚的心态，不惜将自己当成个傻子，就一定能找到关键问题并提出为什么，从而获得前所未知的知识和真相。例如苹果公司联合创始人乔布斯，他杰出的创新能力就来自于"虚心若愚"地对待身边的一切事物。他有着强烈的好奇心和求知欲，拒绝全盘接收外部传递给他的信息，总是想要自己去一一验明。他的好奇本能为他带来了超凡的学习兴趣和动力，对他的创新能力、自我颠覆能力以及事业发展起到了至关重要的作用。

6.1.2.2 找到真正的兴趣点

学习兴趣是我们学习中的内在推动力量，只有找到真正的兴趣点，才能最大限度地激发求知欲；只有真正的热爱，才能让我们孜孜以求地投入时间和精力，学习到有价值的知识和技能。

如何才能找到真正的兴趣点呢？最直接的方法是广泛了解、多方接触，搞清楚外界输入的哪些知识可以激发我们的兴趣，引发我们产生兴奋或愉快的感觉，然后有意识地去尝试学习它们。哈佛大学教授柯比先生在其所著《学习力》一书中指出，在寻找兴趣点的过程中，要尽量把握以下几条原则。

（1）新鲜的刺激比重复的刺激更容易使人兴奋。在一切学习活动中，初学者往往是从模仿开始，就像小孩子学说话，学唱歌，学走路一样。由于入门是一个飞跃，从未知到知，从不会到会，最初模仿的东西都是新鲜的，自然会感觉比较有趣。但是，如果模仿性的学习持续太久，兴趣就会逐渐衰减。因此，当你尝试新的学习领域时，要不断提出新问题，或者不断探索问题的某个新方面。这会使自己受到新鲜的刺激，从而使兴趣持续下去。当然，如果你既提不出新问题，也找不到问题的新角度，或者新鲜的刺激也不能激起你的兴趣，那就说明这个东西很可能不是你真正的兴趣点。

（2）生动形象的东西比平淡、抽象的东西有趣。当遇到表面上看似平淡无味而你又想尝试学习的东西时，可尽量采用生动活泼的学习形式，看是否能提高学习兴趣，比如学习太极时配以名师教学视频，背诵古诗时配以轻松的音乐等。如果这样都不能给你带来愉快、舒畅的学习体验，那说明这个东西也可能不是你的兴趣所在。

（3）有节奏感和韵律的东西比单调的东西有趣。中国古典诗词专家叶嘉莹先生教学时，喜欢让学生通过吟诵来学习诗歌。这种方式既遵循了古诗词的语言特点，又可以依照个人理解和作品的平仄音韵，表达出诗词中的喜怒哀乐和感情变化，使学习者对作品的内容、意蕴有深入的体会和了解。把你所学的东西变得有节奏感和韵律是不太容易的，如果你的老师能为之做一些谱曲、配乐之类的事，而你仍然提不起兴趣来，那就可以考虑其他的东西了。

（4）真实的东西比虚假、遥远的东西有趣。在学习过程中创设或模拟一些真实的环境可以有效提高学习兴趣，比如我们在学外语时将一些有趣的课文排演成情景剧，在进行销售培训时请学员现场扮演客户和销售员，这些都是让学习环境变得更加逼真的方法。

（5）学习内容的难度与原有知识水平相适应。以下两种情况都难以激发较高的学习兴趣：一是你原有的知识水平高于所学的内容，因为难以获得新知识，自然不会感兴趣；二是你原有的知识水平远低于所学的内容，因为难懂而感到吃力，会导致疲倦和乏味，也很难激起真正的兴趣。

（6）学习内容与实际需要相适应。学习的目的是为了应用，从自己最需要的知识领域下手，因为见效快，能立即解决问题，兴趣就能很容易培养起来。比如我写博士论文的时候，我的选题是知识管理，于是到处搜索关于知识管理的书籍、论文、演讲和新闻，见到这个关键词就不放过，表现出极强的兴趣和求知欲。

6.1.2.3　发掘自身潜能

每个人都有尚未被开发出来的不一样的潜能，它是我们心中沉睡的智慧巨人，是学习力中最具有爆发威力的品质。只要你将自己的潜能不断地发掘出来，转化为真正的学习行为和知识收获，你的自我意识就会被唤醒，学习兴趣也会进一步得到激发。

为了有效发掘自身潜能，我们可以从以下几个方面去做一些尝试。

（1）心智带领，自我激励。佛曰："我们一切的表现，完全是思想的结果。"潜能需要心智的带领，许多成功人士之所以能够实现他们的梦想，主要是因为他们内心渴望成功，这是潜能得以发挥的动力之源。另外，有了渴望知识、渴望成功的心智带领，我们还要有自信的意识，经常热情地激励自己，才会超常发挥出自己的能力。如果遇到困难就说"没办法""我做不好"这类带有明显退缩和放弃意味的字眼，只会使我们变得沮丧和停步不前，根本谈不上发挥潜能。

（2）发挥想象，寻找机会。一个人的潜能是和想象力密切相关的，如果你的想象力不能超越现时的能力，就会停止学习，你的生活就只会变成简单的求生,不再有上进的期望和冲动。因此,为了发掘潜能,我们要试着去想象,试着去寻找和发现新的机会点,找到更多自己可以发挥的空间。同时我们还要时刻告诫自己,不要有一点小小的成就,就以为自己达到了巅峰,因为潜能总是会在我们的心智驱动下不断趋向于达到更高的目标。

(3)打牢基础,厚积薄发。人的潜能是以往日常生活中遗留、沉淀、储备下来的能量在某一时间被激发出来的结果。古今中外很多成功人士,他们的灵感、直觉、预知力都是潜能激发的具体表现,是基于他们此前大量的学习、体验和积累而产生的。因此,潜能的发掘先要以持续的学习、点滴的积累为基础,只有基础牢固了,潜能才会在需要的时候发挥出来。以学习英语为例,当我们在国内缺少口语练习机会时,很多人学到的是"哑巴英语",这是典型的实践积累不足所致,但如果你直接去欧美国家生活一年半载,每天耳濡目染,慢慢地讲起英语来就会流利自如。可见,潜能与我们每天接受的信息有很大关系,如果我们每天浸淫在某种环境之中,我们身上积累这方面的潜能就会放大。

(4)广泛涉猎,触类旁通。一个人的知识面越广,对知识的理解和消化越透彻,大脑中不同知识间的关联和支撑作用就会慢慢呈现出来。很多边缘学科其实就是由多领域知识的交叉、融汇和渗透而建立起来的,是某些学术大师广泛涉猎后触类旁通的结果。

(5)不畏挫折,直面压力。在遇到困难和挫折的时候,我们应该坦然面对,积极思考解决办法,将其当成是磨炼我们心智和能力的机会。每当压力来临,我们要勇敢地迎接其挑战,甚至将其看作是潜能的催化剂。曾经有新闻报道,有一个人为了逃命,跨过了宽达4米的悬崖,这就是在压力条件下潜能充分发挥的结果。类似情况在企业之中的表现是,有些员工初期资质与能力平平,当上司委以重任后,他需要承担的责任加大了,工作压力也相应增大,但往往在这种情境下他的潜能会得到更好的发挥,创造出令人意想不到的业绩。

6.1.3 激发学习情感

学习情感是在自我激励、受到他人影响或外力作用时对某些知识所产生的喜欢、厌恶或无感等情绪。很多人在学校读书时有过这样的体验，因为某一位老师看上去特别和蔼可亲，和自己有一种天生的亲近感而喜欢上这位老师所教的科目；或者在体育课上经常受到其他孩子的欺负而厌恶体育课。这都是学习情感在学习中的具体表现。

当然，我们所说的激发学习情感主要是指正向情感的激发，包括喜欢、被承认、被赞赏、责任感和成功的体验等，即让自己对某类知识的学习产生积极向上的情绪，从而提升学习动力。

另外，虽然学习情感经常来自于他人的影响和外力的作用，但对于成年人来说，主要还是要依靠自身的力量来激发学习情感，可以从以下几个方面去做一些尝试。

6.1.3.1 建立终身学习的使命感和责任感

知识经济时代，社会运行的规则是，知识越丰富、越精深的人越将成为影响社会发展的关键力量，因此，学习能决定一个人的命运和前途。换句话说，你将成为什么样的人，未来的生活状况如何，都取决于学习力的高低。学习是要用一生来做的事，如果你不能通过持续学习来提升自己，必将被时代所淘汰。当你深刻意识到这一点时，就能建立起终身学习的使命感和责任感，学习也就不再是一种负担。

残酷的现实使人们认识到，不管你现在掌握的知识量有多大，其中很多都会随着社会的进步而被淘汰。朱熹《观书有感》诗云："问渠哪得清如许，为有源头活水来。"只有掌握良好的学习力，牢固树立与时俱进的观念，不断地让自己的知识更新换代，才能持续适应当今社会的快速发展。

6.1.3.2 认识到学习的快乐本质

中国的传统教育认为读书学习是一件苦差事,历史上发生过很多像苏秦一样"头悬梁,锥刺股"的励志故事,韩愈也曾写过"书山有路勤为径,学海无涯苦作舟"的诗句。笔者认为,这其中既有对学习的误解,也有因学习范围的局限而引发的无奈。

事实上,学习本是一件充满惊奇与喜悦的事,这一点连春秋时期的孔子都有清晰的认知:"学而时习之,不亦说乎?"人类社会发展至今,知识的世界已浩如烟海,门类非常齐全,可供选择和学习的知识何其广泛?只要你愿意,就不可能找不到你感兴趣的、能带给你快乐的知识领域。

因此,为了激发学习情感,我们必须恢复学习的快乐本质。当你经过广泛的尝试找到自己真正感兴趣的知识领域后,你就会深深体味到学习带来的愉悦和欢乐。

6.1.3.3 通过自我激励获得被承认、被赞赏的感觉

当我们无法从课堂上得到老师的承认和赞赏时,为了体验正向的学习情感,就有必要通过自我激励来获得被承认、被赞赏的感觉。

自我激励的方法有很多,最常见的做法就是在学习取得阶段性进展时给自己一定的犒赏,比如学完一个篇章"加鸡腿",学完一门课程吃大餐,考取一个证书请朋友喝酒庆祝等,这些都是物质方面给自己的奖赏。还有一种自我激励是精神方面的,比如适时在朋友圈或公众号分享自己的学习心得和体会,获得朋友的点赞;当学习成果积累到一定程度时,在媒体发表文章或出版自己的著作,通过这种方式帮助到更多爱学习的人,在分享知识的同时实现"成人达己"的目的,这是一种更高级的精神享受。

6.1.3.4 将知识运用到工作中获得成功的体验

身处当今智能时代,我们学习知识的首要目的是为了应用,而且很多工作

也需要不断学习和运用新知识才能胜任。我们实现工作的目标，就是要力图把自己学到的最恰当的知识，在最恰当的时间，应用到最恰当的工作流程之中，以达到最好的工作绩效。

当我们把自己所学的知识运用到工作当中，成功地解决了实际工作问题，提升了工作效率，或产生了优质的工作成果时，就能从中获得一种成功的体验，从而进一步激发我们的学习情感。

随着知识经济的发展，我们今天看到很多不同于以往的细分行业、商业模式和工作岗位相继涌现，很多新的工作领域需要人们花费大量时间来学习，唯有如此才能达到岗位所需的知识技能要求。对此，知识管理专家扎波夫认为，学习将会成为劳动的新形式。学习型组织倡导的"工作学习化、学习工作化"也体现了这一属性。

在未来，我们将要把更多的时间投入于学习之中，也将会有更多的机会把学习成果应用于工作之中，有时甚至学习成果就是工作成果。这为我们把知识运用到工作中获得成功的体验创造了更好的条件，也更有利于激发我们的学习情感。

6.2　意志：学习毅力

学习毅力是指学习主体的学习持久力，它是学习行为的保持因素，是个人意志在学习中的表现，是自觉确定学习目标，积极支配学习行为，努力克服学习困难去实现预定学习目标的状态，是学习力的一个不可或缺的核心要素。学习毅力有多强，学习行为就会有多持久。

终身学习是当今社会对个人发展的普遍要求，学习毅力已然成为一个人综合素质高低的写照。很多学习力强的人在智商、性格、胸怀和学历背景等方面可能都不一样，但他们必定有一个共同特点，那就是拥有顽强的学习毅力。

影响学习毅力的因素有很多,包括学习目的、学习动力、学习方法、学习习惯和学习阻碍等。

作为学习毅力的影响因素之一,前文讲到,学习动力对学习毅力有正相关影响,学习动力越强,则学习毅力越强。

下面重点针对除学习动力之外的其他影响因素探讨如何培养和塑造学习毅力。

6.2.1 确立清晰的学习目的

近几年来,随着"得到""混沌大学""樊登读书会""喜马拉雅""营创学院"等众多App、公众号或内容平台的推广普及,知识付费俨然成为一种社会时尚。很多人因受到周围环境的影响而变得焦虑,于是纷纷跟风参加线上学习,或者付费购买一些会员课程,但其中大部分人都因缺乏学习毅力而不了了之,就和那些购买了健身卡却在训练中途退出的人一样。

显然,能否保持较强的学习毅力和学习目的紧密相关。学习毅力强的人通常都有清晰的学习目的,他们站得高,望得远,就像雄鹰俯瞰一望无际的大地,清楚地知道自己的"猎物"在哪里,所以能够坚持向着目的地发起冲击;学习毅力弱的人通常漫无目的,就如无头的苍蝇乱飞乱撞,所以总是半途而废,难以为继。

可见,不管我们要学习什么知识,首先要确立清晰的学习目的,明白自己为什么要学。这一点对于学习毅力的培养至关重要。以我本人为例,在我经过多种不同职业岗位的历练之后,我学习的目的是想成为一名职业发展导师,帮助他人掌握一些有效的销售方法和工作技能,实现成人达己的美好愿望。这是我的个人理想,也是我非常热爱的事业,因为目的清晰,所以我能够坚持不懈,学习毅力非常充足。

当然,每个人都可以有不同的学习目的,只要自己内心不迷茫,能指引学习方向，提升学习毅力就是合理的。我们之所以说清晰的学习目的对于学习毅力的培养至关重要，是因为清晰的目的能够对我们产生稳定的吸引力，让我们产生强烈的求知愿望，从而引发顽强的学习毅力。

有人将成年人的学习目的主要分为三种类型：一是热爱型，为的是对某些知识发自内心的喜欢，这种热爱可以激发丰沛的学习动力，也能带来持久的学习毅力；二是求变型，为的是摆脱某种困境或寻求职业、能力的转型，这种情况下的学习毅力要看学习者的决心和定性，如果决心很大，则能带来较强的学习毅力，否则也可能会变成"三分钟的热情"；三是跟风型，为的是减少知识焦虑，希望不要落在别人后面，于是见什么热门就学什么，但学习毅力总是不足，什么都想学，什么都学不了多久，最终还是无所收获。

上述三种不同类型的学习目的，分别带来不一样的学习毅力，热爱型最佳，求变型次之，跟风型最弱。因此，我们倡导确立清晰的学习目的，至少应该是前两种类型才好。但不管哪种类型，成人学习的最高境界都应该是为了寻求适合自己的思维模型，构建属于自己的知识体系，正如混沌大学创办人李善友所说："成年人学习的目的，应该是追求更好的思维模型，而不是更多的知识。在一个落后的思维模型里，即使增加再多的信息量，也只是低水平的重复。"笔者亦深以为然。

6.2.2 找到适合的学习方法

表面上看，学习方法的好坏决定了学习效率的高低，似乎与学习毅力没有直接关联，但深入分析你就会发现，学习方法直接关系到能否在付出努力后取得与之相匹配的学习成果，而学习成果的大小和优劣又会影响持续学习的积极性和自信心，从而对学习毅力产生间接的影响。

因此，找到适合自己的学习方法是提升学习毅力的重要手段。作为成年人，我们需要轻松、高效、容易掌握的学习方法，以此达到维护持久学习毅力的作用。

为了找到适合自己的学习方法，我们可以从以下三个方面入手。

6.2.2.1　根据自身特点建立学习模式

所谓适合自己的学习方法，首要的一点是建立一套契合自己生理特点、性格特征和思考习惯的学习模式，而不是人云亦云地跟着别人的脚步走。日本著名作家村上春树说："无论是多么辛苦的一件事，只要它是适合自身性格特点的，我们就能长久地坚持下去。"

以生理特点来说，有些人喜欢每天清晨起床后学习1~2小时，因为这个时间头脑清醒，学习效果特别好。但如果你的体质不适宜早起学习，就没必要这样做，你完全可以根据自己的最佳学习状态来选择学习时间，只要不影响正常工作，哪个时间段都无可厚非。选择学习环境或地点也与此类似，有人在自家书房里学习才觉得自在，有人偏偏喜欢下班后在办公室里接着熬下去，还有人愿意去附近的图书馆找地方学习，这都是个人偏好，只要有助于学习，都未尝不可。

以性格特征来说，外向型的人可能觉得和一群人在一起学习效果更好，倾向于参加各种知识沙龙、研讨会、读书会和培训班，而内向型的人则更喜欢独处，倾向于找一个僻静的场所独自钻研，乐此不疲。

以思考习惯来说，有些人喜欢每天或每周学习之后写总结，以此来提炼关键知识点，夯实所学；有些人则喜欢先花大量的时间博览群书，融会贯通之后，再结合自己的思考形成一份体系性的学习报告或文章。

以上所举事例说明，每个人都可以根据自身特点建立学习模式，但在此之前需要进行自我剖析，或借助多种不同方法的尝试，找到和自己生理特征、性格特征和思考习惯相适应的模式。

6.2.2.2　通过执行计划固化学习行为

在学习过程中，如果我们每天都按照一个明确、细致的计划来执行，则会使学习行为变得容易和顺畅。因此，不管你的学习模式如何，事先制订学习计划并有条不紊地执行，有利于固化你每天的学习行为，学习毅力自然而然会得到加强。

我们在第三章详细阐述了制订和执行计划的方法，学习计划的制订可以此为参照。

当我们确立了清晰的学习目的和阶段目标之后，学习计划的制订和执行就变得简单了。在制订出计划之后，我们对自己先学什么、后学什么、每天学什么内容就心中有数，学习效率和效果就能得到保证，学习信心和毅力也能够培养起来。

6.2.2.3 借助刻意练习获得学习进步

在学习过程中，如果每个学习阶段都能取得一定的收获和进步，就会对后续的学习行为产生激励作用，有利于学习毅力的保持。

真正有效的学习不只是对知识的理解，关键是掌握所学知识的精髓，理解之后还能够运用。现实生活中，对于实践性的知识，理解了不等于会做，会做了也不等于每次都做得到；对于理论性的知识，理解了不一定能达到应有的深度和广度，也不一定能够达到触类旁通的"内化"水平。因此，为了做到学有所获，我们要借助刻意练习来深化对知识的理解和运用，逐步实现对所学知识的精准掌握。

安德斯·艾利克森和罗伯特·普尔在《刻意练习》一书中指出，刻意练习是针对特定目标的专注练习，练习过程中必须包含反馈，即你必须知道某件事情自己做得对不对，如果不对，你到底怎么错了，你在哪些方面还有不足，以及怎么会存在这些不足。没有反馈的刻意练习，做一万次也可能是原地踏步，起不到能力提升的作用。

这就是说，我们在进行刻意练习时，决不能为了练习而练习，而是要争取做到每一次练习都有一点进步，这样既能让付出有所回报，又能增强我们学习的信心和毅力。比如在学习书法时，如果你每次临帖写出来的字都能得到老师的反馈，告诉你哪些地方写得好，哪些地方写得不好，应该如何改进，你就能从中得到提高，还能因自己的进步而受到鼓舞，学习毅力会更足。当然，反馈不一定都要来自老师或他人，自己也可以给自己反馈，比如学习书法时拿自己的作品和临帖的对象去做对比，练习钢琴时把自己弹奏的曲子录下来和大师的唱片进行对比，也能发现自己的优点和不足。

从上面的讨论可以看出，对于实践性知识，刻意练习主要是靠一遍一遍地做，逐步达到熟练掌握、炉火纯青的境界。对于理论性知识，刻意练习主要是靠多角度、多层面的理解和应用，逐步让知识在大脑里渗透和内化，直至达到举一反三、融会贯通。

无论是对实践性知识还是理论性知识，在刻意练习时都可以结合以下方法进行知识的理解和运用：

（1）总结法：将所学知识的体系结构、重点内容或心得体会进行归纳总结，形成文字或思维导图等书面材料，起到加深理解，内化于心的作用，既可供自己在后续学习中参考，也可向他人复述、分享。

（2）代入法：当学习到一些解决问题的有效方法时，将自己可能遇到的类似问题或场景代入到该方法之中，考虑自己如何处理。如果过去已经遇到过类似问题，回顾自己是如何处理的，有哪些可以改进的地方。如果学习的不是方法类知识，而是一些理论概念，则可将工作与生活中过往的经历与之进行关联思考，以你熟悉的场景加深对概念的记忆。这相当于是一种"实景"推演，有助于理论联系实际，加深知识的理解和消化。

（3）联想法：对想要记住的某个概念展开形象化的联想，从而深化理解。比如在学到新疆的"疆"字时，它的右半部分可以和新疆的地形地貌进行联想，"三横"表示阿尔泰山、天山和昆仑山这三座山，"两田"表示准噶尔和塔里木这两大盆地。又如意大利的地图可联想为一只高跟靴子，画图时就很容易抓住这一特征快速勾勒出轮廓。总之，联想的特征越明显，形象越真实、越细致，记忆和理解就会越清晰、越持久。

（4）回放法：在记忆知识时，能做到过目不忘的人极少，很多人都得靠重复，不是一次重复很多遍，而是间隔重复，我们称之为回放法。比如，看完一页书或书中的某个段落，眼睛转到别处，回想一下关键内容；看完一章时，合上书，站起来走一走，边走回想这一章的关键内容；晚上临睡前，再把一天所学的关键内容再回放一遍。这样做的好处是，你所学的知识会一点一点累积起来，在大脑里逐渐形成知识组块，以后就很难忘记了。

关于学习方法的话题，我们在下一节学习能力部分还将深入探讨。

6.2.3 培养良好的学习习惯

人类是一种习惯性的动物。无论我们是否愿意，习惯总是无孔不入，渗透在我们学习、工作和生活的方方面面。

杰克·霍吉在《习惯的力量》一书中说："我们每天高达90%的行为是出于习惯。如果把习惯比喻为飞驰的列车，惯性使人无法停步地冲向前方。前方有可能是天堂，有可能是深谷，习惯就是你的方向盘。"

众所周知，习惯是靠一点一滴，循环往复，无数重复的行为动作养成的，好的习惯、坏的习惯莫不如此，只是结果不同而已。学习习惯也不例外，它是一种通过不断重复而形成的学习规律。当你有了良好的学习习惯时，学习就会成为潜意识里的动作，而不是一件苦差事，学习毅力也就成了学习习惯的必然结果。

人们常说："行为养成习惯，习惯形成性格，性格决定命运。"一个人命运的基石都是由养成习惯的行为决定的。为了培养良好的学习习惯，我们可以尝试在学习过程中采取以下行为。

6.2.3.1 化整为零，分割学习任务

人的注意力持续时间是有限的，学校将每堂课分成几十分钟一节，就是考虑到这个因素。成年人的学习也是一样，为了确保学习效果，最简单直接的方

法就是把一整段的学习任务化整为零，用计时器设定好每一个小模块的完成时间，中途预留短暂的休息。

分割学习任务常用的方法是"番茄工作法"，即把大块的学习任务切割成若干小份，每段预计 25 分钟完成，称为一个"番茄任务"。每个番茄任务不可分割，必须专注学习，中途不允许做任何与该任务无关的事，直到预定的闹钟响起，然后在纸上画一个"X"，进行 5 分钟左右的短暂休息后，再开始下一个番茄任务。每完成 4 个番茄任务，可休息较长时间，比如 15 分钟。在实际操作过程中，每一个番茄任务的时间设置可根据任务复杂程度稍作调整，以 20~30 分钟为宜。

6.2.3.2 随时记录，攻克薄弱环节

我们在学习当中遇到难以理解和消化的知识点时，往往容易跳过去，或把注意力转移到其他事情上去，以此来逃避困难，这是非常不可取的行为。

推荐的做法是，当我们遇到学习的薄弱环节时，随时记录下来，事后找时间"回炉"学习，或向能人、专家请教，然后把理解、消化后的知识内容补充记录在原来的笔记下面。这相当于我们在学校读书时用到的错题本，需要的时候还可以拿出来翻阅、复习，强化理解，直到完全掌握。

6.2.3.3 合理安排，优先解决难题

每个人都有属于自己的黄金学习时段，即学习效率最佳的时间范围，可能是早上起床后的 2~4 个小时，可能是午睡后的 3~4 小时，也可能是晚上睡觉前的 2~3 小时，因人而异。在这个时间段，我们的大脑可以专注于需要消耗大量脑力的活动，如阅读、写作、编程、分析和决策等。

为了激发持续学习的行动，在黄金学习时段，要优先安排学习那些相对较难的知识内容，这样才能产生较好的学习效果，让我们在看到学习进展后更好地保持学习毅力。

6.2.3.4 劳逸结合，保持学习热情

很多人对待学习任务都希望一气呵成，尽快完成，但这并不是高效学习的方式。与此相反，在学到一定程度并达到最兴奋点的时候停下来，有助于把所学的知识记得更牢，并在下次学习时更快进入状态。这种现象叫"蔡格尼克记忆效应"，是由立陶宛心理学家布尔玛·蔡格尼克通过实验得出的结论，指人们对于尚未处理完的事情，比已处理完成的事情印象更加深刻。

同时，匈牙利籍心理学家米哈里·契克森米哈在"心流理论"中指出，人们在心流状态下最为快乐，这是一种对正在进行的活动和所在情境的完全投入和聚焦。当人们专注于一件事时，内心会感到高度兴奋和充实；当挑战一旦降低，就会陷入无聊的境地；而当挑战再次提高，又会变得焦虑。所以，我们在学习中最兴奋的状态下撤离，带着愉快的记忆离开，会让自己对下一次挑战充满期待，维持热情，有利于学习行为的持续。

另一方面，中国人常说学习和工作要劳逸结合，这是因为我们的大脑需要有"停机"时间来处理它接受的信息，而最好的"停机"方式就是运动和睡眠。也就是说，对于大脑而言，运动也是一种休息的形式。研究表明，由脑力活动造成的神经疲劳能通过体育运动得到有效缓解，运动能放松大脑，让大脑更清醒。

因此，无论是基于上述哪一种理论，我们在学习处于兴奋状态时及时撤离，以运动或睡眠来调节大脑的活力，有助于保持学习热情，促进学习毅力的提升。

6.2.3.5 善用大脑，调节思维模式

人的大脑通常有专注和发散两种思维模式。专注模式主要负责知识的细节，发散模式主要负责知识的整合，即从更整体的角度去考虑问题。

一般情况下，这两种模式不是同时存在的，一个人同一时间只能处于其中一种模式。当我们专注于眼前的知识细节时，就不太会从整体考虑；当我们进

行知识整合时，对大部分细节就会予以忽略。当然，这两种模式是可以相互切换的，也是相辅相成的。如果没有知识整合，细节就像四处散落的珍珠，难以形成体系性的知识组块；但如果没有知识细节，整合工作就缺少了原材料，无从谈起。

既然在学习时两种思维模式不能同时并存，但又缺一不可，我们就要学会善用大脑，有意识地调节思维模式，具体的做法：当你专注于一个问题而又毫无进展时，就可以尝试转换为发散思维模式，比如做做操，散散步，闭闭眼，或做点轻松的休闲运动，等你再回来时，也许会发现有了新的思路，或是在发散思维时就灵光一现，悟出了新的道理。据说，发明家爱迪生在遇到难以解决的问题时，就会坐到躺椅上去休息，手里抱着一个球，下边放着一个盆，当他睡着时，球就会掉到盆里，在他惊醒的瞬间，经常就会有新的点子冒出来，成为他发明创造的来源。

学习知识的目的之一就是为了提升创造力，而创造力一般存在于发散思维当中，但专注思维又是创造力的基础，二者必须经常转换。

6.2.4 克服不利的学习阻碍

除了学习目的、学习方法和学习习惯等影响因素之外，学习毅力不足的人，往往还因为不能克服学习阻碍，包括诱惑、干扰、惰性和思维定式等。

为了提高学习毅力，必须修炼内心，不让自己有退路，还必须排除外界影响，不让自己受干扰，具体可以有以下做法。

6.2.4.1 抵制诱惑

我们小时候都听过"猴子掰玉米"的故事，它告诉我们一个道理，一个人在某个固定时期内如果目标太多，且都想要去实现的话，往往会导致最终连一个目标也实现不了。这里说的目标太多，其实就是诱惑太多。

对于目标诱惑抵制力差的人，难以集中精力于某一领域知识的学习，这山望着那山高，见异思迁是常态，因此学习起来总是有头无尾，半途而废，根本谈不上学习毅力。

其实，对于学习来说，目标太多就是没有目标。抵制目标诱惑的办法很简单，那就是一段时间之内，只给自己设立一个目标，然后心无旁骛地学习，直到掌握了你所要学习的知识为止。

6.2.4.2 克服惰性

孟子曰："生于忧患，死于安乐。"每个人天生都喜欢待在舒适区，待久了就会产生惰性，而惰性则会销蚀掉一个人的激情和斗志，导致毅力的衰退和消逝。学习也是如此，只有远离舒适区，克服惰性，人的学习毅力才会体现出来，才能学有所成，学有所得。

学习毅力不足的惰性表现之一就是为免于学习找借口。我读大学的时候有个学霸嘲笑那些不爱学习的同学，说他们躲避学习的理由是"春困秋乏夏打盹，睡不醒的冬三月"。只要你主观上不想学习，一年四季、每时每刻都可以找到偷懒的借口。

其实，我们绝大多数借口听起来理由充分，但细想一下就会觉得苍白无力。比如，在我当培训师之前，一直以自己口才不好为借口，逃避讲那种连续8小时的课，后来看到一些知识水平不如自己的老师都可以做到这一点，于是下定决心开课，经过认真细致的准备后，连续讲两三天也不成问题。由此我发现，口才不好是借口，肚子里没货才是真相。

对于制订好的学习计划，我们不能轻易找借口逃避，若非发生天大的事，若非万不得已，千万不要对自己说类似这样的话："气温太高了，暂歇一天"，"今日心情不好，算了吧"，"这部分知识太难了，明天再学"……长此以往，就是迁就自己的惰性，纵容偷懒的行为，学习毅力会一天天消失殆尽。

因此，为自己找借口寻求开脱，是培养学习毅力的阻碍。只有用学习行动来控制情绪，拒绝所有的借口和理由，你才会发现另一片不同的天空。

为了防止自己找借口，当自己的意志力不足时，还可以找一个第三方来对自己的学习行为进行监督。比如你在制订学习计划后，把它交给你的父母，让他们在你偷懒时及时提醒你；或把学习计划发到朋友圈，每日坚持打卡，甚至把学习笔记分享出来，作为学习行动的见证，让周围的人监督你；或是约几个小伙伴，成立一个学习小组，大家抱团取暖，共同行动，互相监督。我读高中的时候，同班有十几个同学相约每天晨跑10公里，刚开始的时候我跑1~2公里就跑不动了，但在其他同学的带领和鼓励下，咬牙坚持了下来，一段时间之后，毅力就培养了起来，并形成了习惯，受益匪浅。这就是群体监督带来的效果，对学习毅力的培养也是可行的。

6.2.4.3　排除干扰

学习毅力的培养有时会受到外部环境的干扰，这是正常现象，谁都难以避免，但如何排除干扰就要看个人的修为了。

为了有效排除干扰，首先要尽量选择安静、整洁、舒适的学习环境，把书桌、书本、文具等收拾整齐，这样就能产生集中注意力的条件反射，从物理上减少各种外界干扰。

其次，你一旦选好环境并坐下来学习之后，就不应该分心了，因此在进入状态前最好劝告旁人不要随意打扰你，不要大声喧闹。与此同时，你要把所学知识的重要性时刻牢记在心中，让大脑听从目标的指挥，从而集中精力专心学习。

最后，你可以尝试在干扰中训练排除干扰的能力。在很多关于战争题材的电影里，我们经常看到那些优秀的指挥官在轰鸣的炮火下沉着、冷静地作出判断，指挥作战，显示出非凡的抗干扰能力，这都是久经训练的结果。事实上，不管周围的环境多么嘈杂，当你把精力完全集中到自己想学习的知识或想解决的问题上时，你对周围的一切都能够置若罔闻，而且这是可以通过训练达到的。

6.2.4.4 摆脱定式

思维定式一般是由单纯经验造成的。人在获得某种经验之后，在遇到相同或类似情况时，会不自觉地应用这种经验指导我们的学习行为，但同时也会影响我们吸收新观点，产生新思维。当我们的大脑受制于思维定式而难以在学习上有所突破时，学习毅力就会受到抑制。

为了摆脱思维定式对学习毅力的影响，我们首先要开放心态，勇于打破原有的条条框框和思维法则，基于事实和问题真相，从不同角度和方向去自主思考，不迷信权威，力求提出自己的见解。

此外，摆脱思维定式要有一定的创新精神，积极运用创造性思考模型和工具，善于从失败中总结教训，需要时可以适时调整学习目标，但既定的学习计划一定要坚持学习到底。

6.3 方法：学习能力

学习能力是指由学习动力和学习毅力直接驱动而产生的接受新知识、新信息并用所接受的知识和信息认识问题、分析问题和解决问题的能力，是学习行为是否具有成效的关键，最终会表现为个人的学习方法。

一个人的学习能力由其开展学习的主观和客观条件构成。其中，主观条件是指对知识的接受和消化能力，包括阅读力、记忆力、理解力、判断力和学习效率等，客观条件是指开展正常学习活动的物质基础，包括资金、时间和精力的投入。

本章的第一节在阐述学习动力时讲到，我们在学校里的学习是"以知识为中心"的，通常以通过考试或开展科学研究为目的，而当我们跨入职场之后，学习就应该转变为"以自我发展为中心"、以解决问题或提升能力为目的。本节将探讨的提升学习能力的方法，指的就是"以自我发展为中心"的学习能力。

"以自我发展为中心"的学习模式,其底层逻辑来自美国著名教育学家诺尔斯在20世纪70年代提出的成人学习五大公理。

(1)自我导向:成人学习一定要有某种特定目的,并强调主动参与和积极探讨。

(2)关联经验:成人学习时可提供丰富且不断增长的经验,用于对新知的论证和实践,并实现新知的内化。

(3)强调实践:成人学习重在实践,强调在用中学,在学中用,学习内容倾向于选择用得上的知识和技能。

(4)聚焦问题:成人学习主要聚焦于解决实际问题,内容的实用性和知识体系的搭建比理论信息更重要。

(5)内在驱动:成人学习旨在提升能力,学有所得、学有所成是内在驱动的强大力量。

从这五条公理可以看出,"以自我发展为中心"的学习模式都是以解决问题或提升能力为出发点的,其目的指向非常明确。这是不是意味着成人就不能去学一些与职业技能无关的"无用之用"的知识呢?当然不是!这就好比一个工科生,从事的是技术类工作,但你仍然可以去学习自己感兴趣的音乐、绘画、书法等,即便单纯为了自娱自乐也未尝不可,因为那是你的爱好,可以与职业、专业无关。只不过我们在这里探讨的学习能力主要是指对致用知识的学习,而非仅作为陶冶情操的爱好。当然,对于从事艺术工作的人来说,音乐、绘画、书法等方面的知识,本来也可以是学以致用的。

"以自我发展为中心"的学习能力提升主要从三个方面入手,分别是从知识中学习、从信息中学习和从经验中学习。其中,从知识中学习主要体现为通过内化和运用知识而熟练掌握知识,从信息中学习主要体现为通过分析和整理信息而提炼出真正有价值的知识,从经验中学习主要体现为通过追问和反思经验而获得可靠的知识。

根据以上分析,我们可将学习能力划分为三个维度:内化和运用知识、分析和整理信息、追问和反思经验,而提升这三个维度学习能力的核心目的是构建属于自己的知识体系。所有这些要素组合起来就形成了一个完整的学习能力提升模型(如图6.2所示)。

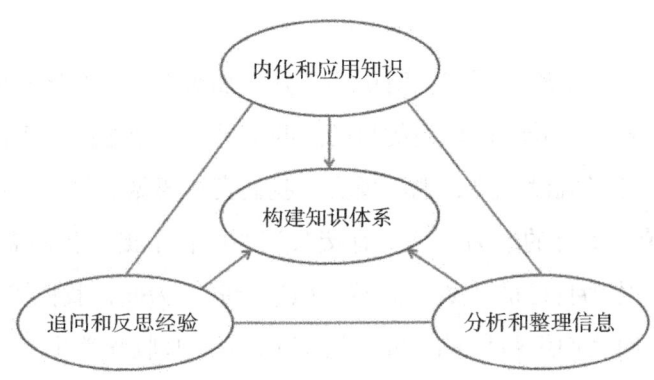

图6.2 学习能力提升模型

在这个模型中,学习能力提升的三个维度是相互关联的,信息经过分析和整理可升华为知识,知识经过内化和应用可转化为能力,能力转化为行动后可带来经验,经验经过反思和追问可沉淀出信息……我们不断在"信息—知识—经验—信息"的学习与实践中循环、上升,逐渐形成自己的知识体系,这便是知行合一在学习能力提升上的具体表现。

关于如何提升学习能力,赵周在《这样读书就够了:个人学习力升级指南》一书中介绍了一套适用的"拆书"方法。接下来我们在引用和借鉴该书相关理论的基础上,对"以自我发展为中心"的学习能力提升模型进行详细探讨。

6.3.1 内化和应用知识

内化和应用知识是学习能力提升的第一个维度,也是我们大多数人最常见、最习惯的学习方式。

"以自我发展为中心"的学习是自我导向的按需学习模式。在开始学习之前,我们一般会根据自己当下想要解决的问题或希望提升的能力,有针对性地去看书,听讲座或参加培训,然后从书本中或老师的口中提取出对我们有用的知识点。

一般情况下,不管是看书、听讲座还是参加培训,我们接收到的知识内容会很多。很显然,本着学以致用的目的,我们并不需要把接收到的所有内容全盘吸收,因为那样既没必要,也不现实。我们真正要做的是,按照自己想要解决的问题或希望提升的能力,从所有接收到的内容中提取我们需要的知识点,然后把它们内化为自己的东西,而不是照单全收。为此,我们可以采取"RIA便签学习法"对我们想要掌握的知识点进行拆解、吸收和消化。

6.3.1.1　RIA便签学习法的操作步骤

为了做到对知识的内化和运用,赵周提出了一套针对个体学习者读书时使用的"RIA便签学习法",笔者认为也可以用在讲座、培训、"师带徒"和日常交流等学习过程中,其主要操作步骤如下:

第一步:R,即"阅读"(Read)。

在阅读一本书的时候,若遇到符合自己需要的知识点,就在相应的文字下面划出来。如果阅读的是电子书,或是在讲座、培训中听到老师所讲的内容,或是平时听到他人讲述的有价值的知识,则可以在专门准备好的笔记本上摘录下来,也算是另一种形式的"阅读"。

第二步:I,即"理解"(Interpretation)。

在一张便签上用自己的话复述原文内容,写出自己对知识点的理解、启发或有价值的提醒。记住一定要用自己话表述,而不能是照抄原文。这是对知识点最初步的理解。

在这个步骤中,不少人会止步于"附会"旧知(即认为这个知识点自己已经知道了，但却未必真的理解到位），或者干脆就直接摘抄原文，这是一种错误的认识和做法，因为就算你把这些内容背下来，也不代表就是你自己的，这就是我们常说的"知道不等于学到"。

复述的意义在于理解，如果不能充分理解知识点的内容，就很难用自己的语言表达出来。为了达到"内化和应用"的目的，我们可以在本步骤中将知识点细化为明确具体的操作方法或步骤。

第三步：A，即"拆为己用"（Appropriation）。

描述自己的相关经验以及下一步打算如何应用。这是将知识点变成自己可用的方法与能力的过程，是对知识点的进一步理解和运用，可再细分为 A1 和 A2。

A1：在第二张便签上写下自己与这个知识点相关的经验，回顾自己有没有经历过或见到过类似的情况。通过反思自己的相关经验，让这个知识点真的与自己建立关联，相当于用已有知识解释新学的知识，起到"温故而知新"的功效。为了让这个步骤执行性更强，便签上记录的事件必须是自己亲身经历、亲眼所见或亲耳所闻的，最好能叙述事件的起因、经过和结果，从而更好地理解和反思自己的经验，以此获得个人的成长。

A2：在第三张便签上写下针对这个知识点自己可以开展的下一步行动，即关于今后如何应用的想法和计划，让知识在解决实际问题时发挥作用，相当于用新知优化经验，形成对当下问题更有效的解决方法，把新知变成自己真正的能力。对于新知而言，要时刻谨记"学到不等于做到"，因此，为了让这个步骤具有更强的执行性，可以在便签上给自己定一个符合 SMART 原则的目标，甚至写下什么时间、什么地点开始，提醒自己及时开始改变自己的行为，因为这才是学习致用性知识的真正目的所在。

RIA 便签学习法的主要工具就是便签，即便利贴纸，主要用在第二、三步。通常的做法是准备三种不同颜色的便签，分别用来书写 I、A1 和 A2 的内容。如果你读的是纸质书，写好之后贴在对知识点划过线的对应书页上，每个步骤用一张,掌心大小的便利贴纸正好贴完一页。如果你是用笔记本记录的电子书、讲座、培训或其他场景获得的知识点,写好之后贴在对应知识点的笔记页上,也是每个知识点3张便签贴完一页。当然,如果你A2的行动内容有很多条,再加一张同样颜色的便签也是可以的,但一个知识点的便签总数最多不建议超过4张。

从上面的描述可以看出,RIA便签学习法的核心步骤是I、A1和A2,它们展现了知识被内化和应用的三个阶段(如图6.3所示)。

图6.3 RIA便签学习法的核心步骤

可以想象,当你读完一整本书、听完一整场培训或日常积累了一段时间后,你就有了很多的便签笔记。如果把其中的A2全部拿出来贴在墙上,它们就是你解决问题的行动指南了!每天看看,提醒自己要做出改变的行为,将会对你的能力提升大有裨益。

RIA便签学习法为我们提供了一种有效的学习工具,你可以直接使用,也可以做一些变通,比如单独用一个笔记本记录知识点(可同步标注该知识点在图书或培训教材中的页码,以便需要时查阅原文),用不同颜色的笔代替便签写下I、A1和A2的内容等。当然,你如果喜欢用电子文档来做笔记也行,只要区分出I、A1和A2的差别,随时能找到自己需要的内容即可。图6.4是一个RIA便签学习法的笔记模板,可供读者在制作专用笔记本或电子文档时参考。

书名／课程名：	
作者／老师：	出版社／出品机构：
Reading R：摘抄原文知识点	
Interpretation I：用自己的语言重述知识	
Appropriation A1：描述自己的相关经验	
Appropriation A2：我的应用目标与行动	

图 6.4　RIA 便签学习法笔记模板

6.3.1.2　RIA 便签学习法的使用示例

下面我们来举一个使用 RIA 便签学习法读书的例子。假设学习者是一位做销售的客户经理，读书的目的是为了解决客户拜访中沟通不顺畅、效率低的问题。在读书过程中，他发现有一个知识点对自己非常适用，于是采用 RIA 便签学习法做了如下笔记。

（1）第一步：R。

向客户提问的形式通常有三种，按顺序如下：

☞ 开放型问题：用来鼓励客户探索内心的想法。

☞ 引导型问题：用来启发客户思考。

☞ 确认型问题：用来确认对方态度或销售所获信息的准确性。

对于上述知识点，学习者认为对自己有价值，于是在原文下面画线标记出来。

（2）第二步：I。

用自己的语言重述信息，写在第一张便签上，贴在知识点对应的书页上：

向客户提问的形式有三种，通常按顺序进行发问：

☞ 开放型问题

用来鼓励客户畅谈自己的想法和需求,包括对现状的认识、经验、心得、问题、障碍、痛苦等,形式如"您觉得……?""您认为……?""您希望……?"等。

☞ 引导型问题

用来启发客户思考,把客户拉回期望展开的话题上,一般为半封闭式提问,形式如"有没有可能……?""会不会因为……?""是不是有这样的情况……?"等等。

☞ 确认型问题

用来确认对方的态度或销售获得信息的准确性,确保销售与客户的沟通始终处在同一个频道上,并不断夯实每一步沟通的成果,一般为封闭式提问,形式如"您认为……,是这样吗?""您的意思是……,对吗?""我的理解是……,对吗?"等等。

(3)第三步:A。

A1:描述自己的相关经验,写在第二张便签(颜色与第一张不同)上,贴在知识点对应的书页上。

以前拜访客户,总是到了现场再随机应变,聊到哪算哪,既不知道如何开始,也不知道何时结束,而且拜访过程中提问都比较随性,问题准备不足,这是缺乏提问规划造成的。此外,曾经跟过资深的同事去拜访客户,沟通效率很高,且交谈氛围轻松自如。

A2:制定目标与行动计划,写在第三张便签上(颜色与第一、二张都不相同),贴在知识点对应的书页上。

从下次拜访客户起,提前准备要了解客户的哪些信息(至少要准备3条以上的信息需求),针对每个信息需求各设计好3个开放型问题、3个引导型问题和3个确认型问题,其中的引导型问题要基于对客户的预判进行设计,估计这"三板斧"抡出去,动作会很清晰,拜访效率也会更高,还能节省客户的时间。

到此为止,我们把 RIA 便签学习法的运用过程进行了完整的阐述,用一个实例进行了示范。不管是读书也好,其他学习形式也好,RIA 便签学习法都是一个内化和应用知识的好方法,它让我们在学习时不会仅仅停留在大脑记忆或书面摘录的层面,还能关联实际工作场景,把知识内化于心,并指导自己的具体行动,变成自己的一种能力。

6.3.2 分析和整理信息

分析和整理信息是学习能力提升的第二个维度,也是现代人常用的学习方式之一。

我们生活在一个信息远多于知识的时代,每天面对海量的信息而目不暇接。其中,大量为了博取关注和流量的"标题党"以及穿着科学外衣的"伪科学"文章在各种正规和非正规的媒体发布,许多言过其实、哗众取宠的帖子以及刻意夸大、煽情、甚至误导读者的荒谬观点在网络上招摇过市,且层出不穷。如果你不具备独立思考、逻辑判断和有效甄别的能力,不能很好地分析和整理信息,你就可能被排山倒海的信息所淹没,成为一个了解很多信息、人云亦云的"知道分子",而不是一个拥有自己的判断,能区分真伪的"知识分子"。

举例来说,"一个人每天要喝 8 杯水"这不属于知识,只是一条碎片化的结论信息,而且是不确切的,其中暗含了多个不确定的因素,比如:杯子是多大的?大人和小孩都是喝 8 杯吗?一定是喝水吗?喝 8 杯饮料行不行?你只要仔细去问,就会发现能问出好多问题,我们无法通过这一条信息给出答案。而知识则与此不同,它包含了上下文的关联信息,我们能据此做出一定的判断,有一定的"可证伪性",比如说:"一个肾功能正常的成年人,一天喝 2000 毫升水对身体是有益的。"在明确信息的前因后果(前因:"一天喝 2000 毫升水",后果:"对身体是有益的")和适用边界("一个肾功能正常的成年人"),即给出上下文的关联信息之后,这个结论变得更具体,成为知识。

由此可见,并非所有信息都是知识。二者最主要的差别在于知识的上下文能清楚地表明前因后果和适用边界。事实上,如果缺乏前因后果和适用边界,我们曾经在课堂上或老一辈那里学到的很多东西就会变得自相矛盾起来,比如"男子汉要宁折不弯"和"大丈夫要能屈能伸","宰相肚里能撑船"和"有仇不报非君子","宁为玉碎,不为瓦全"和"留得青山在,不怕没柴烧","退一步海阔天空"和"狭路相逢勇者胜"等,到底哪一句是对的?就要看前因后果和适用边界的差别。

因此,孟子曰:"尽信书,则不如无书。"现实世界纷繁复杂,面对汹涌而来的大量碎片化信息,要避免盲从和轻信,就要经常思考,鉴别信息的真伪和价值,这就是分析和整理信息要做的工作。

6.3.2.1　信息分析和整理工具内容介绍

为了做好信息的分析和整理,对于我们接触到的信息,比如新闻、事件、问题、文章,或是一本书、一个演讲、一个抖音视频等,都可以用一个工具来进行全面的剖析。

需要特别指出的是,在你使用内化和应用知识的 RIA 便签学习法之前,如果不确定你认为有价值的那个"知识点"是否为真正的知识,也要使用这个工具进行分析和整理。

这个工具包含八个方面的问题,就是"前因后果、适用边界"。其中,分析信息使用"前因后果",整理信息使用"适用边界",相关用法如下。

前(前车可鉴):他是怎么引出这个信息的?为什么这件事对我重要?

因(相因相生):作者提出了哪些关于原因的假设?是怎么验证或排除这些假设的?还有其他可能性吗?

后(以观后效):若依从信息去做之后会怎样?对我的好处(效用)是什么?

果(自食其果):不这么做的后果是什么?不改变的问题有多严重?

适（适得其反）：有没有相反的观点？有没有不支持这个的实例？

用（使用条件）：要这样做，得具备哪些条件？（考虑成本收益，考虑态度能力……）什么情况下是不管用的？

边（旁敲侧击）：从前有没有类似的（或乍看起来差不多的）信息？其他领域/行业/作者如何看待类似问题？

界（楚河汉界）：无论是相反的还是类似的信息，和这个信息的真正区别是什么？交界在哪里？

当我们用"前因后果、适用边界"对信息进行分析和整理后，无论这个信息原来是什么样的，也无论它是从哪里来的，我们都可以去判别它的真伪和局限，给它补充上下文，提高信息的质量，甚至升华为知识。可以说，你越能一针见血地问出这八个方面的问题，就越能体现出自己的学习能力。

6.3.2.2　信息分析和整理工具使用示例

下面我们来举一个使用"前因后果、适用边界"工具对信息进行分析和整理的例子。

几年前，中国教育新闻网上登载过一篇题为"大学生创业正当时"的新闻报道，内容摘要如下。

新世纪以来，从培养提高大学生创新能力入手，在有关部门倡导和组织下，全国各高校陆续举办过大学生创业计划大赛，在高校中掀起了创业热潮。如今，大学生创业被看作是一种实现充分就业的新方式，日益受到整个社会的高度关注和广大青年学生的充分肯定。

"创业是就业之母"。在当今社会市场经济高度发达的环境里，80%新增就业岗位是由创业单位提供的。传统经济创造新生岗位的能力极其有限，甚至在有些科技和进步较快的行业里，就业岗位呈负增长。所以要扩大就业岗位就要大力鼓励创业。要解决目前大学生就业难的局面，就必须更新就业思路，创新就业模式，开辟多元化就业渠道……

基于当前国家和各级政府、社会各界对大学生创新创业的扶持，可以说，大学生创业正当时。

假设你是一名即将毕业的大学生，面临就业和创业的两难选择，可以对上述信息分析整理如下。

前（前车可鉴）：他是怎么引出这个信息的？为什么这件事对我重要？

答：从培养大学生创新能力、高校举办创业大赛等背景引出这个信息。

答：本人面临毕业和就业，该文支持大学生创业，其观点和信息与我的个人发展有关。

备注：如果回答是"对我不重要"，则可忽略这篇报道或文章，以免浪费时间。

因（相因相生）：作者提出了哪些关于原因的假设？是怎么验证或排除这些假设的？还有其他可能性吗？

答：作者认为：①大学生创业是实现充分就业的新方式；②目前大学生就业难；③要更新就业思路，开辟多元化就业渠道。

答：对于第①条假设，作者用"80%新增就业岗位是由创业单位提供的"来论证；对于第②条假设，作者用"传统经济创造新生岗位的能力极其有限，甚至在有些科技和进步较快的行业里，就业岗位成负增长"来论证；对于第③条假设，作者用"大学生创业日益受到整个社会的高度关注和广大青年学生的充分肯定，当前国家和各级政府、社会各界对大学生创新创业进行扶持"来验证。

答：还有其他可能性：①毕业后找到自己心仪的工作而变成一生的事业；②毕业就失业，成为家庭和社会的负担；③暂时不就业，而是继续深造。

后（以观后效）：若依从信息去做之后会怎样？对我的好处（效用）是什么？

答：若依从信息去做，就是响应国家号召去创业。

答：好的结果是经历摸爬滚打后，成为一个对社会有贡献的企业家，实现个人财富自由；中等结果是开一家小公司，养家糊口没问题，但也做不大；最差的结果是多次创业失败,一事无成,甚至负债累累。

果(自食其果):不这么做的后果是什么?不改变的问题有多严重?

答:找一份工作,或暂时处于就业状态。

答:不改变就是像大多数人一样去找工作或考研,也不存在很严重的问题。

适(适得其反):有没有相反的观点?有没有不支持这个的实例?

答:有,很多家长不支持大学生创业,认为缺乏经验,败多胜少,同时,很多大学生对此也心里没底。

答:有,不支持的事例就是,每年绝大部分大学生毕业后还是找工作,而非创业。

用(使用条件):要这样做,得具备哪些条件?(考虑成本收益,考虑态度能力……)什么情况下是不管用的?

答:作者没有给出任何具体条件,如果我这样做的话,考虑的条件:有不惧怕风险和失败的心态准备,有一定的启动资金,有一个相对成熟的项目,有1~2个合作的伙伴等。

答:个人毫无创业冲动的情况下是不管用的。

边(旁敲侧击):从前有没有类似的(或乍看起来差不多的)信息?其他领域/行业/作者如何看待类似问题?

答:从前也有类似的信息,"大众创业、万众创新"的创业主体也包括大学生,近几年持续都有相关报道。

答:很多领域和行业的人提出过自己的见解,比如"知乎"上针对"怎么看待大学生创业"就有多种不同看法,包括:①支持,但不能盲目;②不支持,创业不适合绝大多数人,成功是小概率事件;③有条件的支持,需要方向、胆量、运气、团队、主观能动性等。

界(楚河汉界):无论是相反的还是类似的信息,和这个信息的真正区别是什么?交界在哪里?

答:角度不同。相反信息认为,大学生普遍经验不足,失败概率更高;类似信息认为,大学生有冲劲,有活力,有创新欲望,成功可能性很高,另外就是年轻,输得起。

答:交界在于:人们普遍对大学生就业难的现状、大学生对未来抱有理想和憧憬等情况有共识。

经过上述分析和整理,该大学生可以对"大学生创业正当时"这条信息添加一定的前因后果和适应边界,变成如下知识:

基于当下国家和社会的大力扶持,若你有项目、有激情、有魄力,不畏惧困难、风险和失败(此为适用边界),大学生创业——"为社会贡献力量,为自己创造未来"(此为前因后果)正当其时。

当你利用信息分析和整理工具完成对信息的加工后,经对比判断,通常会出现以下两种情况:

(1)确认已变成对你有价值的知识:接下来应使用 RIA 便签学习法对其进行内化和应用。由于该方法在上文中已有示例,在此不再赘述。

(2)发现这个知识对你并无价值:不管是无法做到"前因",还是不满意"后果",抑或不符合"适用边界"的要求,对你来说都是无效的知识,那就应该就此放弃,没必要继续学习下去了。比如上面这个例子,该大学生经过自我反思后,发现自己基本上不具备"适用边界"的大部分条件,于是果断放弃创业的念头。

从上述分析和整理信息的具体案例可以看出,想要提升学习能力,绝不能盲目轻信各种碎片化或背景条件不足的信息,而要在保持头脑清醒的前提下反求诸己,运用自己的反思、质疑和判断力,在对信息进行分析和整理后再进行取舍。

这里所说的"反求诸己",意思是从自己开始改变,不管信息是否真实,是否有局限性,如果对自己很重要,就要做点什么来让它变得对自己更有意义,即便经过分析整理后发现对你并无什么指导或参考价值,至少也亲自证明了这一点,从此就不会纠结和后悔。这本身就是学习能力的一种表现。

我们前面说到，很多大学生毕业时起点都差不多，但是进入职场几年后就拉开距离了，究其原因，就在于学习能力的差异，其中就包括分析和整理信息的能力。

因此，在当今智能时代，知识已不能改变命运，但能力却可以。对于年轻人来说，要趁自己风华正茂，将更多的金钱、时间和精力投资到学习上，让自己的职业技能不断增长，自我价值不断提升，用时髦的话说就是"成为更好的自己"。

6.3.3 追问和反思经验

追问和反思经验是学习能力提升的第三个维度，也是起源最早的一种学习方式。古希腊哲学家苏格拉底就说过："未经反思的人生不值得过。"

社会发展到今天，从经验中进行学习仍然被人们广泛推崇，因为经验必须来源于实践，而"实践出真知"。

然而，由于经验往往仅来自于某些人或某些团体，而且他们的实践行为要受时间、空间及其所处环境、条件的限制，因此，在未经检视和验证时，并非所有的实践经验都是真知。王守仁在其著作《传习录》中说："行之明觉精察处，即是知。"对待经验，如果不加以明觉精察，不进行反思、总结，那它就不可能变成知识。

6.3.3.1 追问和反思经验的 RIA 便签学习法

体验式学习大师大卫·库伯认为，经验学习过程是由四个适应性学习阶段构成的环形结构，称为"库伯学习圈"，包括具体经验、反思性观察、抽象概念化和主动实践（如图 6.5 所示）。

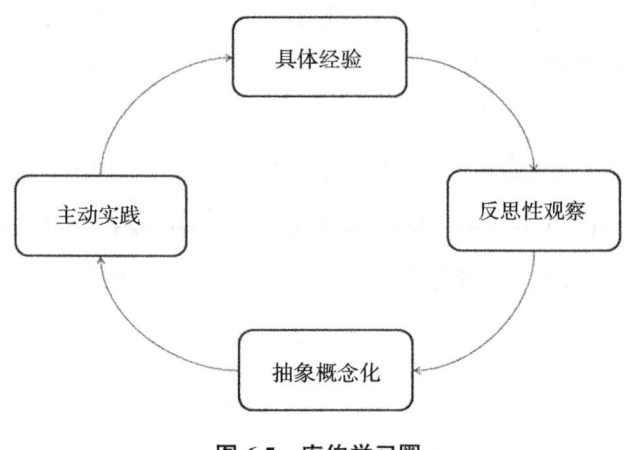

图 6.5 库伯学习圈

库伯认为,任何学习过程都应遵循"学习圈":学习的起点或知识的获取首先来自人们的经验,包括直接经验和间接经验。有了经验,下一步就是对其进行反思性观察,即对经验过程中的"知识碎片"进行回忆、清理、整合和分享等,并把"有限的经验"进行归类、条理化和拷贝。然后,我们就要对反思结果进行抽象和概念化了,即在理解、吸收所观察内容的基础上,形成合乎逻辑的概念,将经验升华为理论知识。学习圈的最后一个阶段是主动实践,即将这些理论知识运用到制定策略、解决问题之中去,并通过实际行动对它们进行验证和完善。主动实践是对已获知识的应用和巩固,是检验学习者是否学以致用、是否达到学习效果的过程。如果从行动中发现有新的问题出现,则意味着新一轮的学习圈又开始了。人们的知识就在这种不断循环的学习圈运转中得以增长。

在内化和应用知识时,主要工具是 RIA 便签学习法,要用到 I、A1 和 A2 这三张便签;在分析和整理信息时,主要工具是"前因后果、适用边界",用八个方面的问题进行剖析。基于库伯学习圈,我们在追问和反思经验时,则要将 RIA 便签学习法和"前因后果、适用边界"这两个工具整合起来使用,形成一套改进的 RIA 便签学习法(如图 6.6 所示)。

第 6 章 智能时代的持续精进

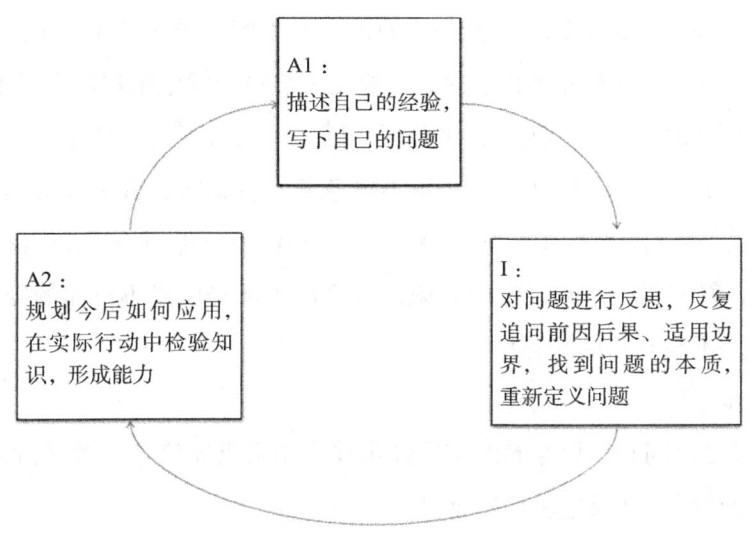

图 6.6 追问和反思经验的 RIA 便签学习法

为什么要这样做呢？首先，通过实践得到的经验在 RIA 便签学习法中应归属于 A1 便签，它是经验学习的起点，也是库伯学习圈的起点，这一点与内化和应用知识时以 I 便签为起点不同。其次，经验在未经检视与核验之前，还不能确定是否可靠，存在未经证实的问题，这就类似于上文讲到的碎片化信息，需要借助"前因后果、适用边界"工具进行分析和整理，相当于返回到 I 便签，目的是通过八个方面的问题对 A1 进行追问和反思，并通过抽象和概念化形成真正的知识，找到问题的本质。这一过程覆盖了库伯学习圈的第二和第三阶段，使 A1 变得更加清晰，变成了重新定义的问题和知识。最后，当 A1 和 I 便签都已经明晰时，A2 才变得顺理成章，这就是库伯学习圈的第四阶段，也是 RIA 便签学习法中的实践环节，通过改变行为将经验变成能力。

追问和反思经验的 RIA 便签学习法的过程要点如下：

第一步：A1。

A1 便签是从经验中学习的起点，用来描述自己的相关经验和问题。一定要是自己亲身经历的问题，不能是想象的、理论的或未来可能发生的问题。问题最好是紧迫的、比较重要的，因为解决无关痛痒的问题很难带来真正的学习。问题要尽可能简短，不必进行过多分析，用几句话简要描述即可。

在 A1 便签中写下问题时，一定不要急于寻找答案或者采取行动，不要直接从 A1 跳到 A2，因为同样是自己的经验，在读书时想到的和在解决问题时写下的 A1 有着本质的区别。也就是说，未经反思的经验是不可靠的经验，未经追问的问题不是真正的问题！

第二步：I。

I 便签是追问和反思经验的实质性步骤，用来重述信息，理解和澄清问题，找到问题的根源，从而重新定义问题。

本步骤与分析和整理信息的过程类似，先要对 A1 便签提出的问题反思其前因后果，步骤如下：

前（前车之鉴）：为什么这件事对我重要？是怎么出现这个问题的？

因（相因相生）：都有哪些关于原因的假设？怎么验证或排除这些假设？还有其他人能帮我思考，给出更多选择或可能性吗？

后（以观后效）：若这个问题解决了，最好的结果是什么样？那是我期待的吗？

果（自食其果）：如果我什么都不做，会发生什么？

在完成对问题前因后果的反思后，接着要对问题的原因假设追问其适用边界，步骤如下：

适（适得其反）：有没有人会不同意我对原因的假设？有没有不符合这个假设的实例？

用（使用条件）：要解决这个问题，需要具备哪些条件？（考虑成本收益，考虑态度能力……）这件事可以用什么其他方式来完成？

边（旁敲侧击）：有没有可供借鉴的情况？其他领域/行业/人如何解决类似问题？

界（楚河汉界）：无论是不同的意见还是类似的问题，和我的思路真正的区别是什么？交界在哪里？

经过以上追问和反思，我们就能将初始的经验 A1 加工成为前因后果完备、适用边界清晰的知识，也是能够真正解决问题的方法。这实际上也是一个重新定义问题的过程。

第三步：A2。

A2 便签是基于 I 便签中最后形成的知识（即解决问题的方法）制定的目标和行动计划，这是将经验转化为能力的关键步骤。

A2 便签的写法仍然是先明确目标，即问题解决到什么程度、达到什么效果等。在写具体行动时，最好有 2 个以上的方案，在综合考量每个方案的现实性、可执行性、可控性、成本和收益之后，再确定具体的行动计划。

当你完成了上述三个步骤时，一轮从经验中学习的过程就结束了，这就是结合了库伯学习圈基本原理的追问和反思经验的 RIA 便签学习法的完整流程。

6.3.3.2　追问和反思经验的 RIA 便签学习法应用示例

下面我们来举一个使用上述方法对经验进行追问和反思的例子，以帮助读者理解消化。

Z 公司在某区县有一支由 20 多人构成的直销队伍，销售业绩连续几个月都不理想，多次受到上级领导的批评。销售总监迫于业务压力，在学习了追问和反思经验的 RIA 便签学习法之后，准备开启一次向经验学习的旅程，过程如下：

第一步：A1，描述自己的相关经验和问题。

现在的销售队伍中，新近招聘的十几名年轻员工学历较低，无法深入理解工作的意义和自己该有的态度，另外几位 50 岁左右的"老油条"，工作一直不积极，得过且过，多次沟通无果。这样的状况导致团队业绩不佳，绩效奖金普遍较低，士气低落，并引发恶性循环。

第二步：I，对 A1 便签中的经验反思前因后果，追问适用边界。

前（前车可鉴）：为什么这件事对我重要？是怎么出现这个问题的？

答：员工工作不积极，士气低落，会直接影响团队销售业绩和员工绩效奖金，使上级对我的能力产生怀疑，降低对我的信任度。

答：销售人员入职时能力本来就一般，又缺乏培训，内部未形成"传帮带"的传统，还缺乏"鲇鱼"刺激，导致大家都不愿意积极投入工作。

因（相因相生）：都有哪些关于原因的假设？怎么验证或排除这些假设？还有其他人能帮助我思考给出更多选择或可能性吗？

答：主要假设有：①招聘的员工学历低，思想觉悟一般；②员工跑外勤的时间多，但技能不足，签单成功率不高，既辛苦，挫败感又强；③薪酬水平较低，缺乏竞争力；④受个别事件的影响，客户对销售人员持有不良成见。

答：排除假设的方法包括：增加培训，加强团队建设，改良绩效激励机制等。

答：暂时没有。

后（以观后效）：若这个问题解决了，最好的结果是什么？那是我期待的吗？

答：若这个问题解决了，员工自身会得到成长，收入也能提高，将来还有机会找到更好的工作。

答：对我来说，大家能力和收入提升了，团队绩效必然好转，我更能得到上司赏识，这当然是我期待的了。

果（自食其果）：如果我什么都不做会发生什么？

答：我的年度考评等级会较差，奖金减少，还可能轮岗到更差的职位。

适（适得其反）：有没有人会不同意我对原因的假设？有没有不符合这个假设的实例？

答：没有求证过。

答：暂时没有不符合这个假设的实例。

用（使用条件）：要解决这个问题，需要具备哪些条件？这件事可以用什么其他方式来完成？

答：解决这个问题需要具备的条件：①增加培训和实战带练；②优化绩效

第 6 章 智能时代的持续精进

激励模式，建立持续的增收提成机制。

答：可用的其他方式：加强团队建设，建立内部交流分享机制。

边（旁敲侧击）：有没有可供借鉴的情况？其他领域/行业/人如何解决这类问题？

答：有。

答：寿险公司，具体做法是强化培训，并按销售业绩给予员工持续几年的提成。

界（楚河汉界）：无论是不同的意见还是类似的问题，和我的思路真正的区别是什么？交界又在哪里？

答：我的思路是招聘的人和"老油条"素质不行，其实是培训不到位，激励机制不够刺激。

答：交界在于，都是销售人员，业绩提升都要依靠能力和激励。

上述追问和反思，实际上是对 A1 便签中的经验进行复盘的过程。当完成这一过程后，我们便可得到一个修正了前因后果和适用边界的问题描述，这就是从经验中学习而得到的新知，应将其写在 I 便签上。

增加培训和实战带练，建立增收提成激励机制。

第三步：A2，基于 I 便签中的知识制定目标和行动计划。

目标：半年内团队整体销售额提升 50%，人员流失率控制在 20% 以内。

行动计划：①所有新员工入职 2 个月之内，要完成基本技能培训和上岗认证；②轮流为员工提供销售带练，2 个月内确保所有成员至少参加一期；③每周五下午固定 1 小时进行总结分享；④制定增收提成激励方案，2 个月后开始实施。

6.3.4　构建知识体系

前文从三个维度探讨了学习能力提升的方法，并分别用一个实例说明了具体如何运用。从中可以发现，知识与行动进行连接会内化为能力，行动会带来新的经验；经验经过追问和反思会使问题得到重新定义，在带来新知的同时沉淀出信息，而阅读、搜索、交流和分享等行为也会带来新的信息；信息经过分析和整理可以升华为知识，再次进入一轮新的循环……我们的学习能力就是这样不断从知识、经验和信息的学习之中逐渐提升的。

我们已知，人类社会现存的知识如同汪洋大海，而且还在以爆炸式的速度增长。无论是谁，无论你的学习方法多么科学合理，无论你的消化吸收能力高到什么程度，毕其一生也只可能学到沧海中的一粟而已。庄子云："吾生也有涯，而知也无涯。"说的也是这个道理。

因此，我们在持续学习和精进的过程中，不能只为了学而学，应该有目的地优先学习那些自己最需要、最能带来效用的知识。举例来说，假使你是一名从事销售工作的客户经理，就要优先学习那些能够提升销售技能的知识，比如与客户交流沟通的方法、获取客户信息的方法、提交方案和报价的方法等。

那么，做到这样是否就够了呢？非也！事实上，有些人学习的确很勤奋，也在自己选定的目标范围内做到了博览群书，但是真正到需要把理论转化为实践的时候，仍然会觉得"书到用时方恨少"。

我们仍以销售技能的学习为例，假设销售过程可以分解为售前准备、概念诊断、方案呈现和成交签约四个环节，你虽然对每个环节的知识都有广泛涉猎，但有些内容掌握得好，有些内容仅是泛泛知道而已，那么你在每个环节的表现可能就只能打 60 分。

当你真正投入销售实战的时候，四个环节中的任意一环都能决定销售的成败，于是销售赢单率的公式就是："赢单率 = 售前准备 × 概念诊断 × 方案呈现 × 成交签约"。现在，假设你每个环节的技能水平都是 60 分（即 60%），你的赢单率就是 60% × 60% × 60% × 60% = 12.96%。

很显然，虽然你每个环节都做到了 60 分，但最终的赢单率却只有区区的 0.13 而已！问题出在哪里呢？根本的问题就在于没有建立你自己的知识体系，这使得你在运用所学知识解决问题时无法做到准确到位、灵活自如。

因此，无论是从知识、经验还是信息中学习，我们的根本目的是要构建起属于自己的知识体系，从而为解决实际问题形成一套完整有效的思维模式。这就好比一个厨师，只要他看到摆在面前的食材，就自然知道怎么把它们做成合适的菜式，因为在他的脑海中，经过长年累月的积累，对诸如材料搭配、分量比重、味道烹调等等，已经有一套完整的知识体系。

什么是知识体系呢？它是由大量不同的知识点，系统、有序、指向性明确地组合而成的某个领域的知识架构与内容的合集。借助这个架构，知识体系的拥有者可以更好地理解、分析和处理该领域的问题。

知识体系就像在我们的大脑中织起来的一张蜘蛛网，能把不同的知识点有规则地串联起来，从而塑造出我们看待问题、理解问题和制定解决方案的思维模式。

那么，我们如何才能构建自己的知识体系呢？方法并不难，但实操时必须用心。构建知识体系的主要步骤和要素包括：明确的体系目标、多样化的知识输入、有效的构建过程、结构化的体系输出和持续的更新迭代（如图6.7所示）。

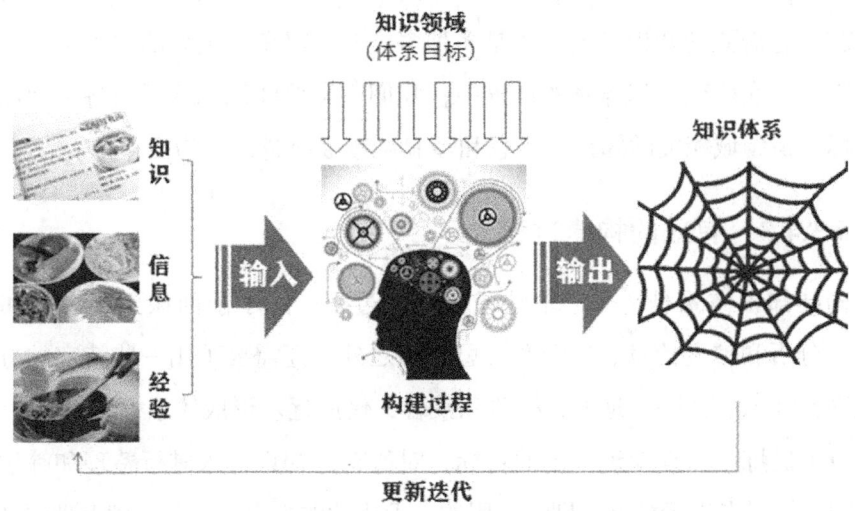

图 6.7 知识体系的构建方法

6.3.4.1　明确的体系目标

首先,作为主动学习的高级形式,知识体系的构建应该是目标导向的,没有目标的盲动只会是一事无成。

建立知识体系的主要目的是为了解决某一领域的问题,或是提升解决该领域问题的能力。因此,在构建知识体系之前,首先要明确一个具体的知识领域,即体系目标,比如中餐厨师技能、注册会计师技能、大客户销售技能、网上开店技能等。

体系目标一般根据个人的需要来设定,按照轻重缓急进行排序,急用先行,因人而异。

6.3.4.2　多样化的知识输入

知识输入是知识体系的原材料,由广泛而大量的知识、信息和经验组成,获取的方式包括看手机、上网搜索、向他人请教、读书、听书、听讲座、参加培训、亲身实践等,只要能获取与体系目标相关的知识内容,形式不限。

如果把知识体系比作一座由砂石、砖瓦、钢筋和玻璃等各种原材料构筑的"大厦",它需要的知识输入应该是多种多样的,靠单一类型的输入难以构建起来。因此,在构建知识体系的过程中,我们一定要注意综合运用各种手段,把与目标知识领域相关的知识、信息和经验尽量吸收过来,为己作用。

6.3.4.3　有效的构建过程

构建知识体系是一个"聚沙成塔"的过程,除了前面谈到的内化和应用知识、分析和整理信息、追问和反思经验之外,还需要采用一些特定的方法对知识进行提炼、关联、延展、检验和聚合,借此逐步形成体系框架。

(1)提炼:根据知识体系的目标,对所有的知识输入进行整理和筛选,对有疑问的知识点进行推敲,剔除无用的、干扰性的内容,在此基础上理清各个知识点之间的逻辑关系,并对它们进行模块化处理,变成一块一块的"知识积木"。

（2）关联：在对所有知识模块进行全面扫描，形成基本理解和整体印象后，再对它们展开创造性、结构性和系统性思考，从而建立起知识模块之间的关联，形成一个初始的知识脉络，即知识体系架构的雏形。

（3）延展：对各知识模块中的一些关键知识点进行发散性的延伸思考，考察它们是否可以扩充到目标知识领域之外的地方，据此测试出它们可以跟什么事情联系起来，又无法跟哪些事情扯上关系，从而找到并定义知识点的边界和条件，使知识体系慢慢成形。

（4）检验：对各个知识模块和知识点进行多种方式的检视和验证，目的是加深理解和记忆，获得自我经验，并对发现的知识缺陷和漏洞进行修补、完善。检验的方法主要包括讨论、实践和传授。其中，讨论是一种加深理解和记忆的有效方法，既包括与他人一起探讨，也包括自我讨论，即针对知识点由自己向自己提问，比如该知识点的核心作用是什么、它跟什么事情有关联、需要具备什么条件才能发挥作用等；实践就是学以致用，把知识应用于具体行动之中，这是获得自我经验的唯一途径；传授就是把你学到的知识教给他人，包括培训授课、传帮带等形式，可达到对知识深度理解的目的。在整个检验过程中，如果发现任何缺陷或漏洞，则立即进行修补、替换与完善，甚至发展出自己的观点和理论。

（5）聚合：就是把所有与目标领域相关的知识"从点到线、从线到面、从面到体"整合起来的过程。先将各个零散的知识点进行分类，串起来，聚合到不同的知识"线"之下；再将各条知识线进行分类，摊开来，聚合到不同的知识"面"之下；最后将各个知识面进行分类，拼起来，聚合到一个统一的知识"体"之下，并按照一定的逻辑阐释清楚各层之间、各层内部模块之间的关系。在此基础上，添加相应的实践案例、历史经验、工具模板等内容，就完成了整个知识体系的构建。

以上从知识输入开始，经过提炼、关联、延展、检验和聚合后形成知识体系的过程是自下而上的。如果你愿意，也可以从体系目标出发，利用创造性思考工具（如概念扇），自上而下来构建知识体系。

6.3.4.4 结构化的知识体系输出

当我们在明确的目标指引下,广泛获取知识、信息和经验作为输入素材,经历了知识的内化和应用、信息的分析和整理以及经验的追问和反思之后,再对知识进行提炼、关联、延展、检验和聚合,就能构建起一个逻辑清晰、内容丰富的知识体系。

笔者在撰写上一部关于商业客户销售方法论的著作《赢单四式》时,使用的就是上述方法,输出的知识体系架构可以用金字塔形式展开,如图6.8所示,供读者参考。

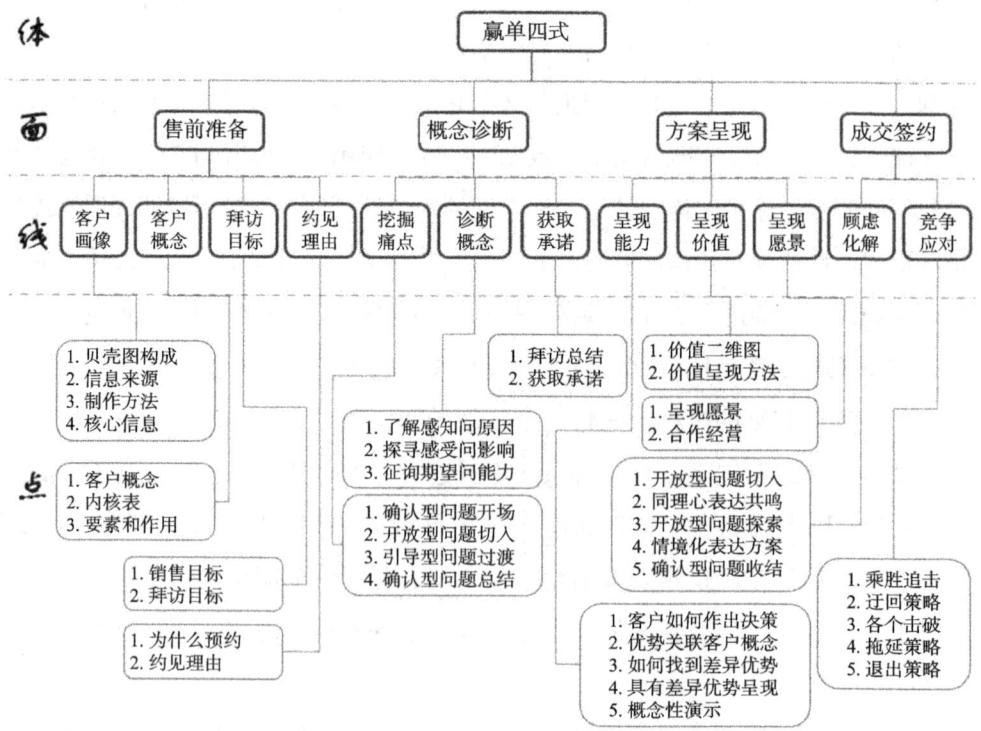

图6.8 商业客户销售方法论《赢单四式》知识体系架构

需要特别说明的是，对于没有构建大型知识体系经验的人来说，最好先从一个小目标入手，以解决实践性问题来构建自己的知识体系，循序渐进地升级到搭建更复杂的体系架构。

6.3.4.5　持续的更新迭代

完成了知识体系的构建，并不代表你就可以一劳永逸了，你还要在使用过程中持续更新迭代，通过吸收更多有价值的新知和信息对其添砖加瓦，通过吸纳与时俱进的观点和方法对其删改修正，通过吸取自己和他人的实践经验对其补充完善。

任何一个知识领域的发展都是没有止境的，个人知识体系也是如此——从构建到应用，从应用到更新迭代，从更新迭代到融会贯通，这是我们持续学习、持续精进的必由之路，也是学习能力不断增长和提升的必由之路。

本章从学习动力、学习毅力和学习能力三大要素出发，探讨了提升个人学习力，构筑核心竞争力的方法。

在职业发展胜任力模型中，学习力是驱动基础能力和基本素质提升的核心动力源。拥有强大学习力的人，其学习条件不在乎是书本、课堂、网络，还是其他任何形式，最关键的是内心怀有强烈的学习欲望。唯其如此，我们的学习力才能持久、恒定，伴随终身；唯其如此，我们才能借助学习力的加持，在知识的海洋里快乐地学到、做到、得到，帮助自己走好职业发展、人生发展之路，实现一切想要实现的目标和梦想。

参考书目

1. 赫尔曼·西蒙. 思考力[M]. 郑璐,等,译. 北京:中国人民大学出版社,2008.
2. 船川淳志. 思考力决定竞争力[M]. 林欣仪,译. 北京:化学工业出版社,2010.
3. 大前研一. 思考的技术[M]. 刘锦秀,谢育容,译. 北京:中信出版社,2010.
4. 芭芭拉·明托. 金字塔原理[M]. 王德忠,张珣,译. 北京:民主与建设出版社,2002.
5. 李忠秋. 结构思考力[M]. 北京:电子工业出版社,2014.
6. 爱德华·德·博诺. 水平思考[M]. 王瑶,译. 北京:中国人民大学出版社,2018.
7. 德内拉·梅多斯. 系统之美[M]. 邱昭良,译. 杭州:浙江人民出版社,2012.
8. 丹尼斯·舍伍德. 系统思考[M]. 邱昭良,译. 北京:机械工业出版社,2008.
9. 彼得·圣吉. 第五项修炼[M]. 郭进隆,译. 上海:上海三联书店,2001.
10. 邱昭良. 如何系统思考[M]. 北京:机械工业出版社,2018.
11. 王世民. 思维力:高效的系统思维[M]. 北京:电子工业出版社,2017.
12. 史蒂芬·柯维. 高效能人士的七个习惯[M]. 王亦兵,译. 北京:中国青年出版社,2011.
13. 小仓广. 做事的常识[M]. 郭乃雯,译. 南昌:江西人民出版社,2018.
14. 富田和成. 高效PDCA工作术[M]. 王延庆,译. 长沙:湖南文艺出版社,2018.
15. 克里斯·麦克切斯尼,肖恩·柯维,吉姆·霍林. 高效能人士的执行4原则[M]. 张尧然,杨颖玥,译. 北京:中国青年出版社,2013.

16. 彼得·德鲁克. 卓有成效管理者的实践 [M]. 廉晓红, 译. 上海: 上海译文出版社, 2006.

17. 项目管理协会. 项目管理知识体系指南（PMBOK 指南）[M]. 王勇, 张斌, 译. 北京: 电子工业出版社, 2009.

18. 邱昭良. 复盘+: 把经验转化为能力 [M]. 北京: 机械工业出版社, 2018.

19. 陈中. 复盘: 对过去的事情做思维演练 [M]. 北京: 机械工业出版社, 2013.

20. 沃伦·本尼斯. 成为领导者 [M]. 姜文波, 译. 北京: 中国人民大学出版社, 2008.

21. 詹姆斯·库泽斯, 巴里·波斯纳. 领导力: 如何在组织中成就卓越（第 6 版）[M]. 徐中, 沈小滨, 译. 北京: 电子工业出版社, 2018.

22. 克里斯蒂娜·奥斯本. 领导力 [M]. 王光, 译. 北京: 世界图书出版公司, 2010.

23. 约翰·麦克斯韦尔. 领导力的 5 个层次 [M]. 任世杰, 译. 北京: 金城出版社, 2012.

24. 刘澜. 领导力沉思录 [M]. 北京: 中信出版社, 2009.

25. 稻盛和夫. 活法 [M]. 周庆玲, 译. 北京: 东方出版社, 2005.

26. 本山博, 稻盛和夫. 对话稻盛和夫: 人的本质 [M]. 喻海翔, 译. 北京: 东方出版社, 2012.

27. 稻盛和夫, 戴维·阿布希尔, 保罗·肯尼迪, 等. 对话稻盛和夫: 领导者的资质 [M]. 喻海翔, 译. 北京: 东方出版社, 2013.

28. 威廉·莫尔顿·马斯顿. 常人之情绪 [M]. 李海峰, 等, 译. 北京: 电子工业出版社, 2018.

29. 马歇尔·卢森堡. 非暴力沟通 [M]. 阮胤华, 译. 北京: 华夏出版社, 2009.

30. 艾伦·加纳. 谈话的力量 [M]. 林华, 译. 北京: 中国水利水电出版社, 2004.

31. 罗纳德·阿德勒, 拉塞尔·普罗克特. 沟通的艺术 [M]. 黄素非, 译. 北京: 世界图书出版公司, 2010.

32. 粟津恭一郎. 学会提问 [M]. 程亮, 译. 北京: 北京联合出版公司, 2017.

33. 杰克·韦尔奇, 苏茜·韦尔奇. 赢 [M]. 余江, 玉书, 译. 北京: 中信出版社, 2010.

34. 斯蒂芬·罗宾斯. 组织行为学 [M]. 孙健敏, 等, 译. 北京: 中国人民大学出版社, 2005.

35. 保罗·赫塞. 情境领导者 [M]. 麦肯特企业顾问有限公司, 译. 北京: 中国财政经济出版社, 2003.

36. 陈春花. 激活个体：互联时代的组织管理新范式 [M]. 北京：机械工业出版社，2016.

37. 稻盛和夫. 阿米巴经营模式 [M]. 刘建英，译. 北京：东方出版社，2010.

38. 斯坦利·麦克里斯特尔，坦吐姆·科林斯，戴维·西尔弗曼，克里斯·富塞尔. 赋能：打造应对不确定性的敏捷团队 [M]. 林爽喆，译. 北京：中信出版社，2017.

39. 约翰·惠特默. 高绩效教练 [M]. 林菲，徐中，译. 北京：机械工业出版社，2013.

40. 亨利·吉姆斯-霍斯，凯伦·吉姆斯-霍斯，菲利普·桑达尔，劳拉·惠特沃思. 共创式教练 [M]. 王宇，译. 北京：电子工业出版社，2014.

41. 爱德华·德·博诺. 六顶思考帽 [M]. 马睿，译. 北京：中信出版社，2016.

42. 大前研一. 专业主义 [M]. 裴立杰，译. 北京：中信出版社，2006.

43. 谢尔顿. 真正的成功 [M]. 北京：金城出版社，2005.

44. 度阴山. 知行合一王阳明 [M]. 北京：北京联合出版公司，2014.

45. 采铜. 精进 [M]. 南京：江苏凤凰文艺出版社，2016.

46. 柯比. 学习力 [M]. 金粒，译. 海口：南方出版社，2005.

47. 刘海峰. 学习力：学习力决定生存力 [M]. 北京：中国华侨出版社，2008.

48. 卡罗尔·德韦克. 终身成长 [M]. 楚祎楠，译. 南昌：江西人民出版社，2017.

49. 安德斯·艾利克森，罗伯特·普尔. 刻意练习：如何从新手到大师 [M]. 王正林，译. 北京：机械工业出版社，2016.

50. 赵周. 这样读书就够了：个人学习力升级指南 [M]. 北京：中信出版社，2017.

后 记

做一个自主、自由、自洽的人

子曰:"三十而立,四十而不惑,五十而知天命。"

作为一个即将步入"知天命"之年的人,我的前半生过得不算辉煌,但也不算糟糕,一切都还好。

我的童年在奶奶的慈爱中度过,无忧无虑;我的少年在父母的呵护中度过,有苦有甜;我的青年在自己的拼搏中度过,无怨无悔;我的中年在妻子的扶持中度过,有滋有味……如今,我儿时常以为漫长无比的人生已过去了一大半,也该到阶段性"复盘"的时候了。

我原先说过,我生活的理想就是为了理想的生活,而我所期望和欣赏的理想生活,就是通过不断的自主修炼,逐渐让自己成为一个自由和自洽的人。

1. 我奶奶的故事

我的奶奶生于 20 世纪初,卒于 80 年代末。她是个地道的农妇,而且是十足的文盲，连自己的名字都不会写。

在我父亲16岁那年，我的爷爷就去世了，于是奶奶独自把几个孩子拉扯大。可能是自小就尝尽艰辛的缘故吧，我父亲的兄弟姐妹都异常孝顺，即便是一辈子在家务农的伯父，对别人说话经常会硬直粗暴，但对奶奶从来都是轻言细语，恭敬有加。更神奇的是，在我们家族中所有的亲戚里，奶奶向来都是最受大家尊敬和爱戴的人。

我后来分析奶奶获得那么多人敬仰的原因，除了她对身边的人真心实意付出的关爱，最重要的一点是，她是一个独立自主的人。

记得我5岁那年的冬天，我和7岁的堂兄在屋后的山坡上烧火煮豆子吃，就是"过家家"那种，不小心把旁边的枯草点着了，还没来得及踩灭，一阵风吹来，火苗就被吹起来，越烧越旺，变成了熊熊大火，向着附近的山林烧过去。

眼看着"过家家"将要演变成一场森林火灾，还可能烧到房屋，附近的几家邻居都吓坏了，有几个大人朝着我和堂兄破口大骂，但个个都六神无主，想不出灭火的办法，因为我家生活的那个村子缺水，离家最近的水井都要走2里路才到，况当时且也没有大型的灭火工具，根本就救不了这么大的火。

这时我奶奶从地里干活回来，看到火势非常危险，立刻指挥并带领一群年轻男女，在大火将要波及的灌木丛里，用镰刀快速砍出一条隔离带，成功而华丽丽地扑灭了这场意外大火。

那时还处于"文化大革命"的阴影下，年幼的我听说，如果山林失火，引火人可能要被抓起来批斗。在大火熊熊燃烧的时候，我害怕极了，不知道自己将面临什么样的惩罚。奶奶成功地解救了那场大火，也解救了我幼年时那颗忐忑不安的心！

后来我看过一部电影叫《梅岭星火》，讲的是陈毅元帅在梅岭打游击的时候，敌人包围了他，并要用火烧死他。电影结尾的镜头是，他和警卫员坐在火场的中央，脸上和身上都被烟熏火燎成黑黢黢的样子，但周围的树木和野草都被他们砍光了，所以他们才活了下来。

后 记

我不知道我的文盲奶奶是如何想到同样的办法,并镇定自若地指挥一群人扑灭大火的。我知道的是,她这种临危不乱、号令有方和英勇无畏的形象,一定深深地刻在了所有亲历者的心里。她遇事时那种立足当下、自主应对的行事风格和达观态度,让我始终都自叹不如。

我在老家读书的时期,粮油都是配给制的。那时我家一共7口人,除奶奶和父母外,我们兄妹4人正是长身体的年纪,口粮根本不够吃,父母就会用番薯来顶替一部分主食。但最难的是一日三餐给我们一大家子人做饭的奶奶,在副食严重缺乏、人均每月只有四两油的情况下,她要想着法子,变着花样给我们做好吃的,顿顿饭都要让我们吃得香甜可口,而且从来没有任何怨言,也没表现出任何愁苦。现在想想,奶奶当时真的是太不容易了!

上小学以前,我和弟弟由奶奶带着住在乡下,直到读书了才随着父母到镇上生活。刚开始的时候,奶奶除了给全家人做饭,还要种菜、养猪、养兔子,但即便这么累,她还总爱说自己是个吃闲饭的,因为没有给家里创造收入。

不久以后,她了解到我们当地有一种特产叫夏布,其原材料是由苎麻剥出来的纤维纺成的线,于是就利用不多的空余时间去剥麻、绩纱,靠着这个手艺自己赚钱,补贴家用。那时每逢周末,我就会搬个小板凳陪在奶奶的身旁,一边看书,一边看她绩纱纺线。有时候她可能实在太累了,干着活都会打起瞌睡来,猛然惊醒,她还会扬起手打自己一巴掌,再骂自己一句:"太不像话了,坐着干活都偷懒!"那个画面,既有趣,又温暖。

和奶奶一起生活的日子里,我眼中的她,无论遇到什么困难,总是自己去想办法克服,从不想着要依赖任何人,也不受外界环境和他人言行的支配。她甚至还经常教导我们说:"像这样的日子,你如果一生一世能过得,那就是上辈子积德修来的福报。"在她的眼里,所有的日子没有一天不是好的,哪怕是吃糠咽菜,看看那些逃荒要饭的人,已经感觉很幸福了。

我和奶奶在一起的缘分只有十八年,上大学后只有一个寒假回去见过面,新学期开始不久就听到她老人家去世的噩耗,我躲在宿舍床帘里偷偷哭了一整夜。后来我妈告诉我，奶奶去世的当天，她依然像往常一样在家里走动，临终前都是自己穿好寿衣、寿鞋，然后安然离世。也就是说，哪怕是在离开这个世界的最后一刻，她独立自主的个性都没有变，不愿意给任何人增添一点点负担。

其实那个寒假过完后，奶奶送我返校时，眼里已噙着泪花，那是因为她知道自己大限将至，不舍得我离她而去，但为了让我安心，她什么都没有说，只是像往常一样叮嘱我路上小心。

奶奶一生都是那么坚强，我几乎从来没见她为任何事情痛哭流泪过，仅有的一次就是我姑姑去世的那天。

2. 我姑姑的故事

我的姑姑是个残疾人。她是我奶奶唯一的女儿，是我伯父的妹妹、我父亲的姐姐。

如果要我说世界上谁最勤劳，我能想到的就是她；如果要我说世界上谁最善良，我能想到的也是她；如果要我说世界上谁最孝顺，我能想到的还是她。

我第一眼见到姑姑，她只有一只手是能动的。奶奶说她的左手一出生就残疾了，套上衣服袖子也只是个摆设，耷拉在肩膀下面，没有任何行动能力。如果按照现在的医学诊断，我估计应该是肌肉萎缩症这一类的疾病。

姑姑住在深山里。我小时候去过两次，翻山越岭，走的都是荆棘和杂草丛生的崎岖小路。那样的山路对于当时的我来说，真感觉有点"蜀道难，难于上青天"的味道。奶奶和父亲都说，以前走上那条路是有可能遇到老虎的，父亲年轻时就亲眼见过一次，所以我即使是跟着母亲去看望姑姑，一路上心里也有点发憷。不过，路上的风景的确是令人心旷神怡的，有清澈见底的溪流，有活泼戏水的小鱼，有飞流直下的瀑布，有峰回路转的山峦……偶尔遇到当地的山民，都会友好地打个招呼，相互问一声"去哪儿呀"，淳朴而亲切。

后　记

　　姑姑一共有 5 个孩子。我的大表哥是她和第一个丈夫生的，后来丈夫死了，她就带着这个孩子改嫁了。她和第二个丈夫生了 4 个孩子，结果第二个丈夫也早早地去世了。村里的人都说她命硬、克夫，所以她此后就没有再嫁，一个人抚养 5 个孩子长大成人。

　　住在山里的客家人，谋生是异常艰难的，种粮食要挖梯田，种菜要开荒，就连养几只小猪、小鸡，也要跑很远的山路去集市上买回家。我那仅有一只手的姑姑，带着五个嗷嗷待哺的孩子，一切的生计都靠她一个人操持。我每次想起这个场景，都会为她心疼得想哭。

　　要说我姑姑的命硬，那是真的很硬。她靠自己的一只手，做遍了所有青壮年劳动力能做的事，挖土、耕田、插秧、种菜、施肥、收割、砍柴、挑担……又做遍了所有家庭妇女能做的事，养鸡、喂猪、晒谷、做饭、缝补、浆洗、带孩子……什么叫里里外外一把手？但凡认识我姑姑的人，就清楚地知道其中的含义。

　　你能想象出我姑姑用镢头挖土的样子吗？她用右手抓住镢头长长的手柄，但女人的一只手显然抬不起那重重的镢头，只能再用右腿的爆发力把右手猛地向上顶起来，然后镢头高高举起，借助重力迅速落下，这才完成一次挖土的动作。然而，要养活五个孩子的她，光是这样的一个动作，每年何止要做千万次！更别说还有其他大量的农活等着她干。

　　你能想象出我姑姑穿针引线、缝补衣服的样子吗？她先用右手把残废的左手抬起来，借助左手的重量按住一根细小的缝衣针，然后用右手把线从针眼里穿进去，再用右手打结，再缝补衣服。她一家 6 口人的衣服就是靠这样的方法亲手缝制出来的。除此之外，她甚至还要亲手纳鞋底、做鞋子和鞋垫。你要是知道过去农村人穿的布鞋底有多厚，就知道纳这样的鞋底仅靠一只手有多难！

　　靠着这些最简单、最笨拙、最原始的方法，我姑姑用她的一只手，以及她顽强的毅力和辛勤的汗水，奇迹般地养活了一大家人。更令人感动的是，逢年过节的时候，我的奶奶、我的父母、我的伯父母以及我和兄弟姐妹们过生日的时候,她全部都记得,不但记得,每次还要带着她的一两个孩子,翻越那条崎岖的山路,挑一担她亲手种的蔬菜,拎一只她亲手养的鸡鸭来看望我们。她对我奶奶的孝敬、对我父亲和伯父一家的深情、对我等晚辈的怜爱都是发自内心、没有任何杂念的。她对子女关于忠孝勤俭、礼义廉耻的身教,远远多于空泛的说教,体现在自己时时刻刻的行动示范之中,即使不用任何语言都可传授到位。

我从小感受姑姑带给我的挚爱,感受她的勤劳和善良,感受她对长辈的孝道和对亲人的关怀。她在那艰苦卓绝的环境里,一个人自立自强,自主解决生活中的一切问题和困难,甚至还当上了村里的妇女主任,帮助过她身边许多其他的家庭,但我从来没有听到她说过一句诉苦的话,从来没有觉察到她有过任何悲观的想法和念头,从来没有见到她失去过对生活的信心和勇气。

在我小学五年级的时候,我姑姑已经把5个子女都拉扯大了,其中3个表哥已经结婚生子,但她自己却因辛劳过度,罹患癌症,过早地离开了我们。就是那次姑姑的英年早逝,让我无比坚强的奶奶放声大哭了一回。我知道,奶奶是悲悯于姑姑一生的坚忍和艰辛,悲伤于姑姑劳苦一世却未能颐养天年,悲痛于失去爱她的和自己最爱的女儿。

如今,我姑姑去世已将近四十年了。我每次去我任何一个表哥或表姐家里,当大家准备开饭之前,他们都会点上一支香,向着我姑姑安葬的方向遥遥祭拜,喊上一声:"妈!您的侄儿又来看您了,一起吃饭吧。"我看到现在的农村,很多家庭早已是礼崩乐坏了,但是我的表哥表姐们,从来没有忘记苦难的母亲带给他们的幸福生活,从来没有忘记慈祥的母亲带给他们的良好教养,从来没有忘记宽仁的母亲带给他们的厚德家风。我也从来没有想到,一个凡人的影响力可以在死后维持四十年不变,而且这种影响力还在她的子孙后代中延续。

我后来多次看到电视里评选各种"感动人物",那些人的事迹没有一个像我姑姑一样打动我。五十年来,我见过世上许许多多的人,但再也没有见过一个如我姑姑一般伟大的凡人。

3. 我父亲的故事

我父亲的一生，是与艰苦命运抗争的一生。

在我老家那样的穷乡僻壤，我的父亲少年丧父，小小年纪就要靠自己稚嫩的肩膀扛起生活的重担，其艰难和困苦，闭着眼睛都可想象得到。

父亲的学历仅是高小毕业，但他继承了奶奶独立自主的性格，在种地务农的同时自学成材，兼着做了村里的"赤脚医生"，随着他所治愈的疑难杂症不断积累，渐渐成了远近闻名的乡下郎中，直到后来多年不做医生了，还有患者慕名而来，上门求医。

他利用一切可用的闲暇时间勤学苦练，年轻时就写得一手好毛笔字，对乡下的各种礼节路数钻研得门清，十里八乡但凡有什么红白喜事都请他去坐"礼房"或"库房"（即负责礼仪安排、记账、写对联等），因此他时不时可挣些外快，补贴家用。

为了给儿女们创造更好的教育条件，他通过努力，转正成了乡镇医院的正式职工，并再次成功地从一名医生转型成为全县医疗系统内最厉害的会计师之一。经多人验证，担任会计期间，他所有的加减乘除运算都用算盘完成，而且可以双手同时操作，运算速度快过使用手持计算器。后来，他把自己的珠算技能写成了一本书，虽然没有出版，但他用这本书做教材，培养了不少的会计人才。

在我的记忆中，为了改善生活条件，父亲总是想尽一切办法开源节流，最终练就了一身看起来"无所不能"的本领。比如：我们乡下的房子是他和我妈亲手制作的土坯砖块，带着亲戚们自己盖起来的；家具所用的木材是他上山伐木，从河里"放排"（即把木材编成筏子，利用水力漂流而下，遇到激流时会有风险）运回家的；我儿童时期的玩具是他用木头亲手做的，其中最高档的是一个按动机关就会跳舞的猴子；我读小学时用的书包、尺子、三角板是他亲手做的，我现在还清楚地记得，那把尺子因过于精美而被一位霸道的同学抢去占为己有；家里用的菜篮子、簸箕、扫帚等日用品是他上山采集竹子、芒草等原材料回来亲手做的，后来我也跟着学会了做扫帚，且成品可达到拿去集市售卖的水平；我们全家人的毛衣、毛裤和围巾都是我父母织的，他织毛衣的熟练程度比我妈有过之而无不及；那个年代南方人的主食通常都是米饭和红薯，没有面食，本地家庭也几乎没人会做面食，但他为了改善家里的伙食，偶尔还神奇地给我们做一顿馒头、包子、发糕或水饺……

我从小耳濡目染父亲各种"自力更生"的行为，感觉一切都是可以自己尝试去学习、去创造、去解决的，再艰苦的命运也是可以通过努力去抗争、去改变、去扭转的。这种思想对我的世界观、人生观产生了极大的影响，使我受益匪浅。

在父亲的勤劳操持和智慧运作下，虽然父母工资收入不高，但我家的生活条件一直处于当地的中上水平，我也顺利地考上了大学，完成了学业。

不幸的是，我大学刚刚毕业，父亲就患上了恶性肿瘤。为了治病，母亲和我们兄妹几人辗转奔走，求医问药于种种正规或不正规的途径，但最终还是没能挽救回父亲的生命。

如今，父亲去世已经整整 26 周年了。每年清明节临近，我总是会不自觉地想起那句"树欲静而风不止，子欲养而亲不待"，并为之垂泪不已。

是啊，往而不可追者，年也；去而不可得见者，亲也！

每一次走近父亲的坟头，看到墓碑上刻着的那个熟悉的名字，我就会想起年轻时在外求学收到的无数封家书，最后的落款几乎都是父亲的名字。那些家书曾经给予我莫大的鼓舞和鞭策，带给我深深的思念和亲情，赐给我无穷的动能和力量，让我在人生道路上走得越来越自信，越来越笃定，越来越坦荡。想到这些，我就会深切地体会到，在父亲卑微的生命里，始终蕴藏着高贵的灵魂。

4. 我母亲的故事

我母亲嫁给我父亲的时候，我外公外婆是不赞成的，按照现在的话说，就是觉得"一朵鲜花插在了牛粪上"，具体原因有几点：一是学历有差距，我母亲是初中毕业，我父亲是高小毕业；二是身份有差别，我母亲是本地人，我父亲是客家人；三是门不当户不对，我母亲家庭比较富裕，我父亲家里穷得叮当响。

据说我母亲结婚的时候，父亲去我外公家做客，穿的棉袄都是破烂得到处露出棉花来的，让老丈人很是瞧不上眼，但我的老外公（我母亲的爷爷）很支持这门亲事，帮着准备了锅碗瓢盆等生活必需品，他们才得以开伙过日子。

我母亲从一个相对富裕的家庭嫁到父亲所在的穷山沟里，开头的几年确实过得非常艰苦。别人形容家里穷叫作家徒四壁，而他们压根儿就没有"四壁"，因为刚开始只能和伯父家住在一起，后来夫妻俩才合力自建了一栋土坯房。

不过，我母亲认定了父亲这个人，再苦再累也决心跟他患难与共地过下去。她曾在村里的小学当民办老师，采用一套"高大上"的复式教学法，就是不同年级的孩子分成不同的小组，在同一个教室里上学，老师先给一年级的孩子上课，其他年级的孩子自习，接着老师再给二年级的孩子上课，其他年级的孩子自习，依此类推。当时那个小学仅有两名老师，把各个年级的全部科目都包了，从备课、上课到批改作业等，教学的工作量相当大。即便如此，母亲上课之余还要花大量的精力料理家务，砍柴、做饭、洗衣、喂猪都不在话下。时下的年轻人总说工作压力大，相比而言，我母亲当年的工作压力绝对不会比现在的人小，不过因为没有其他选择，只能选择接受。

我读小学的时候，母亲跟随父亲调动到另一个镇里工作，其间有几年也被安排到一个村小学教书，离家大约5公里，每天早出晚归，都是走路去，走路回，她一点也不嫌辛苦，还经常省下一两个馒头带回来给我们几个孩子吃。我小时候特别喜欢吃那种馒头，非常软，里面有很多像蜂窝一样的小窟窿，味道美妙极了，不用菜都能吃下去。后来我上大学了，在部队军训时吃的就是这种馒头，我一口气能吃七八个。当然，那馒头未必真的如此好吃，只不过当时物质匮乏显得美味罢了。

可能是年轻时走路特别多的原因，我母亲的脚力非常好。她带着我们去砍柴，挑着上百斤的木柴，单程十几里山路走回家还能健步如飞。有一次她带我去看望外婆，回家时下大雨，路途中一条河上的小木桥被大水冲跑了，我们绕路在雨中走了20公里路才到家，弄得一身像"落汤鸡"，疲惫不堪。但那一次的经历给了我很好的教育，不管遇到什么事，只要目标明确，不怕困难，一步一步走下去，总能达到目标。从那以后，我的性格里多了一份坚毅和勇敢，我几乎不再对任何事情产生畏难情绪，只要我认定了要去做的，就会坚持到底。

母亲有一次跟我讲，我很小的时候得过一次大病，高烧不止，非常危险。当时父亲不在家，被派去修水利了。母亲情急之下，抱着我连夜走了十几里山路去镇上的医院看病。由于救子心切，平时惧怕鬼神的她一下子变得无所畏惧，在那样恶劣的条件下硬是把我从病魔的手里抢救了下来。这就是母爱的伟大！

我去县城读高中以后，和母亲的空间距离就越来越远了，但我们心里的距离从来就没有疏远过，读大学的时候靠家书联系，工作以后靠电话联系，母亲的任何消息都是我最深切的牵挂。母亲也常对我说，"儿行千里母担忧"，她最记挂的总是孩子们的健康和幸福。这些我都能从电话里真切地感受到。

母亲是一个平凡的人，在家里任劳任怨，为子女提供各种力所能及的义务劳动，在外面与世无争，和亲戚朋友不计较任何名利得失。如今已过古稀之年的她，身体还算硬朗，还经常去照看年近九十的外婆。她对一切都看得很开，所以心无挂碍，自由自在。我希望自己更老一些的时候也能做到这样。

近几年我经常会想，要是现在能退休就好了，多年不在母亲的身边，我真想陪着她住在一起，种种菜，养养鸡，散散步，做做操，说说话，平淡无奇地过回我向往的自由生活。

5. 我自己的故事

我大约两三岁的时候，奶奶摇着摇篮看着我午睡。我心疼奶奶要出力劳神，对她说："奶奶，不用摇了，我自己会睡的。"这个场景，我现在还记得。很多人都不相信，我对童年的记忆可以回溯到那么小的年龄段，但这的确是真的。

我的自我意识觉醒得很早，大概与幼年时跟奶奶在乡下生活的经历有关，因为那里的生活太过单纯，需要我记忆的东西不太多，所以记得真切。

我至今还记得奶奶牵着我的手去地里种菜、到山坡上摘野果的情景，那落日余晖下微风拂过的山岗，树枝和野草一阵阵摇曳，总能勾起我淡淡的乡愁；我至今还记得自己在雷雨天的晚上被闪电和炸雷惊醒的情景，奶奶坐起来紧紧地抱着我，哼唱着催眠的山歌，轻轻拍打着我的后背哄我入睡；我至今还记得寒冷的冬天早晨起床后吃饭的情景，奶奶给我脚下放一个暖烘烘的火笼，用围裙给我围起来，先给我一个热腾腾的咸饭团作点心，再把肥瘦相间的腊肉咬成一粒一粒的小块喂我吃饭……

幼年的生活虽然单纯，但是那么多、那么多美好的日子啊，我怎么可以忘记，怎么能够忘记？

我无限感恩奶奶在我幼年时期给我的呵护与温暖，那些美好的记忆始终伴随着我的成长，未曾有一丝一毫的消减；我无限感恩自己有一个全天下最好的姑姑，她身上表现出来的种种美德，让我一生受用无穷；我无限感恩父母对我多年的养育和教导，他们吃遍天下所有的苦，只为了给子女一个更好的未来。

正是因为受到了这些至亲长辈的言传身教，我从小就懂得要直面人生，直面自己，做一个独立、自主、勇敢和努力的人。

我入读小学时，刚从乡下来到镇上，当地方言一句也不会讲，一句也听不懂，于是每天暗中观察和模仿其他同学的发音，当了两个月"哑巴"后才开口说话。那时候上学，每逢下雨天，家里的雨具不够用，最难看或最破烂的那把雨伞或斗笠就是由我来用，因为我从不会嫌弃这些。在饭桌上，每次有前几餐吃剩的饭菜，我会主动让奶奶先分给我吃，即使馊掉了，也毫不在乎。现在的年轻人也许会惊讶："为啥馊的也吃？"是的，在物质匮乏的年头，很多家庭都是这样。

我读中学时，写作水平很差，语文老师好几次在课堂上念最差作文，就拿我的做示范，经常让我无地自容。我于是每天写日记，每周写周记，还尝试写各种文体的文章，以此来锻炼自己的写作能力，终于慢慢学会了对语言文字的自由驾驭。我喜欢音乐，却没老师教，就自己用最笨拙的方法一个音一个音地找差异，终于学会了识谱和几种乐器的演奏。对于成绩稍逊的学科，我采取的唯一办法就是比别人少睡一会儿，多花一些工夫来弥补先天的不足，无论是文化课还是体育课，都是如此。我这些原始的学习方法，大概是受了姑姑的影响所致。

我读大学时，知道家里供我读书已属不易，开学时花18元钱买的一双皮鞋整整穿了四年，修修补补很多次，直到两只鞋子都已漏水，才在毕业后换了一双新皮鞋。我现在偶尔翻看大学时留下的照片，每一张和同学的合影里，我大概都是打扮最土的人之一，可是我觉得那都不重要，重要的是我大学几年没有荒废时光，对得起家人的期待，对得起老师的培养，对得起自己的青春年华。

自大学毕业以来，我都是以奶奶、姑姑和父母为榜样，做一个独立自主的人，尽力不依赖别人，每时每刻都从现实出发，先把自己的事情做好，再努力帮助和影响身边的人，虽然能力有限，但也无愧于心。

参加工作之后，随着自己经历的事情越来越多，我从姑姑和父亲的身上慢慢领悟到，越是艰难处，越是修心时。我记得当年大学毕业找工作时，历尽无数鄙夷、白眼、拒绝与彷徨，但我始终坚信"天无绝人之路"，最终走出困境。在我父亲去世的那一年，我辛苦考研获得的录取资格却被单位个别领导故意设卡而无法就读，当时生活已穷困潦倒，还欠下一大笔外债，幸而得到妻子的理解和支持，我又投入"头悬梁，锥刺股"一般的考研复习之中，终于再次获得读研的机会。我曾经一度在单位里拼命工作，却天天受到上司无端的责骂，几乎毫无尊严和人格可言，于是我再把同样的责骂转移给我的下属。几个月后，我无法继续忍受这样的工作状态，静心反思，我不能改变我的上司，但我可以给下属营造一个更有人文关怀的氛围，果断终结了这种糟糕的日子和心情。我曾经遭遇职业发展的瓶颈，多次参加单位的竞聘，但成绩再好也和晋升无缘，看到别人得到提拔重用，我一时会抱怨规则不公平、不透明，但最终还是会回到自身找原因，回归自我寻出路。

我在本书中写到"积极主动"的态度时说过，每个人都有"选择的自由"，你可以选择发挥自己的天赋，可以选择聚焦可掌控的事情。这些道理，父亲在我读大学时就写信告诉过我，他说："当我们不能改变大环境时，就极力去营造和改进自己的小环境。"当时的我对这些话并不能理解到位，现在才真正领会其深意。

对于工作中的不如意，起初我会感觉沮丧和失落，但现在我会从更宏观的视角，以更长远的眼光来看待。我们的社会从来都不缺乏有才华的人，但有才华而又身居高位的人毕竟是少数。在人类发展的历史长河里，任何一个人都渺小得如同一粒尘埃，再厉害的人物，其绽放过程也不过是昙花一现。我记得有人曾经给出过一个这样的公式："能力－欲望＝自由"，即能力越强，欲望越少，一个人就会觉得越自由，但如果能力配不上野心，他就会觉得很痛苦。我把这个公式稍作修改，变成了"真实的能力－需要的能力＝自由"，即一个人真实的能力大于工作需要的能力时，这个差值越大，他就会感觉越自由。比起那些德不配位、才不配位甚至德才都不配位的人，我宁愿做一个拥有这种自由的人，而且这种想法一旦在我头脑里形成，我就再也不会在得意和失意之间纠结，只会秉持自己的良知，坚守自己的底线，按照自己理想的方式去工作和生活，自此内心也就自洽了。

因此，我认为，生而为人，先要有独立自主的精神，在一定的目标指引下，通过不断的自主修炼来提升自己的能力和素质。当你的能力足够配得上你的野心，你真实的能力足够配得上需要的能力时，你就能在工作和生活中做到游刃有余，找到一种从容与自由的感觉。但是，如果自主修炼的结果并没有给你带来多么辉煌的成就，你也不必抱怨和气馁，因为它们已经给了你自由，同时给了你未来生活的底气。想到这些，你就从自主、自由上升为一个自洽的人。

6. 结语

2020年是中国农历的庚子年。新年伊始，新冠肺炎疫情便肆虐全球，给人类带来了前所未有的灾难。在这个微小得肉眼看不见的病毒面前，人类显得如此脆弱，这给地球上的每一个人带来了巨大的冲击和深层的思考。

在无限的宇宙之中，包含着浩瀚的银河星系；在浩渺的银河星系之中，存在着庞大无比的太阳系；在庞大无比的太阳系之中，运行着一颗不大不小的行星——地球；在广袤的地球上，生活着种类繁多的动植物；而人类，只不过是这些生命体之中的一种。

人类经常说要改造自然，征服自然，把山丘绿化叫植树造林，把环境美化叫栽花种草，把牛马赶出去觅食叫放牧，把猪羊圈起来生长叫养殖，仿佛自己真的是大自然的主人，一切都在自己的掌控之下。我曾经虚妄地狂想，从某种角度来看——比如站在地球之外的另一个星球上，其实人类才是被大自然放养的生物之一，那些山川林木、河流湖泊、野生动物甚至细菌病毒，都可能在某些时刻成为人类的主宰，我们所经历的地震雪崩、台风海啸、干旱洪水、虫害蝗灾、流行瘟疫等就是明证。

愿人类经此疫情之后，会更加珍惜我们赖以生存的地球，不再自以为是地高喊"拯救地球"的口号，因为人类之渺小，根本就没有资格拯救地球，况且，地球本来就没有病，有病也会靠着其强大的免疫力而自愈，甚或是"重启"，真正有病的恰恰是人类自己！

后　记

　　如果人类不懂得对宇宙和地球心存敬畏，不懂得自爱和爱人，不懂得自知、自律和自觉，只顾着肆意掠夺和相互伤害，迟早要受到大自然更大的惩罚，或在地球重启时被抛弃。

　　让我们致敬宇宙、星空、地球、生命与爱！做一个自主、自由、自洽的人。

谨以此书纪念我远在天堂的奶奶、姑姑和父亲！
谨以此书献给我平凡而伟大的母亲！
谨以此书献给我相濡以沫的妻子和初入职场的儿子！
谨以此书献给五十岁的我自己！

2020 年 5 月 20 日
广州